【国学精粹珍藏版】

全本周易

李志敏⊙编著

卷一

◎尽览中国古典文化的博大精深　◎读传世典籍，赢智慧人生

——受益终生的传世经典

民主与建设出版社
·北京·

图书在版编目（CIP）数据

全本周易:全4册/李志敏编著;郑琦绘图
—北京：民主与建设出版社，2015.8（2022.8重印）
ISBN 978-7 -5139 -0767 -5

I.①全... II .①李...②郑... III.①《周易》–通俗读物
IV.①B221 –49

中国版本图书馆CIP数据核字(2015) 第215199号

全本周易

QUAN BEN ZHOU YI

编　　著　李志敏
责任编辑　王颂
装帧设计　王洪文
出版发行　民主与建设出版社有限责任公司
电　　话　（010）59417747　59419778
社　　址　北京市海淀区西三环中路 10 号望海楼 E 座 7 层
邮　　编　100142
印　　刷　永清县晔盛亚胶印有限公司
版　　次　2016年1月第1版
印　　次　2022年8月第3次印刷
开　　本　710 毫米 ×1000 毫米 1/16
印　　张　32
字　　数　460千字
书　　号　ISBN 978 -7 -5139 -0767 -5
定　　价　278.00元(全四册)

注：如有印、装质量问题，请与出版社联系。

前　言

《周易》是一部很特别的书，一部多数人看不懂、多数人又极想看的书。看不懂是因为符号繁杂、内容深奥，极想看是因为它丰厚的内涵赋予了独特的神韵和极大的价值。

《周易》堪称我国文化的源头，是古老而又灿烂的文化瑰宝，是最能体现中国文化的经典。它的内容极其丰富，对中国几千年来的政治、经济、文化等各个领域都产生了极其深刻的影响。无论孔孟之道，老庄学说，还是《孙子兵法》，抑或是《黄帝内经》《神龙易学》，无不和《周易》有着密切的联系。那么，“周易”的名称有什么特定的意义呢？

首先，关于“易”有三层含义：汉代经学大师郑玄说：“一名而含三义，易简，一也；变易，二也；不易，三也。”所谓“易简”，是指六十四卦以简驭繁，包括宇宙间一切天人现象；所谓“变易”，一方面即《易传》中所说的“生生之谓易”，认为变化是一种生命的代谢与生成，另一方面指占卜时以卦爻变化预示吉凶祸福，每次各有不同的卦、爻象；所谓“不易”，是说《易》理是万世不变的，“天不变，道亦不变”。

其次，关于“周易”，许多人深感迷惑：时而“周易”，时而“易经”，到底二者有什么不同吗？《周易》之名最早见于《周礼》：“太卜掌三《易》之法，一曰《连山》，二曰《归藏》，三曰《周易》。”也就是说最早有三种《易经》《周易》是其中之一，但后来其余两种均失而不传，只剩下了我们现在见到的《周易》，现在一般说的《易经》也就专指《周易》。

“一阴一阳之谓道，继之者善也，成之者性也。”《周易》天人合一的宇宙观，对自然规律和社会、人生变化的深刻认识，千百年来使文人士大夫们为之着迷，而在政治上，更有“不明《易》者不得为相”之说。因此，我们看到历史上很多卓有成就的政治家、军事家、思想家同时又是易学大师，东周有孔子，汉有董仲舒，宋有朱熹，明有刘基，清有曾国藩。

时至今日，《周易》对我们的工作生活依然有现实的指导意义，“天行健，君子以自强不息；地势坤，君子以厚德载物”，不管你为政、治企、从军，抑或只是个普通人，都能从《周易》中聆听到闪烁着智慧光芒的教诲，一定会让你受益匪浅。

目录

卷 一

卷　二

卷 三

卷 四

乾卦第一：定位人生，自强不息

【爻词精义】

⊙条件不成熟不行 ⊙结识有权有势的大人物 ⊙严格地要求自己 ⊙有时也需要避一避 ⊙掌权后要笼络有实力的人物 ⊙不要贪求更多 ⊙按照社会发展的自然规律办事

经文义解

【题解】

《乾》卦作为《易经》六十四卦之首，以“天”、“龙”为象征形象，揭示了“阳刚”元素、“强健”气质之本质作用及其发展变化规律。《乾》纯阳，《坤》纯阴。阴阳对峙，克中有生，生中有克。相错相综，阴阳往复，循环无端，生生不已，是谓之道。

《乾》卦分“经”与“传”两部分；经指卦辞及爻辞，传指彖传、象传及文言。自古迄今对经与传的内容，有各种不同解释，怎样认识，全靠自己。

《乾》卦的精神实质，在于勉励人们效法“天”的刚健努力，奋发向上。“天行健，君子以自强不息”，“先天而天弗违，后天而奉天时”，“知进退存亡而不失其正者，其唯圣人乎！”这些意思完全与《道德经》的“人法地，地法天，天法道，道法自然”的精神吻合。同时亦与《道德经》的“天下神器，不可为也，为者败之，执者失之”的无为而治相辅相成，反映出朴素的辩证观念。《乾》是要有所作为的，不管“先天”或“后天”，必须认清客观规律，依照客观规律办事，就一定会成功的。

【原文】

䷀ 乾[①]：元亨，利贞。[②]

初九　潜龙勿用[③]。

九二　见龙在田，利见大人。[④]

九三　君子终日乾乾，夕惕若，厉无咎。[⑤]

九四　或跃在渊，无咎。[⑥]

九五　飞龙在天，利见大人。[⑦]

上九　亢龙有悔。[⑧]

用九　见群龙无首，吉。[⑨]

【注释】

①乾：卦名。下卦上卦均为乾，象征天，其性刚健，具阳刚、健美之德。②元亨：大吉。元，大，始。亨，亨通，顺利。利贞：利于占筮。贞，占筮，卜问。对“元”、“亨”、“利”、“贞”四字的解释，历来注家多有分歧，但以《周易正义》所引《子夏传》的“四德”说和《左传·襄公九年》穆姜所述最为流行，现录于后，以供参考。《周易正义》：“《子夏传》云：‘元，始也；亨，通也；利，和也；贞，正也。’言此卦之德，有纯阳之性，自然能阳气始万物，而得元始、亨通，能使物性和谐各有其利，又能使物坚固贞正得终。”《左传·襄公九年》：“姜曰‘……元，体之长也；亨，嘉之会也；利，义之和也；贞，事之干也。体仁足以长人，喜德足以合礼，利物足以和义，贞固足以干事。’”又《象传》和《文言传》阐发“四德”之义最为详尽，亦可参考。不过这些解释都与原意相去甚远，正确的解释应该到卦辞爻辞之中去寻求。③初九：《易经》六十四卦各由六爻构成，它的位序自下而上，名曰初、二、三、四、五、上；初即一，上即六。又，《易经》占筮，用九、六之数，九表阳，六表阴，所以凡阳爻均称九，凡阴爻均称六。本爻位居卦中第一位，所以称初；为阳爻所以称九。龙：中国古时人想象中的刚健而美善的神奇动物，为古人崇奉的四灵即麟、凤、龟、龙之一。有角、有须、有爪、有鳞，兼具飞禽、走兽、鱼虾、蟒蛇的多种特征；能三栖，既能潜伏于深渊，又能驰骋于陆地，还能飞腾于天空。其鳞有八十一片，是为九九之数，象征阳。此种德性正与乾卦德性相合，所以乾卦诸爻均取象于龙。勿：不要，不宜，不可。用：才用，才能，才干。④见：出现，发现。田：指垄亩大众之间。大人：有大德大才的人。⑤君子：指德高的人。乾乾：下乾终而上乾继，故曰乾乾。即健行不息。惕：戒惧警惕，小心谨慎。若：无义。厉：危险。咎：灾祸。⑥或：无指代词，指代对象不是确定的，仅表明“有”之意，或者有人或

者有时;这里是有时的意思。⑦见:发现。⑧亢:极,甚。悔:困厄。⑨用九:《易经》占筮,凡筮得阳爻,其数或为七或为九,而九可变,七不变,所以筮法用九不用七;而若筮得六爻均为九时,便用"用九"爻辞占断。群龙:指六个阳爻。此爻即所谓"有象无位"之爻。群龙无首:首,在这里作"终"字解。贡安世:"《易》中首字皆训终"。无首,即无终结不断变化之意也。

【译文】

乾卦 象征天。筮得此卦大吉大利,和谐坚实。

初九 像一条巨龙潜伏在深渊,不能随便活动,耐心等待时机。

九二 像一条巨龙出现在田野,有利于大才大德的人出世。

九三 君子终日不停地努力奋斗,时刻戒惕忧惧,这样,即使遇到了危险,也可以免遭灾祸。

九四 巨龙伺机而动,有时腾跃上跳,有时潜退深渊。

九五 巨龙飞上天空翱翔,宜于发现大德大才的人。

上九 巨龙飞得太高,必然遭到困厄。

用九 天空出现一群巨龙,自强而不争强,这样则大吉大利。

【释义】

䷀ 乾:元亨,利贞。

[解读] 乾卦象征天,是万物创始的根源,它通行无滞,利益众生,无所不正。

[象释] 古人说:"有天地,然后万物生焉。"因而将代表"天"的《乾》列为六十四卦之首。经卦☰为"天",两"天"上下重叠,表示复杂的天道变化;象征天体运行,日复一日,永不休止。

[义理] 天体的运行刚健不挠,强者应该效法那种日复一日、自强不息的精神风貌。

初九 潜龙勿用。

[解读] 龙潜藏于水中,耐心地等待时机。

[象释] 初九为"地爻"之下方,处于最底层,象征阳气刚在地下发生,尚未形成气候。

[义理] 德才兼备的强者,在邪恶势盛而自己的力量刚刚积聚的时候,不

宜过早地施展自己的才华。

九二　见龙在田，利见大人。

［解读］ 潜龙出现在田野上，开始利益众生。

［象释］ 九二为“地爻”的上爻，所以有“在田”之辞，象征潜龙已经跃出地面，阳爻处阴位，刚中有柔，所以有“利”之说。

［义理］ 德才兼备的人物一旦出世，必将给人们带来无比的生机和希望。

九三　君子终日乾乾，夕惕若，厉无咎。

［解读］ 德才兼备之士的地位虽然上升，仍需一天到晚努力不懈，小心谨慎，即使遇到什么灾难也能化险为夷，转危为安。

［象释］ “九三”已属“人爻”，象征社会地位的上升，所以有“君子”之称。阳爻居阳位，阳刚气盛，所以有“终日乾乾夕惕”的告诫。

［义理］ 在成长过程中，应时刻保持清醒的头脑，即使社会地位有了上升，仍应奋发努力，反复修炼自己，始能无过而长进。

九四　或跃在渊，无咎。

［解读］ 身处高位，仍保持如临深渊的心态，就不会有过失。

［象释］ “九四”为“人爻”上位，象征“位极人臣”。紧傍“九五至尊”，故有“伴君如伴虎”之虑，然而阳爻居阴位，外刚而内柔，所以可保“无咎”。

［义理］ 德才兼备之士，虽位高名显，却能始终保持如临深渊、如履薄冰之心，使得上级放心，民众欢心。

九五　飞龙在天，利见大人。

［解读］ 龙腾飞在天际，宜于伟人大展宏图。

［象释］ “九五”为“天爻”，故有“在天”之辞；九五居上卦的中位，且又阳爻居阳位，是本卦中最理想的地位，象征着刚健中正的伟大人物；历称君王为“九五至尊”，概源于此。同为“利见大人”，九二与九五地位不同，所“利”亦不同：九二为君子于民之“利”；九五为君王于民之“利”。

［义理］ 伟人身居高位，到了大展宏图的极盛时期，应当选贤与能，使得人尽其才，贤能之士也应该积极支持拥护伟人的事业。

上九　亢龙有悔

［解读］　龙腾飞在太空极处，遭到困厄。

［象释］　上九是乾卦中位置最高的一爻，达到了阳刚的极限，于是物极必反，象征飞腾到极限的龙，必然要处于升降两难的境地。

［义理］　久居高位，便会有不胜负荷的感觉，应谨防乐极生悲。

用九　见群龙无首，吉

［解读］　一群龙都不争强好胜，吉祥。

［象释］　整个卦象都是阳爻“九”，充满着阳刚之气。然而每个爻所体现的精神都是自强而不争强，因而“吉”。

［义理］　才德之士，始终保持自强而不逞强的面貌；居于领导地位之后，与部属平等相处，和衷共济，这样，任何事情，都会吉祥如意。

案例解易

志不立，事难成

立志是一个人成事之根本。任何人欲成就大事业，就必须要先立志。孔子曰：“三军可夺帅也，匹夫不可夺志也。”诸葛亮讲“志当存高远”，宋文帝讲做人应“慨然立志”，王夫之讲“传家一卷书，惟在汝立志。”另有曾国藩的同僚胡林翼说得好，他说：“人生绝不该随俗浮沉，生无益于当时，死无闻于后世。唯其如此，我们应自立自强，努力做众人所不敢为、不能为的事情，上以报国，下以振家，不负此昂藏七尺之躯。”他所以说得好，是因为他说得全面、朴实，说得我们可以做到。而说得和曾国藩最为接近的是王阳明，他在给弟弟的信中写道：“夫学莫先于立志，志之不立，犹不种其根，而徒事培拥灌溉，劳苦无成矣。”王阳明的“根”和曾国藩的“本”说的就是一个意思。

曾国藩曾为立志心神不宁：“自从去年 12 月 20 日后，我常常忧心忡忡，不能自持，若有所失，到今年正月还是如此。”我想这大概是志向不能树立时，人就容易放松潦倒，所以心中没有一定的努力方向。没有一定的方向就不能保持宁静，不能宁静就不能心安，其根本在于没有树立志向啊！

曾国藩不仅为无志而忧，更为有志而叹："人苟能立志，则圣贤豪杰何事不可为？"《后汉书》中说，"志不求易，事不避难"。有大抱负，才有大动力，大毅力，大魄力，也才会有"会当凌绝顶，一览众山小"的大境界。所谓大抱负不是好大喜功，不是好高骛远，而是放眼天下，志在四方，"先天下之忧而忧，后天下之乐而乐"。明朝吴麟征有句话说得好，"深儿女之怀，便短英雄之气"，他说的是小情感与大志气的关系，可以说，过多地咀嚼一己之悲欢，就会看不到脚下的土地，身边的世界，也意识不到自己对天下的责任，当然不会产生大的气象。

曾国藩在20岁以前，虽然跟随父亲勤奋读书，但并没有大的志向。道光十年(1830)其父曾麟书觉得自己的才质不及儿子，自己所知的都教完了，于是便将其送到衡阳汪觉庵先生处学习。一年后，又回到本县涟滨书院肄业。在一年多的时间里，曾国藩眼界大开，助长了他锐意进取的精神。为痛下决心，他毅然将原字伯涵改为涤生，按照他自己的解释，"涤"就是"涤其旧污之染"，"生"即"从前种种譬如昨日死，以后种种譬如今日生"。

他又给自己定下了一条座右铭：

不为圣贤，便为禽兽；
不问收获，只问耕耘。

在诗歌中曾国藩常常抒发自己高远的志向，期望自己有一天能成为国家的栋梁之材。在《感春六首》中，他写道：

荡荡青天不可上，天门双螭势吞象。
豺狼虎豹守九关，厉齿磨牙谁敢仰？
群乌哑哑叫紫宸，惜哉翅短难长往。
一朝孤凤鸣云中，震断九州无凡响。
丹心烂漫开瑶池，碧血淋漓染血杖。
要令恶鸟变音声，坐看哀鸿同长养。
上有日月照精诚，旁有鬼神瞰高朗。
太华山顶一虬松，万龄年代无人踪。
夜半霹雳从天下，巨木飞送清渭东。

横卧江干径千里，盘坳上有层云封。
长安梓人骇一见，天子正造咸阳宫。
大斧长绳立挽致，来牛去马填坑欲。
虹梁百围饰玉带，螭柱万石枞金钟。
莫言儒生终龌龊，万一雉卵变蛟龙。

他坚信终有一天，自己会如同云中展翅翱翔的孤凤一样不鸣则已，一鸣则引来九州的震动；如同生长在深山中的巨材一样，有朝一日成为国家大厦的栋梁。

在写给好友刘蓉的信中，他更为明确地表示了自己的宏图大志：

“此间有太常唐先生，博闻而约守，矜严而乐易，近著《国朝学案》一书，崇二陆二张之归，辟阳儒阴释之说，可谓深切著明，狂澜砥柱。又有比部六安吴君廷尉、蒙古倭君，皆实求朱子之指而力践之。国藩既从君子后，与闻末论，而浅鄙之资，兼嗜华藻，笃好司马迁、班固、杜甫、韩愈、王安石之文章，日夜以诵之不厌也。故凡仆之所志，其大者盖欲行仁义于天下，使凡物各得其分；其小者则欲寡过于身，行道于妻子，立不悖之言以垂教于宗族乡党。其有所成与，以此毕吾生焉。其无所成与，以此毕吾生焉。辱知最厚，辄一吐不怍之言，非敢执途人而龈龈不休如此也。”

从以上看出，曾国藩并非生下来就有宏图大志，他的志向也是后天慢慢培养的结果。而且其立志亦是一个缓慢的过程：由无志而忧，到“莫言儒生终龌龊，万一雉卵变蛟龙”。再进一步升华为“故凡仆之所志，其大者盖欲行仁义于天下，使凡物各得其分；其小者则欲寡过于身，行道于妻子，立不悖之言以垂教于宗族乡党。”但是曾国藩一生的事业是由此而奠定了，曾氏的志向是其一生功业的“本根”。

坤卦第二：摒弃浮躁，厚德载物

【爻词精义】

⊙应该见微知著 ⊙为人正直做事有目标 ⊙不要锋芒毕露 ⊙谨小慎微 ⊙谦逊而不张狂 ⊙避免做孤家寡人 ⊙坚守自己所奉的原则

经文义解

【题解】

《坤》与《乾》，“阴”与“阳”是既相对立，又相依存的关系。明白了《乾》《坤》二卦之理，其余六十二卦，自然迎刃而解。

“一阴一阳之谓道，成之者性也”，说明乾坤之道，所以行之者，有始有终也。“坤道其顺乎，承天时而行。积善之家必有余庆，积不善之家必有余殃。”这里发挥坤道承“天时”而行的精神，又与《道德经》第七十七章：“天之道损有余而补不足”的观念完全一致。

积善有庆，积不善有殃。任何时代，任何国家，任何制度都要体现这种精神。大道之行也，天下为公。

《坤》是伸的意思，也含顺的意义。《乾》是朝阳光气的舒展形象；《坤》是大陆地气的舒展形象。《乾》是创始万物的“天”的功能；《坤》是顺从“天”，形成万物的天的工具。

《坤》卦，阐释地的法则，在宇宙创始万物的过程中，天创生万物，地负载完成生命。地的法则，是安详与纯正，柔顺地遵循天的法则，而刚毅地行动，安静地谨言慎行。

《易经》中所说的“阴”与“阳”，并不单纯地只是构成宇宙万物的两大要素，主要的，是用以说明宇宙万物一切变化现象的刚柔动静的性质与作用。阳刚与阴柔的变化作用，永远反复不已，无穷无尽。而这一阴柔阳刚、动静变化不息的法则，正是宇宙的法则，人生的真谛。

【原文】

☷ 坤[①]：元亨，利牝马之贞。君子有攸往，先迷后得主，利。西南得朋，东北丧朋。安贞吉。[②]

初六 履霜，坚冰至。[③]

六二 直、方、大，不习无不利。[④]

六三 含章可贞。或从王事，无成有终。[⑤]

六四 括囊，无咎无誉。[⑥]

六五 黄裳，元吉。[⑦]

上六 龙战于野，其血玄黄。[⑧]

用六 利永贞。[⑨]

【注释】

①坤：卦名。下卦上卦均为坤，象征地，其性柔顺，具有阴柔、宽厚之德。②元亨，利牝马之贞：元亨，前途非常亨通、顺利。牝马，与雄马相对。《说卦传》有“乾为马”，而马代表天，为阳性；坤卦言“牝马”则属阴性，故称地类。贞：这里是征兆的意思。君子有攸往，先迷后得主：攸，所。往：前进，即有所作为或有所举动。迷：茫然。主：所要寻求的对象或所要达到的目标。西南得朋，东北丧朋：从文王后天八卦方位看，西方是坤卦和兑卦的卦位，南方是巽卦和离卦的卦位，此四卦同属阴卦，所以说坤在“西南得朋”。朋，同道，同志。而东方是艮卦和震卦的卦位，北方是乾卦和坎卦的卦位，此四卦同属阳卦，因此说坤在“东北丧朋”。③履：踏。霜：这里是用薄霜象征阴气初起，预示严寒将至。④直、方、大：直，纵向无边；方，横向无涯；大，幅员辽阔。此句是说地之德宽厚、博大。习：修习，见习。⑤含章：指六三爻虽然为阴爻，但是由于居在阳位，所以内含阳刚之美而不轻易显露。章，文采绚丽，色彩彰美。或从王事，无成有终：此句展示“含章可贞”的具体情状，体现了坤顺乾的本质特征。王：指乾，指天。⑥括囊：束紧袋子口。括，束，扎。囊，口袋。⑦黄裳：黄色裙裤。黄，黄色，黄色居“五色”之中，象

征中道。裳，下服。古时服装上称衣，下称裳，裳居下，象征谦下。六五爻以柔居上卦之中，其德谦下，处尊而谦和，能以中和之道居臣职，所以说“黄裳，元吉”。⑧龙战：指阴阳交合。龙，比喻阳刚之气。战，接。上六阴气至盛，阴极阳来而阴气未消。所以有阴阳二气交合的“龙战”之象。玄黄：玄为天色，黄为地色。所谓玄黄是天地：色混杂不清阴阳互渗难别。⑨用六：《易经》占筮，凡得阴爻，其数或为六或为八，而六可变，八不变，所以用六不用八，而若筮得六爻均为六时，便以“用六”爻辞占断。永贞：占问长期之吉凶。永，长久。

【译文】

坤卦　像大地一样柔顺。筮得此卦大吉大利，尤其有利于占问雌性的事。君子出行，筮得此卦，开始则迷失方向，继而则可寻得所在追求的目标，既顺利又不顺利。宜往西南方向，不要往东北方向，因为往西南能够遇到朋友，而往东北则遇不到志同道合的人。如果占问是否平安，筮得此卦则必获吉祥。

初六　走在薄霜的上面，坚硬的冰块就要到来了，预示严寒将至。

六二　柔顺之德，纵向无边，横向无涯，宽厚而博大，只要具备了这样的美德，即使不加修习，有所举动时也无所不利。

六三　具备着美好品德，占问之事均可实行。如果辅佐君王大业，会因不居功而终尽臣职，得到好的结果。

六四　象束紧囊口一样，不随便说话，可以免遭灾祸，但是不能获得美誉。

六五　穿着黄色裙裳，大吉大利。

上六　巨龙在田野里厮杀，鲜血洒地呈现出青黄之色。

用六　通观此卦六条阴爻，都以永远随从乾卦的正确而得到吉利。

【释义】

䷁　坤：元亨，利牝马之贞。君子有攸往，先迷后得主，利。西南得朋，东北丧朋。安贞吉。

［解读］　坤卦象征地，也具有元、亨、利、贞四属性，但“贞”是如同柔顺的母马那种贞。在前进过程中倘若领先独行，则将迷失方向；后来，才会寻得正道而祥和有益。这就好比坤往西南获得同类，而往东北则丧失同类。如果占问平安与否，必然吉祥。

［象释］　经卦象征阴，上、下皆坤，象征最纯净的阴、最柔顺而能涵容一切

的德性。

［义理］ 君子应该效法大地那种虽然与天共创万物，然而不倨傲自负的美德，效法大地那种能包容万物的宽厚情怀，效法大地那种执着追随正道（天道）的德行。

初六 履霜，坚冰至。

［解读］ 当脚踩到秋霜时，冰冻的寒冬也将来临。

［象释］ 坤卦的初爻，象征阴寒之气开始升起，阳气渐渐消失。

［义理］ 事物的生长消亡有其必然的规律可循。此爻辞以霜、冰的发展规律说明“见微知著”的道理。

六二 直、方、大，不习无不利。

［解读］ 具备了直率、方正、宽容的品质，毋须学习也能畅通无滞。

［象释］ 爻位属“地爻”的上方，故以大地的向前延伸出辞“直”；阴爻居阴位，又是内卦的中位，故又有“方”之辞，并以大地的宽阔广大（大）比拟。

［义理］ 直率、方正、宽容是为人的基本素质，具有这些素质的人，做任何事情都能顺畅无难。

六三 含章可贞，或从王事，无成有终。

［解读］ 不显露才华，固守柔顺之德，即或辅佐君王，亦会因为不居功而能善终。

［象释］ 第三爻为“人爻”，因而有“含章可贞”之戒，且有“或从王事”的机遇。

［义理］ 有才华而不锋芒毕露，尤其处于辅佐位置时，更需避“功高盖主”之嫌。

六四 括囊，无咎，无誉。

［解读］ 像扎紧囊袋一样处世，既无贬语，亦无赞誉。

［象释］ 六四为“人爻”中的上爻，地位很高，此时更需明哲保身，故有“括囊”之语，阴爻处阴位，位正，故有“无咎”之语，且因“括囊”而“无誉”。

［义理］ 地位愈高，愈应收敛锐气，便不会有灾难临头。

六五　黄裳，元吉。

[解读]　穿着黄色的衣裳，代表着吉祥。

[象释]　按五行说，黄色居中位；六五爻处上卦的中位，但五爻乃阳位，阴爻居阳位，不正，如同装饰性的下衣，因而有“黄裳”之辞。

[义理]　具备谦逊的美德，必定吉祥。

上六　龙战于野，其血玄黄。

[解读]　两龙相战于野外，流淌出鲜血。

[象释]　“上六”已达到最高位，阴盛极，阳必升，因而出现阴、阳相争的局面，有血战一说；阴阳相争，亦即天、地相争，结果是两败俱伤。

[义理]　阴柔发展到极端，结果凶险万分。

用六：利永贞。

[解读]　永久持正好啊。

[象释]　坤卦六爻皆阴，透露出始终处于从属于阳刚的地位，因而有“永贞”之辞。

[义理]　始终坚持追随正道，必然有好的结果。

案例解易

勿以恶小而为之

蜀汉建兴元年(223)，蜀汉昭烈帝刘备和东吴作战失利，病死于白帝城永安宫，临终遗命太子刘禅。遗诏曰：“朕初疾但不痢耳，后转杂他病，殆不自济。人五十不称夭，年已悯十有余，不复自伤，但以卿兄弟为念。射君到，说丞相叹卿智量甚大，增修过于所望，审能如此，吾复何忧！勉之，勉之！勿以恶小而为之，勿以善小而不为。惟贤惟德，能服于人。汝父德薄，勿效之。”

刘备在历史上是以有“知人之明”著称的，何况“知子莫若父”。他对刘禅这个宝贝阿斗应当说是十分了解的。他预感到阿斗出息不大,可能守不住基业,所以临终前对诸葛亮说:“若嗣子可辅,辅之;如其不才,君可自取。”他对阿斗寄望不大,只要求他在道德修养上多下工夫,成为一个有德之人就行了。尤其叮嘱他注重“小善小恶”,从细微处培养道德。

然而,阿斗确实不争气,不仅没有守住基业,也没有成为一个有德之人。他从16岁登基到58岁投降司马氏,42年间毫无作为,而且干了许多荒唐的事。诸葛亮忠于刘备,竭力辅佐遗孤,并没有自取。但他确实知道阿斗不可辅。尽管如此,出于忠君的观念,他还是知其不可为而为之,总想用自己的努力来抵消阿斗的缺陷,巩固蜀汉基业,进而统一全国。所以他一方面竭心尽力,辛苦操劳,一方面谆谆告诫阿斗,希望他明智一些,表现得好一些。他在《前出师表》中告诫阿斗“三不宜”:一“不宜妄自菲薄,引喻失义,以塞忠谏之路”,委婉地批评他宠信宦官,不听忠谏之言;二对官吏升降奖惩“不宜异同”,叫他对待内官外官要一视同仁;三是刑赏“不宜偏私”,要他做到公正廉明,以免失去刑赏的意义。这三者都是作为皇帝应该掌握的一般原则,算不得大政方针,可以说是“小善小恶”吧,然而阿斗就是分辨不清,做不好。

统观阿斗的一生,也没有什么大恶,算不上是大奸大雄。他的亡国,可以说就是因为他不为小善,不去小恶。刘备预见到这一点,所以临终前谆谆告诫;诸葛亮深知这一点,所以不厌其烦地规劝。诸葛亮在时,对他还有些约束力,但也有限,因为诸葛亮志在北伐中原,复兴汉室,曾经六出祁山,几乎一辈子都在打仗,哪有时间守在身边手把手教他?诸葛亮死后,他的“小恶”就恶性发展,终于让宦官黄皓专权,牵制排挤姜维,使国势越来越弱,当司马氏兵临成都时,他只好拱手投降了。可见小恶也能酿成大灾。

屯卦第三：艰难时刻，面对现实

【爻词精义】

⊙坚定地立足于现实　⊙改变处境需要耐心　⊙毋贪眼前利益　⊙主动结友求援　⊙艰难时少征税　⊙艰难令人痛心

经文义解

【题解】

坎上，屯，难也，物始生而未通之意。其卦以震遇坎，乃乾坤始。

震下，交而难生，故曰屯，杂乱之象也。

这一卦喻示事物初生之际的情状，必须愤发图治，开拓前进。所谓“国屯难而思抚”，正是这种积极意义。

所谓“君子以经纶”，悟知当局势初创多艰之际，须奋发治理天下，日夜不遑宁处，乃可成拨乱反正之功也。

《屯》卦，阐释天地草创，接着来到的，是秩序尚未建立，混乱不安的苦难时期，但是亦即英雄豪杰建功立业的大好时机，必须坚定纯正的信念，明辨果断，不可轻举妄动，应当积极进取，先求安全，再求发展。

【原文】

䷂　屯[①]：元亨，利贞。勿用有攸往，利建侯。[②]

初九　磐桓，利居贞。利建侯。[③]

六二　屯如邅如，乘马班如，匪寇婚媾；女子贞不字，十年乃字。[④]

六三　即鹿无虞，惟入于林中；君子几，不如舍，往吝。[⑤]

六四　乘马班如，求婚媾，往吉，无不利。

九五 屯其膏。小贞吉,大贞凶。⑥

上六 乘马班如,泣血涟如。⑦

【注释】

①屯:卦名。下震上坎,以为产难之卦。《序卦传》:“屯者,物之始生也。”《象》曰:“屯,刚柔始交而难生”。②勿用:不宜。用,宜,应。建侯:授爵封侯。③磐桓:即“盘桓”,徘徊慎行。居:居处,住所。④屯如,邅如:乘马欲进,但又班师而还。邅,转移。如,样子。班:众多。匪:通“非”。不字:不嫁人。字,古时礼仪,女子订婚后即用簪子插住发髻;这里引申为许嫁。⑤即鹿无虞:追鹿而无虞人作向导。即,追逐。虞,虞人,古时管理山林之官。几:求。舍:舍弃。吝:艰难。⑥屯:积聚。膏:油脂。小、大:指少量和大量。⑦泣血:指无声地痛哭。涟如:泪水不断的样子。

【译文】

屯卦 象征初生。筮得此卦会大吉大利,和谐坚实。不宜冒昧前进,但有利于授爵封侯。

初九 徘徊流连,难于前行,就像女子宁可十年不嫁,亦不苟且。应持以退为进以后取先策略。

六二 首次出行,徘徊难进,乘马的人纷纷而来,但来者不是贼寇而是求婚的;女子占问嫁不嫁之事,筮得此爻,得知十年才宜嫁人。应恪守晚婚无嫁的正道。

六三 追捕山鹿没有虞人帮助,结果误入茫茫林海中;在这种情况下,君子与其继续追逐,不如舍弃而回返;如果一意前往追逐,必将遭遇艰难。

六四 乘马的人纷纷而来,欲求婚配,前往必获吉祥,无所不利。

九五 把钱财聚集起来。少量囤积,则吉祥;大量囤积起来用于战争,则有凶险。

上六 乘马的人纷纷而来,女方竟无感应,求婚者落得泪水涟涟,伤心不已。

【释义】

䷂ 屯:元亨,利贞,勿用有攸往,利建侯。

[解读] 屯卦也具有创始、亨通、祥和、坚贞四德。不宜冒昧前进,但不断积聚力量,奋发进取,终能建立公侯基业。

[象释] 全卦象征天地相交创造万物时，会遇到艰难险阻。因此，必须积聚实力，坚毅行动，才能有所作为。

[义理] 开创事业，有希望也有风险，有作为的人应以天下为己任，努力积聚力量，在艰险之中求发展，做一番轰轰烈烈的伟业。

初九 磐桓，利居贞，利建侯。

[解读] 事业初创时，举步维艰，但只要志坚不变，定能获民拥戴，建功立业。

[象释] 初九爻在众阴爻之下，象征阳刚正气从地下萌生，如同一棵幼芽，正奋力突破地表的种种压抑，因而有"磐桓"之辞。

[义理] 事业草创的艰难初期，虽然使人踌躇，但只要坚持正道，前途自不可限量。

六二 屯如邅如，乘马班如，匪寇婚媾，女子贞不字，十年乃字。

[解读] 遇事三思而行，如同乘马赶路者徘徊选择方向；又如追求婚姻美满的女子，宁可十年不嫁，决不愿眼前苟且。

[象释] "六二"阴爻阴位，又是下卦的中位，因而中正，但是初九强横，胁逼六二下嫁，因而有"女子贞不字"之说，经长期挣脱，终与相应的"九五"结合，故有"十年乃字"之辞。

[义理] 在艰难的困境中，必须意志坚定。

六三 即鹿无虞，惟入于林中，君子几，不如舍，往吝。

[解读] 去森林里猎取野鹿，若无熟悉路径的人带路，只能在森林里跟着野鹿乱跑；因而君子在这种情况下便停止追逐野鹿，如果追赶下去，不但徒劳，而且有危险。

[象释] "六三"阴爻阳位，又与"上六"同是阴爻而不相应，因而轻率冒进必陷困境。

[义理] 君子应该明辨取舍，不可盲目行动。

六四 乘马班如，求婚媾，往吉，无不利。

[解读] 抓住时机，勇往直前，就像乘马去求婚，一路之上不必徘徊，因为在他前面的只有吉祥之事，并无不利的因素。

［象释］ “六四”与“初九”相应，然而与“九五”又最接近，因而意志有些动摇，故有“班如”即行动惶惑、举止不定之说。然距“九五”毕竟最近，只要向前追求，必能相合，故又有“往吉”之辞。

［义理］ 在面临困惑、进退维谷的时候，应当采取积极进取的态度，前途才会光明。

九五 屯其膏，小贞吉，大贞凶。

［解读］ 积聚钱财，如果是备用于日常生活中的不时之需，就是好事；如果用于发动战争的准备，就是坏事。

［象释］ “九五”在最尊贵的“五”位，然而上卦为坎，“九五”处于坎即险陷的中央，稍有不慎，难免凶险，因而有“凶”之征兆。

［义理］ 积聚力量必须用于正道，否则，积聚的力量愈大，结果便愈凶险。

上六 乘马班如，泣血涟如。

［解读］ 艰难险阻，进退维谷；忧惧而悲，血泪如注。

［象释］ “上六”阴柔，并且到了极点；与下卦的“六三”同阴而无应援，以致进退皆难，穷途末路，故有“乘马班如”之辞。

［义理］ 一旦选择了错误的方向，便会走向反面，以致陷入绝境而不能自拔。

案例解易

临危不惧，大将风度

谢安与孙绰等人曾划船到海上游玩，正当他们玩得高兴的时候，天气突然起了变化，海风推着海浪阵阵翻涌，游船在风浪中颠簸不定。大家都害怕起来，只有谢安镇定自若，照常吟诗唱歌。船老板看到谢安这样胆大无畏，心里特别高兴，便继续划船。不一会儿，风浪更急了，大家更加紧张。谢安不慌不忙地对船工说：“这样划下去，从哪里上岸呢？”船工说：“只能从原地上岸。”于是，船工才划船返回。大家都佩服谢安的胆量。

其实在危险面前,惧怕只是一种怯懦的表现,对于克服困难,解除危机没有任何帮助。心胸坦荡的人,把生死看得很淡,名利看得很轻,那还有什么东西能让他恐惧呢?

谢安临危不惧的气概,不仅体现在自然风浪之中,而且在政治风浪中也是这样。

简文帝去世以后,宰相桓温想推翻晋室,争夺王权,觉得谢安和王坦之都是绊脚石。在新亭他的官邸,他叫谢安和王坦之到他那里去见见面,想埋下伏兵在宴会中杀害他们。王坦之害怕得要命,就问谢安:"怎么办呢?"谢安神色自然,毫不畏惧。他十分镇定地说:"晋朝的存亡,就在于我们这次去还是不去!"

到了桓温府上,见面之后,王坦之吓得胆战心惊,汗流浃背,双手直打哆嗦,而谢安十分镇静。到了厅堂,他从容自在地坐上席位,对桓温说:"我听说作为王室的护卫,各地的大将都有自己的职责和道德,应该把兵力部署在边境上严守疆土,建功立业,没想到您怎么从墙壁后面向别人捅刀子呢?"桓温笑着回答说:"没办法,我现在不得不这样啊。"

接着,谢安与桓温在轻松的气氛中谈了很长时间,桓温最后不得不放弃了自己谋反篡权的意图。

当初,王坦之与谢安地社会上都很出名,通过这一件事,人们就分别出了他们之间的优劣。谢安这种"骤然临之而不惊"的大丈夫气概,也被后人所赞赏。恐惧是人内心里缺乏自信的表现,也是人心中有私、有鬼的反映。谢安是一心为公、不计个人得失的人,他心胸宽阔,自然不会心虚,做事也坦然大方,临危不惧。所以,人应该学会克制自己内中的欲望,忍受住利益的诱惑或驱使,正直地做人。

蒙卦第四：有教无类，教亦有方

【爻词精义】

⊙运用惩罚的办法是有效的 ⊙教育各种资质的孩子 ⊙要尊敬有学问的老师 ⊙应对学生有所爱护 ⊙要有自知之明 ⊙学习可以抵制诱惑

经文义解

【题解】

蒙，指蒙昧，象征启蒙、启蒙教育。《尚书·太甲》："先王昧爽丕显，坐以待旦，旁求俊彦，启迪后人。"《礼记·学记》："玉不琢，不成器，人不学，不知道。是故古之王者，建国君民，教学为先。"全卦主旨均在"教"与"学"两者，阐发我国古代教育理论的哲学思想。

【原文】

䷃ 蒙[①]：亨。匪我求童蒙，童蒙求我。初筮告，再三渎，渎则不告。利贞。[②]

初六 发蒙，利用刑人，用说桎梏，以往吝。[③]

九二 包蒙，吉。纳妇吉，子克家。[④]

六三 勿用取女，见金夫，不有躬，无攸利。[⑤]

六四 困蒙，吝。[⑥]

六五 童蒙，吉。

上九 击蒙，不利为寇，利御寇。[⑦]

【注释】

①蒙：卦名。下坎上艮，象征童蒙。《序卦传》："物之生必蒙，蒙者，蒙也，物

之稚也。"②童蒙:年幼无知之人。蒙,蒙昧。初筮:第一次占筮。告:告诉,此指告诉吉凶。再三:这里承前省略了一个"筮"字,所以"再三"即"再三筮",意为接二连三地占筮。再,第二次。渎:亵渎。③发蒙:启发蒙昧之人。刑人:树立榜样教育人。刑,通"型",这里用作动词,指以典型、范例教人。说:通"脱"。桎梏:古代刑具名。铐在足上称桎,铐在手上称梏,说桎梏,意为免于犯下罪恶。以:而。④包蒙:即"包于蒙",意为被蒙昧者所包围、环绕。包,包围。纳妇:迎娶媳妇。子克家:子有家室。⑤取:通"娶"。金夫:美称,指美貌郎君。不有躬:不顾自身体统,即自失其身。⑥困:困扰。⑦击:攻击,引申为惊醒,开化。不利:不适宜。为寇:以之为贼寇。御:防御,抵御。此指和缓的方式。

【译文】

蒙卦　象征童蒙。不是我有求于孩童,而是孩童有求于我,初次前来请教,告诉他吉凶;接二连三地请教同一个问题,便是对老师的轻侮和亵渎,这样,则不再告诉其答案。此卦,做什么都有利。

初六　启发蒙昧无知的人,以增进其智慧,宜严厉执教,甚至施罚;如果智慧初开就急于施罚,行动将困难重重。

九二　被各种资质的孩子所包围、环绕,有时未必不是好事。迎娶贤淑女子为妻,吉祥;其成果像是生下一个儿子能够持家一样。

六三　不宜娶这个女子为妻,因为她眼中所见的只是美貌郎君,遇到这样的男人她就自失其身,这种婚姻有害无益。因为行为不合理。

六四　被蒙昧无知的人所困扰,终究要遭遇艰难。

六五　蒙昧无知的人正受启发,必获吉祥。

上九　惊醒愚昧无知的人,不宜采用过激行动,而宜采取防御贼寇的和缓方式,这样才是吉利的。

【释义】

䷃　蒙:亨。匪我求童蒙,童蒙求我。初筮告,再三渎,渎则不告。利贞。

[解读]　启蒙就像占筮,初次诚心请教,老师理应回答;若纠缠不休再三发问同一问题,即可证明儿童思想不专一,求教之心不诚,理当不再回答。这样做,有利于儿童求教之心的规正。

[象释]　下卦"坎",象征水、险;上卦"艮"象征山,亦有正的意思。整个卦

形为山下有险,当须谨慎。下卦中爻“九二”与上卦中爻“六五”阴阳相应,故整卦为“亨”,即教育工作畅行无阻。

[义理] 教育在于开启人的思想,使之走上正道。需要树立一定的教育原则,如摆正求学者与教育者之间的关系,树立尊师、好学的观念等。

初六　发蒙,利用刑人,用说桎梏,以往吝。

[解读] 启蒙教育的开始阶段应该严厉,不惜使用刑罚使那些不守纪律者走上正道,以根除今后桎梏加诸其身的后果。但是,对童蒙的刑罚不可过分,超出限度,引起反抗情绪就适得其反。

[象释] 既是初爻又是阴爻,是最幼稚蒙昧的时期,所以必须“发蒙”,即进行启蒙教育。因阴爻居阳位而不正,故需“利用刑人”加以纠正。

[义理] 用“刑”有法,教育童蒙有如“用刑”,刑虽重要,然须有“法”,法当则刑免,法不当则虽刑亦无用。

九二　包蒙,吉。纳妇吉,子克家。

[解读] 能包容资质不一的学生,所以吉祥;有雅量,所以娶妻吉利,生子也能继承父志兴家立业。

[象释] “九二”虽阳爻,然居于下卦的中位(阴位),性格中庸能包容,故“吉”;“九二”又与“六五”阴阳相感,阳为夫阴为妻,故有“纳妇吉”之辞;“九二”为子,“六五”为父,父孺子健,故又有“子克家”之言。

[义理] 教育应该有包容精神,不论资质如何都应施教。

六三　勿用取女,见金夫,不有躬,无攸利。

[解读] 不收录没有信念的学生,就像不娶见异思迁的女人为妻一样,一见到有财势的款爷便不顾礼仪失身投靠。不合情理就不做。

[象释] “六三”阴爻居阳位,不正,虽与“上九”阴阳相应,但离“九二”更近,颇有难舍“九二”又向往“上九”的形势,故以女人比拟。

[义理] 见异思迁者,必然一事无成。

六四　困蒙,吝。

[解读] 脱离实际的启蒙教育,是不足取的。

[象释] “六四”夹在阴爻之间,又与初爻同阴,全无阴阳相感的活动气象,

犹如困顿独处一样,故有“吝”即不足的结语。

[**义理**] 束缚受教育者的思想,便与启蒙之愿背道而驰。

六五 童蒙,吉。

[**解读**] 从儿童开始便进行启蒙教育,结果必然吉祥。

[**象释**] 上卦中位,阴爻阳位,主外柔内刚、禀性中正;又与“九二”阴阳相感,与“上九”阳爻相比,如同从小受到良好教育终于居于高位的人一样,结果必然吉祥。

[**义理**] 从小接受良好教育的人,成人以后才堪负重任。

上九 击蒙,不利为寇,利御寇。

[**解读**] 杖击蛮横无理的蒙昧之人,不宜过激,采用和缓方式才于己有利。

[**象释**] “上九”阳而位高,为过于刚强之象,因而有“击蒙”之辞。“上九”又处于本卦的最外层,所以既有“为寇”之便利,又有“御寇”之责任。

[**义理**] 启蒙的责任,不仅使人增加学问,也要使人懂得社会的一般准则,以保持良好的社会秩序。

案例解易

有其母必有其子

东晋时的陶侃,曾先后任荆州刺史、广州刺史、江州刺史等,平定苏峻叛乱后,被封为长沙郡公,都督八州军事。他戎马一生,正气凛然。这和他的母亲对他的教育有很大的关系。

陶侃的父亲死得较早,因此家里十分贫穷。幸好有个善良贤惠、深明大义的母亲湛氏支撑。她起早贪黑地纺纱织布,换得一些钱财,用以维持生活,并资助陶侃结交挚友。

陶侃年轻时做过浔阳县的小吏,监管鱼梁。一次,他让人给母亲送去一坛腌鱼,附了一封信,信中写了他的思母之心,和对母亲养育之恩的感激之情,说明这坛腌鱼是他把亲自挑选的鱼腌好孝顺她老人家的。

陶母读了信后,连坛口都没有打开看一看,就把它和书信一起封存起来。

过了些日子,陶侃休假回家探望母亲。陶母见了陶侃,二话不说,就去把这坛腌鱼和书信拿了出来。陶侃见腌鱼坛子连口都没有打开,觉得很奇怪。因为他知道母亲很爱吃鱼,那为什么不打开吃呢?

还没等陶侃发问,陶母便义正词严地训斥他说:"为人要清白廉正,你刚刚做了个小官,有了点小权,就借公营私,拿了官家的东西送给我。这哪儿是你对我的孝顺啊,只会给我增添忧虑,使我为你今后的前途深深担忧啊!"

陶侃听了,深深自责,跪在母亲面前说:"孩儿知错了,我现在懂得做官的道理了。"

又有一次,鄱阳孝廉范逵来拜望陶侃,住在他们家。当时正是隆冬天气,大雪纷飞。陶母恐怕客人受寒,便把自己睡床上的新褥子拿下来,铺在客人的床上,而自己只垫了些碎草睡觉。并且还半夜里亲自起来铡草,给客人喂马。因为家里缺钱,她又剪下自己的头发,卖给邻居,得了钱,买来酒菜招待客人。范逵知道后,感动地说:"不是湛氏这样的母亲,养育不出陶侃这样的儿子来!"

需卦第五：应顺变化，蓄势待发

【爻词精义】

⊙远隐待机可灭灾　⊙闲逸散淡是平安　⊙进退两难可不好　⊙远离是非地　⊙处境优越要走正道　⊙以礼相待不速之客

经文义解

【题解】

乾下坎上，乾健遇坎险，不遽进以陷于险，需待之义也。阐明事物在发展过程中应当耐心等待时机与事物的发展。

《需》卦卦辞，认为大获，大亨。以刚遇险，等待时机再行动，不陷于险所以是有获，大亨。能看到险在前而不陷，处于险而能脱，难能可贵也。所谓顺从，即指顺从天道也。

【原文】

䷄　需[①]：有孚，光亨，贞吉。利涉大川。[②]

初九　需于郊，利用恒，无咎。[③]

九二　需于沙，小有言，终吉。[④]

九三　需于泥，致寇至。[⑤]

六四　需于血，出自穴。[⑥]

九五　需于酒食，贞吉。[⑦]

上六　入于穴，有不速之客三人来，敬之终吉。[⑧]

【注释】

①需：卦名。下乾上坎，象征等待。需即须，“待也”之意。②孚：诚信。光：

光明。涉:涉越。大川:大江大河。③郊:城邑之外。恒:此指恒心。④沙:沙滩。小:少。言:指口舌是非。⑤致:招来。⑥血:血泊。出:离开。穴:山洞。这里比喻险境。⑦酒食:此指酒宴。⑧入:落入。不速之客:未经邀请而来的客人。速,邀请。三人:三人谓下三阳。按卦当位应得一人,但处于亟需变动之时,不按三人则不能成"讼卦"即下一卦,所以才说,贤不当位,未大失也。

【译文】

需卦　象征等待,是由于前面有险阻。心怀诚信,光明亨通,占得此卦则必将获得吉祥。有利于涉越大江大河。

初九　在郊野中等待,宜于持之以恒,这样,必无灾祸。

九二　在沙滩上等待,被发现因而引起议论,如果能够减少口舌是非,最终能吉利。

九三　在河边泥泞中等待,如果冒进,会招致贼寇到来。

六四　在血泊中等待,能脱离险境。

九五　在酒食宴席中等待,必获吉祥。

上六　陷入险境,三位不速之客来访,但只要以礼待之,最终必将获得吉祥。

【释义】

䷄　需:有孚,光亨,贞吉。利涉大川。

[解读]　虽然遇到了险阻,但是却有信心去努力,故前途畅通;坚持正道,自可化险为夷。

[象释]　天上有雨,一旦时机成熟便会下降。上卦坎为水,象征前方有涉渡之险;然而下卦为乾,乃刚强有力者,只要耐心等待,有信心,"坎"之险终能克服,故有"利涉大川"之辞。

[义理]　克服困难的最好办法,是自信地直面困难,在等待中积聚力量,把握解决困难的良机。

初九　需于郊,利用恒,无咎。

[解读]　耐心等待涉险的时机,恒守正道,所以不会有过失灾难。

[象释]　初九离上卦坎之险陷最远,故有"郊外"之辞;又初九为阳爻,刚毅且富有正气,故有"恒"之说。

[义理]　发现危险宜早而不宜晚,头脑保持冷静则不急躁。

九二　需于沙，小有言，终吉。

［解读］　耐心等待，虽然被议论，但能保持清醒的头脑，结局还是吉祥的。

［象释］　“九二”离坎渐近，犹如涉水者已走到了沙滩上，头脑依然很清醒，等待着涉水的最佳时机，故有“需于沙”之辞。

［义理］　面临危险往往踌躇，只有在等待中抓住最佳的涉险机会，才能获得理想的结果。

九三　需于泥，致寇至。

［解读］　在泥涂中等待，更需谨慎，稍或冒进，便会引祸上身，有如遭强盗袭击那样的不幸发生。

［象释］　九三爻更接近上卦“坎”的水，因而将其位置比喻为最靠近水面的泥涂，面临的灾难程度，也相当于面临打家劫舍的盗寇。

［义理］　愈是危险之境，愈要谨慎；如果轻举妄动，可能引祸上身。

六四　需于血，出自穴。

［解读］　身陷险境受了伤，顺应变化得脱险。

［象释］　“六四”为坎中之爻，象征已入险境，蒙受创伤；但因为阴爻居阴位（得位），以柔应变，终能脱险，故有出“穴”之辞。

［义理］　处在险境之中，老老实实地等待脱险的时机，切不可忿然冲动。

九五　需于酒食，贞吉。

［解读］　美酒佳肴，取之有道，所以吉祥。

［象释］　“九五”阳爻阳位，既得中，又居于至尊地位，所以有“酒食”之喻，且作“贞吉”断语。

［义理］　即便处在险境中，只要品行端正，仍然可以获得很好的结果。

上六　入于穴，有不速之客三人来，敬之终吉。

［解读］　陷入险境，有三位不速之客光临，以恭敬相待，终于逢凶化吉。

［象释］　“上六”阴爻柔弱，又处于“需”卦的极点，只得冒险而进，不料坠入陷穴之中；“上六”与“九三”相应，“上六”既入穴，等待已久的“九三”遂率领下卦的另两个阳爻勇往直前，故有“不速之客三人”之说。因“九三”本与“上六”阴阳相应，“上六”只要仍保持其柔顺本色，自是阴阳感应，故有“终吉”之断语。

［**义理**］ 柔顺是制服刚强的利器。

案例解易

叔向劝谏

晋国有一个昏君晋平公，武艺糟糕，却也偏爱狩猎。有一次他张弓射着了一只鹌鹑，可是没有射死，他赶紧叫侍臣竖襄去抓，没料到鹌鹑却逃走了。平公好容易射着了猎物，却没到手，恼怒之至，把竖襄关了起来，说要杀他。大夫叔向听得满朝窃笑后，于是去找平公，向平公道："怎么样，猎狩得好吗？"平公原以为他是来为竖襄求情的，一听这样说，就松了一口气，说："好什么？竖襄把我射的鹌鹑放走了，害得我两手空空的回来，我要杀了这竖襄！"叔向点道："大王说得对，竖襄是该杀。从前，我们晋国的先君唐叔也曾在这个地方狩猎，他只一箭，就射死了一头大野牛，还用野牛的皮制了一副大铠甲。唐叔以他卓绝的武艺和超人的勇略得到了赏识，受封于晋，创立了晋国，现在传国于您，却射鹌鹑而不死，这竖襄又放跑了鹌鹑，致使大王射鹌鹑不死的事张扬了出去，不是罪该万死吗！所以大王一定要赶快处置竖襄，以免大王的耻辱被诸侯知道而招人耻笑！"平公听了，冷汗出了一身，才知道处死竖襄的后果，赶忙把竖襄放了出来。

叔向的劝谏方式更为聪敏，他顺着晋平公的思路，把其荒谬发挥到极致，再加以参照物的对比，让平公自己看到自己的无能和无理，这在逻辑上，叫"归谬法"。只有全面地了解谈话者的情况，洞察了对方的心理，把握住对方的思路，才能成竹在胸。

讼卦第六：止讼息争，杜绝根源

【爻词精义】

⊙打官司别拖久了　⊙打不赢就赶紧撤　⊙打官司靠自己　⊙打输了就放弃　⊙打官司得讲道理　⊙横行枉法没好果子吃

经文义解

【题解】

讼，争辩也，乾上坎下，上刚以制下，下险以伺上，皆讼道也。《需》卦与《讼》卦的主题是在阐明治乱安危之道。

《讼》阐释在事业的进行中，难免发生争讼，但告诫不可争讼。

争讼不会有结果，宜于化解，不可拖延过久，以致不可收拾。应当退让，自我反省，于争讼之前就当谨慎，不可轻启争端，惹祸上身。知足常乐，韬光养晦，不可逞强争胜。隐思顺其自然，安于正理，必然心安理得。裁判争讼，以至中至正为根本。《讼》卦乃诫人止讼免争也。

【原文】

䷅　讼[1]：有孚，窒惕，中吉，终凶。利见大人，不利涉大川。[2]

初六　不永所事，小有言，终吉。[3]

九二　不克讼，归而逋，其邑人三百户，无眚。[4]

六三　食旧德，贞厉，终吉。或从王事，无成。[5]

九四　不克讼，复即命渝。安贞吉。[6]

九五　讼，元吉。[7]

上九　或锡之鞶带，终朝三褫之。[8]

【注释】

①讼:卦名。下坎上乾,象征争讼。《说文解字》:“讼,争也……”②窒惕:追悔警惧。窒,悔。中:持中不偏。终:指一直争讼不止。大人:指九五。九五以刚爻居正位而得中,是刚健中正的大人。不利涉大川:因为争讼不已,各持己见,无法同舟共济,遇大江河必覆舟。③不永所事:不长久困于争讼之事。永,久长。④不克讼:争讼失利。克,胜。归而逋:逃亡,逃避。邑:卦地,即古代所谓的“国”。三百户之邑是小国。眚:灾祸。⑤食:享受。旧德:指昔日的俸禄。厉:危险。⑥复即命:回心归于正理,复,反,反悔。命:天命。渝:变,此指改变初衷。⑦讼:这里指“决讼”,即审断讼案。⑧或:偶或。锡:通“赐”。鞶:大带。古代根据官阶颁赐的腰带。终朝:终日,整天。褫:剥夺。

【译文】

讼卦　象征争讼。只要心怀诚信,引起警惕,改正错误,持守中和之道而不偏不倚,则可获吉祥;如果始终强争不息,则有凶险。有利于大德大才之人过问,否则不宜于涉越大江大河。

初六　不长久困于争讼之事,应当减少口舌是非,最终可获吉祥。

九二　争讼失利,返回之后就应当逃避;逃到只有三百户的小地方便息事宁人躲过灾难。

六三　安享昔日俸禄,占筮虽有危险,但最终可获吉祥。有时辅佐君王大业,必然碰壁。

九四　争讼失利,改变争讼初衷,则平安无事,占筮可获吉祥。

九五　审断争讼,判明是非曲直,可获大吉大利。

上九　有时由于决讼清明而荣获颁赐的显贵华服,但由于连犯小错一天之内会多次被剥夺。

【释义】

䷅　讼有孚,窒惕,中吉,终凶。利见大人,不利涉大川。

[解读]　诉讼须心持实理,但要去躁抑忿,小心谨慎。适可而止虽能胜诉,但争讼结怨终无善果。倘遇到清官尚可获胜,所以诉讼总是不那么吉祥。

[象释]　内卦(下卦)“坎”象征阴险,外卦(上卦)“乾”象征刚硬有才干,双方格格不入,必有争讼之事发生;以个体而言,内心阴险而外表刚强,亦容易与人

争讼,因而卦名为“讼”。内、外卦的中爻均为阳,缺乏阴阳感应流通,故有窒碍发生;“上九”过于刚强(到了上端极点),有逞强之象,所以“终凶”;“九五”中正刚健,象征居于领导地位的法官大人,然而刚强中正的上卦之下是充满凶险的“坎”卦,因而又有“不利涉大川”的警示。

[义理] 处理任何事情,不可轻启争端;如果纠纷出现了,又应当以调解为上,大事化小,小事化了。

初六 不永所事,小有言,终吉。

[解读] 不要无休止地争讼,即便旁人有些议论,稍稍辨明是非即可见好收场。

[象释] “初六”阴爻阳位,不正;又处最下方,柔弱;与相应的“九四”爻虽然阴阳相感,中间却有“九二”阻碍,在排解纠纷时小有磨难;幸上面的“九四”刚健,有所增援,只要争讼不拖得太久,总会吉祥如意。

[义理] 诉讼的目的在于辨明是非,因此争讼不宜过久。

九二 不克讼,归而逋,其邑人三百户,无眚。

[解读] 争讼失利,逃避到只有三百来户人家的小村僻壤隐居起来,便无灾殃。

[象释] “九二”居坎险中央,本来就喜欢争讼,又与相应的“九五”无阴阳相感之利,故有了落荒而逃的下场。

[义理] 凡事皆不可逞强争胜,发生争执时应退让,多作自我反省,有什么解决不了的呢?

六三 食旧德,贞厉,终吉。或从王事,无成。

[解读] 隐居在祖先遗德所及的地方,坚守正道,自励图强,终能转危为安;倘入仕途,必然碰壁。

[象释] “六三”阴柔,无力与人争讼,只得“食旧德”。

[义理] 自知不力,与人无争;如果不自量力,必然劳而无功。

九四　不克讼，复即命渝。安贞吉。

［解读］　估计争讼不会获胜，便自动撤诉，安于正道，必然吉祥。

［象释］　“九四”阳爻居阴位，有争讼之心而所处地位弱势，有不能获胜之象；由于自知弱势，能改变初衷，退守自保。

［义理］　当止则止，吃亏即是便宜。

九五　讼，元吉。

［解读］　裁决公正，大吉。

［象释］　“九五”在至尊的位置，阳刚中正，象征秉公执法的法官，卦辞中的“利见大人”即指此。

［义理］　诉讼的成败关键，往往在于法官能否秉公办事。

上九　或锡之鞶带，终朝三褫之。

［解读］　即便逞强胜诉，甚至会赏赐到“鞶带”，但在一天之内被连续剥夺了三次。

［象释］　上九阳刚至极，可逞强而获胜诉，但既至极处，不可能持久，故随时有失去所获之象。

［义理］　依靠争讼达到目的，虽荣犹败。

案例解易

崇祯斩草除根

明代宦官之祸惨重之极，到天启年间魏忠贤更是横行无忌，他排除异已，把持朝政，顺我者昌，逆我者亡。魏忠贤网罗了一大批宦官阉党，形成了一股强大的政治势力。此时的明王朝已江河日下，矛盾加剧，危机四伏。年仅 17 岁的朱由检登上帝位，是为崇祯皇帝。他决定狠狠打击阉党，拨乱反正，重整河山。

崇祯继位之初，朝政均由魏忠贤等人主持，包括大臣进宫，魏渐有独揽大权之势。面对咄咄逼人的阉党势力，崇祯深思熟虑，煞费一番苦心。一方面他对魏氏加官进爵，以免打草惊蛇；一方面他不露声色地对其他阉党党羽各个击破，斩除了魏氏的爪牙，遏止了其势力的发展。许多大臣上书弹劾，不少问题涉及魏忠贤或矛头直指魏忠贤。各方面的支持，增强了崇祯彻底铲除魏氏的信心。而魏忠贤对这些一概不知，根本不知道有一张大网将其严严罩住了。

一天，魏忠贤被召入宫，内侍向他宣读了朝臣的奏章，他听后吓出了一身冷汗。他身边已没有多少人，只好重贿受宠的太监徐应元，欲以辞去东厂印为代价，换回身家性命，以图东山再起，崇祯恩准了。接着他大规模地清洗阉党，罢官入狱处死的不计其数，阉党势力严重受创。又下谕旨，贬谪魏忠贤到安徽凤阳祖陵司香，籍没了魏氏家产。崇祯决心一劳永逸，斩草除根，下令锦衣卫抓获所有魏氏奸党。此时，魏忠贤正在去凤阳的途中，得到崇祯的密谕，深知败局无法挽回而上吊自尽了。

魏忠贤一死，树倒猢狲散，余党群龙无首，七零八落，崇祯进一步铲除余患，最终以严厉的手段结束了明代历史上最黑暗的宦官执政的时代。

师卦第七：正义之战，八项注意

【爻词精义】

⊙军纪要严明 ⊙重视一线军务 ⊙用兵应慎重 ⊙打仗要争有利地形 ⊙必须号令统一 ⊙有功者要奖赏

经文义解

【题解】

《师》，兵众也。坎下坤上，“九二”一阳中正，上下五阴皆顺之，率师之象。阐释由争讼终于演变成战争的用兵原则。

战争是凶恶的工具，关系着人民的生命，国家的存亡，所以用兵必须慎重。军队必须是正义之师，统帅必须中庸、公正、老成持重，不可好战喜功。战争必须得到人民的支持，才能战无不胜。这一卦的占断，凶多吉少，强调兵者凶器，告诫用兵必须慎重。本卦可视为《易》中战争思想的提要；蕴含古代早期军事思想的核心所在。

【原文】

䷆ 师[1]：贞，丈人吉，无咎。[2]

初六 师出以律，否臧凶。[3]

九二 在师中，吉，无咎；王三锡命。[4]

六三 师或舆尸，凶。[5]

六四 师左次，无咎。[6]

六五 田有禽，利执言，无咎。长子帅师，弟子舆尸，贞凶。[7]

上六 大君有命，开国承家，小人勿用。[8]

【注释】

①师:卦名。下坎上坤,象征兵众或军旅。《周易集解》:“何晏曰:师者,军旅之名……”②丈人:贤明长者,此指军事统帅。③律:军乐,有号令作用。否:不。臧:善。④在:统率。中:中正。王三锡命:君王多次颁赐奖赏其功。锡,通“赐”。命,诏书。⑤舆尸:以车载运尸体,比喻兵败。舆,大车。此用作状语,表示工具、手段。⑥左次:驻扎在左方。次,驻扎。古人尚右,居左有撤退之势。⑦禽:泛指禽兽。执:捕捉。言:通“焉”。弟子:次子。⑧大君:君王,天子。有命:降下诏命,论功封爵。开国:封诸侯,开创千乘之国。国,诸侯封地。承家:授大夫,承袭百乘之家。承,承袭。家,大夫封地。小人勿用:意为要用君子,不要用小人。

【译文】

师卦　象征军旅。筮得此卦,老将率师出征非常吉利,必无灾祸。

初六　军队出征,必须遵循号令行事;如果军纪败坏,必有凶险。

九二　统率军队出征打仗,只要持守中道,不偏不倚,则可获吉祥,必无灾祸;君王多次颁布诏命,奖赏其功。

六三　士卒时而用大车载运尸体归来。必有凶险。

六四　军队驻扎在左方,准备随时撤退。如此可免遭灾祸。

六五　两军打仗,应先晓以大义;军队只能交付一人统帅;如果让一些庸才分掌兵权,则难逃厄运。

上六　天子颁布诏命,论功封爵,封诸侯于千乘之国,授大夫以百乘之家;要重用君子,不要重用德才都差的小人。

【释义】

䷆　师:贞,丈人吉,无咎。

[解读]　军队是用来讨伐邪恶,维护正义的;统帅由经验丰富的老将担任才会吉祥,无差错。

[象释]　下卦“坎”象征水、凶险;上卦“坤”,象征地、柔顺。要兵农合一,和平时耕田,战争时应征参战。农民的性格柔顺,像大地一般寂然不动;但又是战争时的主力军,此卦意味着在农民中间隐藏着兵,柔顺之中隐藏着凶险。此卦只有“九二”为阳爻,在下卦中央,被上下五个阴爻围护,是此卦总的“统帅”,“六

五”居至尊之位，与“九二”阴阳相应，象征君臣融洽，君王将一切军权委诸统帅。

[义理] 为正义而用兵才是正确的，让老将军带兵才是吉祥的。

初六 师出以律，否臧凶。

[解读] 军队首先要申明纪律；纪律不好的军队，前途必然凶险。

[象释] “初九”是第一爻，象征军队出发征战的初期阶段。

[义理] 战争伊始，严明纪律至关重要。

九二 在师中，吉，无咎，王三锡命。

[解读] 统帅指挥有度，赏罚公正，所以连连获胜，无差错，屡受君王嘉奖勉励。

[象释] “九二”是本卦中惟一阳爻，得到众多阴爻的信赖，又在下卦的中位，阳爻居阴位，外刚而内柔；为帅如此，必能治军而服众；况与至尊“六五”阴阳相应，深得君王宠信，故有“王三锡命”之荣。

[义理] 刚毅中庸，是军队统帅的必具素质。

六三 师或舆尸，凶。

[解读] 统帅轻举妄动，载尸败阵，其凶无比。

[象释] “六三”居阳位不正，象征统帅缺乏御军才能而又刚愎自用，有必败之象。

[义理] 统帅不中不正，后果不堪设想。

六四 师左次，无咎。

[解读] 统帅依兵法布阵于高地左前方，便不会出差错。

[象释] “六四”阴柔，又不在中位，本无胜算；然阴爻阴位得正，又与“坎”险比邻，因而遇事小心谨慎、循规蹈矩，故有“无咎”之象。

[义理] 统帅军队务须小心谨慎，以安全为首务，万不可违反常规一意孤行。

六五 田有禽，利执言，无咎。长子帅师，弟子舆尸，贞凶。

[解读] 两军对仗时应先向对方晓以大义，军队只能交付一人统帅，如果让一些志大才疏的人分权干扰，必然难逃厄运。

[象释] “六五”是这一卦的主体，阴爻、至尊位，象征君王的中庸、仁慈，不

会主动发起侵略战争。只有在不得已情况下才应战,因而是正义之战。

[义理] 这一爻阐述了君王任用统帅的原则,强调统帅必须由老成持重、有一定威信的人担任,必须保持军队中的“一元化”领导。

上六 大君有命,开国承家,小人勿用。

[解读] 君王论功行赏,让有功之人得到正当奖赏;但对于那些居功自傲、有才无德的人,只赏赐金帛之物,不封官任用。

[象释] “上六”是本卦的终极,象征着战争的结束,因而本爻所阐述的是君王论功行赏的原则。

[义理] 论功行赏也有原则可循。对于有功未必有德者,必须谨慎行赏,不可让这一类人拥有政治权力。

案例解易

不骚扰百姓,为第一要义

曾国藩曾作《谕巡捕、门印、签押三条》,他指出,将帅打仗,第一要义是要不骚扰百姓。他说:凡是做将帅的人,都要把不骚扰百姓作为最高原则。凡是做督抚的人,都要把不强求索取下属官员财物为最高原则。督抚和下属官员进行接洽交涉,最频繁、最重要的部门是巡捕、门印、签押三处。明日早晨,经过州县,开始与沿途州县的地方当局发生交涉活动。这里特严格制定了有关几条约法,希望巡捕、门印、签押三处的办事人员认真听取并牢牢记住。

第一,不许凌辱州县地方官员。地方官员无论贵贱贤愚,都应以礼貌来对待他们。一切轻忽怠慢、骄横无礼的态度,他人以此对待自己,使自己无法忍受,自己以此对待他人,他人也是不能忍受的。以前曾发现督抚经过州县辖境,其所属的巡捕、门印、签押及委员等人,在见到州县官员时,都是神色倨傲轻蔑,声音严厉无礼,实在令人痛恨。现在应当彻底改掉这种恶习。凡是见到州县官员及其文职、武职下属官员,一律以和气、谦逊的态度为主,不可稍微流露傲慢的神态,以致出现凌辱地方官员的苗头。

第二,不许收受他人的钱财礼物,一切爱惜自己名誉的人,都不肯随便向人索求丝毫。通常收取他人礼物,最初不过接受茶叶、小菜之类,逐渐地开始收鞍马、衣料,进而是收受金银、古玩。就接受礼物的态度而言,最初不过是应酬交际、联络感情,逐渐发展到以含蓄的方式暗示求取,进而就变为勒索逼迫,公开收受贿赂,都由此开始。今后我处巡捕、门印、签押三处办事人员,务请各自爱惜名誉,不允许收受丝毫的礼物。即使是茶叶、小菜、亲朋好友赠送的小物件,如果不是禀明于我,经过再三斟酌同意接受的,都一律不准收下。假如有人暗中收受,隐瞒不报,严重的戴枷锁,加以棒打,轻微的则开除公职押回原籍。

第三,不许荐举引用个人的亲朋故旧。大凡巡捕、门印、签押等处,是权势集中的地方,人们恐怕不敢不听从他们。于是,他们把自己的亲朋故旧或者引荐到各将领的军队中,或者引荐到各州县的衙门里,即使犯有过失,也可以互相包庇隐瞒,勾结偏袒,危害极大。自此次警告劝诫之后,一律不准将亲朋故旧引荐到军队和州县衙门里,也不准各部队、各衙门接收他们引荐来的人员。

以上三条,巡捕、门印、签押三处各写一份,贴在座位旁醒目之处。如果有人自忖做不到这三条,就趁早辞职离开;如果继续在此任职,就谨慎、认真遵守。我已经告诫了你们,你们也应该加倍自我反省、监督。凡是接待文职还是武职的下属官员,无论官大官小,哪怕他们是佐杂外委这样小官卑职,也必须以礼貌待人,绝不可以恶劣的态度对待他们。至于所送礼物,一概谢绝不收。不管是茶叶、小菜,以及布料、衣服、书籍、字画、古玩、器皿、金银、食物,一律都不能收。也不要引荐人去军队、衙门。这三条,我如果违犯一条,允许各位随员批评指正,并立即改正。

比卦第八：团结互助，宽洪无私

【爻词精义】

⊙以诚信来结交朋友　⊙友情要发自内心　⊙别交结小人　⊙在外交友也要心正　⊙别仗势交友　⊙要始终互信

经文义解

【题解】

“比”，亲比也。“九五”阳刚居于天位，上下五阴皆比而从之，有一人抚万邦，四海仰一人之象。

《师》《比》者，治世中之治法也。盖《师》《比》之兴也，必于天下大治。治极生乱，圣人不得已而用兵，必用长子率师以治乱也。至乱治之后，必有善后的办法，即亲比之教之。是故曰：“《师》以逼正也，《比》以亲辅也。”

《比》卦，阐释亲爱精诚的道理。物以类聚，形成群体，必须相亲相辅，在刚毅中正的领袖领导下，和平相处，才能精诚团结，这是创造共同幸福的根本，永恒的真理，不可迟疑。

相亲相辅的原则，应以诚信为本，发自内心，采取积极主动的态度，但动机必须纯正，亲近的对象，必须择善固执，远恶亲贤。而且应当宽宏无私，包容而不可强求，更应当一本初衷，贯彻始终，才能够精诚团结，一片祥和。

【原文】

䷇　比[①]：吉。原筮，元永贞，无咎。不宁方来，后夫凶。[②]

初六　有孚比之，无咎。有孚盈缶，终来有它吉。[③]

六二　比之自内，贞吉。[④]

六三　比之匪人。[⑤]

六四　外比之,贞吉。[⑥]

九五　显比。王用三驱,失前禽,邑人不诫,吉。[⑦]

上六　比之无首,凶。[⑧]

【注释】

①比:卦名。下坤上坎,象征亲辅。《说文解字》:"比,密也……"②原筮:旧筮。原,追寻之辞。元:下脱一"亨"字,所以"元"即"元亨",意为大吉大利。永贞:占问长期之吉凶。不宁方来:不安宁的事可并行而至。方,邦国。不宁方,意即不愿臣服的邦国。后:迟来者。夫,语气词,无义。③有孚比之:有诚信之心者前来亲辅。盈缶:美酒装满酒坛。盈,满,缶,大肚小口,用来盛酒的瓦器。终来有它:最终会发生意外情况。④自内:来自内部。⑤匪:通"非"。⑥外比之:向外亲辅。⑦显比:光明正大的亲辅。显,显明。王用三驱:君王用三驱之礼狩猎。三驱,三面驱围,网开一面,这是天子田猎之礼。失:逃走。禽:泛指禽兽。诫:惧怕。⑧无首:没有首领,即没用对象。

【译文】

比卦　象征亲辅。筮得此卦吉祥。古人当年筮遇此卦,大吉大利,宜于占问长久之事,没有灾祸。不愿臣服的邦国来朝,迟缓而来者必有凶险。

初六　胸怀诚信之心前来辅佐,没有灾祸。如果诚信之意如美酒满坛,最后即使发生意外情况,也会吉祥。

六二　亲近辅佐来自内部,筮得此爻可获吉祥。

六三　所亲辅的人并不是应当亲辅者。

六四　向外亲辅,筮得此爻可获吉祥。

九五　光明正大地亲辅。君王狩猎,三方驱围,网开一面,任凭前方的禽兽逃逸。这样仁义宽宏,使人们都不会产生惧怕之心,当然也会吉祥。

上六　希望亲辅而找不到首领,必有凶险。

【释义】

䷇　比:吉。原筮,元永贞,无咎。不宁方来,后夫凶。

[解读]　相亲相助必然大吉,即便占筮问讯也是大吉大利,不会有灾难。违心地附和者,迟来必然凶险。

[象释] 下卦“坤”为地，上卦“坎”为水，地因水而柔，水因地而流，以两者关系比喻相亲相助。本卦主爻“九五”，阳爻阳位，至尊刚健，五阴爻相随，相亲相助，“比，吉”。

[义理] 此卦与“师”相反，阐述人际相亲相助、国与国之间宽容共处的原则。

初六 有孚比之，无咎。有孚盈缶，终来有它吉。

[解读] 建立在诚信基础上的相亲相助，不会有错。诚信的基础如同满罐的酒一样充实，最终会有意料不到的好结果。

[象释] “初六”是本卦的开始，说明人与人的相亲相助应从诚信（“孚”）开始。

[义理] 相亲相助的基础，是诚信。基础越充实，亲、助关系也越牢靠。

六二 比之自内，贞吉。

[解读] 亲近辅佐发自内心，吉祥。

[象释] 阴爻阴位，居下卦之中，又与“九五”阴阳相应，因而柔顺、中正，象征相亲相助发自内心而纯正。

[义理] 相亲相助是外在的表现，须以发自内心的纯正的动机为其内涵。

六三 比之匪人。

[解读] 不能与心怀叵测的人相亲相助。

[象释] “六三”阴柔，不中不正，相应的“上六”亦阴爻，以致格格不合，不是应当相亲相助的人。

[义理] 相亲相助的对象，必须有所选择。

六四 外比之，贞吉。

[解读] 向外亲近比自己贤明高尚的人，只要动机纯正必然吉祥。

[象释] 阴爻阴位，得正，且与阳刚、中正的“九五”比邻相亲，故有“外比”之论。

[义理] “六四”从另一方面说明相亲相助对象的选择问题，即应该积极主动地向贤明高尚的人靠拢，与之相亲；当然，这样的“高攀”与趋炎附势截然不同，因为有着纯正的动机。

九五　显比。王用三驱，失前禽，邑人不诫，吉。

［解读］　相亲相助的原则是宽宏，就像天子狩猎，网开一面，凡不愿投入网中一味前逃的猎物一概不追。有这样的仁义宽宏，父老乡亲不会产生戒惧惶恐之心，因而吉祥。

［象释］　“九五”至尊，故以天子狩猎作比喻。作为本卦中惟一阳爻的“九五”，理应以宽宏的姿态对待追随亲近他的其他五个阴爻。

［义理］　人心不可强求，应以自己的宽宏、仁义之心加以感化，令其自动地发乎内心。

上六　比之无首，凶。

［解读］　相亲相助，没有好的首领，必然凶险。

［象释］　“上六”阴柔到达极点，又无阳爻相应，得不到属下的亲近与相助，故“凶”。

［义理］　做事情得有人牵头。

案例解易

冯谖为孟尝君买“义”

孟尝君是战国四公子之一，门下有食客数千人。有天他向食客询问谁熟悉会计业务，可以为他到薛地去讨债。冯谖就说他可以胜任。于是套上车，整理好行装，载上券契就要出门。临走时，冯谖向孟尝君告辞，他问：“债收完后，买点什么东西回来呢？”孟尝君回答说：“你看我家还缺什么就买什么。”冯谖到了薛地，召集应当还债的老百姓，都来合契据。合了契据后，他假托孟尝君之命将债款赐给老百姓，并将一车券契当场焚毁。老百姓感恩戴德，高呼感谢。冯谖驱车马不停蹄地回到齐国。孟尝君对他的速归十分惊奇，穿戴得整整齐齐出来接见他。孟尝君问：“债款都收完吗？”冯谖回答说：“收完了。”“买了什么东西回来？”冯谖回答说：“您说‘看我家还缺什么就买什么’，我私下考虑，您的宫中珍宝堆

积如山,门外肥马满厩,后宫美女比肩,您家所少的就是‘义’啊。我私下用债款替您买回了‘义’。”孟尝君问:“你是怎么替我买‘义’的?”冯谖说:“您现在只有个小小的薛地,却不抚爱那里的老百姓,因此,我就用商人之道向人民图利。我私自托您的命令,将债款赐给老百姓,将那些债券全部焚烧,老百姓都很感激。这就是我用来替您买义的方法啊。”孟尝君很不高兴地说:“先生算了吧。”

一年之后,齐王不信任孟尝君了,撤了他的职,让他前往自己的封邑薛地。孟尝君的车马离薛地还有百里,老百姓就扶老携幼,争先恐后地赶到路上迎接。看到这个情景,孟尝君对冯谖说:“先生替我买回的‘义’,今天才见到了。”

后来冯煖又促使齐王恢复了孟尝君臣相的职务,并让孟尝君向齐王请求先王传下来的祭器,在恭地建立宗庙。这些都是纵横家的熟路子。只有买义这一件事,高于千古,不是战国时那些策士们所能达到的。想保国保家的人,都应当效法他。

小畜卦第九：冲破阻碍，积聚力量

【爻词精义】

⊙营造小我 ⊙与人合作 ⊙可能会有人离开你 ⊙一定讲信用 ⊙共同致富 ⊙不能轻举妄动

经文义解

【题解】

小者，阴也，畜者，止也。阴阳贵乎得位，此卦“六四”一阴得位，上下五阳皆顺之，是为《小畜》。

“风行天上”，雨比恩泽，恩泽未下；风比德教，德教在上未及下，故皆为《小畜》之象。本卦的卦旨在于说明，事物发展过程中“小畜大”与“阴畜阳”的道理。

同时又着重阐明因应一时困顿的原则，在成长的过程中，往往因力量不足，发生不得不停滞不前的现象，但并不足以阻止行动，而是在蓄积整顿，为下一步行动做准备。因而，应坚定信念，一本初衷，为实现自己的理想，全力以赴；应本中庸的原则，刚柔并济，精诚团结，共同奋斗。

应断然解除一切羁绊，应以诚信为感召，自助助人，才能结合所有力量，获得一切支援，达到实现理想的目的。

最后再以盈满告诫，不可贪得无厌，必须适可而止，蓄积过度丰盛，因满招损，反而凶险。

本卦虽以阴为主爻，但是，仍以“扶阳”为根本归宿。

【原文】

䷈ 小畜[1]：亨。密云不雨，自我西郊。[2]

初九　复自道,何其咎,吉。③

九二　牵复,吉。④

九三　舆说辐,夫妻反目。⑤

六四　有孚,血去惕出,无咎。⑥

九五　有孚挛如,富以其邻。⑦

上九　既雨既处,尚德载,妇贞厉。月几望,君子征凶。⑧

【注释】

①小畜:卦名。下乾上巽,象征小有积聚。小,少。畜,通“蓄”。②自我西郊:浓云从我邑西郊而起。③复自道:即自复其道,自己归返本身的道行。复,返。道,性质。④牵:牵连。⑤舆:大车。说:通“脱”。辐:古代车子上接连车身与车轴的部件。反目:怒目相视,形容关系失和。⑥孚,古俘字。血去惕出:抛弃忧虑,排除惊恐。血,通“恤”,忧虑。惕,警惕。⑦挛:拘系,捆绑。如:样子。富以其邻:与邻人同富。以,与。⑧既雨既处:天已降雨,雨已停息。处,止。尚德载:还可以运载。德,通“得”。几望:即既望,古代历法,每月十六日为“既望”。征:出征。

【译文】

小畜卦　象征小有积聚,筮得此卦亨通顺利。浓云密布却不降雨,云气从我邑西郊升起,终归会下起大雨。

初九　回归自身的道行,就不会有什么灾祸。筮得此爻吉祥。

九二　被外界牵连而复归自身道行,也能获得吉祥。

九三　象车身与车辐相脱离那样,夫妻反目为仇而离异。

六四　捕获了俘虏,排除了忧患,但仍须保持警惕,如此必无灾祸。

九五　有携手共进的诚信,与邻人共同殷实富有。

上九　天上已经降下大雨,大雨也已经停息,功德圆满当适可而止,妇人筮得此爻必有危险。在月内既望之日,君子如果出征,必有凶险。

【释义】

☴ 小畜:亨。密云不雨,自我西郊。

[解读]　小有积聚,亨通顺利。天空布满了乌云,却不下雨,云是从城的西郊方向升起来的。

［象释］ 下卦“乾”是天，上卦“巽”是风，天上生风，表示正处于为普降甘霖的积聚酝酿之中。然而整个卦只有“六四”是阴爻，一阴畜养五阳，力所不逮，在前进过程中，有时不得不稍作停顿，所以用“密云不雨”作为比喻。西为阴，力量还不足以下雨的云从西而来，即象征阴的力量尚不足以随心所欲地施展其抱负。

［义理］ 在事业的发展过程中，有时难免需要稍事停顿，积聚力量以利再进。

初九　复自道，何其咎，吉。

［解读］ 返回本来应走的道路上去不是过失，而是吉祥。

［象释］ “初九”阳爻阳位，又与“六四”阴阳相应，所以前进的道路上不会发生差错，而吉祥无比。

［义理］ 出发点正，前进道路上能得到别人的帮助，这是事业发展的必要条件。即使目前尚处于初始阶段，其锦绣前程亦不难预测。

九二　牵复，吉。

［解读］ 被外界牵连而复归于正道，吉祥。

［象释］ “九二”阳爻居阴位，刚中有柔，又处于下卦的中位，谨守中庸原则，因而能团结同志，一起前进。

［义理］ 团结就是力量，在遇到阻碍的时候，如果能够把握中庸的原则，团结同志，一起去冲破阻碍，便能达到理想的效果。

九三　舆说辐，夫妻反目。

［解读］ 轮轴可以分脱，夫妻亦有反目。

［象释］ “九三”阳爻居阳位，刚强过甚；相对应的“上九”亦为阳爻，无阴阳感应之象。虽然与“六四”阴阳相接，然而“九三”志不在“四”之位，因而貌似相近，有如舆与辐、夫与妻之亲近，神则不合，必有“脱”、“反目”之举。

［义理］ 在前进途中，必然有一些暂时的、貌合神离的所谓“朋友”，然而心志不同，到了一定的时候，必然成为陌路人。

六四　有孚，血去惕出，无咎。

［解读］ 远离血光之灾和忧患恐惧，仍须保持警惕，才能平安地生活。

［象释］ “六四”处身于阳爻的重重包围之中，似乎很危险；然而阴爻居阴

位，怀柔以待人，因而能避免伤害，消除忧患。

［义理］　在排除阻碍的前进过程中，只要心怀诚信，以柔顺待人，便能得到别人的谅解援助。

九五　有孚挛如，富以其邻。

［解读］　有携手共进的诚信，不但自己富有，还帮助邻居一起富有。

［象释］　“九五”至尊中正，有实力，可以帮助相邻的上下两爻。

［义理］　本爻说明自助助人不独富的道理。只要去除私欲，乐于助人，不但能自己富有，也可以使别人富有，从而得到别人的尊敬与协助。

上九　既雨既处，尚德载，妇贞厉。月几望，君子征凶。

［解读］　积云终于成雨，阴阳终于和顺；功德圆满，当适可而止；妇人过于贞烈，反而危险；月亮近圆时，正是缺的开始；君子的行动稍有不慎，便会遭致凶险。

［象释］　“上九”是蓄积的极点，因而充满向反面转化的态势。雨、德、妇贞、月等，都是借物取譬。

［义理］　物极则反是事物发展的基本规律。

案例解易

伺机而起，李渊称帝

隋大业十三年(617)，一直在韬光养晦的隋朝太原留守李渊，见时成熟，毅然起兵反隋。

当时东、西突厥再度强盛，太原又地处突厥骑兵经常出没袭扰的地方，为解后顾之忧，李渊亲自用十分卑恭的口气给突厥写信求和，并以厚礼相赠，希望得到援助。突厥始毕可汗却回答说，李渊必须自立为天子，突厥才会派兵马来援助。

见强大的突厥希望李渊为天子，李渊属下将士包括文臣谋士，无不欢呼雀跃,纷纷劝李渊赶快做把龙椅,登上皇位。李渊当然也在做称皇称帝的美梦。但此时,他却异常冷静,考虑得很多、很细。

当时全国农民起义风起云涌,他们大多打着明确的推翻隋王朝的政治旗帜,使饱受隋炀帝横征暴敛的穷困百姓趋之若鹜,农民军声势迅速壮大。李渊当然也要取代隋炀帝,但他想,他还不是农民起义军,因为他所要依靠的对象主要是新兴的贵族、官僚和豪强势力。这股势力中的人与农民不同,他们具有浓厚的"忠君"意识,他们只反对某一个皇帝,只要用一个"明主贤君"去代替当朝的"暴君昏君",绝不容许有人推翻整个政治制度。而今隋王朝行将没落,中央集权名存实亡,而地方贵族、官吏则拥兵自重,具有很大的实力。他们为确保自己割据地位而控制的武装力量,无论在武器装备还是战斗力方面,并不亚于朝廷的正规部队,而手持锄头竹竿的分散农民力量是无论如何也无法与其抗衡的。

再说,从隋炀帝前不久镇压杨玄感反兵之迅速、果断和残忍来看,杨广对于贵族阶层的叛乱更为深恶痛绝。隋朝虽行将就木,但它毕竟是一国政权的所在,如果隋炀帝集中力量来剿灭李渊,那么此时此刻恐怕有 10 个李渊也是难逃灭顶之灾……

经过再三考虑,李渊否决了部下的建议,不仅没有自立,反而打出了"尊隋"的旗号,尊隋炀帝为太上皇,立留守关中的杨广之孙代王杨侑为新皇帝,并移檄郡县,改易旗帜。这样,在突厥方面看来,李渊声势浩大,马上便要自立,自己的建议已被采纳,不再随意侵扰,并有条件地给予了支持。而在隋政权看来,当然怀疑到李渊身藏野心,但毕竟打着尊隋的旗号,现在明目张胆要推翻隋政权的农民军多如牛毛,已无力对付,哪还能专力去攻李渊?因此,除了作一些少量的防御布置外,一时间从未对李渊发起过主动的攻击围剿,李渊便乘机有计划有步骤地发展壮大起来。

更重要的是,李渊的尊隋旗帜迎合了"忠君"思想浓厚的贵族士大夫阶层。而且李渊新立代王杨侑为帝,在这批人看来,朝廷官僚便有一次大换班的过程,对他们是一次难得的升官发财的机会,谁先加入李渊部队,谁便会抢到更好更多的先机。于是,众多手握精兵的贵族士大夫们纷纷涌入李渊部下。李渊的实力急剧强大起来。

当然,李渊尊隋毕竟是个权宜之计,他只把隋朝当做一棵正在快速腐朽过程中的大树。当自己刚刚破土、尚处幼苗之时，机敏地把苗根一下扎在这棵大树之上，饱吸树中水份养料（如隋朝的贵族士大夫阶层等），又借大树遮风挡雨，甚至让大树误认为这棵小苗乃是自己身体的一部分而加悉心保护（如李军在与其它农民军交战时，隋朝往往追迫农民军而寄妄想于李唐军队），从而获得迅速壮大的有利条件。而等到时过境迁，李渊便一脚蹬开隋朝这截烂木头，建立唐王朝，从而去赢得更为广大的民众之心。

借棵大树暂寄身。唐军借此办法迅速地从幼小变成了强大，李渊用计何其妙也！

履卦第十：如履虎尾，终得吉祥

【爻词精义】

⊙走自己的路 ⊙心胸坦荡走大道 ⊙踩在虎尾上要小心 ⊙知道险情要早避开 ⊙没条件别瞎干 ⊙积累经验，调整策略

经文义解

【题解】

本卦阐释实践理想，履行责任的原则，以“履虎尾”象征，充满危机感，不可不戒惧。应以柔顺和悦中庸的态度，小心谨慎去践履。应该坚定平素的志向，不被世俗诱惑，独立特行；又宜心胸坦荡，择善固执，甘于寂寞。应知量力守分。不可逞强冒进。

【原文】

䷉ 履：虎尾，不咥人，亨。[①]

初九 素履往，无咎。[②]

九二 履道坦坦，幽人贞吉。[③]

六三 眇能视，跛能履，履虎尾，咥人，凶，武人为于大君。[④]

九四 履：虎尾，愬愬，终吉。[⑤]

九五 夬履，贞厉。[⑥]

上九 视履考祥，其旋元吉。[⑦]

【注释】

①履：这里有二义：一为卦名，下兑上乾，象征谨慎行走。但未以卦名形式出现，而是出现在卦辞里。二为卦辞的一部分之意，意为践或踏。篇，咬。②素：质

朴无华。履:此为谨慎行走的意思。③幽人:安适恬淡之人。④眇:目盲即眼不能视。武人:勇武之人。为:作为。大君:君王,天子。⑤愬愬:恐惧的样子。⑥夬:果决。⑦视:回顾。考:考察。祥:此指吉凶祸福的征兆。旋,返。

【译文】

履卦 象征谨慎行走。行走时不慎而踩住了老虎尾巴,老虎却不咬人,亨通顺利。

初九 衣着质朴无华,谨慎行走,无论做什么事都没有灾祸。

九二 在宽阔平坦的大道上谨慎行走,安适恬淡之人占问此爻可获吉祥。

六三 目盲却偏要观察,足跛却偏要行走,结果踩住了老虎尾巴,老虎就咬起人来,占问此爻必有凶险;勇武之人治理政事。

九四 行走时不慎踩了老虎尾巴,内心要保持警惕谨慎,最后总能获得吉祥。

九五 贸然前行,不顾一切,占问有危险。

上九 回顾自己谨慎行事的经历,从中考察吉凶祸福的征兆,然后转身返回,大吉大利。

【释义】

☱ 履虎尾,不咥人,亨。

[解读] 踩到了老虎尾巴,也不被咬,安然通行。

[象释] 本卦的下卦是“兑”,上卦是“乾”。“兑”象征和悦,“乾”象征刚强,“兑”在“乾”后面,故有“履虎尾”之说;然“兑”之和悦,有礼貌,使刚强的“乾”并未生气,故有“不咥人”之说。又,“兑”为泽,“乾”为天,泽在天下,符合自然法则,即“礼”的规范,故有“履”(礼节)之卦名。《说文》:“礼,履也。”

[义理] 践履以礼,无往而不行。

初九 素履往,无咎。

[解读] 衣着质朴无华,我行我素,前进途中才不会有过失。

[象释] “初九”在最下位,象征有才能者甘居底层不为非分之利、非分之位所动。

[义理] 实践理想,履行责任,应该从一开始便确立特立独处、不随世俗的心志,这样,可以确保前进时的不迷茫。

九二　履道坦坦，幽人贞吉。

[解读]　心胸坦荡，不求闻达，执着于正道，必然吉祥。

[象释]　“九二”以阳爻处于下卦之中位，故有“坦坦”之称；然而阳爻刚健，易躁进，故又以“幽人”戒喻之。

[义理]　君子坦荡荡，小人常戚戚。同时，君子循礼而行，保持心态的幽静安恬，这样，才会有好的结果。

六三　眇能视，跛能履，履虎尾，咥人，凶，武人为于大君。

[解读]　独眼虽能观物，难免偏颇；跛子虽能行走，终不安稳；这就好比踩住虎尾，而被咬伤，又像武夫治政一样不正常。

[象释]　阴爻居阳位不正，况又偏离下卦的中位，所以用“眇”、“跛”以及“武人”为君作比喻。

[义理]　践履应当以礼为本，否则，就会像眇目视物、跛子走路一样不合正常的行为规范。这样的行为，不可能得到别人的谅解，就像武夫治政一样不合正道，不可能使天下安宁。

九四　履虎尾，愬愬，终吉。

[解读]　踩住老虎尾巴时，只要处置谨慎，小心翼翼，终能吉祥。

[象释]　“九四”阳爻居阴位，亦不在上卦的中位，不中不正，处境危险，有如踩上了虎尾一般。但它又不同于“六三”的柔弱者逞强，而是刚强者态度柔顺，故能避免凶险，转危为安。

[义理]　在处境危险的情况下，以柔制刚符合履礼的原则是一个可行的脱险方法。

九五　夬履，贞厉。

[解读]　刚愎自用，一意孤行，必有危险。

[象释]　“九五”阳爻阳位，又处至尊地位，象征刚强果决；下卦“兑”为和悦顺从，造成“九五”独断专行，故有“夬履”之辞，夬，同“决”，果断，用强之义。

[义理]　有才能有地位本为好事，然而在一定的环境下，又往往滋长出恃才傲物、刚愎自负的性格。本卦的辞义，正在于对一意孤行必然危险的告诫。

上九　视履考祥，其旋元吉。

［解读］　行为审慎，思虑成熟圆满，则能大吉。

［象释］　“上九”为本卦的最后阶段，是福是祸，须看实践的结果。

［义理］　在实践的过程中，必须检点行为，周密思虑，则难免前功尽弃。

案例解易

楚庄王临危谈家常

取威称霸不但需要征服外敌，而且还需要治理内政。因此，成就霸业者的韬略，不仅体现在对外敌征战过程中，在对内部的管理统治上，也体现着许多计谋策略。特别是在一些突出事件面前，如何对待、应付、处置，最能显现出谋略家的智慧和胆略。

楚庄王九年(前605)，当楚庄王问鼎中原的时候，其令尹鬬越椒乘机在国内发动了叛乱，杀死留守后方的官员，并出兵阻止庄王回国。庄王闻变，急速回兵，在漳之地与鬬越椒相遇。庄王用将儿子送给鬬越椒做人质的方式，同鬬越椒讲和，没有获得成功，只好列队厮杀。

首次交锋，两边各出两名大将。庄王在战车上，亲自执袍，击鼓督战。鬬越椒在远处望见，驱车直奔庄王，弯弓搭箭，射了过来。鬬越椒是有名的射手，然而，此时因心急用力过猛，再加上箭头锋利，箭穿过车辕和鼓架，射到了铜钲上。庄王的左右卫士赶紧用大竹笠来遮挡。鬬越椒又是一箭，箭头穿过车辕，射在庄王身旁的笠毂上。有人拔下鬬越椒射来的箭一看，只见这两支箭比一般的箭长许多,并且箭镞异常锋利,大家无不吐舌,有的还吓得向后倒退。眼看王师要被鬬越椒的气势吓倒。

在这危急时刻,庄王立即对身边的人说:“我们的先君在攻克忽国时,曾经获得 3 支利箭,后来被鬬越椒偷去两支。这两支箭现在已被他用完了,大家不用怕。”同时,还派人到军中去宣扬此事,以安定军心。

军心稳定后,庄王组织反击,并亲自擂鼓指挥。王师将士奋力拼杀,鬬越椒的叛军大败。鬬越椒被杀,追随他反叛的若敖族也全被处决。赢得了平息内乱的胜利。

楚庄王面临危机,用与身边的人谈家常的方式,揭穿敌手的底细。这实际上是一种临危不乱的谋略。临危不乱,历来是大智大勇者的基本素质,因而也是人们广为推崇的重要谋略。作为一个决策者,在危机面前不慌张、不忙乱,这对于稳定局势,安定人心,稳住阵脚,具有至关重要的作用。

泰卦第十一：阴阳和畅，万物并作

【爻词精义】

⊙要有所进取　⊙还是应该注意一点　⊙别被诱惑所动　⊙诚以待邻　⊙也应笼络人心　⊙亡羊补牢有啥用

经文义解

【题解】

本卦阐释持盈保泰的原则。创业固然艰难，守成更加不易，不可以既有成就为满足，唯有精诚团结，力求发展，始可不断开创新局面。应知物极必反，惟有坚持理想，才能突破。居安应当思危，不可轻举妄动，应以促进团结为本，态度光明磊落，把握中庸原则，兼容并蓄，刚柔相济，选贤用能，修明政治，于安定中要求进步。当盛极而衰，颓势不可抗拒时，唯有因势利导，使损失减少到最低限度。

【原文】

䷊　泰[1]：小往大来，吉，亨。[2]

初九　拔茅茹，以其汇，征吉。[3]

九二　包荒，用冯河，不遐遗，朋亡，得尚于中行。[4]

九三　无平不陂，无往不复，艰贞，无咎。勿恤其孚，于食有福。[5]

六四　翩翩，不富以其邻，不戒以孚。[6]

六五　帝乙归妹，以祉元吉。[7]

上六　城复于隍，勿用师。自邑告命，贞吝。[8]

【注释】

①泰：通也。②小往大来：小的往外，大的来内。③茹以其汇：意为草根牵连

其同类。茹,草根。以,与。汇,类。④包:包容。荒:大川。冯:涉越。不遐遗:不因偏远而遗弃。遐,远。朋,同道,同党。⑤陂:山边、水旁倾斜之处。艰贞:占问患难之事。勿恤其孚:不必忧虑返还。恤,忧。孚,返回。于食有福:有口福之吉。⑥翩翩:鸟疾飞的样子,比喻人举止轻浮。戒:戒备。孚:同俘。⑦帝乙归妹:帝乙嫁女。帝乙,商代帝王,一说为成汤,一说为纣王之称。归,女子嫁人。妹,少女。以祉:以之祉,意为因此而得福。以,因。之,代“帝乙归妹”。祉,福。⑧城复于隍:城墙倾倒在城壕之中。复,覆。隍,城下沟壕。勿用师:不可出兵征战。师,军队。告命:祷告天命。

【译文】

泰卦　象征通泰。弱小者往外发展,刚大者主持内部,筮得此卦必获吉祥,亨通顺利。

初九　拔除茅草而牵连其同类,茅草被拔起离开地面向上是吉利的,兴兵征战可获吉祥。

九二　如果有包容大川的胸怀,则可以涉越江河,对患难的朋友也无所遗忘;互帮互助一路前行。

九三　没有只平直而不倾斜之地,也没有只出行而不再次返还的人;此爻占问患难之事,没有灾祸。不为复返而忧虑,如此,则吉。

六四　往来翩翩,举止轻浮,因不与其邻人共同富有,因不加戒备而被俘。

六五　帝乙嫁女,因此而获得福泽,非常吉利。

上六　城墙倾倒在城壕之中,不必动用很多人去修城征战。在城邑中祷告天命,占问必有艰难之兆。

【释义】

䷊　泰:小往大来,吉,亨。

[**解读**]　弱者往外发展,强者主内,顺应了自然规律,所以吉祥亨通。

[**象释**]　“乾”为天,本应在上,现却在下;“坤”为地,本应在下,现却在上。故“泰”卦之象表示:天因轻而上升,地因重而下沉,于是形成天地密切交合,阴阳沟通和畅的局面。阴小阳大,地小天大,“坤”跑到了外卦,故曰“小往”;“乾”来到了内卦,故曰“大来”。

[**义理**]　人们应该效法大自然的这一法则。以人事而论,上下级之间应沟

通意见，同心协力干事业；以个人的品性而论，应外柔内刚，具有君子风度。

初九　拔茅茹，以其汇，征吉。

［解读］　拔起一把茅草，发现它们的根系紧紧缠连在一起，这正是茅草茂盛的原因所在，利于出兵。

［象释］　“初九”为地爻的下位，故以茅草的根（“茹”）作比喻。内卦的三个阳爻只有紧密团结在一起，才有力量上升到应去的位置。

［义理］　如果能像茅草的根系那样紧密团结，前途一定会灿烂。

九二　包荒，用冯河，不遐遗，朋亡，得尚于中行。

［解读］　有宽广的胸怀，可涉越江河，还冒险携同伴共泅；两人死里逃生，互帮互助一路前行。

［象释］　“九二”阳爻居阴位，以处于下卦中位，象征外表刚强，内心柔和，富有正气，所以有与朋共生死的举动，能携带着上、下两阳爻一起上升。

［义理］　“同舟共济”，才有可能无往不利。

九三　无平不陂，无往不复，艰贞，无咎。勿恤其孚，于食有福。

［解读］　没有平地哪有坡，没有往何谓来？这是大自然不变的法则；毋须忧虑而应坚信这一法则，准能过上好日子。

［象释］　“九三”是下卦的最上端，象征处于下卦的“乾”，在三阳合力奋斗之下，终究会升上去；而处于上卦的“坤”之三阴爻，很快便要降下来。“无往不复”，正是对卦辞“小往大来”的进一步阐解。

［义理］　本爻以平与陂、往与来明白地揭示了对立统一是自然界的普遍规律。任何事物，都是相对立而存在，又通过相互转化而推进事物的发展。

六四　翩翩，不富以其邻，不戒以孚。

［解读］　巧言欺人，不与邻人共富有，不加戒备而被俘。

［象释］　“六四”为阴爻阴位，过于柔顺反为媚态，因而有“翩翩”之辞；六五、上六均为阴爻，与之共同组成上卦，因而有“其邻”、“不戒”之说。

［义理］　这是对“无平不陂、无往不复”的深入，柔顺本为好事，但是一旦到了极端，便会走向反面，成为无人信赖的虚伪，令人作呕的媚态。

六五 帝乙归妹，以祉元吉。

[**解读**] 帝乙将妹妹下嫁给贤能之士，这是件值得庆贺、大吉大利的事情。

[**象释**] “六五”阴爻居至尊位，象征天子之妹；与之相应的“九二”阳爻居阴位，外刚而内柔，又居于下卦中位，是一位贤能正直之士，“六五”与之联姻，必然“元吉”。

[**义理**] 在安泰时期，统治者同样要注意与贤德有才能的人保持密切的联系，要真心实意地亲近他们，信赖他们。

上六 城复于隍，勿用师。自邑告命，贞吝。

[**解读**] 城墙倾倒于旱池中，百姓向君王请命，不要派兵出征；战争虽属正义，亦恐难免取辱。

[**象释**] “上六”为本卦极处，阴爻阴位，已经弱不禁风，故有墙倒之喻。然而物极则反，上卦三阴爻上升到达极点后必然要“复”归于下，其势必然，故又有“吝”之断语。

[**义理**] 盛极而衰，泰极否来，这是不以人的意志为转移的客观规律。即使人们意识到了转化的趋势，亦不可能将其逆转。此时，顺应自然是最聪明的做法。

案例解易

和而不同

齐景公二十六年（前522）的冬天，有一次，齐景公打猎归来到达遄台，当时晏子在一旁侍候，梁丘据也驱车匆匆忙忙地赶来。此时，景公对晏子说：“只有梁丘据与我比较和谐啊！”晏子回答说：“你们之间只是‘同’，不是‘和’。梁丘据只是一味迎合您，和您保持一致而已，怎么谈得上是和谐呢？”景公奇怪地问道：“难道和谐与保持一致还有区别吗？”

“当然有区别。”晏子答道：“和谐就像做羹汤一样，用水、火、醋、肉酱、盐、梅来烹调鱼肉,先用火烧煮,再由厨师搅拌把它们糅合在一起,使味道适中,太淡了再增加调料,太浓了就加水冲淡。这样,人们吃起来才会津津有味,身心愉快。君臣关系也是同样的道理。君主认为是正确的,要是意见中也有不正确的成分,当臣下的就应该贡献出自己的意见,否定君主意见中不正确的部分,使合理的部分更完善;被君主否定的东西,也可能是正确的,臣下就应陈述可以肯定的理由,帮助君主改正他的错误决定。这样,国家才会政治稳定,减少失误。所以《诗经》说:'又有羹汤实鲜美,五味齐全散芳香,心中默默暗祷告,无人争吵秩序良。'先王调和五味,谐调五声,就是用来稳定人们的内心,以完成政事的。音乐的作曲和厨师作汤,同从事政治活动是一个道理,味道有五种,音乐也有五种声音相配合才能成曲调,使人们听起来悦耳,感到心平气和。"

最后晏子把话题转到梁丘据身上,他说:"梁丘据这个人,可不是这样。他对君主的话随声附和,君主认为是错的,他就说'不对';君主认为是正确的,他就连声说'是'。这样,就好比在水里面加进水,毫无味道,谁会去吃它呢?又好像琴瑟,只弹一个声音,谁会去听它呢?可见,在君臣关系上,不能一味地逢迎和保持一致,就是这个意思。"

从这个故事中可以看出,晏子是主张"和"而反对"同",也就是主张君臣之间的互相交流,取长补短,达到和谐,反对君臣关系中的唯唯诺诺,盲目的保持一致。在我国古代,"和""同"问题既是一个重要的哲学问题,同时,将这一问题的哲学认识运用到实践工作中去,又是重要的谋略思想。

否卦第十二：阴阳相背，万事不顺

【爻词精义】

⊙同流合污并不好 ⊙这世道要想开点 ⊙想办法打通关节 ⊙将来走着瞧吧 ⊙有德者得民心 ⊙苦尽甘来

经文义解

【题解】

《泰》《否》二卦者，即《乾》《坤》二卦也。夫《乾》《坤》《泰》《否》四卦，乃六十四卦之准则也。

《序卦传》说："《泰》者通也，物不可终通，故受之以《否》。"物极必反，通畅之后，接着就是闭塞了。

《否》卦，阐释由安泰到混乱，由通畅到闭塞，小人势长，君子势消的黑暗时期终于到来的应对原则。当此反常时期，君子应当提高警觉，巩固团结，坚定立场，伸张正义，防患于未然；但也应当觉悟，泰极而否，为必然现象，人力难以挽回，坦然接受，先求自保。小人恬不知耻，一旦得势，无所不用其极，尤其应当时刻警惕，避免遭受伤害，无谓牺牲。当小人势力显露衰败迹象时，也不可轻举妄动，必须谨慎，集中力量，把握时机，给以致命的一击。更应当特别防范，小人穷凶极恶的反击，否极必然泰来，黑暗不会长久，应当坚定信心，不必动摇。

【原文】

䷋ 否：否之匪人，不利君子贞，大往小来。①

初六 拔茅茹以其汇，贞吉，亨。②

六二 包承，小人吉，大人否，亨。③

六三　包羞。[4]

九四　有命,无咎,畴离祉。[5]

九五　休否,大人吉。其亡其亡,系于苞桑。[6]

上九　倾否,先否后喜。[7]

【注释】

①否:一义为卦名,下坤上乾,象征闭塞。但未以卦名形式出现,而是出现在卦辞里。二义为卦辞的一部分。匪人:非人,即不当其人。②茹以其汇:草根牵连其同类。③包承:被包容并顺承尊者。否:不。④包羞:被包容而居下,终致羞辱。⑤命:君命:畴:众人。离:归附。祉:福。⑥休否:闭塞止息。其亡:行将灭亡。系于苞桑:系在根扎得很深的桑树上。苞,丰。⑦倾否:开通闭塞。倾,倾覆;引申为"开通"。

【译文】

否卦　阻隔的是不应该阻隔之人,筮得此卦对君子不利,因为此时刚大者往外,弱小者来内。

初六　拔除茅草而牵连其同类,占问此爻必获吉祥,亨通顺利。

六二　被包容并顺承尊者,小人可以获得吉祥;大德大才之人则须反其道而行之,这样才会亨通顺利。

六三　被包容而居下,终将招致羞辱。

九四　君王颁布诏命,必无灾祸,而且众人还会前来归附同享福禄。

九五　闭塞结束,大德大才之人筮得此爻可获得吉祥。经常说:将要灭亡啊,将要灭亡!但是如果把自己拴在扎根很深的桑树上就会安然无恙。

上九　开通闭塞之路;只要闭塞过去,吉庆就会到来。

【释义】

䷋　否:否之匪人,不利君子贞,大往小来。

[解读]　贤路闭塞时期,君子的正直行为必然受到打击,于是强者离去,弱者到来。

[象释]　此卦与《泰》正相反。"乾"由下卦升到了上卦,"坤"则由上卦来到了下卦,形成上天下地的局面,因而有"大往小来"之说。

[义理]　在阴阳不畅、贤路闭塞的情况下,君子应当收敛自己的才华,以避

免小人的陷害;不可追求荣华富贵,以避免小人的嫉妒。

初六　拔茅茹以其汇,贞吉,亨。

[解读]　拔起一把茅草,发现它们的根系紧密地缠连在一起,这正是茅草健壮生长、繁茂昌盛的原因。

[象释]　上、下卦既隔断,处于最底层的"初六",自然更是寂然不能动了。幸亏整个下卦都是同类的阴爻,如同茅草根系一样紧密团结在一起,扎根于下盘,只要坚持下去,便能吉祥,有所发展。

[义理]　君子在贤路闭塞的情况下,应该相互团结,宜静不宜动。

六二　包承,小人吉,大人否,亨。

[解读]　当政的庸人尚能包容有德贤人,屑小之辈很得势,德贤之士便须反其道而行之,才会吉祥。

[象释]　"六二"虽极阴柔,但处在下卦的中位,又阴位得正,虽属小人,尚有包容和承受君子的雅量。由于上、下爻均为同类阴爻,因此此时小人势盛。

[义理]　在小人当道并且势盛的情况下,君子应该因时度势,灵活机动,学会变通,等待时机,切不可逞一时之气,任意胡为。

六三　包羞。

[解读]　被包容而居下,招致羞耻。

[象释]　"六三"既无"六二"的处"中",又无"六二"的得位,再无"六二"那种能包容君子的雅量,象征不中不正的小人得势。

[义理]　在小人势盛的情况下,不但要懂得变通,还要能够忍受耻辱。

九四　有命,无咎,畴离祉。

[解读]　时机成熟,因应而起不会有错;联合同志,更可以一起享福。

[象释]　"九四"已属上卦,闭塞时期即将结束,虽然处身阴位,缺乏刚毅果断的精神,但只要与"九五"、"上九"同心协力,前途一定光明。

[义理]　转机来临时,须及时奋起,并注意团结一切可以团结的力量,只有这样,打破最后的闭塞局面,才会万无一失。

九五　休否,大人吉。其亡其亡,系于苞桑。

[解读]　闭塞的局面终于结束,德才兼备的君子吉祥如意。居安思危,经

常说“我将亡,我将亡”,开明的局面才能像根深叶茂的桑树一样坚固。

[象释] “九五”阳爻阳位,又处中,象征强健、中正的大人物已经主宰局面;与“六二”阴阳相感,闭塞的局面已经结束。

[义理] 居安思危,是先人在大量的治乱实践中总结出来的一条经验教训。

上九 倾否,先否后喜。

[解读] 闭塞的局面已经彻底结束,随着否运的消亡,随之而来的是喜庆。

[象释] “上九”是本卦的终极,象征否运到了极处,必须要向反面转化。

[义理] 物极必反,否极必然泰来。

案例解易

丧心病狂,众叛亲离

骗取陈、蔡二国,杀隐太子作人祭;背信弃义,穷兵黩武,疯狂扩张;好色淫乱,筑细腰宫,聚纳天下细腰女子,以供其淫欲,“楚腰纤细”之说,始于楚灵王。这里要说的,就是楚灵王的故事。

处心积虑壮野心

楚灵王(? —前529),名围,是楚国进入春秋时代的第12个国君。

楚灵王是以弑王而夺取王位的。康王十五年(前545),楚康王死去,其子郏敖继位为楚王,当时,公子围为令尹(相当于后世的相国)。楚君郏敖幼弱,大权尽落在令尹手中。公子围以令尹的身份与小国国君会盟时,其服饰威仪皆与楚王相同,表现了他怀有篡夺楚国王位的野心。

为了达到篡位的目的,公子围在朝内翦除异己,扫清障碍,把反对自己篡权的弟弟公子黑肱和大臣伯州犁遣去建筑新城,调离朝廷。郏敖负四年冬天,公子围出聘郑国。还未出境,朝中传来了郏敖有病的消息。公子围闻知,心中暗喜,认为夺取王权的机会到了,遂命副手伍举单独出使郑国,他自己却策马返回郢都,直入王宫,利用问候王疾的机会,用冠缨绞杀了郏敖。接着,公子围又杀了郏敖的两个儿子和在郏筑城的太宰伯州犁,遂即位为楚王,是为楚灵王。

楚灵王执政时期,正是楚国霸业衰落,吴国逐渐兴起的时期。但楚灵王仍希望采取一些措施,重振楚国,南抑强吴,北向中原称霸,继而吞并中原。楚灵王是弑王而篡夺政权的,他为了保住自己的政权不受威胁,在其执政后,首先打击反对他的世袭贵族势力。如他夺薳居之田,收斗成然之邑,以及斗韦龟的中犫之邑等等。这些被夺邑的人不仅被剥夺了经济利益,政治权力亦被削弱,失去了原来优越的政治地位。楚灵王曾说:"余杀人子多矣!"这句话从侧面说明,楚灵王对世袭贵族的打击是残酷的。

楚灵王一面打击世袭贵族的势力,一面便着手安插自己的势力。他任自己的亲信薳罢为令尹。薳罢是一个非常机智的政治家,晋国叔向曾称赞薳罢"敏以事君,必能养民。"此外,楚灵王还十分器重伍举。楚灵王在其为令尹时,每次出聘,总是以伍举为副,伍举多次为楚灵王不合礼仪的僭越行为进行辩护。在楚灵王弑王篡位之后,伍举说:"共王之子围为长,"鼓吹楚共王的长子楚康王死后,公子围就是当然的长子了,肯定了公子围篡夺王位的合理性。因而伍举获得了楚灵王的信任和重用,成为楚灵王的得力助手。

楚灵王还修建章华台,专门接纳逃亡之士。楚灵王接纳这些人的目的可能是想从中选拔有识之士,排除世袭贵族的势力,从而对自己的政治统治有所补益。但楚灵王在整个政治生涯中,并未得到出类拔萃的人才。楚灵王修成章华台,不过"使富都那竖赞焉,而使长须之士相焉。"即让一些富于容貌而又长着美须的无能之辈在这里辅赞。

此时,楚在中原的敌手晋国却是公室卑弱,政在家门。晋国君高台深池,撞钟舞女,以乐慆忧,处于季世。东方的吴国又恰逢兄弟争立,暂时出现了混乱局面。楚灵王认为这是向外扩张和发展的良机,一时间头脑发昏,要征讨天下,作四夷宾服的天子。

有一次楚灵王龟卜自己能否得天下,可结果是"不吉",灵王大怒,叱退巫师,一掌拍碎龟甲,昂首朝天吼道:"老子一定要自己夺得天下!"

大会诸侯呈淫威

灵王三年,楚灵王在申大会诸侯。会上,楚灵王大逞霸主的威风,执拿徐国的国君，训斥越国的大夫，又因宋国太子迟到，而拒不接见。楚灵王还蛮横地胁迫诸侯合军伐吴，包围吴国朱方，占领赖地，对吴国进行无理的袭击。

吴国是春秋中期后崛起的强国，善于水战，长于攻伐，在其内部稍微稳定以后，就开始对楚国进行还击。同年冬天，吴人为了报复楚国的朱方之役，举兵伐楚，重扰楚国的棘、栎、麻等军事要地，大败楚将沈尹射。

吴国兵强马壮，攻势凌厉，楚灵王不得不集重兵防守。接着，他又两次兴师伐吴，结果都是大败而还。

楚灵王并没有在对吴战争的失败中吸取教训，而是更加疯狂地向外扩张，意取北方，志在天下。陈哀公三十五年（前534），陈国发生内乱。陈哀公派人杀死了太子偃师，让其庶子公子留即位。陈哀公的第3个儿子胜前来楚国求援。楚灵王乘机派自己的弟弟弃疾带兵讨伐陈国。为了防止陈国人民的反抗，楚灵王欺骗陈人说："我们是来讨伐废嫡立庶的昏君，帮助你们平定内乱的。"陈人信以为真，毫无反抗地俯首听命，楚灵王遂灭陈为县。

灵王七年，楚灵王在申地，派使者以宴飨之名召蔡灵侯赴宴。蔡国君臣知道楚灵王不怀好意，但又畏楚国之威，只好冒险前往。楚灵王埋伏兵设宴招待蔡灵侯，待其醉而执杀之，并杀死了蔡灵侯的随从70余人。楚灵王随即派公子弃疾出兵围蔡，灭蔡为县。楚灵王又在冈山杀蔡国隐太子。

楚灵王用极不光彩的欺骗手段取得了陈、蔡二国，并野蛮地杀隐太子以为人祭，这种行为受到北方各国的谴责。诸夏各国本来就与晋国族缘相亲，地域相近，有较为密切的关系。随着楚灵王对外扩张的加剧，诸夏各国认为楚国大而无德，从而加深了对楚国的戒惧。楚灵王背信弃义，穷兵黩武，失去了小国的支持与拥护，使楚陷入了极为孤立的境地。

楚灵王灭陈、蔡以后，并没有满足，他志在吞并中原。为了寻找进攻中原的借口，楚灵王对他的臣下子革说："昔我先君熊绎与吕伋、王孙牟、禽父，并事康王，四国都分到宝鼎，我独无有，今我派人出使于周，求鼎以为分，王其与我乎？"

子革就迎合楚灵王回答说："从前我们的先君熊绎在荆山艰苦创业，筚路褴褛，以处草莽，跋涉山林以臣事周天子，用桃弧棘矢贡献给周王室。在分宝鼎的时候，齐是周王的母舅之国，晋及鲁、卫是周天子的母弟之国，所以当时楚国没有分到鼎，而这几个国家都有。现在周王室和这四个国都衰弱了，比不上楚国强大,如向他们要鼎,他们还敢爱鼎,不献给您吗?”楚灵王把进攻的矛头公然指向了东周王室。

楚灵王又翻三代以前的老帐。他说:“现在郑国所占的旧许之地,是夏朝时期我皇祖伯父昆吾国的故土,今郑人贪赖其田,霸占已久,我向郑国讨还,郑国不应该还我吗?”楚灵王竟然提郑人所居之地是夏朝时期楚同姓昆吾旧址,以此为借口向郑国讨还土地,真是欲加之罪,何患无辞!

楚灵王为了满足他的野心和贪欲,到处修筑城防,以做战争的准备。楚灵王灭陈、蔡为县之后,大城、陈、蔡和不羹,让每个城出赋千乘。依兵书《司马法》计算,每乘 30 人,那么 4 000 乘则 10 万多兵力。4 个县要负担 10 万多的军队,这对春秋时代的楚国来说,确实是一个非常沉重的负担。此外,楚灵王还修建了赖、钟离、巢、州来等城。

楚灵王对外连年用兵,对内又穷奢极欲,大兴土木。他修建章华台,就动用了全国的民力,数年乃成,以至于“国民罢矣,财用尽矣,年谷败矣,百官烦矣。”楚灵王掠夺民财,滥用民力,使国家财力匮竭,捉襟见肘。据说,楚灵王还有一个嗜好,就是喜爱细腰女子,为此,专门修建细腰宫,聚纳众多的细腰女子,供其淫乐。楚灵王的暴政与淫乱引起了楚民的强烈愤慨。

楚灵王一味地向外扩张,但在政治、军事方面却是毫无见识。他为了对付北方,在边境修筑大城,并派自己的弟弟弃疾为陈、蔡公。弃疾是灭陈、蔡之国的将领,又成为陈、蔡的县公,驻守边疆,拥有重兵,方城之外皆成为弃疾的势力。当时楚国的政治家申无宇就告诫楚灵王:“夫边境者,国之尾也”,如边境县公太强,则会产生尾大不掉的弊端。楚灵王听后不以为然。

边防重镇是国君的严重威胁,而驻守陈、蔡的弃疾也是早有异志的。灵王四年,弃疾曾出使晋国,往返皆经过郑地。弃疾令其军队不入田,不樵树,不采蓺,不抽屋,禁刍牧采樵;另外,弃疾还对郑国君臣表现异常的尊重,赠送马匹,谦逊有礼。这些做法使弃疾深得小国的信任和拥护。弃疾一步步地积蓄力量,不仅在政治、军事上拥有雄厚的实力,而且在诸侯国中树立了威信,为其谋取政权创造了必要的条件。

灵王十一年(前 530),楚灵王派荡侯、司马督等人出兵围攻徐国,他本人亲自带领军队驻扎在乾溪以为声援。为了发动战争,楚灵王带走了所有的军队,楚国郢都成为一座空城。

一些曾被楚灵王打击过的大贵族,如被楚灵王夺田、夺邑的薳居、斗韦龟、蔓成然,因迁许而被当作人质的许大夫围,在灭蔡时死了父亲的蔡洧,申地会盟时受到侮辱的常寿过等。这些人虽然遭到沉重的打击,但并没有从根本上被剥夺政治经济权力,他们还拥有数目可观的军队,这是一支不可忽视的武装力量。此时,他们乘楚灵王远离郢都,用兵东方之机,互相串通,联合发难,围固城,克息舟,筑城而为堡垒,形成一支反对楚灵王的强大势力。

陈、蔡公弃疾抓住时机,很快地与这些作乱的大族,以及逃亡在外的公子比、公子黑肱等几支反对楚灵王的势力汇合在一起。楚国内部的空虚,为他们的进攻提供了有利的条件。弃疾迅速地占领了楚国郢都,杀死了楚灵王的太子禄和公子罢敌,翦灭了楚灵王的亲信。弃疾又派观从带领军队前往乾溪,向楚灵王的军队做瓦解工作,说:“如果你们离开楚灵王,先回楚国则恢复你们的爵邑田宅,后回的则要被放逐!”

楚灵王的军队早就无力负担这连年战争所带来的沉重灾难,又听到弃疾的如此宣传,于是士兵们纷纷背叛楚灵王,从乱如归,投向了弃疾。楚灵王听说士兵们叛变的很多,赶快班师返回。当楚灵王到訾梁时,他的军队全部溃散逃跑了。

楚灵王失去了军队,又闻知自己的儿子太子禄及群公子皆死,悲恸欲绝,自投于车下。这时只有右尹子革仍跟随着他,为楚灵王献策说:“请先驻在国都的郊野,号召国人反对弃疾,再重返郢都。”楚灵王自知他平时苦役国人,众怒不可犯,他是不会得到国人的支持的。子革又劝他先入大的县都求师,利用县邑军队的力量回到郢都。但方城之外的县邑皆属弃疾的势力,全部跟随弃疾背叛了楚灵王。楚灵王又多次无礼于小国诸侯,此时有难,又不敢出奔。子革知其气数已尽,趁其不备,也离开楚灵王,投奔弃疾去了。楚灵王失去了民众、军队和大臣的支持,完全变成了孤家寡人,在荒山野岭中饥饿 3 日,匍匐着进入一家的棘围,最后自缢于芋尹申亥氏的家中。

楚灵王虽然失败了,但在其执政的初期,还是锐意立新,希图做一番事业,只是他的改革极不彻底。他想翦灭反对他的贵族势力,但他并未从根本上摧毁这些贵族的政治、军事力量;他想任用支持他的大族,但并没有改变执政集团的成份;他接纳逃亡,想招收贤士能臣,却网罗一些富于容貌、长于献媚的无能之辈;他又任用非人,设边防重镇以属弃疾,产生尾大不掉的弊端。最重要的是楚灵王无视楚国的现实与形势,狂妄贪婪,不自量力,以吞并天下的野心,疯狂地向外扩张。贪心不足蛇吞象,连年的战争给楚民带来了无法忍受的负担。楚灵王对人民的敲诈勒索,引起了楚民的不满与愤慨。当叛变发生之后,楚民皆叛,酿成了他最后失败的命运。

同人卦第十三：欲得天下，先得人心

【爻词精义】

⊙一家人做事是吉祥的　⊙只任宗亲做不成大事　⊙不做事，哪能有成功可言　⊙别强打硬仗　⊙哀兵必胜　⊙谋大事要找人少的地方

经文义解

【题解】

同人，人性同也。乾上离下，火性上同于天，本卦一阴得位而中正，五阳同与之，故曰《同人》。

《序卦传》说："物不可以终否，故受之以《同人》。""同"，是会同、和同，突破闭塞的世界，需要人和人之间的和谐。

《同人》卦，阐释和同的原则，否极终于泰来。然而，安和乐利的大同世界，并不会凭空到来，仍然需要积极追求，首先应当破除一家一族的私见，重视大同，不计较小异，以道义为基础，于异中求同。

《礼记·礼运》："大道之行也，天下为公"，"是谓大同"。这显然是古人的一种美好理想。本卦所追求的广泛"和同于人"的理想，在我国上古时代的思想史上，无疑具有一定的进步意义。

【原文】

䷌　同人：于野，亨。利涉大川，利君子贞。[1]

初九　同人于门，无咎。[2]

六二　同人于宗，吝。[3]

九三 伏戎于莽,升其高陵,三岁不兴。④

九四 乘其墉,弗克攻,吉。⑤

九五 同人,先号咷而后笑,大师克相遇。⑥

上九 同人于郊,无悔。⑦

【注释】

①同人:一义为卦名,下离上乾,象征人事和同。但未以卦名形式出现,而是出现在卦辞里。二义为卦辞的一部分。同,和。野:原野,此特指郊外的旷野。②于门:在门外。③宗:宗族之人。④伏戎于莽:预设伏兵于树丛之中。伏,埋伏。戎:军队。莽:树丛。升:登上。岁:年。兴:指兴兵征战。⑤乘其墉:攻占城墙,乘,登上即攻占。墉,城墙。弗克攻:不能进攻。克,能。⑥号咷:大声痛哭。大师:大军。克:取胜。⑦悔:困厄。

【译文】

同人卦 象征人事和同。在旷野之中与人和同亲近,亨通顺利。有利于涉越大川巨流,有利于君子。

初九 打破门户之见,与人亲近和同,必无灾祸。

六二 与宗族内部的人亲近和同,行事必然艰难。

九三 在树丛之中预设伏兵,并登上高地观察瞭望,这样,恐怕三年也不能重振军威。

九四 先高据城头之上,再自行退兵而不去进攻,也可获得吉祥。

九五 与人和睦亲近,起先失声痛哭,尔后又放声大笑,原来是大军出征告捷,各路军马相遇会合,同庆胜利。

上九 在城邑郊外与人亲善和睦,不会遭困厄。

【释义】

䷌ 同人:于野,亨。利涉大川,利君子贞。

[**解读**] 广泛沟通思想,结交志同道合者,遇事总会亨通顺畅,任何艰难险阻都安然度过,对于君子的正义事业有益无害。

[**象释**] 本卦的下卦"离"为火,象征光明;上卦"乾"为天。火上升,与天相交,一片光明景象。又象征人的内心光明而外向刚健的性格。"六二"与"九五"阴阳相感,亦具有沟通思想的"同人"形象。

［义理］ 冲破闭塞局面的最好办法是广泛结交志同道合的朋友。

初九 同人于门，无咎。

［解读］ 打破门户之见与人交往，不会有什么过失。

［象释］ 初九是“同人”的开始阶段，阳刚而又处于最下方位置，与“九四”同性不相应，因而与门外之人广泛联系。

［义理］ “门”作“门外”不作“门内”的解释。打破门户之见而走到门外与人沟通思想，结交志同道合者，虽然不如“同人于野”那么广泛，但作为初期阶段能做到这样的程度也算是很不错的了。

六二 同人于宗，吝。

［解读］ 只局限于宗族之内相互交往的做法，不值得提倡。

［象释］ “六二”与“九五”阴阳相应，是为好兆。然而本卦旨在阐述天下大同的思想，阴阳相应在这里反而成了“六二”的束缚，因而变为“吝”。

［义理］ 偏于一隅，热衷于宗党门派内的交往，显然会使人心胸狭窄，眼光短浅，遇事寡助。

九三 伏戎于莽，升其高陵，三岁不兴。

［解读］ 伏兵于草丛中，却又登高观察形势，以致被对方发觉击溃，三年之内不能重振军威。

［象释］ “九三”阳爻居阳位，十分刚烈，“上九”亦为阳爻，不能相应，于是只能与相邻的“六二”交往。然而，“六二”与“九五”关系密切，“九三”夺走“六二”，必遭至尊“九五”的攻击，争端不可避免地要发生。“九三”既想与“六二”交往，又害怕“九五”的攻击，不免畏首畏尾，犯了兵家大忌。

［义理］ 人与人之间的沟通与结交，必须是发自内心的道义的结合，不能有丝毫的勉强或单方面的强行要求。

九四 乘其墉，弗克攻，吉。

［解读］ 已经登上敌人城头，忽然省悟到掠人城池的行为不好，便停止攻击，其结果必定吉祥。

［象释］ “九四”刚强，然而处于阴位而又非中位，故不中不正，有侵人之象；然而“九四”与“九三”不同，因为居于阴位而有悔悟之心，故有“弗克攻”

之举。

[义理] 知过则止,是一种美德;化敌为友,更与“大同”思想一致。

九五 同人,先号咷而后笑,大师克相遇。

[解读] 志同道合者先是呼号悲哭,后来破涕为笑,因为终于战胜了敌人。

[象释] “九五”与“六二”是同人,但“九三”、“九四”或埋伏,或登城,诸般阻挠,一时之间难以相合,所以有“号咷”之状;然而阴阳相感乃天地之正道,以道义为基础的结合,最后总是能够如愿的。由于“九五”以其刚强有力的至尊威势的攻击,终于与“六二”相遇。

[义理] 人与人之间思想上的沟通,也会遇到种种外界邪恶势力的干扰和破坏。为了排除实现“大同”的障碍,必要时不惜采取强硬手段,这并不违反“同人于野”的根本原则。

上九 同人于郊,无悔。

[解读] 与郊外的人沟通思想成为同人,不会后悔。

[象释] “上九”在本卦的最外面,又与对应的“九三”同阳而不相应,所以只好谋求对应以外的和同对象;但又未达到卦辞所言“于野”的大同境界,因而不能获吉而只能无悔。

[义理] 能破除门户之见而与较多的人士沟通思想结为同人,这样的胸怀,还是值得赞扬而毋须后悔的。

案例解易

礼遇凡才招贤才

燕王姬哙把王位传给他的宰相子之。子之做了3年国王,燕国大乱,百姓怨恨,齐国乘机进攻燕国,燕国大败,子之被杀。过了两年,燕国贵族立公子平为国王,就是燕昭王。经子之之乱和齐国的入侵,燕国被糟蹋得残破不堪,国都蓟几乎成了一片废墟。燕昭王决心改革政治,加强军事,发展生产,使燕国强盛起来,以便早日报齐国入侵之仇。于是他特地去请教郭隗先生，说："齐趁我国内乱攻破我们。我很清楚燕国地方小，人力弱，谈不上报仇。然而，请到能人共理国事，以雪父王之耻，我的愿望在此！请问报仇该怎么办？"

郭隗先生听了回答说："开创帝业的人常与师长共处，建立王业的人常有良才相伴，完成霸业的人必有贤臣辅佐，而亡国之君就只会跟奴才们混在一起。若能放下架子，尊能人、贤者为师，恭恭敬敬地向他们学习，那么，才能胜过自己百倍的人就会到来；若能以礼事人，虚心受教，那么，才干胜过自己 10 倍的人就会到来；如果别人怎样做，也跟着怎样做，那么，才能跟自己差不多的人就会到来；如果凭几执杖，横眼斜视，指手画脚，那么只有奴才们才会到来；如果瞪起眼睛，晃着拳头，顿脚吆喝，对人斥责，那么，来到的就只有下等的奴才，这些都是礼贤下士和招致能人所应注意选取的标准。大王果能广选国内的贤才，尊奉为老师，亲自去拜见求教，天下都知道说大王礼敬贤才，那些有才能的人肯定会争先恐后集中到燕国来了。"

昭王说："我现在该向谁礼敬才行？"

郭隗先生道："我听说古代有个国君，花千金购求千里马，3 年没买到。这时宫中有个侍臣对国君说：'请让我去买吧。'国君就派他去。找了 3 个月，果然找到 1 匹千里马；可是那匹马已经死了。侍臣就用 500 金买下了那匹马的头，回来报告国君。国君大发雷霆，说：'我要的是活马，死马有什么用？白白地丢五百金？'那个侍臣说：'一匹死马还用 500 金买来，何况活马呢！人们必定认为大王确实不惜重金购买良马，千里马很快就会送上门来了。'不到一年，果然送来了 3 匹千里马。现在大王真要招致人才，就从我开始吧。像我这样的人还能受到您的重用，何况比我更有才干的呢？他们难道不会不远千里而来吗？"

燕昭王采纳了郭隗的意见，郑重地请郭隗到朝中来，拜他为老师，日夜和他商量复兴国家的大计。为了表示对郭隗特别尊敬，给郭隗以优厚的待遇。当时燕国的宫殿被战火烧了，燕王自己没有像样的宫室居住，和大臣们一起办事也是在临时搭的简陋草房内，却单独给郭隗筑起一个高台，在台上给他建筑了华丽的馆舍，又举行了隆重的仪式，恭恭敬敬地请郭隗到里面居住，还在这高台上放置许多黄金任凭郭隗取用。人们都称这高台为"黄金台"。

这件事很快传遍四方，人们都知道燕昭王敬重贤才，尊重人才，一些有真正本领的人,都先后聚集到燕国来。著名的军事家乐毅从魏国来到燕国,善于带兵打仗的剧辛从赵国来到燕国,精通天文地理的阴阳家邹衍从齐国来到燕国……这样许多豪士云集燕国。28年后,燕国果真殷实富强,以乐毅为统帅的四国合纵军长驱直入齐国,雪尽了先王耻辱。

人才的罗致需要有足够的吸引力,卑躬屈节地事奉贤者当然是一种手段,但利用人才之间的攀比、竞争心理,造就有利于人才生存、尽才的有利条件,更可以吸引大批人才不请自来,造成人才队伍不断壮大的良性循环。郭隗也许说不上大才,可连郭隗也被燕王如此器重,更何况大才。敬重郭隗只是一种号召、一种榜样、一种象征,它必然产生强烈的社会效应,促使信息迅速传达,给人才的心理产生有效震动。这比君王屈尊下士,一个一个地前往访求,对人才的影响更广泛、更强烈。

大有卦第十四:满而不溢,有大成就

【爻词精义】

⊙常想当年患难时 ⊙英雄要有用武之地 ⊙小人靠边站吧 ⊙自吹自擂不好 ⊙成功者也应守信用 ⊙按规律办事

经文义解

【题解】

《序卦传》说:“与人同者,物必归焉,故受之以《大有》。”“大有”是大的所有,亦即伟大事业的意思。

《大有》卦阐释成功后的因应原则。当天下和谐共处之后,就足以领导万民,完成伟大事业。但这一卦,卦名虽然是大有收获,却以满而不可溢的道理,谆谆告诫。当拥有权势与地位,又具备领导才能,切不可骄傲,踌躇满志,得意忘形。应知戒慎恐惧,光明磊落,刚健而不失中正。当礼贤下士,谦虚自我克制,诚信沟通上下,以威信确保秩序,顺应自然,以善意与人和同,满而不溢,才能使人心悦诚服,获得成功。

杨万里在《诚斋易传》中说:"六爻亨一,吉二,无咎三。明主在上,群贤毕集;无一败治之小人,无一害治之匪德。"充分说明《大有》卦象征"盛世明治"的一个重要方面。

【原文】

䷍ 大有[①]:元亨。

初九 无交害,匪咎;艰则无咎。[②]

九二 大车以载,有攸往,无咎。

九三 公用亨于天子,小人弗克。[③]

九四 匪其彭,无咎。[④]

六五 厥孚交如,威如,吉。[⑤]

上九 自天祐之,吉无不利。[⑥]

【注释】

①大有:卦名。下乾上离,象征富有。②无交害:没有涉及利害。③公用亨于天子:公侯向天子进献贡品。亨,通"享",此指向天子进献的贡品。克:能。④彭:盛大。⑤厥孚交加:用其诚信结交上下。厥,其。威:威严。⑥佑:佑助,保佑。

【译文】

大有卦 象征富有。年丰人富,亨通顺利。

初九 与人交往而不涉及利害,自然不会招致灾祸来临;即使历尽艰辛也能相安无事。

九二 用大车运载财货,无论运往何处,都不会有散失。

九三 公侯按时向天子进献贡品,小人做不到这一点。

九四 十分富有却不自骄,则无灾祸。

六五 胸怀坦荡诚信交接上下,威严自显,可获吉祥。

上九 佑助从天上降下来,吉祥而无所不利。

【释义】

䷍ 大有:元亨。

[解读] 大有收获,无往不利。

[象释] 本卦唯有至尊位的六五是阴爻,余皆阳爻,表明一阴拥有五阳,因名“大有”。又,下卦“乾”为天,上卦“离”为火、为日,天上有日有光明,亦即阳光普照之象;一阴在尊位,与下卦“天”的“九二”相应,象征应天命,得人心。

[义理] 得人心者得天下,无可以转化为有,乃至大有;反之,失人心者失天下,即便拥有了天下,也会失去,乃至失去一切。

初九 无交害,匪咎;艰则无咎。

[解读] 人与人之间不彼此侵害,就不会有什么祸患;即便身处艰难,也能相安无事。

[象释] 初九虽为阳爻,然而处在最下位又与“九四”不相应,缺少有力者援引,一时之间还不能出人头地而处于“艰”的困境中。因为阳爻居阳位,有才华而处世方正,所以也不会有祸患及身。

[义理] 害人者必害己。不侵害别人,是得人心的最基本要求。因此,将“无交害”列为“大有”的第一要诀。

九二 大车以载,有攸往,无咎。

[解读] 载物于大车之中,即使走远路,也不会有散失。

[象释] “九二”阳爻处中,刚健、中正,如同将东西装载于大车上一样令人放心;又与“六五”阴阳相应,向前与“六五”相合顺乎自然,因而“无咎”。

[义理] 在人民的心目中树立起信任感,就像将东西放在大车上载运一样,使人有所依靠。

九三 公用亨于天子,小人弗克。

[解读] 公侯按时向天子敬献贡品,宵小之徒则得不到任何赏赐。

[象释] “九三”阳爻阳位因而得正,且居于人爻之位,有公侯之象;至尊位的“六五”柔和谦虚,对竭诚报效的“九三”礼遇优渥。

[义理] 得到上级尤其最高统治者的赞赏和爱护,是事业成功的又一要素。那些始终处于下层毫无发展的人,就是因为得不到上级的宠信。

九四　匪其彭，无咎。

[解读]　位高不凌人，灾祸不及身。

[象释]　“九四”为“人爻”上部，其位近于至尊，又是阳爻，刚强有力之象；然而处于阴位，为谦逊之象，有自我抑制的能力。

[义理]　社会地位愈高，愈要谦逊待人。对上级，不可居功傲视，给人以“功高盖主”或“尾大不掉”的感觉；对下级，不可盛气凌人，嚣张跋扈，以致丧失人心。收敛锐气，自我抑制，才能完成伟大的事业，拥有一切。

六五　厥孚交如，威如，吉。

[解读]　以诚信待人，因而也能得到臣民的诚信回报，建立在这种基础上的威信，才是吉祥的。

[象释]　“六五”阴爻，柔顺谦虚，处中位，中正不偏激；又处至尊的君位，与“九二”阴阳相应，象征上位以谦虚诚信待人，下位以恭敬诚信回报。

[义理]　只有上下齐心，才能成就大业。居于君位者礼贤下士，臣民必然涌泉相报。当然，君王也要保持一定的威仪，否则纪律散乱也会危及事业。

上九　自天祐之，吉无不利。

[解读]　得到天的保佑，吉祥而无不顺利。

[象释]　“六五”是大有的主爻，而“上九”是大有的最终结果，象征居最高之位而尚能知道自我抑制、谦虚待人，因此得到天的保佑。

案例解易

功高不受，以僧归西

建文四年(1402)，朱棣攻下应天，继承帝位，改号永乐，史称成祖。论功行赏，姚广孝功推第一。《明史》有一段述评，还是实事求是的：“帝在藩邸，所接皆武人。独道衍定策起兵。及帝转战山东河北，在军三年，或旋或否，战守机事皆决于道衍。道衍未曾临战阵,然帝用兵有天下,道衍力为多。”故成祖即位后,姚广孝位势显赫,极受宠信。先授道衍僧录左善世。永乐二年(1404)四月拜善大夫太子少师。复其姓,赐名广孝。成祖与语,称少师而不呼其名以示尊宠。然而当成祖命姚广孝蓄发还俗时,广孝却不答应;赐予府第及两位宫人时,仍拒不接受。他只居住在僧寺之中。每每冠带上朝,退朝后就穿上袈裟。人问其故,他笑而不答。他终身不娶妻室,不蓄私产。他曾因公干至家长洲,悉将朝廷所赐金帛财物散给宗族人。唯一致力其中的,是从事文化事业。曾监修太祖实录,还与解缙等纂修《永乐大典》。学术思想上颇有胆识,史称他“晚著道余录,颇毁先儒”,当然,也曾招致一些人的反对。

永乐十六年(1418)三月,姚广孝八十四岁时病重,成祖多次看视,问他有何心愿,他请求赦免久系于狱的建文帝主录僧溥洽。成祖入应天时,有人说建文帝为僧遁去,溥洽知情,甚至有人说他藏匿了建文帝。虽没证据,溥洽仍被枉关十几年。成祖朱棣听了姚广孝这唯一的请求后立即下令释放溥洽。姚广孝闻言顿首致谢,旋即死去。成祖停止视朝二日以示哀悼。赐葬房山县东北,命以僧礼隆重安葬。追赠推诚辅国协谋宣力文臣,特进荣禄大夫、上柱国、荣国公,谦恭靖,并亲制神道碑表彰其功。

据《明史》载,著名“相者”袁珙见姚广孝后,对他的相貌十分惊奇,叹曰:“此僧人何其奇异,目成三角,如同病虎,性情必然嗜杀,然智谋不下于刘秉忠。”姚广孝的相貌到底如何,这样的相貌到底是何征兆,我们今天已无从考稽,也没有必要将目光停滞于此。然而姚广孝超群的智谋确是应该加以研究的。在明王朝初年那风云变幻、惊心动魄的政治舞台上,姚广孝身披袈裟,口宣佛号,以一个和尚的身份掩饰自己,觊觎权柄,殚精竭虑的策划兵变,导演了一出复杂而又尖锐的历史话剧,用计以坚朱棣反叛之志,训练军队鹅鸭乱声,又寡敌众智保北平以及疾趋京师并终于使江山易主,都表现了他多方面的惊人才智和谋略。至于他功高不受赐,终以僧归西,则反映了他对统治阶级上层残酷倾轧的清醒认识和明哲保身的老谋深算。他在晚年呕心沥血地著书立说,为中国文化作出了贡献。然而,姚广孝“偏要放下经卷,横来招是搬非”,令叔侄相残,天下百姓方息元末战乱之苦,又招内乱之灾,死人无数,血流成河,却是不能肯定的,而且为他的智慧和谋略涂上了厚厚的阴影。

谦卦第十五：谦虚受益，骄傲招损

【爻词精义】

⊙涉大河也会没事 ⊙不妨让人知道 ⊙如很敬业就更好 ⊙做什么都应谦逊谨慎 ⊙舍己为人没坏处 ⊙能听取意见利于打仗

经文义解

【题解】

谦者，有而不居之意。艮止于内，坤顺于外，谦之意也。山高地卑，山屈而止于地下，谦之象也。

《序卦传》指出："有大者，不可以盈，故受之以《谦》。"亦即，有伟大成就的人，不可以自满，必须谦虚。

谦虚，并非消极的退让，而是积极的有所作为，重心在"裒多益寡"、"称物平施"。惟有平等，才能获得真正和平。谦虚的动机，必须纯正，才能赢得共鸣与爱戴。只求耕耘，不问收获的态度，居上位而能发挥谦虚的精神，足以骄傲而不骄傲，能够以德服人，才称得上谦虚。

但"谦，尊而光，卑而不可逾"。后者坚持原则，使上级也不可使他不顾原则办事。这个意义就更进一步了。

【原文】

䷎ 谦[1]：亨，君子有终。[2]

初六 谦谦君子，用涉大川，吉。[3]

六二 鸣谦，贞吉。[4]

九三 劳谦君子，有终吉。[5]

六四　无不利，㧑谦。[6]

六五　不富以其邻，利用侵伐，无不利。[7]

上六　鸣谦，利用行师，征邑国。[8]

【注释】

①谦：卦名。下艮上坤，象征谦虚。亨：指谦虚接物待人，必致亨通。②有终：指保持谦虚之德至终。③谦谦：谦而又谦，即非常谦虚。④鸣谦：谦虚之名传扬外界。⑤劳谦：有功而能谦虚。⑥㧑谦：发挥谦虚之德。㧑，引申为发挥。⑦利用侵伐：宜用讨伐。⑧行师：兴兵征伐。

【译文】

谦卦　象征谦虚。只要谦虚地待人接物，做事必然亨通顺利；然而只有君子才能自始至终保持谦虚美德。

初六　凡君子都是谦而又谦，君子凭着这种谦虚退让美德可以涉越大江大河，并获吉祥。

六二　有名望仍很谦虚，必获吉祥。

九三　因谦让而劳累有功而不骄，君子保持这种美德到最后，必获吉祥。

六四　只要把握好谦让的分寸，行事便无所不利。

六五　与邻国同遭侵略，则应共同反击。如此，无往而不利。

上六　谦虚美名传扬在外，利于兴兵征伐，抵御来犯之敌。

【释义】

䷎　谦：亨，君子有终。

［解读］　谦虚可以百事顺利；只有君子，才能将谦虚的美德保持始终。

［象释］　内卦“艮”象征山、止，外卦“坤”象征地、顺。内心知道抑止，外表柔顺，这是谦虚的态度；山高地低，本卦却是山将自己贬低到地的下面，象征卑下中包含着高贵，这也是谦虚的态度。

［义理］　君子不但要以谦虚自处终身不易，而且要以效法“谦”这种将高山藏于低地的精神治理国家，“裒多益寡，称物平施”，亦即一方面损有余益不足，另一方面又要使远近亲疏小大长短各当其分。

初六　谦谦君子，用涉大川，吉。

［解读］　谦而又谦的君子，若用同样的态度去涉大川之险，也会吉祥如意。

［象释］ “初六”柔顺，甘于最下位，象征谦而又谦的精神。

［义理］ 真正的谦虚只有君子才能做到，凡事“过犹不及”，只有谦虚不存在这个问题，越谦越好。同时，谦虚是一种美德，甘居人后而不争先，但它不是消极的退让，而是积极的有所作为，任何艰难险阻在它面前都将被克服。

六二 鸣谦，贞吉。

［解读］ 有名望而仍谦虚，是一种发自内心的谦虚，因而吉祥。

［象释］ “六二”阴爻阴位，又处下卦之中位，象征柔顺中正，谦虚发乎内心。

［义理］ 有名望便得意忘形，是一种常见病；因此，有名望的人仍保持实际的谦虚，便难能可贵。

九三 劳谦君子，有终吉。

［解读］ 有功劳而仍谦虚的人，只有君子才能保持始终。

［象释］ “九三”处于“人爻”阶段，相当于具有较高社会地位的人；是本卦中唯一的阳爻，又阳爻阳位得正，为其它五个阴爻所信任和倚重，因而多有建功立业的机会。

［义理］ 有大功劳而不自满，值得骄傲而不骄傲，依然保持谦逊的态度，这是难能可贵的；这种君子风范，勉强一时，或许不难，而能保持始终，则只有真正的君子才能做到。

六四 无不利，㧑谦。

［解读］ 做事情无不利的人，是因为他懂得怎样把握谦让的分寸。

［象释］ “六四”阴爻居阴位，象征谦卑。为什么说要把握谦让的分寸呢？因为与“六四”临近的上爻是至尊之位，下爻是本卦唯一的阳刚之爻，处身其间，只有“㧑谦”才能无往不利。

［义理］ 本爻阐述了谦虚的效用，在于做事情可以无往不利。

六五 不富以其邻，利用侵伐，无不利。

［解读］ 与邻国共同受到侵略干扰；出兵讨伐侵略成性的国家，不会不顺利。

［象释］ “六五”阴爻，柔顺谦逊，处至尊位，象征以德服人。

[义理] 谦虚也有原则。投降主义绝不是谦虚!

上六　鸣谦,利用行师,征邑国。

[解读] 君王谦让之名远播,有利于用兵征战,尤其是征伐本国属地的叛乱者。

[象释] “上六”是谦卦的极点,表示谦虚之名已经远播四方;然而阳爻阴位,且久居高位柔弱无力,因而在本国属地有分裂、叛乱之象。不过,“上六”与“九三”阴阳相应,所以不会出现凶象。

[义理] 谦的另一效用,是在战争中的战略运用。

案例解易

杨秀清骄狂遭诛

太平军攻破江南大营后,清将向荣战死,太平军举酒相庆,歌颂太平军东王杨秀清的功绩。天王洪秀全更深居不出,军事指挥全权由杨秀清决断。告捷文报先到天王府,天王命令赏罚升降参战人员的事都由杨秀清作主,告谕太平军诸王。像韦昌辉、石达开等虽与杨秀清等同时起事,但地位低下如同偏将。清军大营既已被攻破,南京再没有清军包围。杨秀清自认为他的功勋无人可比,阴谋自立为王,胁迫洪秀全拜访他,并命令他在下面高呼万岁。洪秀全无法忍受,因此召见韦昌辉秘密商量对策。韦昌辉自从江西兵败回来,杨秀清责备他没有功劳,不许入城;韦昌辉第二次请命,才答应。韦昌辉先去见洪秀全,洪秀全假装责备

他，让他赶紧到东王府听命，但暗地里告诉他如何应付，韦昌辉心怀戒备去见东王。韦昌辉谒见杨秀清时，杨秀清告诉他别人对他呼万岁的事，韦昌辉佯作高兴，恭贺他，留在杨秀清处宴饮。酒过半旬，韦昌辉出其不意，拔出佩刀刺中杨秀清，当场穿胸而死。韦昌辉向众人号令："东王谋反，我暗从天王那里领命诛杀他。"他出示诏书给众人看，又剁碎杨秀清尸身让众人咽下，命令紧闭城门，搜索东王一派的人予以灭除。东王一派的人十分恐慌，每天与北王一派的人斗杀，结果是东王一派的人多数死亡或逃匿。洪秀全的妻子赖氏说："祛除邪恶不彻底，必留祸。"因而劝说洪秀全以韦昌辉杀人太酷为名，施以杖刑，并安慰东王派的人，召集他们来观看对韦昌辉用刑，可借机全歼他们。洪秀全采用了她的办法，而突然派武士围杀观众。经此一劫，东王派的人差不多全被除尽，前后被杀死的多达三万人。

豫卦第十六：乐极生悲，居安思危

【爻词精义】

⊙乐以忘忧不好 ⊙居安思危吉祥 ⊙安逸与灾祸总是相伴 ⊙朋友聚会可放松些 ⊙多想些疾苦 ⊙知错即改

经文义解

【题解】

本卦通过鸣豫、盱豫、由豫、冥豫等一系列概念，阐述了中国人的快乐原则：真正的快乐是众乐，而非独乐。快乐容易丧志沉溺，必须高瞻远瞩，居安思危，不可在快乐中迷途，否则便将乐极生悲，陷于方劫难复之境。

【原文】

䷏ 豫①：利建侯行师。②

初六 鸣豫，凶。③

六二 介于石，不终日，贞吉。④

六三 盱豫悔，迟有悔。⑤

九四 由豫，大有得，勿疑，朋盍簪。⑥

六五 贞疾，恒不死。⑦

上六 冥豫，成有渝，无咎。⑧

【注释】

①豫：卦名。下坤上震，象征欢乐。②建侯：授爵封侯行师：兴兵征伐。③鸣豫：喜逸豫好欢乐而扬名于外。④介于石：比磐石还坚贞。介，中正坚定。于，比。不终日：不待终日。⑤盱：张目，形容媚上之相。迟：迟疑缓慢。⑥由：从，借

助,依赖。盍簪:合拢,合聚。盍,合。簪,古代系绾头发的首饰。⑦恒:长久。⑧冥:日暮。这里引申为昏乱、盲目。渝:改变。

【译文】

豫卦　象征欢悦。利于授爵封侯、兴兵征伐。

初六　因喜好欢悦而闻名,将有艰险。

六二　德性坚贞胜过磐石,不等一天终结就悟出过分欢悦之患,占问定获吉祥。

六三　媚眼向上以求取受宠之欢乐,定遭困厄;如果执迷不悟,也会陷入困境。

九四　众人凭依他而得到欢乐,将大有所获;坦诚不疑,朋友会像头发系绾于簪子上一样聚会相从。

六五　占问疾病的吉凶,筮得此爻昭示着长久健康而不会死亡。

上六　尽管已经养成盲目纵情作乐之恶习,如果能及早改正,仍没有灾祸。

【释义】

䷏ 豫:利建侯、行师。

[解读]　人心和乐,有利于建功立业,行军征战。

[象释]　下卦"坤"是顺,上卦"震"是动,卦象为下位者柔顺地追随上位者行动,故命名为"豫",即和乐。又:下卦"坤"是大地,上卦"震"是雷,雷在地上爆发,使大地振奋,这是阴阳最和乐的现象,故名为"豫"。

[义理]　对于一个国家,只有上、下呼应,人心和顺,人民心甘情愿地追随领袖,才能繁荣昌盛,建立一番轰轰烈烈的伟业。

初六　鸣豫,凶。

[解读]　自鸣得意,快乐忘形,则有凶险。

[象释]　"初六"阴爻居阳位,不中不正,为小人,与"九四"阴阳相应,其象为受到上峰的支持宠爱,于是便得意忘形。

[义理]　快乐应以众乐为乐,不能以独乐为乐。

六二　介于石,不终日,贞吉。

[解读]　处在普遍沉溺于欢乐环境之中而仍能洁身自好,意志如石之坚,并能见机而作,适应环境,这种执着于正道的人必然吉祥。

[**象释**] “六二”处于下卦之中,象征柔顺而又不失中正。在整个卦中,只有此爻卓然于众阴之中而无耽恋欢乐之态。

[**义理**] 在普遍的欢乐之中,应保持居安思危的清醒头脑,切不可众乐亦乐、随波逐流。

六三 盱豫悔,迟有悔。

[**解读**] 靠阿谀奉承获得欢乐的人,必有悔事滋生;执迷不悟,悔事还会时有发生。

[**象释**] “六三”阴爻阳位,又不居中,象征不中不正的小人,接近本卦主体“九四”,有仰视“九四”脸色,迎合其意之象。

[**义理**] 人的欢乐应来自于正当,而不能依靠迎合权贵取得。靠不正当手段获得的欢乐,不会持久,而且即使处在欢乐之中,内心也会受到良心的谴责而难以真正的开心颜。

九四 由豫,大有得,勿疑,朋盍簪。

[**解读**] 和乐的重任系于一身;本诚信,勿猜疑,朋友才会聚合拢来协力帮助。

[**象释**] “九四”是本卦唯一阳爻,又处于“人爻”上即“大臣”位,不仅与上、下各阴爻呼应,更得到“六五”君王的信任,因而成为和乐的中心人物而“大有得”;“六五”柔弱,和乐局面系于重臣“九四”一身,君王应以诚信待之,“九四”更不可猜疑他人,众阴爻才会始终追随于他。

[**义理**] 君臣之间,上下级之间相互信赖,互不猜疑,和乐的局面才能持久。

六五 贞疾,恒不死。

[**解读**] 诊断为有疾病,但尚可支持下去,一时之间不会致死。

[**象释**] “六五”阴爻居阳位,位尊而性柔弱,又处于逸豫的环境,必然骄奢恣欲,政权不保,然而“九四”正直而有力,在下竭诚辅弼,使其不敢沉溺于逸豫,所以政权还会维持相当一段时间。

[**义理**] 在逸豫的环境中,不可乐而忘忧,而应该自我克制,才能使和乐的局面长期保持下去。

上六　冥豫，成有渝，无咎。

[解读]　沉溺在昏天黑地的欢乐中，只要幡然悔改，仍可避免灾祸。

[象释]　“上六”阴爻居上，不中不正，已达到安乐的极点，乐极生悲，似已不可救药。然而上卦为“震”，象征着动，动则有变，因而“有渝”，为“无咎”。

[义理]　物极则反，欢乐到了极点，便生悲，悲又使人警觉，萌生悔悟的念头，于是经过一番昏天黑地的狂欢之后，又重新回复到正常的秩序。

案例解易

三千越甲可吞吴

春秋时期，越王勾践兵败入吴几年，受尽凌辱。从吴国脱身后，便抱复仇的决心。他向吴王进献大批金银财宝、珍玩，使吴王夫差玩物丧志，更加骄纵任性。接着，勾践遍选越中美女，从中选出最为绝色的美女西施和郑旦，养在深宫，每日让她们练习歌舞。然后，以美服华车进献吴国。

夫差一见西施，大喜过望。把她们安置在姑苏台上，并在灵岩上动土修建馆娃宫，还专门为西施和郑旦建造响屧廊，铺修采香径，倾吴之财力，尽极豪奢。从此，吴王迷恋于美色，不理朝政。吴国大将伍子胥识破了勾践的用心，多次忠言劝谏，而吴王迷恋已深，不仅不听，反而将这位忠臣赐死。

与此同时，越王勾践卧薪尝胆，励精图治，国力大兴。见时机已到，勾践便兴师伐吴。越军兵临城下时，吴王夫差尚沉醉在争霸天下的美梦中，待梦醒来，悔之晚矣，终落个自杀而亡的下场。

随卦第十七：择善而从，顺时者昌

【爻词精义】

⊙与人多沟通 ⊙上下都要打点 ⊙巴结人也应走正路 ⊙忠诚守正则无灾 ⊙因诚信而受嘉奖蛮好 ⊙如影随形受重用

经文义解

【题解】

本卦阐述了追随的原则：在人际追随交往中必须破除门户之见，唯善是从；追随他人的动机必须纯正，应以大众的利益为依归，不能贪图个人近利；对正道的追求必须至诚、执着，不能朝秦暮楚。只有上下一心，精诚团结，社会的安乐才有保障，社会的进步才有希望。

【原文】

䷐ 随[①]：元亨，利贞，无咎。

初九 官有渝，贞吉，出门交有功。[②]

六二 系小子，失丈夫。[③]

六三 系丈夫，失小子。随有求得，利居贞。[④]

九四 随有获，贞凶。有孚在道，以明，何咎。[⑤]

九五 孚于嘉，吉。[⑥]

上六 拘系之，乃从维之，王用亨于西山。[⑦]

【注释】

①随：卦名。下震上兑，象征追随。②官：通“馆”，馆舍。渝，改变。交：与人交往。③系小子：倾心依从小人。系，系属，引申为倾心依从。④随有求：追随

别人而有所求。居:居处。⑤有孚在道:在诚信之心而持守正道。以明:以光明正大立身。⑥孚于嘉:施诚信给美善者。嘉,美善。⑦拘系:囚禁。从维:释放。从,即“纵”。亨:祭享。亨,通“享”。

【译文】

随卦　象征从随。大为亨通,利卦,没有灾难。

初九　馆舍出现变化,吉祥,出门和人交往定能成功。

六二　一心依附柔顺的小人,就会失掉刚直的丈夫。

六三　一心依附刚直的丈夫,摆脱柔顺的小人,追从他人,有求必得,有利于居住之事。

九四　追从他人而有所获,有凶险。但是心怀诚信而持守正道,而且又光明正大,还会有什么灾难呢?

九五　将诚信给予美善之人,可获吉祥。

上六　身陷囹圄,仍有人追随,可鉴其心诚。

【释义】

䷐　随:元亨,利贞,无咎。

[解读]　“随”具有博大、亨通、利人、诚信的特点,因而不会有失误。

[象释]　下卦“震”是动,上卦“兑”是悦,此动彼悦,便产生“随”的意义。

[义理]　舍弃己见,虚心地随和他人,这是一种美德。但是,随和必须以坚持正道为原则,才会亨通,利益众人,而不会失误。

初九　官有渝,贞吉,出门交有功。

[解读]　官职有变动,仍然要坚持正道,才会吉祥;广交朋友,事业一定成功。

[象释]凡一阳二阴的卦,阳为主体,凡二阳一阴的卦,阴为主体。“初九”是下卦“震”的主体,“震”是动,初九便是动的开始,所以才有“有渝”即有变的说法;“初九”阳爻居阳位,位正故有“贞”之辞。

[义理]　本爻阐述了“随”的两条原则:一是人事的变动不能影响对正道的追求;二是追随交往必须破除门户之见,广泛结交朋友,以众人的意见为准则,以众人的利益为依归。

六二　系小子，失丈夫。

［解读］　由于与年轻才浅的人为伴，失去了追随强者的机会。

［象释］　“六二”阴爻阴位，与“九五”阴阳相应。由于“六二”处于下卦之中，与下之“初九”相邻，依其至柔性格，便与相邻之爻为伴，不再追随上卦中的“九五”。“小人”即“初九”，“丈夫”即“九五”。

［义理］　追随别人，必须审慎地选择，不能随遇而安，因小失大，更不可贪图近利，丧失本分。

六三　系丈夫，失小子。随有求得，利居贞。

［解读］　追随刚强有力的朋友，失去柔弱的朋友；追随强者必有所得，只要动机纯正，便能如愿。

［象释］　“六三”与“上六”相应，而与“九四”相邻。由于“上六”为阴爻阴位，很柔弱，而“九四”处权贵之位，又阳刚有力，故宁愿舍“上六”而随“九四”，于是不免有意图不良的嫌疑。

［义理］　追随强者，才会有所收获。只要追随强者的动机纯正，即便有人闲言碎语，也不必介意，更不必畏首畏尾，坐失良机。

九四　随有获，贞凶。有孚在道，以明，何咎。

［解读］　追随别人，为自己捞好处，必有灾祸临头；诚信地走正道，便可以没有灾殃。

［象释］　“九四”临近“九五”至尊，是一位取宠“九五”之尊的权臣，追随的目的不正当，因而“凶”；然而“九五”处中，精明强干，“九四”的谋私难以如愿，只能走正道。

［义理］　追随别人的目的未必纯正，而被追随的人亦未必不明察。本爻告诫追随者的目的必须纯正。只有诚信地走正道，才符合“随”的本意。

九五　孚于嘉，吉。

［解读］　本着诚信之心，择善而从，必然吉祥。

［象释］　“九五”阳爻象征善，阳爻阳位得正，在上卦的中位，又与下卦的“六二”阴阳相应，而且“六二”也是阴爻阴位得正，处中，中正与中正相应，亦即善与善随和相从。

[义理] 择善而从,不仅是下位对上位的追随,也包括上位对下位的选择与吸收。上位以至诚感天下人,天下人也会以至诚追随上位。同时,择善而从应以适中为宜,不能太过。

上六 拘系之,乃从维之,王用亨于西山。

[解读] 处于囚禁之地,仍有人苦苦追随,其追随之心,就如君王祭祀西山之神一般真诚。

[象释] "上六"是"随"的最高境界,象征即使处于逆境之中,也会有人苦苦追随。

[义理] 当事业遭受挫折,乃至身陷囹圄,仍有人不舍地追随,实在难能可贵。

案例解易

"悬鱼太守"羊续

东汉时,有一个叫羊续的人到南阳郡做太守。南阳是东汉开国皇帝光武帝刘秀的老家,这个地方北靠河南省的熊耳山,南临湖北省的汉水,土地平坦,气候温暖,水源充足,农业生产和工商经济比较发达。由于生活安定富裕,这里的社会风气比较奢侈和浮华。郡、县等各级政府机构中请客送礼、托门子办事、讲排场、比吃喝之风颇盛。羊续到任后,对这种不良的风气十分不满。但是,他知道要纠正一郡之风,先得从郡衙开始,要从郡衙开始,必须从做郡守的开始。于是,他下决心从自己做起,扭转南阳请客送礼等不良风气。

一天,郡里的郡丞提着一条又大又鲜的鲤鱼来看望羊续。他向羊续解释说,这条鱼并不是花钱买来的,也不是向别人要来的,而是自己在休息的时候从白河里打捞上来的。接着他又向羊续介绍南阳的风土人情,极力夸赞白河鲤鱼的鲜美可口。他又表白说,这条鱼绝非送礼,而是出于同僚之情,让新到南阳的人尝尝鲜,增加对南阳感情。羊续再三表示情意很深,自己心领了,但是鱼还是不能收。那郡丞无论如何不肯再把鱼拿回去。他说,要是太守一定不肯收,就是不愿意同他共事了。羊续感到盛情难却,只好把鱼收了。郡丞放下鱼,欢天喜地地告辞走了。郡丞走了以后,羊续提起那条鱼想了一会儿,就让家里人用一条麻绳把鱼拴好,挂在自己的房檐下边。

过了几天,郡丞又来家里拜望羊续,手里提着一条比上次更大更鲜的鲤鱼。羊续一看很不高兴。他对郡丞说:“你在南阳郡是除了太守以外地位最高的长官了,你怎么好带头送礼给我呢?”郡丞听了,不以为然地摇了摇头。刚想再说几句什么,羊续已经让人从房檐取下上次那条鱼,并对郡丞说:“你看,上次的鱼还在这里,要不你就一块拿回去吧?”郡丞一看,上次那条鱼已经风干得硬邦邦的了,一下子脸红到脖子根,很不好意思地离开了太守的家。从此,南阳府上下再也没人敢给羊太守送礼了。

这件事情很快就传扬开了,南阳的百姓非常高兴,纷纷赞扬新来的太守。有人还给羊续起了一个“悬鱼太守”的雅号。

蛊卦第十八：革除腐败，任用贤能

【爻词精义】

⊙改革要果决 ⊙有时也别太较真 ⊙会碰到些烦心事 ⊙宽容前人之错可不行 ⊙改错归正是对的 ⊙改革要有崇高目标

经文义解

【题解】

本卦阐述了整治腐败的原则和方法。面对乱世，才德之士不可坐以待亡，而应该及时奋起，有所作为，施展其抱负。但每一行动，都应该有周密的安排，先计而后行，作好艰苦奋斗的思想准备。不要过多地谴责过去，而应该致力于未来的规划。革除腐败既不能姑息养奸，也不能过于刚烈，应不拘一格任贤用能，也应尊重那些不愿涉足世事的高士才子，推崇他们的不世之学。只有这样，才能扶大厦于既倒，重新开创新的太平世界。

【原文】

䷑　蛊①：元亨，利涉大川。先甲三日，后甲三日。②

初六　干父之蛊，有子，考无咎，厉，终吉。③

九二　干母之蛊，不可贞。④

九三　干父之蛊，小有悔，无大咎。

六四　裕父之蛊，往见吝。⑤

六五　干父之蛊，用誉。⑥

上九　不事王侯，高尚其事。⑦

【注释】

①蛊：卦名。下巽上艮，象征救弊治乱。“蛊”字本义为腹中之虫，这里引申

为蛊惑。②先甲三日,后甲三日:古代用甲、乙、丙、丁、戊、己、庚、辛、壬、癸十天干循环记日,甲前三日指辛日、壬日、癸日,甲后三日指乙日、丙日、丁日,加上甲日,计七日。古代习俗,周人卜七日,殷人卜十日(旬)。③干:匡正,纠正。蛊:这里是过失的意思。考:父亲或亡父。④贞:正,引申为干涉。儿子不能干涉母亲的闺房之事。所以说:"不可贞"。⑤裕:这里是纵容、姑息的意思。⑥用:以,因。誉:称誉。⑦高尚其事:其事,指专心治家,与"事王侯"相对。高尚,即以专心治家为高尚之事。

【译文】

蛊卦　象征拯弊治乱。大为亨通,有利于涉过大川巨流。经过一段时间的观察思考,就会明白应如何去做。

初六　清除父亲身边的小人;有了这样的儿子,父辈就可避开灾祸,即使有些危险,最终也会获得吉祥。

九二　清除母亲身边的小人,但不能干涉母亲的闺房之事。

九三　改正父辈的过失,尽管会遭到小的困窘危难,但是没有巨大灾难。

六四　姑息纵容父辈的过错,有此举动定会遭遇艰难。

六五　匡正父辈的错失,会因此受到赞誉。

上九　不替王侯效命,专心治家,并以此作为高尚之事。

【释义】

䷑　蛊:元亨,利涉大川。先甲三日,后甲三日。

[解读]　腐败本身包含有元始与亨通,此时即便有冒涉大川那样的风险也一定有利。不仅要考虑事前三天,还要考虑事后三天。

[象释]　下卦"巽"为柔顺,上卦"艮"为刚健,柔下降而刚上升,上下不相交而疏远隔阂;下卑顺而上刚愎,必然会腐败,所以命名为"蛊"。又,下卦"巽"为风,上卦"艮"为山,风吹山,草木凋谢,果实散乱,即腐败之象。

[义理]　每一举措,都要在事先有周密的布置,并且估计到事后的可能结局。只有这样,革除腐败才能成功,太平盛世才会到来。

初六　干父之蛊,有子,考无咎,厉,终吉。

[解读]　清除父亲身边的奸巧小人以挽救腐败的局面,有子如此,父辈的灾祸便可以清除,虽然十分艰难,最终一定吉祥。

［象释］ “初六”是蛊的开始，腐败不严重，及时挽救还可幸免于难。

［义理］ 挽救垂败的事业，必然困难，须经新生力量的艰苦奋斗，方能转危为安。

九二 干母之蛊，不可贞。

［解读］ 清除母亲身边的宠男，恐家丑外扬，但不可过于干涉母亲之事。

［象释］ “九二”阳刚，处中位，象征儿子外刚内柔，中正有力。“九二”又与“六五”阴阳相应，以“六五”比喻母亲，此爻象征儿子替母亲善后，要以中庸的原则来处置。

［义理］ 只有以中庸为原则，劝恶向善，致力于将来，才能从根本上清除腐败，开创新生面。

九三 干父之蛊，小有悔，无大咎。

［解读］ 在收拾父亲的败政时，难免会有一些偏差，但并无大错。

［象释］ “九三”阳爻阳位，过于刚强，又不在中位，难免偏颇；但“九三”毕竟在下卦“巽”之中，因而有顺从的美德，且阳爻阳位得正，所以不会有大过发生。

［义理］ 挽救腐败的局面，如果刚强过度难免会发生一些差错。但是整治腐败的动机是好的，虽有小错亦不会影响大局。

六四 裕父之蛊，往见吝。

［解读］ 宽容父亲身边的腐败势力，发展下去必然不妙。

［象释］ “六四”阴爻阴位，过于柔弱，因而有“裕”之举，在清除腐败方面过于宽大，不能刨根究底，彻底整顿，最终一无所获。

［义理］ 既想挽救败局，却又不能彻底追究腐败根源，不能严肃整治其腐败现象，其结果，只能自取其辱。

六五 干父之蛊，用誉。

［解读］ 清除父亲身边的蠹虫，会得到赞誉。

［象释］ “六五”阴爻阳位，在上卦的中位，外柔内刚且中正；且“九二”与之阴阳相应，象征还有刚毅的儿子为后盾，父业后继有人。

［义理］ 清除腐败，挽救败坏的事业，必须任用贤能之士；未有不任用贤能

而政治能够清明者。

上九 不事王侯，高尚其事。

[解读] 名士不愿涉足世事，为重整朝纲尽力，而是专心治家，君王也应该推崇他们的道德学问。

[象释] “上九”阳爻阴位，且在高高的上位，即本卦的最外围，象征刚毅之士以隐逸自处，置身于世事之外，以孤高淡泊的姿态拒绝王侯的礼聘。

[义理] 清除腐败，也应尊重并效法隐士的高尚之志与坚定不移的原则性。

案例解易

尧舜禅位用贤能

在《史记·五帝本纪》中，记载了尧舜禅位用贤能的史实。记载如下：

尧曰：“谁可顺此事？”放齐曰：“嗣子丹朱开明。”尧曰：“吁！顽凶，不用。”尧又曰：“谁可者？”讙兜曰：“共工旁聚布功，可用。”尧曰：“共工善言，其用僻，似恭漫天，不可。”尧曰：“嗟！四岳：朕在位七十载，汝能庸命，践朕位？”岳应曰：“鄙德忝帝位。”尧曰：“悉举贵戚及疏远隐匿者。”众皆言于尧曰：“有矜在民间，曰虞舜。”尧曰：“然，朕闻之。其何如？”岳曰：“盲者子。父顽，母嚚，弟傲，能和以孝，烝烝治，不至奸。”尧曰：“吾其试哉。”

尧知子丹朱不肖，不足授天下，于是乃权授舜。授舜，则天下得其利而丹朱病；授丹朱，则天下病而丹朱得其利。尧曰：“终不以天下之病而利一人。”而卒授舜以天下。

舜践帝位三十九年，南巡狩，崩于苍梧之野。舜子商均亦不肖，舜乃预荐禹于天。诸修归之。然后禹践天子位。

这段话的意思就是说，有一天，尧向大臣们问道：“将来谁可以继承我的帝位呢？”大臣放齐答道：“你的儿子聪明达理，可以继承。”尧说：“唉！这个孩子品德不好，不能用。”讙兜说道：“共工功劳很大，可以提拔。”尧说：“共工能言善辩，夸夸其谈，阿谀逢迎，貌似恭敬，心地不正，不可重用。”接着说：“哎，四岳，我在位已经七十年了，你们诸侯中有贤明的人能奉命继承我的帝位吗？”四岳回答说：“臣等无德无能，有辱于尊贵的帝位，我们不能胜任。”尧说道：“既然如此，请你们为我寻找贤才，不分贵贱亲疏，在位不在位的都要替我推荐上来。”大家异口同声地对尧说道：“民间有一个死了妻子的人，他的名字叫虞舜，非常贤能。”尧说道：“唔，我听说过，此人怎么样？”四岳回答说：“他是一个瞎老头的儿子，父亲很顽固，后母凶狠泼辣，弟弟骄横傲慢，舜却能够孝顺父母，关心弟弟，使家庭和谐。”尧说道：“我要考验考验他。”

尧自知儿子丹朱不争气，不足以托大任，决定把天下重任交给舜。把重任交给舜，对国家对人民有利，对丹朱不利；如果把重任交给了丹朱，则对国家不利而对丹朱有利。权衡利弊后尧说道：“终不能置天下于不利而利一人。”最后才把管理天下的重任交给了舜。

舜登位 39 年，到南方视察时死于苍梧的郊外。舜的儿子商均也无才能，因此，舜在死前就预先选定了治水有功而又贤能的禹做他的继承人。禹受到诸侯的拥护，后来登上了天子位。

尧、舜都是古代传说中的明君，当时还在氏族公社的后期，部落首领老了，不让无能的儿子继位，而是“禅让”给德才兼备的人，这就是古代的“禅让”制度。尧、舜选择继承人都做详细考察，不分亲疏贵贱，胜任不胜任，实际广泛推选荐举，尔后进行考验，如果合格，才把管理天下的重任交给他。这种在选拔人才问题上，“终不能以天下之病而利一人”的精神，值得从政者借鉴。

在选人用人问题上，有的人不是立党为公，而是不讲原则，分亲疏，图私利，只要是自己喜欢的，无能或品质不好的也被重用，相反，再有才能也不予重用，甚至排挤、打击、陷害。这种做法是绝对不可取的。历史的实践证明，这样只能危害国家，危害民族，危害事业。

临卦第十九：以仁为本，恩威并重

【爻词精义】

⊙坚守正道全面监管 ⊙全面监管有益 ⊙甜言蜜语的领导不好 ⊙多检查多指导 ⊙要讲究领导策略 ⊙要多督促

经文义解

【题解】

本卦通过咸临、甘临、至临、知临、敦临等五个概念，系统地阐述了领导的原则：作为领导者，应以高尚的人格感召他人；以刚毅中正、恩威并重的方法领导他人；不可以把诱骗作为统治他人的手段；以亲身践履的态度与人民共呼吸；注意选拔贤能之士，奉行以仁为本的施政方针。如此，则天下咸宁，人民悦服，斯为长治久安之道。

【原文】

䷒ 临①：元亨，利贞。至于八月有凶。

初九 咸临，贞吉。②

九二 咸临，吉，无不利。

六三 甘临，无攸利。既忧之，无咎。③

六四 至临，无咎。④

六五 知临，大君之宜，吉。⑤

上六 敦临，吉，无咎。⑥

【注释】

①临：卦名。下兑上坤，象征临察。②咸临：胸怀感化之心临于百姓。咸，通

“感”。③甘：借为钳，钳制。既：已经。④至：下。⑤知：通“智”。⑥敦：温柔笃厚。

【译文】

临卦　最为亨通，利卦。到了八月会有凶险。

初九　心怀感化之心治民，可获吉祥。

九二　胸怀感化之心治民，必会吉祥，无所不利。

六三　用钳制的政策治民，并没有什么好处。如果已经忧惧自己的过错而加以修正，没有灾祸。

六四　亲自体察民情，则无灾祸。

六五　选用贤能来治民，必获吉祥。

上六　敦厚宽仁地体察民情，定获吉祥，没有灾祸。

【释义】

䷒　临：元亨，利贞。至于八月有凶。

［解读］　君子临政，有宽容、豁达、利人、中正的美德；但是到了八月，会有凶险。

［象释］　“临”本意是由上往下看，下卦为“兑”是泽，上卦为“坤”是地，地在泽的上面，故有“临”，但也有进逼的意思。本卦初、二爻为阳，三至六爻为阴，象征阳刚之气正在渐渐上升，逼退阴柔之气，故名为“临”。又，下卦为“兑”是悦，上卦为“坤”是顺，愉悦而顺从，是亨通；“九二”阳爻居中，与“六五”阴阳感应，前进无滞，因而“元、亨、利、贞”四德俱有。

［义理］　正人君子面临天下，四德俱备，但是四德往往又难以保持始终，随着世事的兴盛，骄傲之心便会滋生，如同八月虽是阳刚之最盛，却也是阴寒之气渐渐滋生的转折关头，此时物极而反，祸事也将临头。

初九　咸临，贞吉。

［解读］　以诚信的品德感召人民，所以吉祥。

［象释］　此爻处于阳逼阴之时。“初九”与“六四”阴阳相 应，阳爻阳位为正，不是以威势逼迫，而是以谦卑至诚的人格感召“六四”。

［义理］　感召他人，本身必须具有意志行为纯正的品德。

九二　咸临，吉，无不利。

[解读]　以刚毅中庸的政策治民，吉祥而顺利。

[象释]　“九二”与“六五”阴阳相应，而且居下卦的中位，因而有刚毅中庸之象。“九二”前临四个集结的阴爻，虽有“六五”相应，然非刚毅不能进逼，无中庸不能感召。

[义理]　君临天下虽然以仁为本，刚毅也是十分必要的；只有恩威并重，才能四海臣服，令出而必行。

六三　甘临，无攸利。既忧之，无咎。

[解读]　甜言蜜语哄骗百姓，不会有好处；一旦感觉到这种做法的危险性，立即加以改正，便不会有灾祸发生。

[象释]　“六三”阴爻阳位，不中不正，又是下卦“兑”的主爻，“兑”为悦，故有“甘临”之象，与“上六”同阴不相应，故“无攸利”。

[义理]　领导艺术是必需的，但使用哄骗的手段，时间一长必然会引起民众的厌恶。

六四　至临，无咎。

[解读]　君王亲自理政，不会有灾祸滋生。

[象释]　“六四”阴爻居阴位，下与“初九”阴阳相应，得正，而且上下呼应；又，“六四”为上卦“坤”之下爻，与下卦“兑”最贴近，有亲近下民之象，故称“至临”。

[义理]　与最底层的民众共呼吸，这是最好的治国方针；有了广泛的社会基础，就不会发生任何灾难。

六五　知临，大君之宜，吉。

[解读]　选用有大智慧的人料理政务，这是伟大的明君最适宜的治国方针，其结果一定吉祥。

[象释]　“六五”处中且至尊，与“九二”阴阳相应，象征本身不必行动，而将政务委诸于刚健中正的贤能之士。这是明君的最佳统治方法。

[义理]　优秀的领导者，不是事无巨细揽于一身，而是调动属下贤能之士的积极性，发挥集体的功能作用。

上六　敦临,吉,无咎。

[解读]　敦厚宽仁地施政,必然吉祥无灾祸。

[象释]　"上六"为居高临下的极点,由于阴爻居阴位,十分柔顺,对由下上升的二阳爻能宽厚相待,故"吉"。

[义理]　居于领导地位尤其久居高位的人,应该以仁为本,敦厚待人,不可刻薄。

案例解易

赵抃为官铁面宽厚

赵抃是北宋名臣。他担任殿中侍御史时,弹劾不避权贵,刚正不阿,大义凛然。当时的宰相陈执中不学无术,只善于逢迎仁宗皇帝,深受宠信。但是,陈执中无力治事,政事多败,而且行为乖戾,在家里还捶挞女奴迎儿至死,犯有杀人重罪。赵抃对这种人深恶痛绝,力请宋仁宗罢其官、治其罪。宋仁宗听信近臣替陈执中的开脱之词,不但不予治罪,还下诏罢狱,不采纳赵抃的意见。于是,赵抃又上奏章20余次,指斥陈执中引用邪佞、排斥贤良等八大罪状,终于使陈执中被罢免。同时,他还为受排斥的贤人君子(如欧阳修等)主持正义,奏请皇帝加以保护。因此,赵抃在京师博得"铁面御史"的美誉。

赵抃虽有"铁面御史"之称,在地方任职时,为政宽严有度,深得民心。他任武安军节度推官时,有个县民伪造印信,事情被告发后,法官要定其死罪。赵抃到任,重新审核案卷,查明原委,发现印信伪造在大赦前,按当时法律不该定死罪,只能处以它刑。赵抃依法办事,从而挽救了一个人。他任宜州通判时,那里有一个犯有杀人罪的死囚犯,在监狱里病了,赵抃派医生为他治疗,等病好了再行刑。当地人都称他有人道仁爱之心。

赵抃任益州(今四川省成都市)知州时,是他第二次入蜀。那里交通不便,生产落后,人民生活困苦不堪。益州官吏以为山高皇帝远,朝廷鞭长莫及,便恣为不法,鱼肉百姓,贪污受贿成风。赵抃到任后,以身作则,并告诫大小官吏,有胆敢横行不法者,以违制坐罪,使当地风气为之一变。他的名声也因之而威震全蜀,穷城小邑里的老少妇幼,也都知道赵抃的名字。他访察民情,无所不至,每到一地,淳朴忠厚的百姓都喜欢相慰,奸横不法之徒也都遁迹敛手,无不竦服。

赵抃第三次入蜀是以一琴一鹤相随,单人匹马。他到成都,以宽为治。以前,蜀有妖祀聚众搞违法活动,都被处以严刑峻法,带头的处死,随从者都发配充军。赵抃到任后,又发生了这样的事。蜀人大为惊惧,以为赵抃采取更严厉的措施。赵抃并没有那样做。经过调查研究,决定从宽处理,对首恶的处以斩刑,从者全部释放,蜀民大悦。在他任职期间,政局稳定,生产发展,人民安居乐业,一片太平景象。

宋神宗熙宁年间,蜀郡政治动荡,士卒常常骚扰百姓,并且预谋造反,宋神宗深以为忧,便决定派赵抃再次前往成都任知府。赵抃接受使命,立即启程,跋山涉水,不远千里第四次入蜀。面对蜀郡危局,他还是决定治益尚宽,采取攻心之术。一天,有一小校立于堂下,赵抃走下堂,亲切地劝慰他说:“我与你年龄相仿,以单身入蜀,为国安抚一方,你也应该严格要求自己,好好率领士卒,争取立功受赏,将来退役,也可得些余钱养活家中老少。”小校很感动,便向士卒宣传此事,人们奔走相告,从此再没有为非作歹的士卒了,蜀郡又恢复了安定局面。

赵抃在多次调任中,曾任虔州知州,使素称难治的虔州“狱以屡空”,官民皆喜。还曾任越州知州,在大灾之年,用尽所有救荒之术,悉力拯救灾民。使生者得食,病者得医,死者得葬。还竭尽家资收养孤儿,周济贫困。

由于赵抃为官铁面无私,为政严而不苛,为国为民所做的好事不可胜数,所以深受当时的百姓和后人的敬重。就连宰相韩琦,对他也有“抃真世人标表,盖以为不可及”之赞语。

【国学精粹珍藏版】

全本周易

李志敏⊙编著

卷二

◎尽览中国古典文化的博大精深

◎读传世典籍，赢智慧人生

——受益终生的传世经典

民主与建设出版社

·北京·

观卦第二十：考察民情，观仰国光

【爻词精义】

⊙做大事者不能犯幼稚病 ⊙别抓住人家弱点不放 ⊙要审时度势 ⊙良禽择木而栖 ⊙根据走过的路检视今天的你 ⊙多做总结没错儿

经文义解

【题解】

本卦通过“童观”、“闚观”、“观我生”、“观国之光”、“观其生”的系统分析，阐述了观察的原则和应有的作用，认为对于观察的要求及其方式因人而异；在上者的一举一动，都是在下者所注意的焦点，因而不可以轻举妄动，必须以道义展示于天下，才能获得人民的信仰与敬重；同时，在上者也要观察民情，不仅要观察自己领地的民情，也要观察他人领地的民情，在不断地自我反省和对他人的借鉴中逐渐地完善其政治。

【原文】

䷓ 观[①]：盥而不荐，有孚颙若。[②]

初六 童观，小人无咎，君子吝。[③]

六二 闚观，利女贞。[④]

六三 观我生，进退。[⑤]

六四 观国之光，利用宾于王。[⑥]

九五 观我生，君子无咎。

上九 观其生，君子无咎。[⑦]

【注释】

①观:卦名。下坤上巽,象征瞻仰。②盥:古代举行祭祀大典时祭前洗手称为盥。荐:进献,指进献酒食以祭祖先和神灵。孚,通“俘”。颙:大。若,语助词,无义。③童:幼童。这里用作状语,意为像幼童一样。④闚:通“窥”,暗中偷看。⑤生:通“姓”。进退:指如何施政。⑥用宾于王:以宾客之礼朝拜君王。⑦其生:异姓。

【译文】

观卦 象征瞻仰。祭祀之前只是洗手自洁,而不进献酒食祭品,是因为有个头很大的俘虏作为人牲的缘故。

初六 幼稚地观察事物,庶民没有灾祸,君子则会做事艰难。

六二 暗中偷偷地观察盛景,有利于女性之卦。

六三 考察本地的民情,可以明白怎么施政。

六四 考察一国之风土人情,宜于先用宾客之礼朝见君王。

九五 考察同姓之国的民情,君子能够免遭灾祸。

上九 考察异姓之国的民情,君子能够免遭灾祸。

【释义】

䷓ 观:盥而不荐,有孚颙若。

[解读] 观瞻应该诚敬,就像祭祀之前洗手时,虽然尚未向神灵奉献祭品,其态度却像奉献祭品时一样的虔诚恭敬。

[象释] 下卦“坤”是地,上卦“巽”是风,风吹大地,遍及万物,有周观之象;二阳爻在上,四阴爻在下,形成柔顺的众阴爻瞻仰刚毅有力的二阳爻之象。尤其“九五”处尊,象征以中正的德性展示于天下,为众人所敬仰。此亦为“观”之蕴意。

[义理] 卦辞以譬喻的方式,揭示了“观”必须虔诚恭敬这一本质,同时也蕴含着:居于领导地位的人,首先必须以自己的高尚品德感化他人,才能获得别人的由衷敬仰。

初六 童观,小人无咎,君子吝。

[解读] 幼稚、浅显地观察事物,对于庶民来说并无危害,对于君子来说,会招致羞辱。

［象释］ “初六”柔顺，处在卦的最下位，仰观本卦主爻“九五”，距离最远，力所不及，象征地位卑微的人，难以高瞻远瞩，见识不免幼稚浅陋。

［义理］ 负有教化之责的人，如果也与小民一样，头脑简单幼稚，则是一种耻辱。

六二 阚观，利女贞。

［解读］ 从门缝里观察外面的世界，有利于妇女的节操。

［象释］ “六二”阴爻阴位，处于内卦之中位，而与外卦“九五”相应，象征处于暗室之中的柔弱女子从门缝里偷观外面的伟男子。

［义理］ 对于足不出户的女子而言，褊狭地看待事物，是顺理成章情有可原的。

六三 观我生，进退。

［解读］ 根据本地区的民情，制订施政方案，合适的付诸实行，不合适的马上废除。

［象释］ “六三”以阴爻处阳位，又是下卦的最上一爻，邻近上卦，处于上、下之间，能度量自我，可进则进，不可进则退，因而不失进退之道。

［义理］ 居于较高地位的领导者，制订具体的地方管理条例时，应该从该地区的实际情况出发，不可盲目施政，更不可趋炎附势，祸国殃民。

六四 观国之光，利用宾于王。

［解读］ 考察国家的风俗民情，了解人民的疾苦，以便更好地辅佐君王。

［象释］ “六四”最近“九五”，而且阴爻阴位得中，性格柔顺，适合于辅佐君王。

［义理］ 知识分子通过对一个国家的风俗民情的考察，可以知道是否去辅佐该国君王。

九五 观我生，君子无咎。

［解读］ 经常考察民情，作为检验自己政绩的根据，这是君子不会有灾祸临身的重要原因。

［象释］ “九五”是卦的主爻，象征刚毅中正的君王，百姓的教化如何，是其影响的结果，亦是检验其政德的标尺。“九五”阳爻阳位，又居于上卦之中，因而

能自我反省,德威臣民。

[义理] 居于统治地位的人,应该经常观察检点自己的行为,就像孟子所说的“吾日三省吾身”,这样就不致积重难返、灾祸及身。

上九 观其生,君子无咎。

[解读] 经常观察别人所辖之地的民情,这是君子不会有灾祸降临的重要原因。

[象释] “上九”处于“九五”君位之外,亦讲观生之君道,因为它所观察的是“九五”的养民治民之道。

[义理] 他山之石,可以攻玉。

案例解易

孙叔敖的遗嘱

孙叔敖是楚庄王的相,执掌国政很多年,廉洁奉公,从来不为自己谋私利。他在病逝前,把儿子叫到身边,留下遗嘱说:“我死以后,楚王一定会封你官爵和土地。你碌碌无才,不能做官白拿国家的俸禄,你也不善于经营产业,管理不了大的封邑,因此,你一定不要接受楚王的封赏,如果实在推辞不了,就要一块最瘠薄的土地吧。”孙叔敖死后,他的儿子按照他的话做了。

孙叔敖生前做官非常清廉,甚至连楚庄王多次赏赐的封地,都坚决推辞不接受。他死以后,

家里没有一点田产和余财，又断了官俸，他的儿子无以谋生，只好靠打柴养活老母，艰难度日。有一天，他的儿子背柴去卖，正巧碰见一个叫优孟的人。这个人善于说笑话，深受楚庄王的宠爱，他看见从前国相的儿子衣裳褴褛地在卖柴，非常吃惊，问明情况后，不禁深受感动，就说："让我来为公子想想办法。"

优孟知道楚庄王非常怀念孙叔敖，就乘他喝酒的时候，装扮成孙叔敖的模样，前去祝酒。楚庄王看见眼前的人酷似孙叔敖，就一定要拜他为相。优孟乘机说："我不能为您做相。孙叔敖一生忠心为国，帮助您成就了霸业，死了以后，儿子却没有立锥之地，穷得靠打柴度日。那些贪官虽然卑鄙，子孙却能骑肥马乘坚车，而廉洁的官死后，后代却在受穷，廉洁的官怎么能做呢！"楚庄王这才知道孙叔敖儿子的情况，忙派人把他找来，赏赐他很多封地。孙叔敖的儿子坚决推辞不受。最后，只接受了一块最瘠薄的土地。

噬嗑卦第二十一：秉公持正，明察秋毫

【爻词精义】

⊙刑罚能制约人 ⊙治理政事要让人服从 ⊙肯定有棘手的事情 ⊙还会遇到很挠头的事 ⊙难办又必须办的事 ⊙特殊情况下要开杀戒

经文义解

【题解】

本卦阐述了刑罚的原则，以及听讼、断狱的艰难。刑罚是确保政治安定、社会进步的必需手段，罪恶必须及早惩治，并不惜采取重罚主义，才能达到小惩大戒的目的，有效制止罪恶的蔓延。刑法既定，量刑必须恰当，因此，听讼必须仔细，断狱必须公正。治狱者须有刚正不阿、不惧权贵的铁骨，同时也要注意把握刚柔相济的原则。总之，威是治狱的基本手段，明是治狱的基本要求。

【原文】

䷔ 噬嗑①：亨，利用狱。②

初九 屦校灭趾，无咎。③

六二 噬肤灭鼻，无咎。④

六三 噬腊肉，遇毒，小吝，无咎。⑤

九四 噬乾胏，得金矢，利艰贞，吉。⑥

六五 噬乾肉，得黄金，贞厉，无咎。

上九 何校灭耳，凶。⑦

【注释】

①噬嗑：卦名。下震上离，象征刑罚。噬嗑的本义为咬合。②狱：刑狱。③

屦:即履,足。此用作动词,意为加在脚上。校:本制刑具。灭:伤。趾:脚趾。④肤:皮肤。⑤腊肉:意即像腊肉那样嚼。⑥乾胏:带骨的肉脯。乾,干。得金矢:咬出黄铜来。金,即铜。下文"黄金"同此。⑦何:通"荷"。

【译文】

噬嗑卦　象征刑罚。亨通顺利,利于施用刑罚。

初九　脚上戴上木枷,损伤了脚趾,没有灾祸。

六二　像撕咬柔软的皮肤一样轻易用刑,即使损伤了罪犯的鼻子,也不会遭受什么灾祸。

六三　施用刑罚惩戒犯人,像咬变质的腊肉一样,不幸中了毒,那也只是小有不适,并没有大的灾祸。

九四　施用刑罚惩戒犯人,像咬带骨的肉一般困难,具有铜矢一样的刚正之气,利于卜问艰难之事,可获吉祥。

六五　施用刑罚惩戒犯人,像吃干肉时发现黄金一样,虽有危险,但却具有铜箭般的刚正之气,占问尽管有危险之兆,但却不会有什么灾祸。

上九　肩戴木枷损伤了耳朵,定有凶险。

【释义】

☲☳　噬嗑:亨,利用狱。

[**解读**]　上下颚咬合将食物无情地嚼碎,肠胃便亨通,这种方法有利于治狱。

[象释] 卦形似张大的口,“初九”、“上九”形似上、下颚,而“九四”则如口中一物,成为咬合咀嚼的形象,因而命名为“噬嗑”。又,下卦“震”是雷,上卦“离”是火,象征刑罚的威赫与断狱的明察;而六爻中三阴三阳,各占一半,又象征治狱亦须刚柔相济的准则。

[义理] 克服了阻碍,打开了局面,就会通达顺利。

初九 屦校灭趾,无咎。

[解读] 罚戴脚镣,还把脚趾割掉,从此不再犯罪。

[象释] 古代的刑罚原则是“刑不上大夫”,受刑者都是庶民百姓。“初九”为地位卑下的庶民,又象征刑罚的开始,罪比较轻微,所以只判戴脚镣,伤及脚趾。

[义理] 实行刑罚,使人不敢违犯法律,没有过失。

六二 噬肤灭鼻,无咎。

[解读] 轻易用刑而割掉罪犯鼻子,罪犯也可从此不再犯罪。

[象释] “六二”亦属平民,其罪已经大于“初九”,因而由断趾上升为割鼻。“六二”又处于下卦之中位,其量刑也是恰当的,因而使得受刑者心服,从此不再作恶。

[义理] 重罚可以使人戒惧,量刑的恰当更可以使人心服,从而达到惩戒禁恶的目的。

六三 噬腊肉,遇毒,小吝,无咎。

[解读] 咬食变质的肉干时不幸中毒,经过一番小小的磨难,总算没有酿成灾祸。

[象释] “六三”阴爻阳位,不中不正,象征治狱者优柔寡断,其量刑裁判亦不公正合理。

[义理] 在治狱过程中,难免会有治罪不公或量刑不当的情况发生,排除掉这些障碍,治狱才会不再发生差错。

九四 噬乾胏,得金矢,利艰贞,吉。

[解读] 啃食带骨的兽肉时,发现肉中不仅有骨头,还有折断的铜箭头。艰难复杂的治狱经历,对于坚持履行正道的人来说总是有利、吉祥的。

［象释］ “九四”是位于本卦中间象征梗塞之物的惟一阳爻，惟有将其咀嚼，狱事方能顺畅，因而有“乾胏”、“金矢”之喻。但“九四”又最邻近君位，是一个外刚内柔、心地光明的大臣，能肩负重任。

［义理］ 在听讼中，不仅有“硬骨头”须要去啃，甚至还有比硬骨头更为艰难复杂的案件须要裁判。

六五 噬乾肉，得黄金，贞厉，无咎。

［解读］ 吃干肉时发现肉中嵌有细粒黄金，稍不小心咽下去便有生命之危。秉公断狱往往有危险，但不是由于过失。

［象释］ “六五”阴爻阳位，居于至尊之位。处于上卦之中，象征主持狱事者位高而中正，柔顺其外而刚毅其内，能刚柔相济，秉公断狱。

［义理］ 断狱如破阵，务必小心谨慎，才不会犯错误。

上九 何校灭耳，凶。

［解读］ 罪大恶极的囚犯，肩荷枷锁，耳朵被割去，结局凶险。

［象释］ “上九”为本卦最上一爻，象征其罪极大，达到了刑罚的极限。

［义理］ 治理政事，运用一般刑罚不能奏效时，就只好大开杀戒了。

案例解易

曹攄断案清廉

曹攄(shū)是晋代谯郡(今安徽亳县)人。因博学机敏，处事稳重，品行高尚而受到太尉王衍的器重，调补他为临淄(在今山东境)县令。

临淄县城东关有一户人家，儿子死了，只有婆媳二人相依为命。媳妇对婆母非常孝敬，白天上山砍柴，夜晚纺线挣钱度日。婆母见儿媳年纪轻轻就守寡，常常暗中流泪。为了使自己不拖累年轻的儿媳，婆母几次劝儿媳改嫁，儿媳不忍心丢下年迈的婆母，执意不肯。城里人都知道城东有个孝顺婆母的儿媳妇。婆母望着儿媳因劳累而过早衰老的面容，实在不忍心让儿媳这样生活下去，便偷偷地自杀了。

邻舍见到这家的婆母莫名其妙地死了，怀疑是儿媳所为，便告到县衙。县里将媳妇拘拿到案，媳妇拒不承认谋害婆母，衙役就对她严刑拷问，受刑不过，媳妇屈打成招，被迫认了罪，判决处以斩刑。在这时，曹摅到临淄上任，一进城，他就听见街头巷尾的人们都在议论这个案件。有的说媳妇不守孝道该杀，有的说媳妇一向恪守妇道，死得冤枉。听到这些，曹摅感到人命关天，不容忽视，县令断案理民，职责所在，不能让冤案产生。于是，他派人明察暗访，了解了婆媳二人平日的关系和媳妇的品行，又亲自开棺验尸，证明媳妇无罪，婆母是自杀死亡。临淄的人都说这回可来了一个英明的县官。

不久，曹摅被调任洛阳令。当时正值数九严冬，天降大雪。在一个寒冷的夜晚，放在宫门前阻挡行人和车马通过的“行马”不见了。一个行马，并不值几个钱，但严重的是在皇宫门前竟发生盗窃事件，这不能不令人格外重视。案发后，有关部门的官员到现场检查，没有发现一点线索，讯问守门的军士，也说夜晚没有听到什么动静。这就奇怪了，难道行马会不翼而飞吗？官员们感到没有办法了，便将此事报告曹摅。曹摅听完案情介绍后，立即派人把守门军士拘捕起来，众官全都说不应该这样，曹摅对他们说：“宫掖之处警卫禁严，不是外人敢进来偷盗的。昨夜天气奇寒，一定是守门军士用行马烧火取暖了。”等到将军士带来审问，果然像曹摅判断的一样。

贲卦第二十二：返朴归真，文质彬彬

【爻词精义】

⊙与民同乐是种美化策略 ⊙要美化脸面 ⊙要持之以恒地修饰 ⊙要崇尚自己 ⊙面子上的事少花钱为妙 ⊙天然无饰是最理想的

经文义解

【题解】

本卦阐述的是礼仪修饰的原则。制订文明的礼仪，规范个人的行为，这是社会安宁和谐的需要。然而，礼仪和修饰都应该恰如其分，适可而止，实质与外在形式之间，实质是第一位的。不可沉湎于外在形式的过分修饰，更不可因虚荣而铺张浪费以致创伤实质。应该懂得一切修饰都服务于实质，唯有内涵丰富的实质，才是礼仪修饰所追求的理想境界。

【原文】

䷕ 贲[①]：亨，小利有攸往。

初九 贲其趾，舍车而徒。[②]

六二 贲其须。[③]

九三 贲如濡如，永贞吉。[④]

六四 贲如皤如，白马翰如，匪寇婚媾。[⑤]

六五 贲于丘园，束帛戋戋，吝，终吉。[⑥]

上九 白贲，无咎。[⑦]

【注释】

①贲：卦名。下离上艮，象征文饰。“贲”的本义为饰。②徒：徒步。③须：

胡须。④濡:本浸湿,润色。⑤皤:白。翰:白。⑥丘园:家园。帛:丝织品的总称。戋戋:少的样子。⑦白贲:用白色来装饰。

【译文】

贲卦　象征文饰。亨通顺利,对柔弱者有所行动会吉利。

初九　修饰其脚趾,弃车步行而走。

六二　修饰者要美须。

九三　修饰之后再加以润色,如果坚持正道可以获得吉兆。

六四　修饰得如此雅致,骑的白马又这样纯洁无瑕,前面来者并非贼寇,而是聘求婚姻的佳偶。

六五　女方修饰自己的家园,男方送上的礼品尽管只有一束丝帛,持家比较艰难,但是最后将获得吉祥。

上九　以白色装饰,定无灾祸。

【释义】

䷕　贲:亨,小利有攸往。

[解读]　礼仪修饰具有亨通的作用,对促进事物的健康发展小有利益。

[象释]　内卦"离"是火,其意为文明;外卦"艮"是山,其意为止,引申为名分。以文明使人处于应在的位置,这是人类社会 集体生活所必须有的礼仪修饰,所以命名为"贲"。

[义理]　礼仪修饰,不能替代实质本身,而只是实质的附属。注重修饰,但不宜寄予太大的期望。

初九　贲其趾,舍车而徒。

[解读]　穿着漂亮的鞋子,不乘车却徒步而行。

[象释]　"初九"为本爻最底部,故有"趾"之比喻;下卦"离"是明,阳爻阳位是刚毅,贤明刚毅而居最下位,故有"舍车而徒"之誉。

[义理]　洁身自好的人,即使送给他华丽的马车,也不会坐,宁愿舍车步行,保持其应有的礼仪修饰。

六二　贲其须。

[解读]　胡须修饰得很漂亮。

［象释］ 本卦第三爻以上的结构，形同《颐》卦的口，“六二”紧邻其下，故有胡须的比喻。“六二”、“九三”分别与“六五”、“上九”不相应，双方则以阴、阳比邻，关系密切；“六二”中正柔顺，须自修饰追随“九三”。

［义理］ 胡须修饰得再漂亮，倘无脸面便无所着落。但是，胡须的修饰本来就是要使脸面美观，既然长了胡须，就应该按一定的仪表规范修饰以尽其功能。

九三 贲如濡如，永贞吉。

［解读］ 修饰得光泽柔润令人陶醉，只要能始终坚持正道便会吉祥。

［象释］ “九三”处于“六二”、“六四”两阴柔的上、下合围之中，很容易被其修饰所惑，故有“永贞”之诫。

［义理］ 修饰只是一种表相，在精巧的修饰面前应该保持清醒的头脑，不致迷失正道。

六四 贲如皤如，白马翰如，匪寇婚媾。

［解读］ 一群服饰简朴的男子汉，鞭策白马奔如飞，观其外貌好像一群打家劫舍的强盗，其实是一支娶亲的队伍。

［象释］ “六四”与“初九”阴阳相应，且阴爻阴位得正，故跃过邻近的“九三”之纠葛而与“初九”相聚，于是有“白马翰如”的行动。又，“六四”处在上卦“艮”即山的最下方，象征修饰之本应为返朴归真，重质而不重饰，因而有“贲如皤如”亦即不必修饰回归自然本色的崇质返素思想。

［义理］ 修饰是非本质的东西，并不影响实质，就像服饰简朴并不改变其娶亲队伍的本质。

六五 贲于丘园，束帛戋戋，吝，终吉。

［解读］ 女家张灯结彩，装饰丘园，迎接娶亲队伍，男方送上的礼品却很少，显得很吝啬，然而新娘跟着这种俭朴的男子，结果一准吉祥。

［象释］ “六五”为《贲》之主爻，居于上卦之中，象征重视内在实质而不注重外在的礼仪装饰，因而有“吝”之象。

［义理］ 繁文缛礼，是虚荣的表现。

上九　白贲，无咎。

［解读］　朴实无华，没有什么坏处。

［象释］　“上九”是本卦的极点，崇本返质自然也较“六四”、“六五”更进一步。

［义理］　返朴归真是一切修饰所追求的最高境界。

案例解易

藏巧于拙，纳隐天机

《淮南子》上说：每当天气晴朗，大地安静、平和，飞鸟也可以自由飞翔，任意投入草木丛中，觅取梅的果实为食，咀嚼甘美，然而它们的自由飞行并没有超过方圆百里的范围。但是，鳝鱼和蛇却轻视它们，认为它们不够格和自己在大江大海中一争高下。至于说到清晨升起乌云，阴阳二气互相交锋，劲风疾吹，夹杂着暴雨，这时，赤螭、青虬就会乘着旋风飞腾，其威力声势，震天动地，响彻四海。鳄鱼、大鳖之类则躲在百仞深的烂泥之中，熊罴也伏倒躲在层峦的山岩之下，虎豹则在洞穴掩藏起来不敢咆哮，猿狖之类也从大树的枝杈上跌落地上，更何况那些蛇和鳝鱼之流呢？唯其展翅的飞鸟，在长空中一展风流。

生活在世上，每个人的活法各不相同。面对同一个客观环境和自然条件，为

什么有的人活得痛苦,有的人活得轻松呢?这其中,除了禀赋差异外,就是聪明人懂得调整个人与客观环境的关系,审时度势,超然处世,顺应自然。智者顺时而成功,愚者逆理而失败。

智者懂得,人生道路曲折多变,有些时候,对事物的发展只有"顺其自然","死生有命,富贵在天",凡事不可强求。"顺其自然",就是对世间的功名利禄、是非得失看得淡泊,不去执着追求,笑对毁誉。这也不失为一种糊涂。

亲鸾《末灯抄》:"自是'主动地'之意,然是'变成这样'之意。故'自然'非由行者所裁夺,乃如来的信誓也。"

此处的"自然",并不是指自然科学所说的单纯的自然事物,而是指透过宗教的觉醒的眼光所见的世界,也就是一切事物按照佛意成为它现在的样子。

顺任自然,有人认为是一种糊涂,但是,只要抛弃自己迷乱的思想,置身于听任佛意支使的境界中,就能真正发挥具有自主性的自我,这并非如宿命论所言的听其自然。

人对待生活,如果能将自己与自然合二为一,顺应自然度过人生,那就必定能达到人生无忧无虑的最高的"糊涂"境界。

剥卦第二十三：小人当道，屈身避害

【爻词精义】

⊙败势显露别执迷不悟 ⊙只修修补补哪成 ⊙破罐子破摔有时倒好点 ⊙硬从表面上去应付就会出现凶险 ⊙甘苦与共才有希望 ⊙要目光远大一些

经文义解

【题解】

本卦阐述了身处腐败时期的应世原则。一味追求虚荣的礼仪修饰，必然导致腐败的产生。这一物极则反的规律，是人力所不能逆转的。《红楼梦》中的王熙凤、探春，都意识到了这一点，并且在力所能及的范围内采取了一些措施，依然无济于事。历史上许多曾经显赫一时的帝国，亦莫能逃出这一规律。处在小人势盛，君子才歇的腐败时期，君子只有顺应时势，谨慎应付，谋求自保，以等待恶势力的自行消解，或者等待有才德的领袖人物出现，以结束这一腐败黑暗的时期。

【原文】

䷖　剥[1]：不利有攸往。

初六　剥床以足，蔑贞凶。[2]

六二　剥床以辨，蔑贞凶。[3]

六三　剥之，无咎。

六四　剥床以肤，凶。[4]

六五　贯鱼以宫人宠，无不利。[5]

上九　硕果不食，君子得舆，小人剥庐。[6]

【注释】

①剥：卦名。下坤上艮，象征剥落。②足：床腿。蔑：灭，伤。③辨：床头。④肤：床身。⑤贯鱼以宫人宠：受宠爱的宫人鱼贯而来。宫人，宫中妃嫔。以：引。⑥舆：大车。庐：房舍。

【译文】

剥卦　象征剥落。不宜有所行动。

初六　剥蚀大床定会先损及床腿，床腿一定会遇到伤害，必有凶险。

六二　剥蚀大床已然损及床头，床头一定会遭到伤害，必有凶险。

六三　虽然处于剥蚀之中，却没有什么灾难。

六四　剥蚀大床已经损及床身，情势十分凶险。

六五　导引宫中妃嫔鱼贯而来承接君主的宠幸，无所不利。

上九　果实硕大却没有被摘食，君子摘食定会得到大车运载，小人摘食必会剥落房屋。

【释义】

䷖　剥：不利有攸往。

［解读］　剥落时期，不利于君子的任何行动。

［象释］　此卦阴由下往上伸长，一连五爻均阴，仅一阳居上，亦已至尽头，其阴盛阳衰之势十分显然，象征小人得势、君子困顿。下卦"坤"为顺从，上卦"艮"为停止，所寓之意亦为：当此之时惟有顺从，不可有任何行动。又下卦"坤"为地、上卦"艮"为山，象征山剥落成为泥。

［义理］　任何事物，都有一个阴阳消长不以人的意志为转移的道理，当阴长阳消的时候，阳宜静不宜动，不可妄自进取以致自取其辱。

初六　剥床以足，蔑贞凶。

［解读］　床脚已经剥落，若持漠视态度，必然凶险。

［象释］　物体的剥落，一般都是由下而上；"初六"为"剥"卦之底，所以有"床足"之喻。

［义理］　剥落是一个渐进的过程，倘若对初期的剥落不予重视，必然出现不可收拾的局面。

六二　剥床以辨，蔑贞凶。

［解读］　床辨剥落，若仍持漠视态度，必然更凶险。

［象释］　“六二”的剥落程度，较“初六”更甚，因而有“床辨”之喻。

［义理］　邪恶势力渐盛，倘若再不加以警惕，必有危险。

六三　剥之，无咎。

［解读］　床虽然剥落，还可以支撑一时。

［象释］　“六三”虽然是五阴爻之一，但惟有它与“上九”阳爻相应，因而不会与上、下各阴爻同流合污。

［义理］　世界上任何事物的发展都不是绝对的，在普遍剥落的环境中，也有不甘同流合污者。

六四　剥床以肤，凶。

［解读］　床的表面也已经剥落，十分凶险。

［象释］　“六四”已经到了外卦，象征剥落已经渐进到了床的表面，故有“肤”之喻。

［义理］　腐败一旦达到了彻里彻外的程度，有德君子若不审时度势，不知进退，必有大祸临头。

六五　贯鱼以宫人宠，无不利。

［解读］　如同贯穿在一起的鱼，后妃依次人宫待寝，当然不会不利。

［象释］　“六五”与前面阴爻不同，它居于至尊位，象征皇后，以下诸阴爻，当然便属嫔妃了。“六五”居中，且承“上九”，本来就有中正之心，更何况想剥刚阳的“上九”也自忖无此能力，便转而采取率领众阴一起奉承“上九”的态度。

［义理］　即使处在剥落的时期，也总有小人改过自新的情况存在。只要循规蹈矩地改过向善，其发展趋势总是有利的。

上九　硕果不食，君子得舆，小人剥庐。

［解读］　硕果仅存，没有被吃掉；君子当政则出门有车坐，小人得势则连起码的茅庐也将失去。

［象释］　本卦只有“上九”为阳爻。卦形像车，“上九”像车盖；又像屋，“上九”则像屋顶。所以，有“舆”、“庐”之辞。

［义理］ 政治极端腐败之时，惟有全力支持有德者居于领导地位，才能重新过上居有屋出有车的小康日子；倘若小人继续得势，则恐怕连起码的茅庐也将失去。

案例解易

陈元达拒不做官

西晋永兴元年（304），匈奴贵族刘渊乘西晋“八王之乱”的机会，在山西起兵，与晋王朝对抗，建立了政权，他自称为汉王。

刘渊手下有一名小官员叫陈元达，这个人出身贫寒，但很有个性和见识。

当初，刘渊当匈奴左贤王的时候，陈元达不予理睬。到了刘渊当汉国君王的时候，别人就对陈元达说：“过去，刘渊很客气地来请你去做官，而你却藐视人家而不给一点面子，现在他做了汉国的帝王，你心里害怕吗？”陈元达笑着说：“你这是什么话！刘渊的容貌气度都很特别，他有称王的志向和打算，这一点我早就看出来了。然而，我过去之所以不去的原因，是时机和运气没有到，我不能在不适当的时候到他那里去瞎嚷嚷。他自然会有用我的时候，你只看看就是了，我估计不过二三天，来请我的书信就会到。”

果然到了晚上，刘渊便派人来请陈元达去做他的黄门侍郎。别人说：“你怕是神仙吧，怎么对事情看得这么准。”

到了宫廷，与刘渊见面后，刘渊说：“你如果早点到我手下来，怎么会当个郎官就算了呢？”陈元达回答说：“我想每个人都有自己的天分，超过了天分去做事就会摔跟头。我若早点，您可能让我处在九卿的位置上，常常向您提意见，那么，这就不是我的天分可以担负得了的。所以，我犹豫不定，等候符合自己的时机到来。这样，您也没有错用人才的讥笑，我也没有带来什么祸害，岂不更好吗？”刘渊听了以后，大为高兴。

复卦第二十四：迷途知返，进取有道

【爻词精义】

⊙要重视基础建设　⊙要休息好　⊙要有危机感　⊙别太性急
⊙复兴后要督促各项工作　⊙不可稀里糊涂

经文义解

【题解】

本卦通过“不远复”、“休复”、“频复”、“独复”、“敦复”、“迷复”等的系统分析，阐述了剥落腐败之后如何恢复元气走上正道的原则。认为要恢复元气，必须根绝以往的错误；恢复元气的工作必须在腐败刚开始还不很严重的时候，否则便要积重难返；恢复中难免要犯错误，但必须及时改正并谨防一犯再犯；恢复时期往往吉凶难以意料，志士仁人应该坚定信念，为所当为，以迎接元气得以恢复的局面早日到来；至于那些执迷不悟逆潮流而动的人，决不会有好下场。

【原文】

䷗　复[1]：亨。出入无疾。朋来无咎。反复其道，七日来复，利有攸往。[2]

初九　不远复，无祇悔，元吉。[3]

六二　休复，吉。[4]

六三　频复，厉，无咎。[5]

六四　中行独复。[6]

六五　敦复，无悔。[7]

上六　迷复，凶，有灾眚，用行师，终有大败，以其国君，凶，至于十年不克征。[8]

【注释】

①复:卦名。下震上坤,象征复归。②反复其道:返转回归于一定的规律。道:法则,规律。七日来复:周初以月亮盈亏记日,每月四期,每期七日。“七日”在此象征转化迅速。③不远复:行而不远即复。祇悔:悔恨。④休:喜。⑤频:频繁。⑥中行独复:居中行正,独自返还。⑦敦:敦促,迫促。⑧迷复:误入迷途而求返还。灾眚:灾祸。行师:兴兵征伐。以:及。克:能。

【译文】

复卦　象征归顺。亨通顺利,或出或入都没有疾病,朋友前来也没有灾祸,遵循一定的规律返转回归,只须七日就循环一次,利于有所举动。

初九　行而未远就适时回返,没有造成很大的悔恨,大吉大利。

六二　高高兴兴地返回,必获吉祥。

六三　频繁地返还,定有危险,但还不至于有什么灾祸。

六四　居中行正,自然回返。

六五　真心地回返,不会遭逢困厄。

上六　误入歧途却又不知回返,定遭凶险,会有灾祸;兴兵征战,最后将会大败,并且危及君王,前景极为凶险,以至于十年之久不能够兴兵征战。

【释义】

䷗　复:亨。出入无疾。朋来无咎。反复其道,七日来复,利有攸往。

[**解读**]　阳刚之气去而复返,亨通顺利,自下而上的行进不会遭到任何阻碍,朋友前来也不会有什么危害,因为阴阳的去而复返遵循每七天便来回一次的规律,有利于事物的生长不息。

[**象释**]　本卦是一消息卦,代表十一月。《剥》卦的“上九”剥落,便成为全阴的《坤》卦,代表十月,随后,阳气又在下方酝酿,到了十一月,一个阳爻在初位出现,这就是《复》卦;继此之后,是代表十二月的䷒(临)、代表一月的䷊(泰),依次而推,阳气愈来愈盛,直至六阳的乾卦,然后又是阴气渐生的䷫(姤)。由于阴阳的消长,才有万物的生生不息,因而有“亨”;从初阴生长至初阳生长,历经七个卦(或七个月),因而有“反复其道,七日来复”之言。又,内卦“震”是动,外卦“坤”是顺,阳在下方活动、上升,上方则柔顺处之,所以有“出入无疾,朋来无咎”之语。

［义理］ 阴极而阳，这是自然的法则，阴阳循环，因而万物亨通，生生不息；阴消阳长，安泰无恙；事物转化，有规律可循；在正义力量崭露头角的时候，应该抓住时机，积极进取。

初九 不远复，无祇悔，元吉。

［解读］ 不要走远就返回，即使有过失也不会严重，因而无后悔，大吉大利。

［象释］ “初九”是本卦的主爻，在卦的初位，象征腐败之后刚刚恢复正气，具有闻过则改的特点。

［义理］ 恢复正气必须及时，纠正错误必须趁早。做到这两点，即使小有过失，也无碍大局的健康发展。

六二 休复，吉。

［解读］ 向善的回归，乃是吉庆之事。

［象释］ “六二”柔顺中正，靠近“初九”，象征其对美、善的亲近和顺从。

［义理］ 崇尚和追求完美，是恢复正道所必不可少的基本素质。

六三 频复，厉，无咎。

［解读］ 频繁地失误，又能屡屡回复正道，这样虽然有危险，因为每次都能改正过错，不会有灾祸。

［象释］ “六三”阴爻阳位，不中不正，又是下卦“震”即动的极点，所以有频频妄动之象。

［义理］ 任何行动都应该深思熟虑；轻率的行动，往往会造成过失，即便能及时纠正不致酿成灾祸，总不如先计后行少犯错误为好。

六四 中行独复。

［解读］ 在行进的中途，自然返回到正道。

［象释］ “六四”处于五个阴爻的中间，故有“中行”之辞；只有它与“初九”阴阳相应，故又有“独复”之辞。“六四”阴爻阴位，十分柔弱，虽然能与“初九”阳爻相应，但“初九”处在阳气甚微之时，不可能给“六四”以足够的援助，所以爻辞既无“吉”亦无“凶”。

［义理］ 在正义得到恢复而又力量不足的时期，吉凶未定，应坚持原则，为

所当为;道不同不与谋。宁可独善其身回归正道,也不能随波逐流。

六五　敦复,无悔。

［解读］　真心实意地返回正道,没有懊悔。

［象释］　上卦“坤”是顺,“六五”处顺之中,有中庸柔顺的德性,因而“敦复。”

［义理］　处于尊位的人,在返归正道的时期,尤其需要具有真诚敦厚的品德,起到表率的作用。

上六　迷复,凶,有灾眚,用行师,终有大败,以其国君,
　　凶,至于十年不克征。

［解读］　迷途不知返,必生凶险,甚至酿成大灾难;在这种情况下领兵打仗,结果必是大败,甚至国君遭难,十年之内不能重振军威。

［象释］　以阴爻居“复”之终,有迷途不知返之象。

［义理］　恢复正道已经成为大势所趋,倘若仍然执迷不悟,不知返归正道,则任何举动都会凶险无比。

案例解易

周处除“三害”

西晋时期，除了像王恺、石崇一类穷奢极侈的豪门官员外，还有一批士族官员，吃饱了饭不干正经事，三五成群聚在一起胡乱吹牛，尽说些脱离实际的荒诞无稽的怪话。这种谈话叫作“清谈”。这种人，往往名气很大，地位很高。这也可见当时风气的腐败了。

但是在官员中，也有比较正直肯干实事的人。像西晋初年的周处就是这样的人。他担任广汉（今四川广汉北）太守的时候，当地原来的官吏腐败，积下来的案件，有三十年没有处理的。周处一到任，就把积案都认真处理完了。后来调到京城做御史中丞，不管皇亲国戚，凡是违法的，他都能大胆揭发。

周处原是东吴义兴（今江苏宜兴县）人。年青的时候，长得个子高，力气比一般小伙子大。他的父亲很早就死了，他自小没人管束，成天在外面游荡，不肯读书；而且脾气强悍，动不动就拔拳打人，甚至动刀使枪。义兴地方的百姓都害怕他。

义兴邻近的南山有一只白额猛虎，经常出来伤害百姓和家畜，当地的猎户也制服不了它。

当地的长桥下，有一条大蛟（一种鳄鱼），出没无常。义兴人把周处和南山白额虎、长桥大蛟联系起来，称为义兴“三害”。这“三害”之中，最使百姓感到头痛的还是周处。

有一次，周处在外面走，看见人们都闷闷不乐。他找了一个老年人问：“今年年成挺不错，为什么大伙那样愁眉苦脸呢？”

老人没好气地回答：“三害还没有除掉，怎样高兴得起来！”

周处第一次听到“三害”这个名称，就问：“你指的是什么三害。”

老人说：“南山的白额虎，长桥的蛟，加上你，不就是三害吗？”

周处吃了一惊。他想，原来乡间百姓都把他当做虎、蛟一般的大害了。他沉吟了一会，说："这样吧，既然大家都为'三害'苦恼，我把它们除掉。"

过了一天，周处果然带着弓箭，背着利剑，进山找虎去了。到了密林深处，只听见一阵虎啸，从远处蹿出了一只白额猛虎。周处闪在一边，躲在大树背面，拈弓搭箭，"嗖"的一下，射中猛虎前额，结果了它的性命。

周处下山告诉村里的人，有几个猎户上山把死虎扛下山来。大家都挺高兴地向周处祝贺，周处说："别忙，还有长桥的蛟呢。"

又过了一天，周处换了紧身衣，带了弓箭刀剑跳进水里去找蛟去了。那条蛟隐藏在水深处，发现有人下水，想跳上来咬。周处早就准备好了，在蛟身上猛刺一刀。那蛟受了重伤，就往江的下游逃窜。

周处一见蛟没有死，紧紧在后面钉住，蛟往上浮，他就往水面游；蛟往下沉，他就往水底钻。这样一会儿沉，一会儿浮，一直追踪到几十里以外。

三天三夜过去了，周处还没有回来。大家议论纷纷，认为这下子周处和蛟一定两败俱伤，都死在河底里了。本来，大家以为周处能杀死猛虎、大蛟，已经不错了；这回"三害"都死，大家喜出望外。街头巷尾，一提起这件事，都是喜气洋洋，互相庆贺。

没想到到了第 4 天，周处竟安然无恙地回家来了。人们大为惊奇。原来大蛟受伤以后，被周处一路追击，最后流血过多，动弹不得，终于被周处杀死。

周处回到家里，知道他离家 3 天后，人们以为他死去，都挺高兴。这件事使他认识到，自己平时的行为被人们痛恨到什么程度了。

他痛下决心，离开家乡到吴郡找老师学习。那时候吴郡有两个很有名望的人，一个叫陆机，一个叫陆云。周处去找他们，陆机出门去了，只有陆云在家。

周处见到陆云，把自己决心改过的想法诚恳地向陆云谈了。他说："我后悔自己觉悟得太晚，把宝贵的时间白白浪费掉。现在想干一番事业，只怕太晚了。"

陆云勉励他说："别灰心，您有这样决心，前途还大有希望呢。一个人只怕没有坚定的志气，不怕没有出息。"

打那以后，周处一面跟陆机、陆云学习，刻苦读书；一面注意自己的品德修养。他的勤奋好学的精神受到大家的称赞。过了一年，州郡的官府都征召他出来做官。到了东吴被晋朝灭掉以后，他就成为晋朝的大臣。

无妄卦第二十五：崇尚真实，反对虚伪

【爻词精义】

⊙不做荒谬的事情 ⊙荒唐的事想都别想 ⊙不做荒谬事，荒谬找上门 ⊙坚守正道荒谬不为 ⊙不要因为有缺点就改变初衷 ⊙只要不做荒谬事，有点过失没关系

经文义解

【题解】

本卦阐述的是不虚伪谬乱的道理，为人做事讲求真实，不虚伪谬乱，对于事业的成功是有利的，但是它并不确保在所有的场合都能一帆风顺，有时也会有意料之外的灾难光临；不虚伪、不谬乱是天地间、人世间的正理，为人处世，都应该刚健无私，讲究真实，不存非分的奢望，但也不能一味坚持己见而不知变；无妄走到了极端，同样寸步难行。

【原文】

䷘ 无妄①：元亨，利贞。其匪正有眚，不利有攸往。②

初九 无妄往吉。

六二 不耕获，不菑畬，则利有攸往。③

六三 无妄之灾，或系之牛，行人之得，邑人之灾。④

九四 可贞，无咎。

九五 无妄之疾，勿药有喜。⑤

上九 无妄，行有眚，无攸利。

【注释】

①无妄：卦名。下震上乾，象征不妄为。②其匪正有眚：不持守正道就会有

灾异。匪,非,不。正,指正道。眚,灾祸。③菑:初垦的瘠田。这里用作动词,意为开垦。畬:熟田。④无妄之灾:意想不到的灾祸。或:有人。系:拴。行人之得:路人顺手牵走据为己有。邑人之灾:邑中人家遭受缉捕的横祸。⑤勿药:不治疗。有喜:古人称病愈为有喜。

【译文】

无妄卦　象征不要妄为。大吉大利,利卦。若不持守正道就会有灾异,不宜有所行动。

初九　不妄为,有所作为定获吉祥。

六二　不耕耘却有收获,不垦荒而却有良田耕种,这种期望发展下去有何益处?

六三　遭遇到料想不到的灾祸:有人在某处拴了一头耕牛,路人顺手把它牵走据为己有,邑中人家将遭受缉捕的横祸。

九四　坚守正道,没有灾祸。

九五　得了意料不到的疾病,不必要用药治疗而自会痊愈。

上九　切勿妄为,否则将有灾祸,没有什么益处。

【释义】

䷘　无妄:元亨,利贞。其匪正有眚,不利有攸往。

[解读]　不虚伪的行动,必然大大亨通,有益而合乎正道。倘若不正,必生灾祸,去做任何事情都不会成功。

[象释]　下卦"震"是雷是动,上卦"乾"是天是健;天的下面有雷在动,其象刚健中正,故具有创生万物、通行无滞、利益众生和无所不正的属性。

[义理]　在天道亦即自然规律面前,只要崇尚真实,不搞虚伪,就能无往而不利。背离自然规律的任何行动,都必然会遭到无情的惩罚。

初九　无妄往吉。

[解读]　不虚伪,前途吉祥。

[象释]　"初九"阳爻阳位,因顺自然;又为内卦主爻,刚毅有力,利于发展。

[义理]　"无妄"以心言,"往吉"以事言;崇尚真实,做任何事情都会前途光明。

六二　不耕获,不菑畬,则利有攸往。

[解读]　不耕耘播种就想收获,不开垦荒地就想得到熟地,这种期望发展

下去能有什么好处呢？

[象释] “六二”阴爻阴位，处于下卦之中，有柔顺中正无非分空想之象。

[义理] 本爻辞以类比、反问的方式叙说了不应该存有非分欲念，虚妄的想法不会有好结果。

六三 无妄之灾，或系之牛，行人之得，邑人之灾。

[解读] 有时候无妄也会有灾，例如一头牛拴在路旁树桩上，被过路的人顺手牵走，住在周围的人都被怀疑，遭受不白之冤。

[象释] “六三”阴居阳位，不中不正，故有无妄之灾。

[义理] 诚实并不一定都能得到善报；不虚伪的人，有时候也难免会蒙受不白之冤。

九四 可贞，无咎。

[解读] 坚持不虚伪的正道，不会有什么灾祸。

[象释] “九四”阳刚，为上卦“乾”即健的一部分，故有刚健之象；与“初九”同阳不应，象征没有私下结交。处在“九四”之境有此品德可保无咎。

[义理] 不仅刚健有力，而且不搞任何私交，这是处于高位尤其邻近至尊的人所应遵守的原则。

九五 无妄之疾，勿药有喜。

[解读] 偶尔得病，不胡思乱想，不吃药也能恢复健康。

[象释] “九五”尊位处中得正，又与“六二”阴阳相应，乃本卦中最好的一爻，无妄已经到了十分完美的程度，其象如同偶然有了疾病也能不治而愈一样。

[义理] 对自己要有信心，不要自惑自疑，如同相信自己的身体非常健康，偶尔染恙也能依靠自我调理便可痊愈一样。

上九 无妄，行有眚，无攸利。

[解读] 极端的无妄行为，会产生灾难，做任何事情都会遇到障碍。

[象释] “上九”是不虚伪的终点，虽与“六三”有阴阳相应之利，却因为物极必反的规律又一次在这里起着支配的作用，极端的无妄之行，反而产生了有害的结果。

[义理] 任何好的事情，都不能走向极端；一入极端，便会向着反面转化。

无妄的极端之所以会产生有害的结果，原因在于固执己见不知变通。

案例解易

诚信，求财的根基

74 岁的声宝董事长陈茂榜，他在 50 年前以 100 元钱与三弟陈阿海一起创业，如今拥有员工 5 000 人，年营业额 88 亿元。他经营企业成功的诀窍只有两个字，那就是“诚信”。

他 24 岁时以 100 多元的成本开了一家电器行，由于资金不足，陈茂榜只好以 50 元为一单位，分别交给两家电器中盘商作为保证金，然后向他们提货来卖。

由于这两家中盘商都很信任陈茂榜，所以那 50 元的保证金，只不过是一种形式而已，其实陈茂榜向他们所提的货高达 500 元左右——保证金的十倍。

对于中盘商特别的宽容与照顾，陈茂榜以实际行动回报，一切来往本本分分、老老实实，把该付的钱弄得一清二楚，绝不贪污。

如此交往了一段时间之后，陈茂榜更取得中盘商的信赖，因此不论他提多少货，他们都毫不犹豫地答应了。从此他的生意愈做愈大。

陈茂榜说：“这件事给我很大的启示，使我深深了解到，在商场上，信用实在太重要了。”

曾经有一度，陈茂榜亲自上电视为声宝的产品做广告，为这件事，很多人百思不解。

陈茂榜严肃地回答：“我不是为自己的产品宣传，而是为它做保证。”这又是“诚信”经营哲学的具体表现。

又有一次，他参加一个工商座谈会，电视予以转播，他讲到一半，假牙突然松动了，他毫不犹豫地取下假牙，继续讲完。

他这种不在乎形象的做法，反而给观众留下极深刻的印象。其实这就是陈茂榜一贯的理念——亲切、真诚、实在。

大畜卦第二十六：蓄德养贤，厚积薄发

【爻词精义】

⊙需要好时机并且严律己 ⊙要团结一致 ⊙技术要跟上 ⊙别跟人闹矛盾 ⊙让人感到你不可小视 ⊙要布好关系网

经文义解

【题解】

本卦阐述了蓄积的原则。最大的蓄积是蓄德积善，一个国家有了这种蓄积，则国运兴旺，社稷长存；一个人有了这种蓄积，则万事都能亨通，抱负得以施展。蓄积不仅有当进则进的一面，也有当止则止的另一面，只有准确地把握进与止，才是真正的蓄积。蓄德积善与防患止恶相辅相成；防患须于未然，止恶须于未形。不时正本清源，注重于对邪恶采取釜底抽薪的措施，才能确保仁、德之政的秩序。倘若对蓄德积善作教条化的理解，疏于隐患的防范，以致隐患爆发罪恶泛滥，则虽有蓄德积善之仁政，亦属枉然。迨至不得不大事杀戮，则已失仁、德之本意了。

【原文】

䷙ 大畜[①]：利贞。不家食，吉。利涉大川。[②]

初九 有厉，利已。[③]

九二 舆说輹。[④]

九三 良马逐，利艰贞。曰闲舆卫，利有攸往。[⑤]

六四 童牛之牿，元吉。[⑥]

六五 豮豕之牙，吉。[⑦]

上九　何天之衢，亨。⑧

【注释】

①大畜：卦名。下乾上艮，象征大有积蓄。畜，蓄。②不家食：不求食于家，而食禄于朝。③已：停止。④说：通“脱”。輹：钩住车轴的木头。⑤逐：奔驰。闲：练习。卫：防止。⑥童牛：无角小牛。牿：牛角上束的横木。⑦豮，小猪。牙，木桩。⑧何天之衢：何其畅达的通天之路。衢，四道八达的道路。

【译文】

大畜卦　象征很有积蓄。有利之卦。不求食于家，而食禄于朝，定获吉祥。宜于涉逾大江大河。

初九　有危险，应暂时停止前进。

九二　车身与车轴相分离。

九三　骏马在奔跑，利于艰难之事。整天练习车马防卫技能，宜于有所行动。

六四　在无角的小牛头上拴一根横木，极为吉祥。

六五　被阉割的小猪有牙不伤人，可获吉祥。

上九　何其通畅的通天大道！亨通顺利。

【释义】

䷙　大畜：利贞。不家食，吉。利涉大川。

［解读］　大的积聚，有益于坚守正道；贤者不在家里吃自己耕种收获的粮食，这是好事，有利于涉渡大河。

［象释］　下卦“乾”为天，象征朝廷；上卦“艮”为山，象征才德高大的贤能之士。贤能之士在朝廷之上，象征国君能够养贤畜德，故名“大畜”。“六五”与“九二”阴阳相应，亦象征君王中庸，崇尚贤能，使得贤能之士不远避山林之间躬耕自食，而能出仕朝廷接受俸禄。

［义理］　积蓄之大，莫过于积聚贤德；倘若一个人能够蓄正守贤，一点一滴地注力于知识的积累、道德的修养，则必成大器，必能一展其抱负；倘若一个政府能够将养贤蓄德放在首位，使得贤能之士尽为政府所用，则国家必然兴旺发达，即使偶有涉大河一样的风险，也能安然度过。

初九　有厉，利已。

［解读］　前进有危险，停止才会有利。

［象释］　下卦“乾”三个阳爻都有勇往直前之象，却被上卦“艮”即山所阻挡。“初九”与“六四”相应，在本卦中却成了阻挡“初九”前进的障碍。

［义理］　血气方刚，容易贸然行动。事实上，任何行动都不可能一帆风顺，当前头遇到障碍时，不应该再铤而走险，而应该适时停顿下来。

九二　舆说輹。

［解读］　车子脱去輹，自动停了下来。

［象释］　“九二”阳爻居阴位，不正，但处于下卦之中，外刚内柔，有中庸之象，与“初九”阳爻阳位刚健过甚而不中有所区别。因此，“九二”虽然被“六五”所阻，由于不偏激，能见机行事，就像脱去革绳，主动让车子停止不前。

［义理］　有时候，停止也是一种力量的积聚；停止的目的，是为了积聚力量冲破障碍，有利于继续前进。因此，凡事都要见机而作，当进则进，当止则止；而且不待受阻而止，应该见机而止，自止可以更好地把握前进的主动权。

九三　良马逐，利艰贞。曰闲舆卫，利有攸往。

［解读］　仕途就像良马竞逐场，只有利于那些艰辛的正规训练者；又像操练舆卫的军卒，每日苦练，才能无往而不利。

［象释］　“九三”阳爻居阳位，乃纯阳之象，故以“马”喻之，又与“上九”同阳不相应，不但不受阻，而且与其合志，如同良马驰逐一般上进，故有“良马逐”之语。

［义理］　即使有发展机遇，也必须自身有力量的积聚，才能成功。

六四　童牛之牿，元吉。

［解读］　给尚未长角的牛犊安装上防止触人的横木，这是大吉大利的措施。

［象释］　“六四”阻止“初九”，而“初九”在本卦最下方，力量很弱，如同未长角的牛犊，又给它装上了防止触人的横木。

［义理］　防患于未然，止恶于未形。当恶行尚未形成气势之时，便采取有效的措施，将其潜消默化掉，这样，不仅挽救了可能的受害者，也挽救了作恶者，

使得免受刑戮之苦。这种止恶于未形的措施,实在是大善而吉祥。

六五　豮豕之牙,吉。

[解读]　被阉割的猪虽有牙齿不再伤人,这是吉祥的措施。

[象释]　“六五”阻止“九二”,但“九二”的力量较“初九”为强,不易阻止。然而“六五”处中位,性中庸,并不从正面加以阻止,而是从根本上改变“九二”的刚暴之性,使之柔顺。

[义理]　止恶的有效办法是釜底抽薪,这是从根本上解决问题的最可靠的方法。

上九　何天之衢,亨。

[解读]　背负青天鹏程万里,前途畅通无阻。

[象释]　“上九”是蓄积的极点,正是厚积薄发一展宏图的时刻,所以有“何(荷)天”之象以及“亨”的属性。

[义理]　学有所成方能委以大任,厚积薄发才能一鸣惊人,一飞冲天,建立丰功伟业。

案例解易

“善的循环”经营原则

吉田忠雄是日本吉田工业公司的总裁。他所经营的这家公司,早已成为日本最大的拉链制造公司,据说他们生产出的拉链长度,足够在地球到月球之间往返两次半。难怪乎吉田忠雄被人称为“拉链大王”,名声在外。

吉田忠雄有自己一套独特的经营方略,简而言之,就是遵循“善的循环”。他说:“如果我们散布仁慈的种子,给予别人以仁慈,仁慈就会循环给我们,仁慈在我们和别人之间不停地循环运转。”他认为,企业赚钱多多益善,但是利润不可独吞。为此,吉田公司将利润分成三部分,推行“利润三分法”,即以质量较好的产品及低廉的价格,让利 1/3 给消费者;让利 1/3 给销售公司产品的经销商及代理商;让利 1/3 给自己企业的职工和股东。

根据这个经营原则,吉田忠雄要求公司员工在本公司的储蓄账户上存款,公司则每月按高于日本银行的定期存款利率,支付给存款职工利息,这对职工产生了很大的吸引力。在公司每年支付的红利中,吉田忠雄本人占 16% ,其家族占 24% ,其余均由本公司职工分享。不仅如此,公司还鼓励雇员购买本公司股票,规定凡到本公司工作满 5 年的职工,都可购买本公司的股票,并获取每年 18% 的较高股息,极大地鼓舞了职工对公司投资计划的参与。在办公制度上,吉田忠雄实行面对面的指挥、协调和监督,实行集中办公,在客观上大大强化了管理效率。

《诗经 · 大雅》有曰:“投我以桃,报之以李”,说的是一方有所赠与,另一方必有所报答。企业只有开诚布公,让惠让利,重视公共关系、人际关系,创造“人和”的条件,才能博得各方的褒扬,提高企业的自身形象,最终获取长期、稳定的巨额利润。那种“竭泽而渔”的经营方法,只能毁了企业的发展前程。

颐卦第二十七：休养生息，自力利人

【爻词精义】

⊙别过分安逸 ⊙别违背规律 ⊙不注意休养咋行 ⊙休养生息没错 ⊙有时可以破破常规 ⊙别不当回事儿

经文义解

【题解】

本卦阐述了养育的原则。养育应靠自己，坚持“自力更生”，不应羡慕他人，更不可依赖他人，而应该运用自己的智慧和能力，不仅自养，还可以养人。养生应循常理，采取正当的手段；事非得已，亦可变通，求养于人，然须动机纯正。养育他人是一件值得称颂的善事，即便有危险，也应不遗余力坚持做下去。

【原文】

䷚ 颐[①]：贞吉。观颐，自求口实。[②]

初九 舍尔灵龟，观我朵颐，凶。[③]

六二 颠颐，拂经于丘颐，征凶。[④]

六三 拂颐，贞凶。十年勿用，无攸利。[⑤]

六四 颠颐，吉。虎视眈眈，其欲逐逐，无咎。[⑥]

六五 拂经，居贞吉。不可涉大川。

上九 由颐，厉吉，利涉大川。

【注释】

①颐：卦名。下震上艮，象征颐养。颐即两腮。②口食：食物。③尔：你。灵龟：指卜得的龟兆。古人认为龟不死而能长寿，是神物，所以龟甲行卜，并且称之

为灵龟。朵颐:隆起的两腮。④颠颐:两腮不停地抖动。拂经:颠倒事理。拂,逆,经,常理。于丘颐:向高丘上索取颐关。颐,颐养。征:兴兵出战。⑤拂颐:违背颐养之道。⑥逐逐:迫切的追求。

【译文】

颐卦　象征颐养。定获吉祥。考察事物的颐养现象,应当明了颐养之道是自食其力。

初九　丢弃你的美味龟肉,却观看我隆起的两腮,必有凶险。

六二　两腮不断地颠动,违背事理,向高处寻求颐养,兴兵征战定有凶险。

六三　违反颐养之道,则有凶险。十年之内不能施展才能,否则将没有什么好处。

六四　两腮不断地颠动,可获得吉祥。像猛虎那样双目圆睁虎视一切,急欲不断地获取食物必无灾祸。

六五　尽管违逆事理,但是卜问居处之事,可获吉祥。不可涉过大江大河。

上九　从两腮看,尽管有危险,但仍会获得吉祥,利于涉过大江大河。

【释义】

䷚　颐:贞吉。观颐,自求口实。

[解读]　颐养必须坚持正道,才会吉祥;观人美餐,不如自去寻食。

[象释]　本卦形同张开的嘴,“初九”、“上九”形如相对的两排上、下牙,食物由中间进入,具有“养”的意思。又,上卦“艮”是山为止;下卦“震”是雷为动,与吃东西时上颚不动下颚动相类,故又有“口”的意思。

[义理]　观察一个人平生养育的是些什么人物,以及观察他如何养活自己,就可以知道,只有走正当的取食之道,才能吉祥。

初九　舍尔灵龟,观我朵颐,凶。

[解读]　放弃你自己的美味龟肉不吃,却羡慕我口中之食,这种行为很凶险。

[象释]　“尔”为“初九”,“我”为“六四”。初九阳爻阳位,在 最底层,与“六四”阴阳相应,以致有舍去自己手里的美味却呆呆地观望他人口中之食的形象。

[义理]　不知自爱,一味贪得无厌、羡慕别人的富贵,这不是正当的颐养

之道。

六二　颠颐，拂经于丘颐，征凶。

[解读]　违反自力更生的求食常理，或依赖于下属的奉养，或寄希望于位高势重者的施舍，其前景必然凶险。

[象释]　“六二”阴柔软弱，象征女人不能独立生活，须依附于强健的男人，于是便求养于“初九”，因此颠倒了颐养之常理；又想高攀“上九”，然而“上九”与“六二”不存在相应关系，因而无此义务；“六二”倘作“单相思”径自往前，必然碰壁，徒劳无益。

[义理]　养己必须遵循自力更生的原则，违背了这一原则而作不切实际之想，不会有好结果。

六三　拂颐，贞凶。十年勿用，无攸利。

[解读]　违反颐养之道的事情充满着危险，始终都不要去做，因为这种行为不会得到什么好处。“十”为数之终，引申为“始终”。

[象释]　“六三”阴居阳，不中不正，且处于下卦“震”即动的最高位，象征不正当的行动已经到了极点。

[义理]　求食应循正道，采取正当的手段。如果采取不正当手段谋取食禄，则必然招致凶险。

六四　颠颐，吉。虎视眈眈，其欲逐逐，无咎。

[解读]　藏富于民而又养贤于民，一定吉祥，即便像老虎扑食那样其视眈眈，其欲难遂，也没有什么过错。

[象释]　“六四”阴爻居阴位，位高而柔弱，自养不足，只得求食于相应的“初九”，初九阳爻居阳位，强健有力，足以承担这一应尽的义务。

[义理]　平时藏富于民，关键时刻又取之于民，以资颐养贤士，振兴国家，在君王看来，这是合乎情理之事。

六五　拂经，居贞吉。不可涉大川。

[解读]　不得以违反常理求助于人，如果动机纯正便能吉祥，但是不可以去做冒险的事情。

[象释]　“六五”位居至尊，其下均为阴爻，象征朝中均为柔弱之辈，与之相

应的“六二”亦无阴阳相应之象。在这种虽处君位却不能养天下的情况下，只好求助于阳刚的“上九”。

[义理] 在动机纯正的情况下，不妨权宜变通，仰仗他人的供养以渡过难关，甚至不惜寄人篱下。

上九 由颐，厉吉，利涉大川。

[解读] 百姓依靠他的救济而生存，所以能够逢凶化吉，遇难呈祥，如同顺利地渡过大河一样。

[象释] “上九”因援助“六五”而使天下万民安居乐业，但因此亦会招忌，有危险，但他的济世行为深得万民爱戴，即便有危险之事也会顺利解决。

[义理] 舍身济世、颐养人民是一件最大的喜事，既值得冒险，又必然能够排除万难获得成功。

案例解易

定国之术，在于强兵足食

战乱频仍，极大地破坏了东汉末年的社会根基，致使经济凋敝，土地荒芜，人民锐减，满目疮痍。

“民以食为天”，军队也非不如此。兵马未动，粮草先行，讲的是行军打仗，如果没有军粮作保障，那后果是不堪设想的。随着割据形势的形成，各集团无不受军粮供给问题的困扰。有人甚至派手下盗墓来维持军队的日常开销。曹操甚知，不解决当前的饥饿问题，不考虑农业经济以解决今后的吃粮问题，就不可能稳定人心，巩固自己的权位，更谈不上征伐不臣的问题。因此，他曾把“富国强兵”之道列为首要问题，表奏皇帝并请大家议论“损益”。这说明，曹操作为一个政治家，甚知重视经济问题。

早在初平三年(192)曹操刚做兖州牧时，治中从事毛玠就提出了两条重要建议，一是要奉天子以令不臣，二是要修耕植以蓄军资。对这两条建议，曹操当时就极表赞赏,并积极创造条件施行。经过努力,曹操首先做到了第一条,将献帝迎到了许都。接着,曹操开始做第二条。

“修耕植以蓄军资”,其中心任务就是要通过发展农业生产,增加粮食收成,解决十分紧迫的军粮问题。

汉末以来的粮荒已到极其严重的地步。由于人民的大量死亡,加之人民流落四方,大量土地无人耕种,出现了地广人稀的局面。再兼战乱连年,水利失修,旱灾、蝗灾等自然灾害频仍,一些已经耕种的土地,也往往颗粒无收,或者收之不多。这样,就发生了全局性的缺粮问题,粮价飞涨。

面对严重的粮荒,不仅百姓身受其害,甚至连统治者及其军队也深受粮荒的威胁。

献帝在东迁洛阳途中,多次面临断炊的危险,随从的官员有时不得不以枣菜代粮。到洛阳后,算是安顿下来了,但下级官员还得跑到荒野中去采摘野菜。那些大大小小的军阀们,平时过着“饥则寇掠,饱则弃余”的生活,等到百姓自己都饿得要死,实在无粮可抢的时候,他们的日子也就变得非常难过。袁绍的军队在河北,一度不得不靠采摘桑果过日子。袁术的军队在江淮,有一段时间仅靠捕食蛤螺充饥。公孙瓒的部将田楷在青州,因与袁绍连战两年,粮食吃尽,互掠百姓,弄得野无青草。刘备的军队在广陵,因饥饿难忍,大小官吏和士兵竟自相啖食。有的武装势力,因缺粮而混不下去,还没等到同对手打仗,就自动瓦解离散了。

这种窘况也曾一度困扰着曹操。想当初,他第一次东征陶谦,就因粮食困难,不得不中途退兵。他同吕布争夺兖州,在濮阳一带同吕布相持百多天后,也因粮食接济不上,不得不暂时罢兵自守。一次程昱在自己的辖县东阿为曹操筹措军粮,想尽办法,只勉强筹得可供三天食用的粮食,其中还杂有人肉干,为此程昱后来颇遭非议。曹操前往洛阳迎接献帝时,途中所带的一千多人全部断粮,幸得新郑长杨沛把储存的桑果干拿了出来,才算渡过了难关。曹操为此很感激杨沛,迎献帝都许后,即将杨沛调去做了长社令。

粮食问题已严重到如此地步,到了非解决不可的时候了。然而,单靠一般的手段,或采用通常的一套发展农业生产的办法,是不可能解决燃眉之急的。必须采用行之有效的非常手段,将劳动力和土地结合起来,以便尽快获得大的效益。

面临如此残酷的现实,曹操又甚知历史的经验,因而约在初平、兴平年间,把屯田作为定国之术提了出来：

> 夫定国之术，在于强兵足食。秦人以急农并天下，孝武以屯田定西域，此先代之良式也。

曹操认为，秦国所以能兼并天下，就是因为贯彻了商鞅的农战政策；汉武帝所以能略定西域，就是因为以军人戍边屯垦，解决了军需之急。因而他把“秦人以急农并天下”和“汉武以屯田定西域”作为学习的榜样。

曹操实行屯田是经过充分酝酿的。枣祗提出兴办屯田的建议后，曹操极为重视，立即召集部下开会讨论，大议损益，权衡利弊。这由曹操后来写的《加枣祗子处中封爵并祀祗令》中就可以看出来。在此令中曹操写道：

> 故陈留太守枣祗，天性忠能。始共举义兵，周旋征讨。后袁绍在冀州，亦贪祗，欲得之。祗深附托于孤，使领东阿令。吕布之乱，兖州皆叛，惟范、东阿完在，由祗以兵据城之力也。后大军粮乏，得东阿以继，祗之功也。及破黄巾定许，得贼资业，当兴立屯田，时议者皆言当计牛输谷。佃科以定。施行后，祗白以为僦牛输谷，大收不增谷，有水旱灾除，大不便。反复来说，孤犹以为当如故，大收不可复改易。祗犹执之，孤不知所从，使与荀令君议之。时故军酒侯声云：“科取官牛，为官田计。如祗议，于官便，于客不便。”声怀此云云，以疑令君。祗犹自信，据计画还白，执分田之术。孤乃然之，使为屯田都尉，施设田业。其时岁则大收，后遂因此大田，丰足军用，摧灭群逆，克定天下，以隆王室。祗兴其功，不幸早没，追赠以郡，犹未副之。今重思之，祗宜受封，稽留至今，孤之过也。祗子处中，宜加封爵，以祀祗为不朽之事。

可见，屯田之初，根据老的办法和多数人的意见“佃科已定”，即“计牛输谷”，屯田农民按照租用官府的耕牛数目，向政府缴纳租粮。施行后，枣祗从实际经验中看出“计牛输谷”的弊端很大，于是对曹操说，按照租赁牛数输谷，丰收了不能多征，遇到水旱之灾，则要减免，太不利。枣祗“分田之术”，即把土田分给个人，然后根据收获量多寡对半分成。曹操不想改，枣祗坚持已见，力排众议，终于说服了曹操。

在令文中，曹操举了秦孝公、汉武帝的例子，说明屯田的重要性。而且，此时实行屯田，条件已完全成熟了。

（一）曹操有了比较稳定的辖区

曹操自将吕布从兖州赶走后，便有了自己可靠的根据地。迎献帝都许后，又将势力范围从兖州扩大到豫州，有实行屯田的良好外部环境。

（二）拥有大量的土地

人民的大量死亡和流徙使大片土地荒芜无主，成为国家的公田。

（三）有一定数量的劳动力

初平三年（192），曹操击败青州黄巾军，接受降卒30余万，同时得到了跟黄巾军一起行动的百余万人口。这些人多是黄巾军的家属，不论男女老少，都是掌握有相当生产经验和劳动技能的劳动力。建安元年（196），曹操又击败了汝南、颍川黄巾军，迫使不少人投降，进一步增加了劳动力。此外，屯田兴办起来后，还可以进一步招募流亡的农民。

（四）曹操手中有不少的农具和耕牛。

这些也都是从被打败的黄巾军手中夺来的。

这样，土地、劳动力、农具、耕牛都有了，生产力的基本要素大体齐备了，屯田也就水到渠成了。

与前代实行军屯的方式不同，曹操最初实行的是民屯，他那支规模不大的军队要留着对付那些虎视眈眈的诸侯们。当他的军事实力强大起来后，屯田才扩展到军屯。这也是从实际情况出发，说明曹操善于变通。

曹操虽然实行民屯，却对屯田民实行军事编制。屯田的基层组织为屯，约有五、六十户，配给一定数量的土地、耕牛和农具等。为了加强对屯田农民的管理，自下而上建立了堪称严密的组织系统。管理一屯的屯田官称屯田司马；管理一县屯田事务的屯田官称屯田都尉，相当于县令；管理一郡屯田事务的屯官称典农中郎将或典农校尉，相当于郡太守；在中央，屯田事宜先由司空掾属、后为丞相掾属代管，最后正式设立大司农负责。此外，还有名目繁多的农官，都用的是军职称谓，可见屯田的军事色彩之浓了。

曹操还规定，屯田官管理所辖屯田区内的农业生产、民政和田租等有关事宜，直接对上一级屯田官负责，当地的郡守、县令无权过问。这一点，一直坚持了多年也没改变。曹操的丞相主簿贾逵，在任太守时就深得曹操信任，但因与屯田官发生摩擦，差点翻了船。他因怀疑郡内一个屯田都尉藏匿人口，便前去询问，这个屯田都尉自以为不属郡守管辖，出言不逊，冲撞贾逵。贾逵一怒之下，将他抓起来打断了腿，结果贾逵遭到了免官处分。因为曹操很赏识他，后来又让他做了丞相主簿。从这件事不难看出，贾逵虽然有理，曹操也深知其一片忠心，但对他介入屯田事务这件事本身，却没有从正面表示丝毫支持，可见各级地方官员不能过问屯田事务的制度是执行得十分严格的。从这个角度说，曹操赋予了各级屯田官处理屯田事务的绝对权力，这就会使他们尽心尽责，不受任何干扰，把屯田的事情办好。

在如何收取地租的问题上，经过一番激烈的争论，最后曹操采纳了枣祗反复坚持的按产量分成收租的办法。按照这个办法，屯田民用官牛耕种的，要将收成的60%交给国家；如果用自己的牛耕种，则上交50%。

屯田首先在许都周围地区推行，以期取得经验后再推而广之。曹操把原黄巾军的一些人及从各地招募来的流民，用军队形式加以编制，组织成屯田民。

就这样，经过一番紧锣密鼓的准备之后，屯田制度正式推行。广漠荒凉的原野上，出现了一处处农耕的人群，在兵荒马乱的岁月中，掀起了一个农业生产的热潮。

建安二十三年(218)，曹操根据司马懿的建议，在建立民屯并成功的基础上，又在一些军事驻地建立军屯，组织士兵生产，建立了“且耕且守”即一面戍守、一面务农的体制。兵屯保持着原有的军事体制，以营为生产单位，其屯田事务最初由典农中郎将或典农都尉代管，后来由大司农委派的司农度支校尉和度支都尉专管。军屯的建立，对于开垦荒地，减轻农民养兵运粮的负担，起了积极的作用。

许下屯田成功之后，曹操才随着统治区域的不断扩大，来扩大屯田的规模，到曹魏建国后，北方有不少地方成了屯田区。内地多为民屯，边地多为军屯，最大的军屯区在淮河南北，即今皖北、苏北一带，最多时军屯官兵达十余万人，每年生产的粮食除自己食用外，还有大量积余。

曹操推行屯田政策的成功，把在长期战乱中弄得凋敝不堪的农业经济重新复苏起来，这不能不说是一个很大的功劳。而实行屯田给曹操带来的直接和最大的收获，则是解决了长期为之担忧的十分紧迫的军粮问题。实行屯田后，不过几年各地收获到的谷物每年总量即达数千万斛之多，基本上满足了曹操进行统一战争的需要。而且这些谷物分储各地，军队开到哪里大体上能做到就地或就近供应，既免除了转运之劳，又能保证及时、有力地支援了曹操对其他割据势力的战争。

曹操屯田的成功，在客观上消融了社会不稳定因素，在一种特定的条件下，造就出一个比较稳定的生活环境，从而稳定了整个社会秩序。

大过卦第二十八：危机四伏，勇者不惧

【爻词精义】

⊙简单实用点好 ⊙枯树发新芽不蛮好嘛 ⊙注意：枪打出头鸟 ⊙位高权重有得有失 ⊙打破常规没啥了不起的 ⊙做过头了就不好啦

经文义解

【题解】

本卦阐述了在蓄积、壮大力量之后，为实现理想而以求一逞的行动原则。大的过度，必然充满着危机，但是只要敬而慎之，便不会发生灾难；在过渡时期，应该不拘常规，团结一切可以团结的力量，寻求发展；倘若刚愎自用，孤家寡人，必然危险万分。应该注意周围环境的分析，不去做那些华而不实的表面文章。在不得不为的情况之下，明知不可为也得为之，即使失败，其精神仍然可嘉。

【原文】

䷛　大过[①]：栋桡，利有攸往，亨。[②]

初六　藉用白茅，无咎。[③]

九二　枯杨生稊，老夫得其女妻，无不利。[④]

九三　栋桡，凶。

九四　栋隆，吉。有它，吝。[⑤]

九五　枯杨生华，老妇得其士夫，无咎无誉。[⑥]

上六　过涉灭顶，凶，无咎。

【注释】

①大过：卦名。下巽上兑，象征大有过越。②栋桡：大梁弯曲。桡，通“挠”，

弯曲。③藉:铺垫。④秭:树木新生的枝条和嫩芽。女妻:幼妻。⑤隆重:隆起。它:指意外情况。⑥华:花。士夫:幼夫。

【译文】

大过卦　象征大有过越。大梁弯曲,利于有所行动,亨通顺利。

初六　用洁净的茅草铺地以陈设祭品,没有什么灾祸。

九二　枯死的杨树发出新枝嫩芽,年迈的老翁娶了个年轻的娇妻,无所不利。

九三　大梁弯曲,定有凶险。

九四　大梁隆起,可获吉祥。但是假如发生意外情况,则行事定会艰难。

九五　枯萎的杨树开放新花,年迈的老妪嫁了个年轻的美丈夫,尽管没有什么灾祸,但是也得不到赞誉。

上六　盲目涉水过河,大水没过了头顶,尽管有凶险,但最终遇救而没有什么灾祸。

【释义】

䷛　大过:栋桡,利有攸往,亨。

[解读]　大的过度,就像栋梁受重压向下弯曲,即使充满危机,仍然有利于进步,并且一路亨通。

[象释]　本卦阳多阴少,有阳盛过度之象;其中初、上两爻为阴,形如木材之中间坚实而两端软弱,以此做栋梁,则有“栋桡”之虑。又,上卦“兑”是泽,下卦“巽”是木,水应浮木,然本卦却呈木沉于水下之形,亦有“大过”之象。

[义理]　君子应效法栋梁的特立独行、无所畏惧的精神,即或不得已时隐名遁世,也不自寻烦恼。

初六　藉用白茅,无咎。

[解读]　祭祀时在供品下面铺上一层洁白的茅草,如此恭敬不会有过错。

[象释]　下卦“巽”为顺,“初六”处于下卦的最下位,故以“藉用白茅”喻其处于下位而极端的恭敬柔顺。

[义理]　做事情必须小心谨慎,尤其是做大事情,更要敬而慎之,如同祭祀时的恭敬心态一样。今人所言“安全第一”,“万无一失”,是对古人这一思想更明白的表述。

九二　枯杨生稊，老夫得其女妻，无不利。

［解读］　枯杨树生幼芽，老汉娶得女娇娃，没有什么不利。

［象释］　“九二”为阳刚过度的起点，在上与“九五”不相应，只得与下面的“初六”亲近，象征枯树由下方吸得阴气而生出新芽，老汉娶得少女为妻而生育子女。

［义理］　在阳刚过度的非常时期，应该不拘常规，团结一切可以团结的力量，求得生存与发展。

九三　栋桡，凶。

［解读］　栋梁受压向下弯曲，势属凶险。

［象释］　“九三”位于本卦中部，如栋之中段；阳爻居阳位，过于刚强，所以一旦受压，向下弯曲就很危险；由于过分刚强自信，虽有“上六”相应，也难以帮上忙。

［义理］　处“大过”时势，做大事业者必须有人支持、辅佐；倘若刚愎自用，一意孤行，一旦肩负重任，必有危险降临。

九四　栋隆，吉。有它，吝。

［解读］　栋梁隆起，能负重荷，所以吉祥；然而如有意外情况，就会危险。

［象释］　“九四”阳居阴位，刚柔兼备，故有能负重荷之象；然而“九四”与“初六”相应，“初六”过于柔弱，牵累“九四”，固又有“它吝”之象。

［义理］　担负重要职位的贤德之士，虽有独立不惧的刚强个性，然而事业的成功还需借助于周围力量的配合。倘若环境条件十分不利，也会影响到事业的成败。

九五　枯杨生华，老妇得其士夫，无咎无誉。

［解读］　枯杨树开花朵，老太婆嫁给少年哥，既不会有祸害，也不值得称道。

［象释］　“九五”处于四个阳爻的最上方，阳刚过度达到极点，在下又不与“九二”相应，只得与上方的“上六”亲近；“上六”是本卦的终极，已经十分衰弱，有如“老妇”。过度阳刚的“九五”与已经衰老的“上六”结合，就像枯萎的杨树开花，衰老的妇女嫁人。

［义理］ 在危机四伏的社会态势下，切不可去做那些华而不实的表面文章，损伤已经衰弱的元气。

上六 过涉灭顶，凶，无咎。

［解读］ 涉渡过深之水，以致淹没了头顶，虽然其象凶险，但不会招致怨咎。

［象释］ “上六”以柔弱处于大过之极端，又无相应之爻的援助，于是只能铤而走险。

［义理］ 在危急之秋，不以才弱自诿，明知不可为而不得不有所为，这种奋不顾身铤而走险的精神，十分可嘉；即便壮志未酬身先死，其杀身成仁的壮举，亦足以惊天地泣鬼神。

案例解易

诸葛亮弹琴退魏兵

诸葛亮错用马谡守街亭，不久即为魏将张郃领兵攻占。诸葛亮顿足长叹，急命关兴、张苞各领兵3 000去武功山小路，作疑兵防止魏兵继续进攻；命张翼领兵修整剑阁，以备归路；又密令大军暗地收拾行装，准备启程。再令马岱、姜维去山谷中埋伏，准备为大军断后。诸葛亮安排已毕，便自领5 000兵到西城县搬运粮草，准备撤退。就在这时，哨兵前来报告，说：“司马懿领15万大军，向西城蜂拥而来。”这时，诸葛亮身边已无大将，只有一班文官在侧，所领的5 000士兵已有半数搬运粮草先走了，只有2 500人在城中。众官听到这个消息，皆面如土色，心想这次算完了，2 500人如何能抵挡敌人的15万大军呢？

诸葛亮登城远望，只见魏兵果然分为两路，向西城县浩荡而来，所过之处，尘土蔽日。诸葛亮立即传令：“赶快把所有的旗子藏起来，所有士兵守在城中别动，不可随便行走及高声喧哗，否则格杀勿论。立即打开四门，每一门安排20个士兵，扮作百姓的模样打扫街道。如魏兵到了，切不可随便乱动，我自有妙计退敌。”说罢，诸葛亮披上鹤氅，戴上头巾，带着两名童子走到城楼之前，凭栏而坐，弹起琴来。

再说，司马懿的前锋部队来到城前，见了诸葛亮如此安排，不敢进兵，急忙报告司马懿。司马懿不信，便命令大军原地待命，自己亲自飞马来看。果然看到诸葛亮焚香弹琴，笑容可掬。左边有一童子手持宝剑，右边又有一童子手持麈尾。城门内外有 20 多个百姓，只顾低头扫地，一副旁若无人的样子。司马懿看罢大疑，急命前军作后军，后军作前军，赶快撤退。司马懿的儿子司马昭说：“莫非诸葛亮手边真的没兵，所以故作此态吧？”司马懿说：“诸葛亮一生谨慎小心，不曾冒险。现在城门大开，必有埋伏。我若进兵，便中了他的计了。”于是，两路魏兵全部退走了。

诸葛亮见魏兵远去，大笑而起。众官此时尚在惊骇，便问诸葛亮：“司马懿是魏国名将，今统 15 万精兵到此，见到了丞相您，他便退兵而去了。这是什么缘故呢？”诸葛亮说：“司令懿知我一生谨慎，不敢冒险。见我如此安排，必然怀疑我设有埋伏，所以才撤退了。我也不愿冒此大险，只是事不得已，只好冒险一次。”众官一听，心里恍然大悟，齐声说：“丞相的用兵，果然是神鬼莫测。如果是我们，早就弃城逃跑了。”诸葛亮笑着说：“我也不是不想逃跑。只是我军只有 2 500 人，如果弃城逃跑，肯定逃不了多远便会被司马懿抓住了。所以，只好用空城计冒险吓走他。”

各位读者应知，诸葛亮的空城计虽然奇妙，却绝不是用兵的正招。倘若他没有那么大的名气，对手如果也不是用兵谨慎的司马懿，只怕西城县早已化作齑粉了。还是他本人说得好，用空城计实在是冒险，不过是没有办法的办法而已。所以，虽是妙计，却不可随便用之。

坎卦第二十九:面对艰险,勇往直前

【爻词精义】

⊙虎落平阳危险啊 ⊙随时有危险 ⊙不顺心事常八九 ⊙节俭点好 ⊙坎坷总会过去 ⊙长期陷于危险可就没戏了

经文义解

【题解】

本卦阐述了身处危险之境如何冲破艰险的原则。艰难危险时期,也正是体现人性光辉的时候,临危不惧意志坚定,对光明依然执着追求,这是崇高的行为。危险绝非好事,因而尽量不要陷入;若已经陷入,则不可操之太急,而应稳步涉险,徐图解脱。陷入既深,更不可轻举妄动,而应寻求自保之策,静以待变。居于领导地位的人,应发挥自己的才能,以求化险为夷,帮助人民一起脱离险境;事关全局,更宜小心谨慎,稍有不慎,便将愈陷愈深,最终不能自拔。

【原文】

䷜ 习坎①:有孚,维心亨,行有尚。②

初六 习坎,入于坎窞,凶。③

九二 坎有险,求小得。④

六三 来之坎坎,险且枕。入于坎窞,勿用。⑤

六四 樽酒簋贰,用缶,纳约自牖,终无咎。⑥

九五 坎不盈,祇既平,无咎。⑦

上六 系用徽纆,置于丛棘,三岁不得,凶。⑧

【注释】

①坎:卦名。下坎上坎,象征重重险难。坎字的意思是险、陷。习坎,即重

坎。习,重复。②维:维系。③入于坎窞:落入陷穴深处。窞:深坑。④坎有险:陷穴中有凶险。⑤来之坎:来去都处在坑穴之间。坎险且枕:坑穴既险又深。枕:通沈,深。⑥樽酒:一樽薄酒。簋贰:两簋淡食。簋,古代盛谷物的竹器。缶:瓦器。牖,窗。⑦祗:安。⑧系用徽纆:用绳索捆绑。徽纆,绳索。

【译文】

坎卦　面对重重艰险,依然勇往直前,是高尚的。

初六　面临重重艰险,又落入陷阱深处,必有凶险。

九二　在陷穴中遭逢险难,从小处谋求脱险定能得逞。

六三　来来去去都处于险难之中,陷穴既险且深。一旦落入陷阱深处,暂时不宜施展才能。

六四　就像是将一杯薄酒,两筐淡食,用瓦罐盛起来,并且通过窗口递送,最后不会有什么灾祸。

九五　陷穴尚未填满,小丘已被铲平,没有灾祸。

上六　被用绳索捆绑起来,并囚禁于荆棘丛中,三年不得解脱,必有凶险。

【释义】

䷜　习坎:有孚,维心亨,行有尚。

[解读]　面对重重陷险,仍然能够意志坚定,勇往直前,这种行为是高尚的。

[象释]　本卦的上、下卦都是“坎”即陷阱,象征其险无比。“坎”经卦的上、下爻均为阴虚而中爻为阳实,象征心中实在,故有“维心”之辞;“坎”形与古字“水”相似,当水流动时,前有凹陷,必注满之后溢出才继续前行,无论前方有多少凹陷,水决不违背这一原则,故有“有孚”即有诚信之辞。

[义理]　沧海横流,方显出英雄本色。无论面前有多少客观的以及人为的艰难险阻,都不能动摇其信念,反而能磨练其意志,锻炼其情操。

初六　习坎,入于坎窞,凶。

[解读]　陷险重重,竟掉入陷坑最深处,十分凶险。

[象释]　初六处于重叠之“坎”的最底层,因而有“坎害”之言。

[义理]　陷于重险之境,必是因迷失正道之故;既人重陷深处,便不能再指望侥幸,否则愈陷愈深不能自拔。

九二 坎有险，求小得。

［解读］ 坑中处境仍然险恶，只求小有改善。

［象释］ “九二”阳刚得中，虽不能完全摆脱困境，但以其刚健中正的品德，处境会有所改善。

［义理］ 身处险难之中，不可操之太急，而宜小心翼翼设法改善，逐步脱离困境。

六三 来之坎坎，险且枕。入于坎窞，勿用。

［解读］ 来到坑边，坑非常危险且一个紧挨一个，一不小心便会掉进坑的深处，因此切勿轻举妄动。

［象释］ “六三”处于下“坎”的最上层而与上“坎”紧挨，所以有坑边的以及坑的“险且枕”的比喻。

［义理］ 处在重重的险难之中时，不可轻举妄动，应该尽量先求自保，以静待变。

六四 樽酒簋贰，用缶，纳约自牖，终无咎。

［解读］ 一杯酒，两碗饭，用瓦器盛着，悄悄地从窗口递进去，结果没有发生不幸。

［象释］ “六四”已从下“坎”升入上“坎”，险情有所好转，如同入监的人犯可以由亲人暗递酒食了。

［义理］ 在尚未脱离陷险之时，即使险情有所减轻，仍须保持高度警惕，一举一动都要谨慎，有如给囚禁者递送酒食一样，只能悄悄地从旁窗侧翼处递人，以免功亏一篑，前功尽弃。

九五 坎不盈，祇既平，无咎。

［解读］ 取小丘之土填凹陷之坑，虽然坑未填满，小丘却已被铲平，没有什么不好。

［象释］ “九五”阳刚中正，其德性与地位，都以拯救天下为己任，犹如小丘之土，可资填“坎”。

［义理］ 国家处在艰难时期，领袖人物有责任帮助人民及早脱离困境，即使力量还嫌不足，但只要尽其所能，人民也会同心协力，前途必然是光明的。

上六　系用徽纆，置于丛棘，三岁不得，凶。

［解读］　被绳索绑住手脚扔在荆棘丛生的地方，三年都逃不出来，凶险啊。

［象释］　“上六”以阴柔居于陷险的极点，因此其险境已非一般之坑而是“丛荆”，且有“三年不得”的厄运。

［义理］　在险难时期，切勿轻举妄动，尤其才疏力弱之辈，更会愈陷愈深而终不得自拔。处此之境，宜作长期的打算。

案例解易

刀头舔血，敢于冒险

商者四德，智仁勇信，四者不可缺一。而“勇”，又支撑其他三者。商业经营中，常有宝贵的商机出现，等待人们发掘，然而机遇同时也伴随着风险，机遇越好，风险越大。商机稍纵即逝，到底要不要抓住机会，同时承担风险，这就要求决策者具有当机立断的勇气。

胡雪岩白手起家而至一代豪富，在于他当机立断抓住了清末乱世的许多机遇。他是商场上的勇者，他曾说：“商人图利，只要划得来，刀头上的血也要舔”。胡雪岩办“钱庄”，在太平天国失败以后，通过接受太平天国兵将的存款来融资的举措，就冒了极大的风险：

第一，按朝廷律例，太平天国兵将的家财私产便是“逆财”、“逆产”，照理不得隐匿。接受逆产，私为隐匿，一旦查出，很有可能被安上附“逆”助“贼”的罪名，与那些太平军逃亡兵将一同治罪。胡雪岩刚刚经营起来的钱庄生意与社会地位，很可能会随之毁于一旦。

第二，太平军逃亡兵将的财产即是“逆财”、“逆产”，抄没入公则是必然的，被抄的人倘若有私产寄存他处，照例也要追查。接受这些人的存款，如果官府来追，则不敢不报。虽然官军中不乏贪财枉法之辈，自己搜刮太平军兵将可以逃过官府抄没家产的追查，但尽管如此，也决不能完全排除有些人要一查到底的可能。这样,一旦查出,即使不以接受“逆产”的罪名一同治罪,存款也必被官府没收。按钱庄的规矩,风平浪静之后有人来取这笔存款,钱庄也必得照付,如此一来,钱庄不仅血本无归,还要“吃倒账。”

有这两层风险,接受太平军逃亡兵将的存款,也就确实有点类似刀头上去舔血了。但是这笔“买卖”风险大获利也大,因为这样的存款不必计付利息。等于是人家白白送钱给你去赚钱。因此胡雪岩仍然决定做,这就是他勇毅的体现。

结果证明胡雪岩的判断胜利了。这笔太平军的存款大大地增强了钱庄的实力,使得胡雪岩的事业又上了一个台阶。

与此相比,风险更大的一次生意是胡雪岩在上海的蚕丝生意。他的徒弟打听到,上海市面将会不平静,帮会组织“小刀会”将在八月起事。如果小刀会在八月起事,此前专做丝生意,估计不会有太大风险。只是假定小刀会闹成功了,上海要有好一阵儿乱,外边的丝很难运进。知道了这一情况事先屯丝,大批吃进,它是一笔好生意。但是屯丝又有屯丝的风险。首先是要压本钱,假定市面不出半月又平静了,屯丝也就意义不大。

胡雪岩这次作出的判断是:大量买丝,屯在租界,必赚!高价亦不惜。他的辅助理由是:洋人暗中支持小刀会,政府必然要想个法子治一治洋人,最好的法子就是禁止和洋人通商,所以过不了3个月,洋人有可能有钱而买不到丝,丝价会大涨。

果不出胡雪岩所料,两江督抚上书朝廷,主张禁商而惩罚洋人,清廷也回书答应这么做。因而,胡雪岩大赚了一笔。

要做一个能赚大钱的成功的商人,必须有过人的胆识和气魄,简单说来,也就是要敢做别人想不到去做,或者想到了但不敢去做的事情。特别是能察人所未察,在人所共见的风险中见出人所未见的“划得来”,并且只要看准了就敢于去承担别人不敢承担的风险。当然,勇毅并不是决断的惟一因素,但这种勇毅是有基础的,那就是对事情的全面彻底的了解,预见的眼光,正确的推断。

胡雪岩之所以在做生意中能有“刀头上舔血”的勇气,首先源于他对时势、对商情的充分了解。这种勇气不是莽撞的一时冲动,而是经过深思熟虑作出的最后决定,所以他才能在各个机会来临时勇敢把握,并稳赚巨额利润。

离卦第三十：对黑势力，要敢拼搏

【爻词精义】

⊙在人屋檐下咋能不低头 ⊙中庸点好 ⊙老了总想入非非可不好 ⊙突然投靠人必有非常因 ⊙一副可怜相，可博同情心 ⊙为人办事报人恩

经文义解

【题解】

本卦通过一个比较完整的寓言故事，阐述了追求光明的原则。光明是人类所追求的理想目标，但也受到与之相对应的黑暗的妒忌和干扰；所谓皎皎者易污，光明磊落也需要柔顺中正的品性相辅，才能为世人所接受；在光明磊落的行为受到侵扰时，必然会引起人们的同情与支持；但是，有时在光明磊落的背后却隐藏着黑暗和阴险，稍有不慎便会被其表面现象所迷惑而发生凶险。当然，即使发生这种过错也不要紧，只要吸取教训，使自己的认识深化，便不仅能防患于未然，还能铲除隐藏在光明背后的黑暗与邪恶，获得真正的光明。

【原文】

䷝ 离[①]：利贞，亨，畜牝牛，吉。[②]

初九 履错然，敬之，无咎。[③]

六二 黄离，元吉。[④]

九三 日昃之离，不鼓缶而歌，则大耋之嗟，凶。[⑤]

九四 突如其来如，焚如，死如，弃如。[⑥]

六五 出涕沱若，戚嗟若，吉。[⑦]

上九　王用出征，有嘉折首。获匪其丑，无咎。[⑧]

【注释】

①离：卦名。下离上离。象征附丽。丽，附着。②牝牛：母牛。③错然：敬慎、郑重的样子。④黄离：黄色附着于物。⑤日昃之离：日将落而附丽于西天。大耋之嗟：老暮穷衰之嗟叹。耋：八十曰耋。⑥突如其来如：指不孝之子突然返家。突，古称逐出之子为"突"。⑦沱若：滂沱的样子，形容泪流满面或泪如雨下。若，样子。戚：忧伤。⑧折：折服。首：首领。匪：非。丑：同类，随从。

【译文】

离卦　有利之卦，亨通顺利。蓄养母牛，定获吉祥。

初九　处理事务谨慎郑重，态度恭敬，定无灾祸。

六二　用黄鹂占卜，大吉大利。

九三　太阳快要落山，敌人来骚扰，老人在叹息，定遭凶险。

九四　敌人突然闯进来，烧房子，杀人，摔孩子。

六五　洒下的泪水就像大雨滂沱，忧伤嗟叹，但最终将获得吉祥。

上九　君王兴兵出征，有令嘉奖擒服首恶之人，捕获的即使不是其同党，也没有什么灾祸。

【释义】

䷝　离：利贞，亨，畜牝牛，吉。

［解读］　追随利益众生的正义事业，则亨通；畜养安稳老实不使性子的母牛，则吉祥。

［象释］　本卦上、下经卦都是"离"为火，火为光明，火的重叠则愈见其光明。又"离"经卦外实内虚，与火的非虚心不燃之性相符；"六二"、"六五"以阴爻居中位，故有"畜牝牛"之喻，又处于火之虚心处，故两爻断语均"吉"。

［义理］　人应该效法"离"的精神，以光明磊落的姿态处世，以虚心柔顺的态度待人。

初九　履错然，敬之，无咎。

［解读］　深夜传来一阵错杂的脚步声，连忙戒备，总算无事。

［象释］　"初九"处于本卦的最底层，所以有"履"之喻；因其位卑，所以有"敬"的表现。

［义理］　光明必然会遭到黑暗的妒忌，尤其在光明的初期，必有人要加以暗算，因此务必提高警惕。

六二　黄离，元吉。

［解读］　用黄鹂占卜，得大吉之兆。

［象释］　“六二”处下卦之中，按五色方位，中为黄色，故有“黄离”之喻；“六二”居中，乃光明的核心处，故有“元吉”之语。古人用黄鹂占卜，沿袭至近现代，即为衔牌算命的“小嘴子金”。

［义理］　光明磊落的姿态，若以柔顺中正相辅，便能起到最佳的效果。

九三　日昃之离，不鼓缶而歌，则大耋之嗟，凶。

［解读］　日暮时分，敌人又来骚扰，男女老少一齐动员起来，妇幼呐喊助威，七八十岁的老人在一旁叹息，形势凶险。

［象释］　“九三”为下卦的最上一爻，象征太阳快要堕落，故有“日昃”之喻；“九三”阳爻阳位，过于刚健以至强横，故有粗暴地侵略别人之象。

［义理］　在黑暗势力面前，万不可示弱；只有舍命拼搏，才能再现光明。

九四　突如其来如，焚如，死如，弃如。

［解读］　敌人来势凶猛，一下子攻了进来，见房子就烧，见人就杀，见孩子就摔。

［象释］　“九四”为上火的下端，因而有“来如”之辞；又临于下火之上，有被焚之象，因而有“焚如”之辞；“九四”又处于君位之下，其性烈如火，必有“死如，弃如”之危。

［义理］　任何事物内部都包含着矛盾对立的双方，既无绝对之明，亦无绝对之动；明中蕴藏着暗，动中包含着静。

六五　出涕沱若，戚嗟若，吉。

［解读］　劫后余生，泪流如雨，悲声叹气，这是好的。

［象释］　“六五”以阴居中，且与“六二”不相应，有柔弱之象，但所居阳位，有柔中寓刚之象；又，“六五”以虚形处于上“离”之中，合乎“火要空心”之理，有诚信之象，故断语为“吉”。

［义理］　坏事在一定条件下可以引出好的结果来。

上九 王用出征,有嘉折首。获匪其丑,无咎。

[**解读**] 君王亲自率领精锐之师出征,取得胜利,斩决侵略成性的敌人首领,对胁从者宽大处理。

[**象释**] "上九"是光明的极点,于高处而能洞明一切;其阳刚果断,亦有利于用兵。

[**义理**] 只有铲除邪恶,才能换得光明;然而在邪恶势力之中,还有首恶与胁从的区别;倘若一味滥杀,便失光明。

案例解易

大泽乡起义

秦始皇为了抵抗匈奴,建造长城,发兵30万,征集了民工几十万;为了开发南方,动员了军民30万。他又用70万囚犯,动工建造一座巨大豪华的阿房宫(阿房音 ē páng)。到了二世即位,从各地征调了几十万囚犯和民工,大规模修造秦始皇的陵墓。这座坟造得很大很深,把大量的铜熔化了灌下去铸地基,上面盖了石室、墓道和墓穴。二世又叫工匠在大坟里挖成江河湖海的样子,灌上了水银。然后把秦始皇葬在那里。

安葬完了,为了防备将来可能有人盗坟,还叫工匠在墓穴里装了杀人的设备,最后竟残酷地把所有造坟的工匠全都埋在墓道里,不让一个人出来。

大坟没完工,二世和赵高又继续建造阿房宫。那时候,全中国人口不过2 000万,前前后后被征发去筑长城、守岭南、修阿房宫、造大坟和别的劳役合起来差不多有二三百万人,耗费了不知多少人力财力,逼得百姓怨声载道。

秦二世元年(前209),阳城(今河南登封东南)的地方官派了两个军官,押着900名民工送到渔阳(今北京市密云西南)去防守。军官从这批壮丁当中挑了两个高大、办事能干的人当屯长,叫他们管理其他的人。这两个人一个叫陈胜,阳城人,是个给人当长工的;一个叫吴广,阳夏(今河南太康县)人,是个贫苦农民。

陈胜年青时候,就是个有志气的人。他跟别的长工一块儿给地主种田,心里常常想,我年轻力壮,为什么这样成年累月地给别人做牛做马呢,总有一天,我也要干点大事业出来。

有一次,他跟伙伴们在田边休息,对伙伴们说:"咱们将来富贵了,可别忘了老朋友啊!"

大伙儿听了好笑,说:"你给人家卖力气种地,打哪儿来的富贵?"

陈胜叹口气,自言自语说:"唉,燕雀怎么会懂得鸿雁的志向呢!"

陈胜和吴广本来不相识,后来当了民工,碰在一块儿,同病相怜,很快就成了朋友。他们只怕误了日期,天天急着往北赶路。

到大泽乡(今安徽宿县东南)的时候,正赶上连天大雨,水淹了道,没法通行。他们只好扎了营,停留下来,准备天一放晴再上路。

秦朝的法令很严酷,被征发的民工如果误了期,就要被杀头。大伙儿看看雨下个不停,急得真像热锅上的蚂蚁似的,不知道怎么办才好。

陈胜偷偷跟吴广商量:"这儿离渔阳还有几千里,怎么也赶不上限期了,难道我们就白白地去送死吗?"

吴广说:"那怎么行,咱们开小差逃吧。"陈胜说:"开小差被抓回来是死,起来造反也是死,一样是死,不如起来造反,就是死了也比送死强。老百姓吃秦朝的苦也吃够了。听说二世是个小儿子,本来就挨不到他做皇帝,该登基的是扶苏,大家都同情他;还有,楚国的大将项燕,立过大功,大家都知道他是条好汉,现在也不知道是死了还是活着。要是咱们借着扶苏和项燕的名义,号召天下,楚地的人一定会来响应我们。"

吴广完全赞成陈胜的主张。为了让大伙儿相信他们,他们利用当时人大多迷信鬼神,想出了一些计策。他们拿了一块白绸条,用朱砂在上面写上"陈胜王"三个大字,把它塞在一条人家网起来的鱼肚子里。兵士们买了鱼回去,剖开了鱼,发现了这块绸子上面的字,十分惊奇。

到了半夜,吴广又偷偷地跑到营房附近的一座破庙里,点起篝火,先装作狐狸叫,接着喊道:"大楚兴,陈胜王。"全营的兵士听了,更是又惊又害怕。

第二天,大伙儿看到陈胜,都在背后点点戳戳地议论着这些奇怪的事,加上陈胜平日待人和气,就更加尊敬陈胜了。

有一天,两个军官喝醉了酒。吴广故意跑去激怒军官,跟他们说,反正误了期,还是让大家散伙回去吧。那军官果然大怒,拿起军棍责打吴广,还拔出宝剑来威吓他。吴广夺过剑来顺手斫倒了一个军官。陈胜也赶上去,把另一个军官杀了。

陈胜把兵士们召集起来说:“男子汉大丈夫不能白白去送死,死也要死得有个名堂。王侯将相,难道是命里注定的吗!”

大伙儿一齐高喊说:“对呀,我们听您的!”

陈胜叫弟兄们搭个台,做了一面大旗。旗上写了一个斗大的“楚”字。大伙对天起誓,同心协力,推翻秦朝。他们公推陈胜、吴广为首领。九百条好汉一下子就把大泽乡占领了。临近的农民听到这个消息,都拿出粮食来慰劳他们,青年们纷纷拿着锄头铁耙到营里来投军。人多了,没有刀枪和旗子,他们就砍了许多木棒做刀枪,削了竹子做旗竿。就这样,陈胜、吴广建立了历史上第一支农民起义军。历史上把这件事称作“揭竿而起”(揭,音 jiē,就是举起的意思)。

起义军打下了陈县(今河南淮阳)。陈胜召集陈县父老商量。大家说:“将军替天下百姓报仇,征伐暴虐的秦国。这样大的功劳,应该称王。”

陈胜就被拥戴称了王,国号叫做“张楚”。

咸卦第三十一：男女感应，循序渐进

【爻词精义】

⊙夫唱妇随何乐不为 ⊙强扭的瓜不甜 ⊙相互掣肘做不成事 ⊙三心二意不好 ⊙二人同心才对 ⊙要相互辅助

经文义解

【题解】

本卦通过对男女情感发展的描述，阐述了人与人之间相互感应的原则。人与人之间的相感应该自然而然地发生，不可牵强造作；它是一个循序渐进的过程，不能妄动，更不可强求；人与人相互感应时，要保持独立人格，有主见、有原则，不可盲从；心地必须纯正，感情出乎自然，人们便会主动接近你、追随你；处于高位时仍应保持中正待人之心，与民众保持广泛的联系和沟通；只要坚持不懈地遵循这些原则，人与人之间的思想情感便一定能沟通，人与人之间就能建立起和衷共济、亲密无间的友好关系。

【原文】

䷞ 咸[①]：亨，利贞。取女吉。[②]

初六 咸其拇。[③]

六二 咸其腓，凶，居吉。[④]

九三 咸其股，执其随，往吝。[⑤]

九四 贞吉，悔亡，憧憧往来，朋从尔思。[⑥]

九五 咸其脢，无悔。[⑦]

上六　咸其辅颊舌。⑧

【注释】

①咸：卦名。下艮上兑，象征感应。咸即“感”。②取女：即娶女。取，通“娶”。③拇：脚大趾。④腓：小腿肚。居：居家不出。⑤股：大腿。执：执身。追随他人。执随：这里是执迷盲从的意思。⑥悔亡：从困境中解脱出来。悔，困窘危险，这里指困境。亡，通“无”，消失。憧憧：心意不安，思绪不绝的样子。从：顺依。思：意愿，想法。⑦脢：背。⑧辅：牙床。颊：面颊。

【译文】

咸卦　象征感应。亨通和顺，有利之卦，迎娶此女为妻，可获吉祥。

初六　互相感应在脚的大拇指，它因势而动。

六二　互相感应在小腿肚，定有凶险；但是假如居家不出，则可获吉祥。

九三　互相感应在大腿，执迷盲目追随他人，有所举动则行事艰危。

九四　心地纯正，可获吉祥，危难困窘将会消失；即使感情出乎自然，人家最后会顺从你的意愿。

九五　互相感应在喉间，就不会遭遇困厄。

上六　互相感应在口舌，牙床、面颊、舌头都会因势而动。

【释义】

䷞　咸亨：利贞。取女吉。

［解读］　人与人相感则亨通，但必须入于正道才有利；迎娶这个女子，便吉祥如意。

[象释]　本卦六个爻,均阴阳相应,故为“咸”,即完全感应。下卦“艮”是少男,上卦“兑”是少女,象征少男谦居于下追求少女。

[义理]　男女以自然的真情相感应而伉俪情深;君子以至诚感应人民而使天下和平。

初六　咸其拇。

[解读]　感应发生在脚的大拇指上。

[象释]　初六爻在咸卦的最下方,如同人体的脚趾;与九四爻阴阳相应,为人与人相感应的最初阶段。

[义理]　人与人的相感有一个谨慎、渐进的过程,犹如抬腿迈步之初先动其脚拇指一样。

六二　咸其腓,凶,居吉。

[解读]　感应发生在小腿肚上,凶险;居家不出则吉祥。

[象释]　六二爻高于初六爻之“拇”而有“腓”即小腿之喻。与“九五”至尊相应,倘若妄动则遭凶险;然而“六二”阴爻居阴 位,且又处中,故有不妄动之象,其结果乃吉。

[义理]　不合时宜的行动,犹如未动脚拇指却先抬起小腿,虽存在感应,但结果仍不会讨好。做任何事情,都不可操之过急,更不可一味强求。

九三　咸其股,执其随,往吝。

[解读]　即便感应发生在大腿上,如果不把握分寸一味追求对方,发展下去难免会遭羞辱。

[象释]　九三爻位于“六二”之“腓”的上方,故作’股”喻。九三爻为下卦的顶点,应与上六爻相应;如果跟随初六、六二爻一味妄动,难免会遭羞辱。

[义理]　男女相感不仅要循序渐进,而且在方法上要把握分寸;人与人之间的感情交流亦如此,在交往过程中要把握分寸,有自己的主见,不盲目跟从。

九四　贞吉,悔亡,憧憧往来,朋从尔思。

[解读]　心地纯正便吉祥,灾害也不会光临;感情出乎自然,少女便会主动前来,伴随左右以遂少男久思之念。

［象释］ 九四爻处于三个阳爻的中间，为本卦的主爻，象征男子发乎自然的求爱之心；与初六爻相应，故有少女主动前来依归之象。

［义理］ 只要保持着一颗自然纯净之心，便不难与人感应沟通，得到人们的信赖和追随。

九五 咸其脢，无悔。

［解读］ 感应上升到了喉间，倾吐着无悔的山盟海誓。

［象释］ 九五爻在九四的心之上、上六的额、颊、舌之下，象征蠕动的喉结。中正的九五爻与同样中正的六二爻相应，故有“无悔”的盟誓之辞。

［义理］ 感动他人，必须持中正的态度；尤其身居尊位的领导者，更应该保持中正的态度，才能换取人民对他的中正之心，确保其长治久安。

上六 咸其辅颊舌。

［解读］ 少男少女情深意浓，贴腮哺舌，亲昵无比。

［象释］ 上六爻在九五的喉之上方，是情感交流的最高位置，因而有额、颊、舌之喻；因上六爻为上卦“兑”即悦之极端，故有贴腮哺舌之举。

［义理］ 由于循序渐进、至诚相感，所以人际关系必然会健康发展，不断升华，如同男女相悦而形诸于声色。

案例解易

糊涂女弹曲唱风流

黄庭坚诗书双绝，为一代宗师，为人亦风雅有趣。他曾因为修《神宗实录》不实之罪贬谪涪州（即今四川涪陵）。有一次，黄庭坚路过离涪州不远的泸州，泸州军统帅特地留他小住，并设宴接风。这个将军宠爱一个官妓，名叫盼盼，为了款待黄庭坚，将军特意召来盼盼在酒席间陪伴客人。黄庭坚见盼盼，立刻就喜欢上了她，尽管他那时已是一个老头儿了，可仍然挺风流的。他大笔一挥，写了一首《浣溪沙》赠给盼盼，词曰：

脚上靴儿四寸罗，唇边朱麝一樱多。见人无语横秋波。

料得有心怜宋玉，只因无奈楚囊何。今生有分向伊么。

那盼盼竟是个绝顶聪明的女子，她一眼识出黄庭坚是欺负将军不通文墨、在诗中暗暗挑逗她，他把自己比作宋玉，而把将军比作楚襄王，借这个典故来暗喻盼盼一定对他有好感，只是当中有一个将军作梗两人才不成其好事。盼盼心中觉得黄庭坚这个夫子十分有趣，所以，她也决定和他开开玩笑。她站起身，拜谢了黄庭坚的赠词，然后磕响檀板，用清脆甜美的嗓音唱道：

少年看花双鬓绿，走马章台管弦逐。

而今老更惜花深，终日看花犹不足。

坐中美女颜如玉，为我一歌金缕曲。

归时压倒帽檐歌，头上春风红簌簌。

这支曲词巧妙地摹仿了黄庭坚的口吻，来刻画他的老来更风流的形象。黄庭坚一听，哈哈大笑，深为赞赏盼盼的机灵，尽醉方归。

恒卦第三十二：锲而不舍，恒法自然

【爻词精义】

⊙有恒心但常放纵不好 ⊙下定恒心又后悔咋行 ⊙没恒心没出息 ⊙有恒心不见得就有出息 ⊙男人也行妇道是没出息的 ⊙下了恒心常无恒心也不好

经文义解

【题解】

本卦以夫妇关系为隐喻，阐述了恒守常道的原则。认为恒守应以纯正的动机为前提，以顺乎自然、出乎自愿为原则；奉行中庸之道，就能团结同人，相依相助；遵守常道必须持之以恒，不可半途而废；一个人、一个家庭、一种事业的成功，不仅与有无守恒之心相关，也与所处地位是否恰当有关；常道既有多样性，又有质的规定性，不同的立场所恒守的常道便不一样；对应该坚持的常道，应坚持到底不动摇。这些原则，不仅是夫妇之道，也是普通的为人处世之道。

【原文】

䷟ 恒[①]：亨，无咎，利贞，利有攸往。

初六 浚恒，贞凶，无攸利。[②]

九二 悔亡。

九三 不恒其德，或承之羞，贞吝。[③]

九四 田无禽。[④]

六五 恒其德，贞，妇人吉，夫子凶。[⑤]

上六 振恒，凶。[⑥]

【注释】

①恒:卦名。下巽上震,象征恒久。②浚:深,久。③承:承受,蒙受。羞:耻辱。④田:田猎即打猎。禽:泛指禽兽。⑤夫子:男人。⑥振:振动不安,变化无常。此指不能持恒守德。

【译文】

恒卦　象征长久。亨通顺利,没有灾祸;有利之卦,利于有所行动。

初六　有所追求,持续得过于恒久,定有凶险,没有什么益处。

九二　筮得此爻,危厄将会消失。

九三　不能长期保持美德,有时就会蒙受耻辱,行事艰难。

九四　田猎没有捕得禽兽。

六五　长久地保持美德,妻从夫,可获吉祥;而夫从妻,却有凶险。

上六　振动不安,变化无常,不能持恒守德,定有凶险。

【释义】

䷟　恒:亨,无咎,利贞,利有攸往。

[解读]　循守常道,就能亨通,不会有灾难,但必须以坚持纯正为前提,才有利于事业的发展。

[象释]　本卦卦体与《咸》卦互为颠倒,其下卦"巽"是长女,上卦"震"是长男;长女处下,长男居上,男尊女卑乃夫妇常理,其关系能持久,故取名"恒"。又,下卦"巽"为顺,上卦"震"为动,下依随上而动,如夫妇之间的夫唱妇随;下卦"巽"为风,上卦"震"为雷,雷因风而远传,风因雷而气盛,雷风相长,亦为恒久之理。

[义理]　夫妇关系贵在长久,天长地久、白头偕老为夫妇之理想观念,君子亦当效法这一守常恒久的

精神。

初六　浚恒，贞凶，无攸利。

[解读]　有所追求，倘若太久，即便动机纯正难免凶险，发展下去有益无害。

[象释]　初六爻为恒守正道之初，与九四爻阴阳相应；但是九四爻乃上卦中的惟一阳爻，一心争上游，对初六爻之追求不予理会。在这种情况下，“初六”倘若一味强求，难免遭受凶险。且“初六”上追“九四”，中间有“九二”、“九三”阻挡，因而又有“无攸利”之辞。

[义理]　持守常道是一个日积月累的过程，但是不能求之过深。

九二　悔亡。

[解读]　灾悔自行消除。

[象释]　“九二”阳爻居阴位，由于位不正而有灾悔，但由于它是处于下卦之中位，又与处于上卦中位的六五爻相应，足以消灾去悔。

[义理]　只要坚持不偏不倚的中庸原则，便能恒久地相依相助而问心无愧。

九三　不恒其德，或承之羞，贞吝。

[解读]　不能坚持常道，有如妇女品行不端遭夫休弃；有时就会蒙受耻辱，行事艰难。

[象释]　“九三”阳爻阳位，刚强过甚；为下卦之上位，与下卦最邻近，诱发攀龙附凤之心，不愿甘居于下卦，所以有虽正不恒之象。

[义理]　有德还须保德。如果遇事辄变，反复无常，则不仅为人所鄙弃，即自己内心也会感到不安；一经丧德，追悔莫及。

九四　田无禽。

[解读]　田间狩猎，结果一无所获。

[象释]　“九四”阳爻居阴位，不中也不正，即便能守恒持久，也不会有收获。

[义理]　一个人能否成功，不仅与有无守恒持久之心相关，也与其地位是否恰当有关。地位不当，往往是事业无成的重要因素。

六五　恒其德，贞，妇人吉，夫子凶。

[解读]　循守常道因人而异，例如妻子从丈夫则吉祥，丈夫从妻子则凶险。

[象释]　“六五”以阳爻处上卦之中位，又与下卦居中的九二爻相应，象征中庸柔顺的德性，恒久不变。

[义理]　柔顺对于女人来说是美德，如果男人具有这一种德性则不妙。

上六　振恒，凶。

[解读]　循守常道之心摇摆不定，必生凶险。

[象释]　上六爻为恒卦的极端。恒极而动，故有“振恒”之辞；阴爻阴位，阴柔之至，亦为难以持久之象。

[义理]　当恒久发展到了极端，便会向它的反面动摇转化。一旦出现“合久必分”的局面，那就惨了。

案例解易

康熙读书

康熙(1654～1722)是一个十分好学的皇帝，他的御书房里，摆满了各种古今书籍，其中有不少还是他亲自主持编纂的，如《数理精蕴》《康熙字典》《律旨正义》等等。正如他在《庭训格言》所言：“朕自幼好看书，今虽年高，犹手不释卷。诚天下事繁，日有万机，为君一身处九重之内，所知岂能尽乎！时常看书，知古人事，靡可以寡过。”他读书的目的不是为了附庸风雅，炫耀知识，而是“……于典谟训诰之中，体会古帝王孜孜求治之意，即欲使古昔治化，实现于今。”身为一国之君，为求治国之道，使自己少犯过错，常以古今义理自悦，数十年如一日，不知疲倦。

在三藩动乱期间，康熙军政事务十分繁忙，累得生病吐血。在养病期间，他仍是手不释卷。辅导他学习的大臣们都劝他休息几天，康熙决不同意。他说：“读书就得吃苦，这是一种花苦功的事。只有功夫不断，学习方能长进。如果停学多日,必将荒废学业,前功尽弃。军务虽忙,总有空闲,可以挤时间进讲。”

在战争年代如此,在和平时期更是孜孜不倦,惜时如金。康熙十三年(1864),他到南方巡视,船泊南京燕子矶,已是夜深人静,万籁俱寂。三更过后,康熙座船上依然灯火通明,他此时还在与高士奇兴致勃勃地谈经论文呢!高士奇怕皇上劳累过度,要起身告辞。康熙却笑了笑说:“这个问题今天不弄明白,我也睡不着呀。我从5岁读书,每天睡晚一点已养成习惯。读书可以陶冶人的性情,增长知识,其乐无穷;就是稍有倦意,也被赶跑了。”巡视期间,不论是官员还是老百姓,只要有学问,他都愿意与他们一起研讨,并因此而发现了不少人才。

康熙的读书兴趣非常广泛,除经、史、子、集外,天文、地理、历法、数学、军事、美术无不涉及。如他主持编纂的《数理精蕴》就是在天文和数学方面,保持我国传统成果、吸收西洋精华的一本高水平学术著作。

康熙是我国历史上一位功业卓著的政治家,文韬武略,运筹帷幄。在统一祖国,发展生产,加强民族团结和抗击沙俄侵略中作出过重大贡献。他开创了中国历史上又一个昌盛的时代——“康熙之治”。他的勤奋好学不仅给了他文治武功的能力,而且陶冶了他的情操。

遁卦第三十三：当退要退，屈以为伸

【爻词精义】

⊙错过了时机切莫退隐　⊙退隐了就别再鼓吹自己　⊙退隐了就别问政事　⊙在处境好的时候实行退隐　⊙在赞美声中退隐　⊙悠然自得地过隐居生活

经文义解

【题解】

本卦通过遁尾、系遁、好遁、嘉遁、肥遁等概念，系统地阐述了退避（或曰隐退）的原则。认为应当隐退的时候不可迟疑；当已经失去退隐机会时不可躁急盲动；退隐的主意既定，就不宜再有动摇；退隐时不可瞻前顾后，应该退隐又一时难以退隐时更要谨慎涉世；退隐时倘能自我克制摈除所好，是一件一般人难以做到的事情；倘若身居尊位仍能从容退让超然归隐，则更加难能可贵；退让开非绝对消极，运用得当便能退中有进，而且能收到无处不能进的效果。

【原文】

䷠　遁①：亨，小利贞。

初六　遁尾，厉，勿用有攸往。②

六二　执之用黄牛之革，莫之胜说。③

九三　系遁，有疾厉，畜臣妾吉。④

九四　好遁，君子吉，小人否。⑤

九五　嘉遁，贞吉。⑥

上九　肥遁，无不利。⑦

【注释】

①遁:卦名。下艮上乾,遁象征退避。“遁”古字为“遯”。②遁尾:末尾,意为退避迟缓而落在后边。勿用:暂不施展才能。③执遁:缚。革:皮。说:通“脱”。④系遁:心中有所顾恋,而迟迟不能退避。畜:畜养。臣:臣仆。妾:侍妾。⑤好:指心怀恋情而身已退避。⑥嘉遁:指相机而动,时机嘉美。⑦肥遁:通“蜚”,即飞。

【译文】

遁卦 象征避退。亨通顺利,有利于执守正道。

初六 退避不及,落在后边,定有凶险,暂时不宜有所行动,施展才能。

六二 被黄牛皮绳捆绑,没有人能够逃脱。

九三 心中有所牵挂,迟缓而不能适时退避,定有危险;而蓄养臣仆和侍妾,则可获吉祥。

九四 尽管心中怀有恋情,但是已经适时退避,这一点只有君子才能够做到,而小人则办不到,所以君子可以获吉,小人则不会吉利。

九五 选择最好的时机,及时退避,可获吉祥。

上九 远走高飞,完全退避,无所不利。

【释义】

䷠ 遁:亨,小利贞。

[解读] 隐退是为了事业的顺利进行,这对执于正道小有好处。

[象释] 阴爻由下生长,阳爻渐退,象征小人势力渐渐伸长,君子因此退避,故卦名为“逐”,取其逃亡、退避之意。又:下卦“艮”为山,上卦“乾”为天;山高而天退,即遁之义。下卦的中位六二爻与上卦的中位九五爻阴阳相应,故又有“小利贞”。

[义理] 君子在必须退避的时候便应该退避,因为退避从表面上看为消极,其实也有以退为进,亦即退的目的是为了更好地进。

初六 遁尾,厉,勿用有攸往。

[解读] 成了隐退的尾巴,情况很危险,此时务必不要再有举动。

[象释] 初六爻是本卦的末尾,先逃的已经避之上方,迟疑的才落伍为尾,与小人共处。

[义理] 应该引退时不可迟疑不决；当已经失去隐退的机会时，又应静以观变，不可再作积极的退避行动，以免为小人所怨恨而遭不测。

六二 执之用黄牛之革，莫之胜说。

[解读] 用黄牛皮做的绳子捆缚，谁也不能解脱。

[象释] "六二"阴爻阴位且处中，与九五爻阴阳相应，因而能柔顺地追随"九五"；"黄"是中色，有中庸之义，牛的性情柔顺，故以"黄牛"喻六二爻的阴爻阴位和处中之象。

[义理] 追随正道的意志，应该像黄牛皮绳捆缚一样坚韧，不可动摇。

九三 系遁，有疾厉，畜臣妾吉。

[解读] 因受束缚而不能隐退，危险很快就会降临；以畜养臣妾之心处世，也会吉祥。

[象释] "九三"阳爻阳位，刚强过甚，与上九爻不应，反被下卦中的二阴爻所牵累锁缚。

[义理] 隐退时不可瞻前顾后，患得患失，一旦受牵累而难以隐退，亦应收敛壮心，以"惟小人与女子为难养"的心态谨慎涉世。

九四 好遁，君子吉，小人否。

[解读] 摈除所好一意隐退，君子才能做到这一点，所以吉祥；小人是不可能做到的。

[象释] 九四爻与初六爻相应，但"九四"具有刚强之性，在隐退时能不为"初六"所好，毅然而去。

[义理] 在恰当之时以恰当的方式隐退，不是人人都能做到的；在隐退之际能自我克制所好，更不是一般人所能达到的境界。

九五 嘉遁，贞吉。

[解读] 隐退之举值得赞美，坚守正道必然吉祥。

[象释] 九五爻处中得位，与之相应的六二爻也居中得位，不会成为"九五"的累赘，故有既"嘉"且"贞"之辞。

[义理] 身居至尊之位而仍能进退自如，退让时达到无牵无挂、从容舒畅的境界，那就更非一般隐退可比了。

上九　肥遁，无不利。

［解读］　摆脱一切世俗的隐退，没有任何不利之处。

［象释］　上九爻为“避”的极端处，因而寓有物极必反的含义，故有“无不利”之辞。

［义理］　避为退让，本是一种消极的行为。然而当它被运用到最佳状态时，却又极具进取的威力，达到比“进”更为有效的结果。

案例解易

见好就收，平安做官

范蠡追随勾践20多年，军国大计多出其手，为灭吴复国立下了汗马功劳，官封上将军。作为一名具有远见卓识的战略家和对人生社会具有深刻洞察力的思想家，凭借他多年从政的经验，深深懂得功高震主的道理。灭吴之后，越国君臣设宴庆功，他看到群臣皆乐，独勾践郁郁寡欢，立即猜到勾践的想法。勾践在谋取天下之时不惜群臣性命，而今天下已定，他就再也不想将功劳归于臣下了。常言道：“大名之下，难以久安。”范蠡认为自己名声太显赫，不可在越国久留，何况他也深知勾践的为人是可以共患难，而难以同安乐，于是，毅然决定急流勇退。他给勾践写了一封辞职信，信中说：“我听说主上心忧，臣子就该劳累分忧；主上受侮辱，臣子就该死难。从前，君主在会稽受侮辱，我之所以没有死，是为了报仇雪耻。现已报仇雪耻，我请求追究使君王受会稽之辱的罪过。”

越王对范蠡恋恋不舍，他流着泪说：“你一走，叫我倚重谁？你若留下，我将与你共分越国，否则，你则身败名裂，妻子被戮。”

范蠡对宦海沉浮,洞若观火。他一语双关地说:“君行其法,我行其意。”他不辞而别,驾一叶扁舟,入三江,泛五湖,人们不知其所往。果不出他所料,在他走后,越王封他妻子百里之地,铸了他的金像置之案右,比拟他仍同自己在朝议政。人走了,留下的只是一尊无害的偶像,可以崇拜,借此沽名钓誉。但对还留在朝中的功臣,勾践则是另一种态度了。

范蠡泛舟江湖,跳出了是非之地,秘密来到齐国。此时,他想到了有知遇之恩,且风雨同舟20余年的文种。他给文种作书一封,写道:“凡物盛极而衰,只有明智者了解进退存亡之道,而不超过应有的限度。俗话说,飞鸟尽,良弓藏;狡兔死,走狗烹。越王为人,长颈鸟喙,鹰眼狼步,可以共患难,不可以共安乐,先生何不速速出走?”

文种接到范蠡的信,恍然大悟,便自称有病不再上朝理政,但为时已晚。不久,就有人诬告文种企图谋反,尽管文种反复解释,也无济于事。勾践赐文种一剑,说:“先生教我伐吴七术,我仅用其三就将吴国灭掉,还有四条深藏先生胸中,请去追随先王,成之业。悔既往之失,不如防将来之非。”文种只得伏剑自杀了。

大壮卦第三十四：权大势强，要会克制

【爻词精义】

⊙刚立足就征伐可不好 ⊙强盛时别动摇信念 ⊙笼络人心要采用正确的方法 ⊙强盛时坚守正道吉利 ⊙小的损失算不得什么 ⊙公羊顶篱笆要反省啊

经文义解

【题解】

本卦阐述了壮大的运用原则。壮大是衰退的反面，本属好事，然而因为壮大，往往滋生自负横暴、冒失躁进的思想和行动，所以当壮大之时更须克制自己，培养中庸德性，及时补救过失使之中正。无论统治者还是平民百姓，都不能挟壮自持，否则便会走向反面。当然，有大抱负者，仍须及时进取；在必要之时，亦须用强。在壮极而衰之时，一方面要审慎行动，另一方面也要善于利用既有的壮势完成自己的业绩。

【原文】

䷡ 大壮[①]：利贞。

初九 壮于趾，征凶，有孚。[②]

九二 贞吉。

九三 小人用壮，君子用罔，贞厉，羝羊触藩，羸其角。[③]

九四 贞吉，悔亡，藩决不羸，壮于大舆之輹。[④]

六五 丧羊于易，无悔。[⑤]

上六 羝羊触藩，不能退，不能遂，无攸利，艰则吉。[⑥]

【注释】

①大壮:卦名。下乾上震,象征刚大盛壮。②趾:脚趾。③小人用壮,君子用罔:小人仗持盛壮以逞刚强,君子盛壮而不用。罔:无,不。羝羊触藩,羸其角:公羊强顶藩篱,羊角必然被绳索缠绕。羝羊,公羊。羸,大绳索。④輹:辐。⑤易:通"埸",田边。⑥遂:进。

【译文】

大壮卦　象征刚大盛壮。利卦。

初九　脚趾盛壮,出征定有凶险;此时应该以诚信自持。

九二　吉祥之卦。

九三　小人倚仗盛壮以逞刚强,君子则虽然盛壮而不妄用;此卦凶险,就像公羊强顶藩篱,羊角定然被绳索所缠绕。

九四　吉祥之卦,危难困窘将自行消解,犹如藩篱开裂而羊角却不被缠绕,又像大车轮辐盛壮适用。

六五　在田边丢失羊,不会遭逢困厄。

上六　公羊抵触藩篱,既不能后退,也不能前进,没有什么益处,预示经过艰苦磨难则可获吉祥。

【释义】

䷡　大壮:利贞。

[解读]　十分强盛时,务须坚守正道才会有利。

[象释]　本卦的初至四爻均为阳,象征阳刚之气勃然兴起,其势壮大,阴柔之气已被逼退至末路,故名《大壮》。又,上卦"震"是雷,下卦"乾"是天,天上雷声轰鸣,声势壮大,名为"大壮"。

[义理]　君子应效法本卦的刚健而有所作为的精神,轰轰烈烈地从事一番事业;而君子的坚强有力,不在于胜过他人,而在于克制自己,只去做合乎正道的事,不被邪恶诱惑去做不合乎正道的事。

初九　壮于趾,征凶,有孚。

[解读]　脚趾强壮,必有凶险,这是无疑的。

[象释]　初九爻为本卦底爻,如人之足,因而有"趾"之喻,其阳爻阳位,过于刚强而有容易履险之象,故为"凶"兆。

[义理] 以脚趾之壮隐喻旺盛的前进意图;如轻易地冒进必会身临险境。因此,一个人即使壮健,也不可轻举妄动。

九二 贞吉。

[解读] 坚持正道,则吉祥。

[象释] “九二”阳爻阳位而不正,但是处在下卦的中位,故有“贞”之德性;与“六五”相应,故有“吉”之结果。

[义理] 当自身力量壮大的时候,亦须培养中庸的德性。要善于反省自己,及时补救使之不会偏离正确的方向。只有这样,才可确保所行之道的壮威。

九三 小人用壮,君子用罔,贞厉,羝羊触藩,羸其角。

[解读] 小人仗势逞强,君子则不这样;仗势逞强,就像公羊持角撞篱,结果篱破角损。

[象释] “九三”阳爻阳位得正,故有“贞”象;但是阳刚过甚又离开了中位。

[义理] 无论是庶民还是君子,都不可持壮轻举。否则会两败俱伤。

九四 贞吉,悔亡,藩决不羸,壮于大舆之輹。

[解读] 伸张正义的用强只有吉利,没有悔恨,就像公羊持角撞篱,结果篱破而角不伤,又像大车车轴所裹的皮革一样牢不可破。

[象释] 九四爻处于四阳前哨,亦有躁动之象,然而阳爻阴位,并非极端刚强,又因为前方两爻均阴而柔弱,构不成“九四”前进的障碍,故有篱破角存、皮革坚固之言。

[义理] 同是战争,有正义与非正义之区别;同为用强,亦有正与邪之分;驱邪而用强,无可非议必须为之举。

六五 丧羊于易,无悔。

[解读] 羊决篱脱逃,在于一时疏忽,不必懊恼。

[象释] 六五爻处尊居中位,性柔中庸,已失去壮大性格,故有“丧羊”之辞;然而它与九二爻相应,以柔克刚,能阻挡四阳爻的并驾齐驱,故又有“无悔”的结语。

[义理] 任何事物壮大到一定程度,便不会继续壮大,从而会转化为衰退。开始衰退之时,如能持守中庸,便不会有什么不利之事发生。

上六　羝羊触藩，不能退，不能遂，无攸利，艰则吉。

［解读］　公羊触篱，角被卡住，但只要继续一段时间，经过努力，总能破篱而出。

［象释］　上六爻是《大壮》的终点，既无可进之处，又无可退之地，正是无所作为之时；幸而“上六”阴柔，不会像“九三”那样，持刚躁进以致有险。

［义理］　人处于壮极之地而言退，是一件难能之事，此时如能利用既有的壮大之势审慎行事，必能成功。

案例解易

名誉之祸

党锢之祸是东汉宦官专权乱政时期，皇权与宦官势力对士大夫阶层的正面打击，其规模之大，手段毒辣，可与秦皇坑儒相比。而招致祸灾的最主要原因则是士大夫们的谤议的标榜。

东汉各帝都崇儒敬士，大小官吏多系读书出身，不少人还是著名学者，社会上普遍敬重读书人。名利所在，趋之若鹜，私学之盛，亘古所无。桓帝时，在职官僚陈蕃（字仲举）、李膺（字元礼）居官正直，不畏强暴，深受太学生敬慕。太学生编成口碑颂扬道：“天下楷模李元礼”，“不畏强御陈仲举……”一大批讲气节、守道义的士人互相推重、结聚，形成一股与宦官集团对抗的势力。遗憾的是，学者之间为了争名，也有门户角立、互不相让的，甘陵郡学者周福、房植就是这样。二人治学成名做了大官以后，两家宾客互相讥贬，各树朋党，这一事件被宦官集团借为口实，“党人”的恶谥从此开始。

李膺任河南尹时。河内有个叫张成的，善于推算祸福，占卜吉凶，靠这点本领交结宦官，桓帝也颇相信他。张成推算朝廷将有赦令，就唆使儿子杀人。李膺派人逮捕杀人犯，这时果然来了赦令。李膺愤恨难消，竟不顾赦令，把张成的儿子处死。张成的弟子牢修便上书诬告李膺等人:“养太学游士,交结诸郡生徒,更相驱驰,共为部党,诽讪朝政,疑乱风俗。”桓帝震怒,传令各郡国逮捕李膺等人,牵连入狱的有200余人。

第二年,尚书霍胥、城门校尉窦武等人上书请求释放“党人”。行将就木的桓帝同意了霍胥等人的请求,把在押的“党人”全部赦归田里,同时宣布他们被禁锢终身(终身不许就学、出仕等),把他们的名字造册存档。

以后宦官越发嚣张,士大夫也越加意气昂扬,不避危难。范滂出狱返乡途经南阳,当地士大夫把他当做凯旋的英雄,成千人驾车迎候他。侍御史景毅让儿子拜李膺为师,李膺被禁,景毅之子因没有正式列入门生名籍,未受株连。景毅慨然不安,自己上表说明与李膺的关系,免官回乡。标榜、结聚之风也愈加盛长。

宦官曹节乘机唆使官府奏请灵帝批准,逮捕前次获释的“党人”李膺、范滂等百余人,把他们全部害死在狱中。此外,奸人乘机告讦,官吏任意吹求,种种冤狱而致死亡、监禁、流放、废锢的有六七百人。

熹平五年(176),永昌太守曹鸾上书为“党人”鸣冤,措辞激烈。灵帝见奏大怒,立即下令逮捕曹鸾,拷打致死。同时追查“党人”的门生故吏、父子兄弟及五服以内族属,统统加以禁锢。党锢之祸前后历时19年。

汉末士大夫好名誉,重节义,在两次党锢事件中,面对宦官势力的迫害,许多人舍生忘死,不屈不挠,谤议的习气依旧,名士风流照样倾动天下。士大夫这种好名重义的牺牲精神是十分难得的,但是其中也不乏唯名高视,名不副实,甚至沽名钓誉的成份,增大了无谓的牺牲和激化了不必要的矛盾。司马光在《资治通鉴》卷五十六中的一段评价倒是贴切的:“党人生昏乱之世,不在其位,四海横流,而欲以口舌救之,臧否人物,激浊扬清,撩虺蛇之头,跷虎狼之尾,以至身被淫刑,祸及朋友,士类歼灭而国随以亡,不亦悲乎!”

晋卦第三十五：明德上进，如日东升

【爻词精义】

⊙晋升时要搞好人际关系 ⊙晋升时要有忧患意识 ⊙要争取众人的支持 ⊙没有专长可得注意 ⊙无灾无难就是福气 ⊙因军功获奖也要小心点

经文义解

【题解】

本卦阐述了进取的原则。晋卦所讲的进取，与《升》《渐》所讲的进取，意义不同。《晋》之进乃日之东升，明德自昭，为万民谋福之义，较《升》《渐》之义更优。本卦认为，积极进取以求发展，须动机纯正，即便失败也问心无愧；不能忧虑于一时的得失，而宜把握中正的原则；求上进，须以得到群众拥护为前提；前进时不可贪得无厌，不可存侥幸心理，而应谨慎从事，不能在发生偏差之后再去纠正。

【原文】

䷢　晋[①]：康侯用锡马蕃庶，昼日三接。[②]

初六　晋如摧如，贞吉。罔孚，裕无咎。[③]

六二　晋如愁如，贞吉，受兹介福，于其王母。[④]

六三　众允，悔亡。[⑤]

九四　晋如鼫鼠，贞厉。[⑥]

六五　悔亡，失得勿恤，往吉无不利。[⑦]

上九　晋其角，维用伐邑，厉吉，无咎，贞吝。[⑧]

【注释】

①晋：卦名。下坤上离，象征进长。晋，进。②康侯用锡马蕃庶：尊贵的公侯

得到天子赏赐的车马众多。康,此为尊贵的意思。侯,此泛指有爵位者。锡,通“赐”。马,此指车马。蕃庶:众多。蕃,“繁”;庶,众多。③摧:阻。罔孚:不能取信于人。罔:不;孚:信。裕:宽容。④受兹介福于其王母:从祖母那里接取弘大的福泽。介,大。王母,祖母。⑤允:信任。⑥鼫鼠:大鼠。又称五技鼠,比喻身无专技。⑦恤:忧虑。⑧角:兽角,此喻进长至极。维:语气词,无义。用:宜。

【译文】

晋卦　象征晋升。高贵的公侯获得天子赏赐的众多车马,并在一天之中蒙受三次接见。

初六　晋升一开始就遇到阻碍,但却能获吉祥。不能取信于人,宽容处之则无灾祸。

六二　晋升之际心态摆正,可获吉祥;宽裕自处,将领受弘大的恩泽。

六三　获取众人的信任,危厄将会消亡。

九四　晋升如果没有一技之长,定有危险。

六五　困窘危难消除,无须忧虑,有所举动必致吉祥,无所不利。

上九　晋升到顶点,就像高居兽角角尖,宜于征讨邑国以建功立业,即便有些危险而最终也可获吉祥,不会遭到灾祸,但是晋升已到极顶,却会得到举事艰难的征兆。

【释义】

䷢　晋:康侯用锡马蕃庶,昼日三接。

[**解读**]　晋是晋升提拔。对待那些康民治国的公侯,天子不仅赏赐给他们许多马匹,还在一天之内三次接见他们。

[**象释**]　上卦“离”是太阳,下卦“坤”是大地。本卦象征光明的太阳升到了地面之上,普照万物。又,上卦“离”是依附,下卦“坤”是柔顺,象征诸侯恭顺天子。

[**义理**]　君子应当效法东升之日光照万物的精神,发掘自己的光明德性,利益万民。

初六　晋如摧如,贞吉。罔孚,裕无咎。

[**解读**]　无论进、退,均能安于正道,则吉祥;即便一时之间不能取信于人,只要宽裕自处,便不会有灾难。

［象释］ 初六阴爻力弱，虽与九四爻相应，然而九四爻阳居阴位而不正，一时间难以援手，携“初六”前进。

［义理］ 刚开始前进时难免会困难重重，但只要能坦然面对，前进仍然是光明的。

六二 晋如愁如，贞吉，受兹介福，于其王母。

［解读］ 上进的同时又充满着忧虑，但是只要上进之心一如既往，便能吉祥。

［象释］ 本卦惟六二爻与六五爻同阴不相应，六二爻以阴居阴，柔顺之德显著；居中得正，无强自进取之象，故进取中常有忧虑相伴，但是其心中正，终能吉祥。“六五”以阴爻处尊位，故又有“王母”之称；以阴应阴，而有母妇之象。

［义理］ 在前进途中，也许会有很多困难，但是只要坚守柔顺中正的德性，就一定会被人们理解，成功之日必将来临。

六三 众允，悔亡。

［解读］ 获得众人的信任，努力进取，悔意消失。

［象释］ “六三”阴爻居阳位，既不中也不正，本应有悔，然而六三爻与上九爻相应，有进取之志；且为下卦“坤”之上位，最是柔顺，而初六爻、六二爻也都想上进，与“六三”志同道合，所以“六三”有上下同允之象而“悔亡”。

［义理］ 前进以获得群众的拥护为前提。只有将你的想法公布于众，形成众志成城之势，才可能使你的前进成为现实。

九四 晋如鼫鼠，贞厉。

［解读］ 晋升到高位但无能的人，即便行为正当也很危险。

［象释］ “九四”阳爻阴位，不中不正，却居于君王之侧，因而有“厉”之象。

［义理］ 无德无才而居于高位，虽可能得到一时之宠，但最终会因其无能而遭灾。

六五 悔亡，失得勿恤，往吉，无不利。

［解读］ 消除后悔，不要患得患失忧虑重重，只要勇往直前，就会吉祥、顺利。

［象释］ “六五”阴爻居阳位而不正，本当有“悔”；然而它是上卦“离”即光

明的主爻，下卦“坤”又是顺从，因而其相为光明磊落之君主，又得臣民之顺从，故“悔亡”，且有“吉”、“利”之遇。

［义理］ 居于高位的君王，即便本人柔弱，但只要有识人之眼光，有推诚用贤之心怀，有光明磊落处事之原则，便是人民之幸，国家之福。

上九 晋其角，维用伐邑，厉吉，无咎，贞吝。

［解读］ 晋升到了极点，宜于讨伐建功立业，当然可以逢凶化吉，天下太平，然而，恐怕今后有举事艰难之兆。

［象释］ 上九爻为晋升之极点，犹如到达兽之顶角；阳爻阴位，不正，故有“吝”之论。

［义理］ 前进须有精心的策划，谨慎的措置；倘若事到临头才仓促应付，即便挽救于垂败，终非美事。

案例解易

唐太宗躬亲吏治

唐代前期，地方行政机构为州、县两级、州设刺史，县设令，与州平行的还有府。府，一种是京都或陪都等重要地区的地方行政机构，长官为尹；一种是地方军事机构，长官为都督。

地方官吏直接治理民事，好坏良莠直接关系中央政权的治乱、安危，唐太宗深知这一基本道理，特别重视选择地方长官，改革地方吏治。贞观二年(628)，他对大臣们强调：

朕居深宫之中，视听不能及远，所委者惟都督、刺史，此辈实治乱所系，尤须得人。

为此，太宗“夜恒思百姓间事，或至夜半不寐。惟恐都督、刺史堪养百姓以否”。后来终于想出一个及时了解地方长官治绩的办法，把都督、刺史的姓名一一书写在自己卧室的屏风上，起卧进出，随时都可以看到，谁有什么善政或劣迹，都分别具列其名，以便及时褒奖或黜陟。

当时，正值战乱之后，百姓流离，水旱降灾，仓竭饥馁。贞观元年(627)陈君宾调任邓州(治在今河南邓县)刺史，立即着手安置百姓，恢复生产。第二年，关内六州及河东数州"并遭霜涝"。陈君宾所治邓州全境，却"当年多有储积"。于是，邻近各州饥民"尽入其境逐食"。太宗听到这一消息，立即下诏奖励陈君宾这种"逐粮户到，递相安养，回还之日，各有赢粮，乃别赉贝帛，以申赠遗"的做法，认为各地都能像邓州"变浇薄之风，敦仁慈之俗，政化如此，朕复何忧！"同时，令吏部考功司记录其政迹"为功最"。太宗不仅鼓励有善政的刺史，而且体谅这些地方官的难处。一次，洛州司马贾敦颐因公务差错下狱。贾敦颐过去连任数州刺史，"资廉洁"。入朝进京，全家"车一乘，弊甚"，"道上不知其刺史"。太宗了解全部情况后，亲为保释，有司不从。太宗说："人孰无过，吾去太甚者。若悉绳以法，虽子不得于父，况臣得事其君乎？"贾敦颐这才得以获免复职。

就是这样，太宗仍然感觉不够，又不定期地派遣大臣到各州考察地方长官。贞观八年(634)，派遣宰相李靖、萧瑀等13人分巡四方，所谓"观风俗之得失，察政刑之苛弊、黜陟幽明"。二十年(646)正月，又有孙伏伽、褚遂良等22人巡察四方，黜陟官吏。

贞观十一年(637)，马周发现朝廷"重内任轻外官"的倾向，上疏太宗："欲令百姓安乐，惟在刺史、县令。县令既众，不能皆贤，若每州得良刺史，则合境苏息。"太守进一步表示："刺史朕当自简择，县令诏京官五品以上各举一人。"尽管如此，太宗也经常注意县令的政绩。上面讲到的贾敦颐有个弟弟贾敦实，为饶阳(治在今河北饶阳)县令，"政化清静，老幼怀之"。贞观二十三年(649)，贾敦颐授瀛洲(治在今河北河间)刺史。按照"旧制"，兄弟在同一地方"边官"为上下级是不允许的。太宗以其二人"俱有能名，竟不迁替"。

直接掌握地方长官的选拔，奖善黜恶，乃至亲自处理刺史、县令的作免、升降，是贞观年间太宗勤政的一个重要方面。由于太宗亲自简择地方官，在当时出现不少政绩清明的良吏，巩固了"贞观之治"的局面。皇帝亲自讨问地方官吏的政绩，历来都被视为是否勤政的一项重要标准，唐太宗在这方面可以说是作出了榜样。

明夷卦第三十六：锋芒内敛，隐忍待机

【爻词精义】

⊙受了打击会保护自己　⊙遇到危险要设法脱险　⊙受到高层人物伤害是挺难办的　⊙君王不信任要及早退出　⊙损伤自我而全忠义也行　⊙想打倒你先抬举你的事也是有的

经文义解

【题解】

本卦阐述了正义受到挫折时如何韬光养晦的原则。在邪恶逼害正义、光明受到创伤的时候，如果抗拒只能加重伤亡以至覆灭，惟有韬光养晦，收敛锋芒，艰苦隐忍，及时脱离险境以求自保；在隐忍自保的同时，蓄养力量，待机而动，最艰苦困难的环境，也正是锻炼意志奋发有为的契机。邪恶不会长久，正义必然伸张，因为任何违背正义的势力，最后终将灭亡。

【原文】

䷣　明夷[①]：利艰贞。

初九　明夷于飞，垂其翼，君子于行，三日不食。有攸往，主人有言。[②]

六二　明夷，夷于左股，用拯马壮吉。[③]

九三　明夷于南狩，得其大首，不可疾贞。[④]

六四　入于左腹，获明夷之心，于出门庭。[⑤]

六五　箕子之明夷，利贞。[⑥]

上六　不明晦。初登于天，后入于地。[⑦]

【注释】

①明夷：卦名。下离上坤，象征光明伤损。明，光明，此指太阳；夷，伤。明夷：

即日蚀。②明夷于飞，垂其翼：这是以鸟飞为喻，说明光明受损的情形，意为光明受损，有如鸟飞时低垂着翅膀，惊慌疾行。主人有言：遭到主人责备。③用拯马壮：以强壮的良马拯济伤损。④南：南郊。首：古人称四蹄皆白之马为“首”，俗称踏雪。疾：病。⑤入：退。腹：腹地。获：获知。心：指内中情状。于：于是。⑥箕子：殷商纣王之叔父，贤臣，因进谏而遭纣王囚禁，遂佯装疯癫以自保。⑦晦：暗。

【译文】

明夷卦　象征光明受损。利于卜问艰难之事。

初九　光明遭到伤损时就像飞鸟低垂着翅膀，惊慌快行；又如君子急急出行，三天没有饭吃。继续前行，又遭到旅店主人欺凌。

六二　光明遭到伤损，伤及左边大腿，如果以强壮的良马救济伤损，可获吉祥。

九三　君子遭到伤损时却获得一匹马，这象征此爻可以占问疾病之事。

六四　进入南方腹地，察觉光明受损的实际情由，于是毅然出门远行。

六五　如果能像箕子被囚却佯狂自保，则为利卦。

上六　昏君最初登临天上，最后掉地下。

【释义】

䷣　明夷：利艰贞。

[解读]　光明受到伤害，宜于韬光养晦，苦守正道。

[象释]　上卦“坤”是大地，下卦“离”是太阳、光明。“离”在“坤”之下，象征太阳沉人地下，光明受到创伤。又，内卦“离”是明，外卦“坤”是柔顺，其象为内明而外柔。

[义理]　当贤者的明德一时受创，境遇艰难时，应刻苦忍耐，韬光养晦先求自保，然后再徐图进取。

初九　明夷于飞，垂其翼，君子于行，三日不食。有攸往，主人有言。

[解读]　受伤的鸣鸟飞翔，累得垂下了双翅；君子急急出行，三天没有饭吃；继续前行，又遭旅店主人的恶语欺凌。

[象释]　“初九”阳爻阳位，刚强有力，且处于受伤之初，如鸟之负伤而尚能鼓翼飞翔；与“六四”阴阳相应，其间为三，故有“三日”之言。

[义理]　正义力量在初遭伤害之时，便应舍去一切迅速退避，以免重创；即

便因此遭人物议，亦应以大局为重，不可逞一时之气。

六二　明夷，夷于左股，用拯马壮吉。

[解读]　君子受伤在大腿，如有健壮的马代足，仍可脱险而吉祥。

[象释]　六二爻比初九爻进了一步，所受之伤亦较“初九”为重，因而初九仍可“飞”，而“六二”即便步行亦有困难，只能借助于“马”。其所以“吉”，是因为阴爻阴位且处中，柔顺中正而能遵循自然法则。

[义理]　当邪恶势力的残害逼近时，应想方设法借助于周围的一切力量尽快脱离险境。

九三　明夷于南狩，得其大首，不可疾贞。

[解读]　君子被贬于南方，察觉被贬实际情由，但寻求恢复是急不得的。但是恢复正义之事仍不可操之过急。

[象释]　“九三”阳爻阳位，象征刚健，又是下卦“离”之上爻，象征最明智。然而又最贴近于阴暗的“坤”之下方，与“九三”相应的“上六”又最昏暗，因而有被贬之象。按古人“上南下北”的方位观念，“九三”上行，故有“南狩”之辞。

[义理]　有德明智之士，在黑暗笼罩的情况下，要小心谨慎，不宜操之过急。

六四　入于左腹，获明夷之心，于出门庭。

[解读]　进入南方腹地，获得光明被创的内情，及时出门躲避。

[象释]　六四爻已进入内卦，“坤”为暗之体，象征已入阴暗的内部，故又有获“心”之喻。

[义理]　当正义受到伤害时，应该有意识地接近卑鄙小人，获取内情，以便及时作出躲避灾难的计划。

六五　箕子之明夷，利贞。

[解读]　采取箕子那种自掩其聪明才智的做法，以利于坚守之道。

[象释]　上卦“坤”是黑暗，六五爻处“坤”的中位，象征黑暗的中心。但六五爻居中，故又不失其坚贞。

[义理]　世道黑暗，仍应坚持正义，明辨是非，不与黑暗势力同流合污。

上六　不明晦。初登于天，后入于地。

［**解读**］　昏暗不明的君王，开始时高高在上如登天堂，最后却被民众所推翻，坠入地狱。

［**象释**］　上六爻是纯阴上卦的最高一爻，象征昏暗已达极点，因而既有高达“天”的位置，又有物极必反则反坠于地的必然趋势。

［**义理**］　黑暗势力虽然能够得逞一时，甚至威震四方，但最后必然会自取灭亡。

案例解易

装糊涂深藏不露

河东太守王邑被调走了，卫固、范先以请王邑回河东为名，与并州高干暗中往来，欲举兵反叛曹操。曹操知道后对荀彧说：“河东山川险峻，为天下的要地。落入卫固等人手中，为害必深。请你替我举荐一人，派去镇抚。”荀彧说：“镇抚河东，杜畿可以去。”曹操便委任杜畿为河东太守，前去执政。

杜畿上路了，但未等他到河东境界，卫固等人已得到消息，派几千人守住陕津，不让杜畿入境。有人对杜畿说：“应带大兵前来征讨。”但杜畿却另有考虑。他说：“河东有 3 万百姓，并非都是叛乱之人。如果以大军进攻，高压之下原来一心向善之人也会因为恐惧而听从卫固。卫固控制了百姓，必然拼命死战。在这种情况下进攻征讨，如果不能取胜，则会引致附近各地的叛乱，天下便永无宁日；如能侥幸获胜，也会对河东之民多所杀戮，同样不是什么好事。现在，卫固等人并没有公开叛乱，他既然以回请王邑为名，对曹丞相派去的新官暂时必然不敢加害。卫固虽然足智多谋，却犹豫寡断。如果我单身前往，出其不意，他必然假意接受我为太守。我到了河东，只要有 1 个月的时间，设计算计他就已足够了。”杜畿于是秘密取道郖津，渡河进入了河东境内。

杜畿到任后，范先想要杀杜畿立威。为了观察杜畿的内心去向，便先杀了主簿以下30多人，而杜畿不为所动，举动自如。卫固于是说："杀了他没有什么好处，只会给我们招来乱杀无辜的恶名，而且他已经被我们所控制，不如就留下他来做太守吧。"这样，杜畿正如他所预料的那样，被卫固等人奉为太守，暂时没有了性命之忧。

保全性命之后，杜畿开始设计了。他对卫固、范先等人说："你们是河东的希望所在，我只有仰仗你们才能办成大事。所以，以后如有什么事，请大家一起商量，出谋划策。"便任命卫固为都督，处理一般行政事务，范先则将领士兵，共有3 000多人。卫固等人心中高兴了，表面上侍奉杜畿，实际上却认为杜畿没什么了不起，不以为意，放松了对他的防范。

后来，卫固要公开起兵反叛了，杜畿心中非常担心，便劝卫固说："要想做成大事，首先是应该不让老百姓心乱。你现在要起兵，老百姓担心你要征兵役，必然民心大乱。所以，不如现在用钱招兵买马，等兵马足够了，再起兵不迟。"卫固不知杜畿的真意，还认为他说的很对，便依计而行。这一拖延，几十天已经过去了。而卫固的部将们贪婪财物，把招兵买马的钱私吞了很多。因而，卫固钱花了不少，兵却招来不多。

后来，杜畿又假作好意对卫固说："每个人都恋家，诸位将军兵吏久在外地，恋家之心必然更大。现在郡中无事，可以让他们轮流回家探亲休息，有事再召回来就行了。"卫固害怕伤了大家的心，又听从了杜畿的意见。杜畿于是暗中联络知己，私下准备。结果是他的朋友们已散至各地，等待时机；而卫固的心腹们却都回家安乐，被离散了。

这时，反叛的高干攻入护泽，白骑进攻东垣，上党诸县、弘农郡也都发生叛乱，卫固认为时机已到，便召集家中的将士起兵反叛，却没有多少人回来。杜畿看到各县已经归附了自己，民心已定，便率领几十人离开郡府，至张县据守。吏民多拥城自守，以助杜畿。几十天内，杜畿便得到了4 000多人的兵马。高干、卫固等人汇兵围攻杜畿，但由于杜畿已得民心，终于没能攻下张县。后来，曹操的大兵到了，高干败走，卫固被杀，河东郡轻易便平定下来。

家人卦第三十七:严以治家,防患未然

【爻词精义】

⊙没事干就回家呗 ⊙如果男子没出息,可能妻子有问题 ⊙治家要宽严结合 ⊙家财富足当然是好事 ⊙拜官方之赐而富甲一方是挺吉利的 ⊙宜诚宜严合家喜欢

经文义解

【题解】

本卦以家庭伦理为主题,阐述了治家的一般原则,因而在六爻中只有男女之别而无君子小人之分。在本卦中,男人是主体,丈夫是一家之长,而女人是相夫富家的帮手,除了料理饮食之类的家务,还负有协调家庭成员之间关系的责任。作为一家之长的男人,不仅要严于治家,不可放纵家人嬉笑散漫,而且也要严于律己,以身作则。

【原文】

䷤ 家人①:利女贞。

初九 闲有家,悔亡。②

六二 无攸遂,在中馈,贞吉。③

九三 家人嗃嗃,悔厉吉,妇子嘻嘻,终吝。④

六四 富家大吉。

九五 王假有家,勿恤吉。⑤

上九 有孚威如,终吉。⑥

【注释】

①家人:卦名。下离上巽,象征一家人。②闲:防备。③遂:成。馈:主持炊

事。④嗃嗃：严厉斥责之声，比喻森严治家。⑤假：到。恤：忧虑。⑥孚：诚信。威：威严。

【译文】

家人卦　象征一家人。有益于女人之卦。

初九　持家能够预防不测之灾，危难困窘将会消亡。

六二　遇事不自作主张，在家操持炊事，可获得吉祥。

九三　家人经常遭到家长严厉训斥，处境艰难而凶险，如此反而会激励全家戒惧勤勉，从而获得吉祥；可是妇人孩子整天嬉闹调笑，不加约束，最后必然导致持家困难。

六四　理家有道而致富，大吉大利。

九五　无论王室还是平民百姓，不必忧虑，可获吉祥。

上九　心存诚信，严于持家，最后必获吉祥。

【释义】

䷤　家人：利女贞。

［解读］　在家庭中，如果主妇守本尽职，则家道正、家人受益。

［象释］　本卦六二爻、九五爻分别处于内、外卦之中位，不仅都是阴阳得位，而且二、五阴阳相应，象征女主乎内，男主乎外，男女和睦相处互敬互爱。又，内卦"离"是火，外卦"巽"是风，火热气上升而成为风，有发乎内而成乎外之象。

［义理］　在一个家庭中，每个成员都应尽各自的本分，这样，家庭伦理也便纳入了正规；家庭是社会的细胞，家庭人正规，社会就安定。

初九　闲有家，悔亡。

［解读］　严格正规的治家，防患于未然，就不会有后悔之事发生。

［象释］　"初九"为始爻，阳爻阳位，刚而且正，象征严厉而正规的家教。

［义理］　在一个大家庭中，当家人还没有发生矛盾纠纷之前，即须进行严格的家庭教育，这种防患于未然的措施，对于保持家庭成员之间的和睦是十分必要的。

六二　无攸遂，在中馈，贞吉。

［解读］　遇事不自作主张，在家庭中料理烹饪供应食物很尽职，合乎妇道因而吉祥。

［象释］ “六二”阴爻阴位得正，又处内卦中位，象征主妇应有的柔顺中正的德性；与“九五”阴阳相应，故“吉”。

［义理］ 柔顺谦逊、默默无声地操持家庭内务，这是妇女的美德。

九三 家人嗃嗃，悔厉吉，妇子嘻嘻，终吝。

［解读］ 家人苦于家法之严，整天战战兢兢惟恐有失，结果吉祥；妻子儿女整天嬉笑无所忌畏，结果难免会有羞辱。

［象释］ 九三爻为下卦的上位爻，象征一家之长；阳爻阳位，虽得正却不处中，因而有刚烈过甚之象。

［义理］ 治家过严过宽均不是良方，但是，若仅在严与宽这两者之间选择，则宁严勿宽；过严虽有失误却不失其本，过宽却会造成不知礼节而酿出有辱家门的灾祸。

六四 富家大吉。

［解读］ 理家有道而致富，非常吉祥。

［象释］ 六四爻在它卦为权臣，在本卦为主妇，六四爻在“巽”位，主顺；阴爻居阴，得位。故其既能安排家中的各项生计，又能协调内外之情不致招怨。

［义理］ 一个家庭的贫富，与家人和睦有着十分密切的关系；而夫妻之间的和睦尤为重要。主妇理财的同时也要理顺家庭成员之间的关系。否则，在聚敛财富的同时，往往开罪家人以致怨声载道。

九五 王假有家，勿恤吉。

［解读］ 无论王室还是平民家庭，家人之间如能和睦相处，无忧无虑，就会吉祥如意。

［象释］ “九五”阳爻阳位，且处上卦的中位，象征君王刚健、中正；与六二爻相应，象征“九五”至尊与“六二”主妇相亲相爱，和睦相处。

［义理］ 无论贵族还是平民，家人之间都应相亲相爱，和睦相处。

上九 有孚威如，终吉。

［解读］ 以诚信和威严治家，终究会吉祥。

［象释］ “上九”阳爻居于本卦最上位，象征以威严治众的一家之长。

［义理］ 一家之长以身教为首务，惟严于律己，以身作则，方能用威而服

众,否则家人必生怨而心不服。

案例解易

孟母择邻而居

孟母三迁的故事在中国家喻户晓。孟子名轲,儒学的奠基人之一,中国古代杰出的思想家。他受业于孔子孙儿子思门下,游说于齐、梁之间,上继孔子,兼倡仁义、仁政,主性善,尚气节,重修养,对中国古代的道德传统的形成和发展具有深刻的影响,著有《孟子》一书,传于后世。孟子之所以能够成就一番事业,成为儒家的代表人物,是和其母的教育分不开的。

贤良的孟母深谙邻里之道,为此,不惜几迁其居。一开始孟子的家居住在墓地附近,儿时的孟子还不太懂事,不知什么是该学的什么是不该学的。看到邻居们都以替人办丧事谋生,他也觉得有趣,每日里和一群小孩子在一起,嬉戏玩闹,也学着吹吹打打,打幡送丧,挖坑埋棺。孟母看在眼里,急在心里,她知道不能责怪邻里,他们就以此为生,但如果长久住在这样的环境之中,孩子能学到什么呢?长大了又能有什么作为呢?她深深地感到,这里绝非是自己想让儿子增长知识而能生活下去的合适的地方,于是就搬家住到一个集市旁边。

集市之中每天都热闹非凡,各种叫卖之声不绝于耳,小小的孟子又开始学着大人的样子玩沿街叫卖的游戏。孟母看到眼里,急在心中。她深知环境对人的影响是很大的,不能让自己的儿子从小就在这种地方成长。她叹息道:“这里也不是我理想中要让孩子呆的地方。”于是她又一次带着孟子搬了家。这一次搬到了一所学校旁边住了下来,孩子们则学着大人的样子,学习效法各种礼仪,孟母这才长舒了口气,觉得这次的选择才是对儿子教育的选择,从此在这里居住下来,而后又多加教诲,才使孟轲成才。

睽卦第三十八：求同存异，而致大同

【爻词精义】

⊙别太想不开 ⊙主人屈尊求和没坏处 ⊙积极做有益的事别拿自己开涮 ⊙大不了换个人合作嘛 ⊙言归于好套套近乎也挺好 ⊙孤独的人疑心重

经文义解

【题解】

本卦阐述了离与合、异与同的一般法则。离久则合、异中求同，这是客观规律。有作为的人，有时固然因为时势的考虑、坚持原则的需要，虽同而存异，随合而有别，但是在一般情况下，应以积极主动的姿态，努力从异中求同，结合力量有所作为。异中求同需要有宽宏的胸襟，能包容常人所不能容者。异中求同是顺应时势所要求的权变，它是一种并不违背原则的委曲求全。在异中求同过程中，会有种种障碍，但是只要持之以恒必能如愿。从主观方面分析，异中求同必须真诚，只有相互信任，求同才能成为可能；猜疑则是求同的大碍，如果心中存疑，即便同也会变成异，合变为离。本卦还通过睽久必合的分析再次展示了物极必反这一条普遍规律。

【原文】

䷥ 睽[①]：小事吉。

初九 悔亡。丧马勿逐自复。见恶人，无咎。[②]

九二 遇主于巷，无咎。

六三 见舆曳，其牛掣，其人天且劓，无初有终。[③]

九四　睽孤，遇元夫，交孚，厉无咎。④

六五　悔亡。厥宗噬肤，往何咎。⑤

上九　睽孤，见豕负涂，载鬼一车。先张之弧，后说之弧，匪寇婚媾。往遇雨则吉。⑥

【注释】

①睽：卦名。下兑上离，象征违逆隔膜。②逐：追。③曳：拖拉。掣：牵制。其人天且劓：赶车人受墨刑和劓刑。天，在罪人额头上刺字称天。劓，古代刑名，割鼻。④睽孤：指寂寞孤独之时。元夫：善人，引申为“刚健的人”。⑤厥宗噬肤：他与宗人共同吃肉。厥，其，他；宗，宗人即同一宗族之人；噬：咬，此为吃的意思；肤，肉。⑥豕：猪。涂，泥土。弧：弓。说：通“脱”，放下。

【译文】

睽卦　象征违逆隔膜。小事必获吉祥。

初九　困窘危难将会消亡。丢失了马不必到处追寻，因为它自会返回；谦谨地对待与自己对立的恶人，不会招致灾祸。

九二　在小巷中不期而遇碰见主人，没有什么灾祸。

六三　看到大车拖拖拉拉艰难行进，驾车的牛受到牵制无法前行，驾车人也受了墨刑和劓刑，虽然起初历尽艰难，但是最终将有美好结局。

九四　寂寞孤独之际遇到刚健的人，胸怀诚信之心与刚健的人交往，即使会有危险，也没有灾祸。

六五　危难困窘将会消亡。他与宗族之人一起吃肉，有所举动，还会有什么灾难呢？

上九　寂寞孤独之际看到一头丑猪全身污泥，一辆大车满载恶鬼飞奔而过。起先张弓欲射，后又放了下来，原来来人不是贼寇，却是娶亲的队伍。接着走，遇到大雨可获吉祥。

【释义】

䷥　睽：小事吉。

［解读］　目不相视，相互背离；大事不济，小事吉利。

［象释］　上卦“离”是水，下卦“兑”是泽；火焰在上而上升，泽水处下而下流，两者方向相反，为相违之象。又，上卦“离”为中女，下卦“兑”为少女，两女虽

同居一处，终究要嫁出去，各自东西，亦有相违之象。

［义理］ 在社会群体中，既要顺应大势之所趋，不应孤芳自赏，孑然独处，又要保持和坚持自己的独立人格与处世原则，不应一味随大流。

初九　悔亡。丧马勿逐自复。见恶人，无咎。

［解读］ 后悔应该清除。坐骑跑掉不必去追，因为马是家养既久的，一定会自己回来；谦谨地对待面目狰狞的人，结果平安无事。

［象释］ 初九爻与九四爻同阳不应，所以本来是有悔，但在本卦中相反者相成，反而相应，因此“悔亡”；马跑掉又自动回转，亦为“初九”与“九四”本不应而应之喻；“见恶人”亦同此，为“恶中有善”之具体例说。

［义理］ 在相违未深之时，宜以静观动，不应急于求同或轻率相抗。这一以静观动、异中求同的法则，即使在善恶邪正之间亦同样适用。

九二　遇主于巷，无咎。

［解读］ 在小巷中遇见主人，并无过失。

［象释］ 九二爻与六五爻相应，“九二”所遇之主人即“六五”；“九二”求见“六五”不在堂而在巷，有悖理之咎；然而在本卦中，因阴阳相应而无咎。

［义理］ 对于异中求同、求同存异的行为，积极主动寻求应援的态度是值得肯定的。

六三　见舆曳，其牛掣，其人天且劓，无初有终。

［解读］ 看见一辆车缓缓而行，拉车的是一头牛，赶车的是一位烙了额、割了鼻的奴隶。开始时牛车前进很艰难，后来道路渐渐平坦，终于顺利前行。

［象释］ “六三”与“上九”阴阳相应，因而有上升与之相合之志，但是它的前进受到了后面“九二”的牵曳和前面“九四”的阻止。“六三”处于阳刚之位，前进之心甚坚，其强行突破不免遭受烙额、割鼻那样的磨难。然阴阳相应毕竟大势所趋，最后终能如愿以偿与“上九”相合。

［义理］ 乖离不会持久，异中亦有同，懂得这一道理，便不必因暂时的背离、阻隔而苦恼，只要坚持不懈地努力，一定能被理解和接纳。

九四　睽孤，遇元夫，交孚，厉无咎。

［解读］ 充满对立，孤独无援，幸遇刚健之人以诚相交，才得以转危为安。

[象释] 九四阳爻处于六三、六五两阴爻之间，因而有孤、危之感；但它与初九爻即“元夫”同德相亲，能够以诚相交，因而又可转危为安。

[义理] 相互信任是异中求同的根本。在背离孤立、充满危机的时代，应该努力从相异中寻找同德之人，相互扶持，共度难关。

六五 悔亡。厥宗噬肤，往何咎。

[解读] 悔意消除。遇见一位宗族中人坐在路旁吞噬着鲜嫩的肉，因此知道前途无忧。

[象释] “六五”柔弱之才不足以济睽，本应有悔，然而有“九二”相应，所以“悔亡”；“九二”前面虽有“六三”相阻，然而阴柔不正，极易被“九二”突破，如同“噬肤”。“六五”得“九二”相助，前进无忧。

[义理] 异中求同，旨在强大自己的力量。身居高位者，应亲近忠臣，不可满足于称孤道寡，忘乎所以。

上九 睽孤，见豕负涂，载鬼一车。先张之弧，后说之弧，匪寇婚媾。往遇雨则吉。

[解读] 孤单地行走着，忽见前面有一群沾满了泥巴的猪，还有一辆大车，满载着一群形同鬼魅的人，先是向他拉弓搭箭，后来又放下了弓箭，原来是跟他开玩笑，他们不是拦路抢劫的强盗，而是一支娶亲队伍。再往前走，天降喜雨，很吉祥。

[象释] 上九爻以阳刚居于睽之极处，因而乖戾暴躁。又，上卦“离”为明，上九爻为明之极，因而多疑。本与六三爻阴阳相应，“上九”却因乖戾、暴躁、多疑而将“六三”视为污泥中的猪、面目狰狞的鬼，产生种种错觉。但是，物极必反，“上九”居于睽极处，必然会向睽的反面转化，最终会与“六三”应合，因而有阴阳相合成“雨”且“吉”之语。

[义理] 本爻辞以路遇娶亲队伍作为比喻，说明了疑心生暗鬼、视亲为敌的一般道理，同时也揭示了睽极必合这一物极必反的普遍规律。

案例解易

容人之短，宽以待人

“与人方便，自己方便”，人们时时能在这样的心态中生活，何愁心情不舒畅，气象不平和呢？又何愁没有因果报应呢？这实在是一种禅学境界。台湾禅学大师耕云先生在他的《安详之美》中说：“真正学禅而上路的人连相貌都会改变。大家如果在老朋友当中互相观察，将会发现有人已经把内在的安详之美发露到表面上来了。而表现出清雅脱俗，当然他的生活也必然充满安详、和谐，使人感到和蔼可亲、堪能信赖。因此他的人生便非常通畅，障碍自然减少，合理的欲望都会实现，正确的努力也会成功，而且可以消灭于无形，曷百难于未萌。”

为丞相丙吉驶车的驭吏是个酒鬼，常常喝得烂醉如泥，恣意游逛，玩忽职守。偌大的相府之中，有个作摆设而无用之人是毫不奇怪的，只是驭吏所担任的工作是和丞相大人的生命安全紧紧地联系在一起的。出于对主人的忠诚，相府主管向丙吉打了个报告，要驱逐那个嗜酒的驭吏。主人的批文一下，酒鬼车手就要滚出相府了。

丙吉自有主张，他找来管家进行说服教育，说：“醉酒驶车是一件小事，最多不过把我车上的垫搞脏。因为一件小事而把驭吏赶走，这叫他以后怎么作人呢？你还是忍让一下，让他留在车队里工作，给他一条活路，怎么样？”丙吉的口吻是商量性的，管家觉得事关一个人的前途，就仍把驭吏留在相府工作。

自此之后，驭吏酒还照饮，但常常克制自己，他对丞相大人不弃的报答，只能是不污染丞相的座车，把车驾得更安全些而已。

驭吏是边疆人，熟悉边境传递警报的事情。有一次他探知匈奴入侵的消息，马上报告给丙吉，而且还给他出了一大堆主意。丙吉赞同他的意见，就开始作准备。这时皇上下圣旨，要各个官员上朝议论对策。大部分人事先毫不知情，脸露尴尬之色，一时间拿不出一个像样的主意。只有丙吉事先得到了驭吏的通报，准备得很充分,因而对答如流,深得皇上赏识,受到通报表扬。

打道回府时,坐在驭吏的车上,闻到双吏依旧有一些酒气,丙吉感慨万端:“没有什么样的人才不可以被容纳,人的才能是各有千秋的啊!”

秦国在穆公时代与晋国经常发生战争。有一次秦穆公最喜爱的一匹马在国内跑丢了,不久有人报告说这匹马在岐山之下被“野人”捉住。穆公知道后,就兴冲冲地到岐山之下去找马,没想到在岐山之下见到的是一群“野人”正在吃煮熟的马肉。原来穆公最喜欢的马已被这伙“野人”杀来当美餐了！见到这种场面,穆公虽心如刀割,可是表面上却说出一句令人意外的话:

“吃马肉不喝酒会伤身体的,快给他们拿点酒来!”于是派人抬来几大桶酒给“野人”助餐。

“太棒了！真是个好国王。”

不难想象又吃又喝的一群“野人”的那种高兴劲儿,大家尽兴而散。

一年以后,秦穆公率兵和晋国军队打仗。晋军人数很多,一时将秦穆公围在韩原(今陕西境内),眼看就要将穆公活捉。正在危险之际,忽然从晋军后面冲出一股生力军,一下把晋军打得七零八落,使穆公得救。待解围后,穆公才得知,这支生力军不是秦国的正规部队,原来是去年分食马肉的岐下“野人”。这批人因得到穆公的恩赐,念念不忘他的好处,刚刚听到他有难,就赶来解围。这就是“行德爱人则民亲其上,民亲其上则皆为其君死矣。”

与人方便,万事随缘。实质上也是主动地排解不利因素,而创造有利因素,顺应事物的发展规律,自然不会惹出意外的麻烦。漫长的人生旅途中有诸多的缘,欢欣得意是一份缘,艰辛坎坷是一份缘,结识正直、善良、坦诚而有才干的朋友,也是一份缘……各种缘分是上天的恩典,是天道与人道的统计表,同时也是自我平常心的随缘接纳。所以,与人方便,万事随缘,是睿哲的人生,也是美丽、充实、自由的人生。

蹇卦第三十九：行程艰险，和舟共济

【爻词精义】

⊙知难而近，人多赞赏 ⊙不理朝政，君臣两困 ⊙知难而进结果有福 ⊙于困苦中竖大旗帜 ⊙很难过时会有雪中送炭的事 ⊙患难中结交真朋友

经文义解

【题解】

本卦阐述了处在困境时的一般原则。遇到困难和危险时，应停止行动先求自保，若冒险前进则有陷险之危。一旦陷入险境，应奋不顾身相互援助，审时度势，联合同志共渡难关。正义的事业、有德的君子，即使陷入最危险的境地，也会得到志士仁人的援助而化险为夷。即将脱离险境时，更应该注意与贤能之士的结合，紧紧地追随刚毅中正的领袖，以免功败垂成。

【原文】

䷦　蹇[①]：利西南，不利东北。利见大人，贞吉。[②]

初六　往蹇，来誉。[③]

六二　王臣蹇蹇，匪躬之故。[④]

九三　往蹇来反。[⑤]

六四　往蹇来连。

九五　大蹇朋来。

上六　往蹇来硕，吉。利见大人。[⑥]

【注释】

①蹇：卦名。下艮上坎，象征行事艰难。“蹇”是艰难的意思。②利西南，不

利东北:西南象征平地,所以“利”;东北象征山丘,所以“不利”。③来:返回,归来。④匪:非。躬:自身。⑤反:通“返”。⑥硕:大。

【译文】

蹇卦　象征处事艰难。出行宜于往西南方向而去,而不宜于向东北方向走。有利于大德大才的人出世,吉祥。

初六　有所举动,尽管行事艰难,但是归来却定获美誉。

六二　君臣共处险境;臣子历尽艰险,奔走赴难,并不是为了自己的私事。

九三　其有所行动而外出遭逢艰难,不如及早返回家园。

六四　有所行动而外出遭逢艰难,返回时应联合伙伴,共谋脱险。

九五　行事十分艰难,亲朋纷纷前来相助。

上六　外出遭逢艰险,归来则可建立大功,十分吉祥。有利于大德大才之人出现。

【释义】

䷦　蹇:利西南,不利东北。利见大人,贞吉。

[解读]　处身于困境,利于向西南行动,不利于向东北行动;有大德大才之人出世,才能出现吉祥。

[象释]　下卦“艮”是山,为“止”义;上卦“坎”是水,为“险”义。山高水深,遇险而止,所以卦名为“蹇”;蹇原意是跛,不良于行。又,“坤”是地主西南;“艮”是山主东北;平地易走而山路难行,故有“西南”利而“东北”不利之喻;据文王方位图,西南乃阴卦所居处,东北乃阳卦所居处,因而往西南可得同类,往东北便失去同类而处于异类之间,故西南主“利”而东北主“不利”。

[义理]　遇到困难或危险时,应该立即停止行动,这是明智的表现。同时,应积极想办法结交同类朋友,取得及时必要的援助,不应不自量力地单独冒进履险。不仅如此,还应该积极寻找德才兼备的领袖人物,一心一意地追随其后,才能走出险境,换来光明前程。

初六　往蹇,来誉。

[解读]　勉强前进必有陷险之危,积累力量待时而起才会赢得荣誉。

[象释]　初六阴爻阳位,柔弱而不正;与“六四”同阴不应,勉强前进,必然陷于上卦“坎”的危险中。幸而“初六”为“止”之初,远离“坎”险,不会作冒险

之举。

[义理] 时机未到,不可轻率冒进;审时度势,能屈方能伸。

六二 王臣蹇蹇,匪躬之故。

[解读] 君臣一起陷入险境,其臣奋不顾身营救君王,乃出自忠心。

[象释] “六二”阴爻阴位得正,又处下卦之中位,与九五爻阴阳相应,因而当“九五”君王处身于“坎”险之中时,“六二”便不顾自身的阴柔力弱,奋身前进营救“九五”,以致同陷其险而有王、臣皆“蹇”之境。

[义理] 为了维护大局,匡扶正义,明知山有虎,偏向虎山行,这种以蹇治蹇、大义凛然的行为,是值得称道的。

九三 往蹇来反。

[解读] 前进必然蹈险,此时宜返回原处静以观变。

[象释] “九三”是下卦惟一的阳爻,为初六、六三爻的依靠;但是,九三阳爻阳位,与“上六”阴阳相应,有一心上进的趋势。而“上六”阴柔力弱,并不能给“九三”以援助。当此之时,“九三”理应返回本卦,这样,不仅初六、六二两女有所依靠,即“九三”本身亦能安全。

[义理] 当进则进,当退则退。识时务者为俊杰。

六四 往蹇来连。

[解读] 身处险境,进退两难;联合同伴,共谋脱险。

[象释] 六四爻为上卦“坎”的底爻,表明已人险境;它以阴居阴,虽柔弱却位正,能真心联合与之相邻相亲、同样位正的“九三”。又因初六、六二两爻亦阴,与“六四”同类,且依靠于“九三”,故“六四”联合“九三”,亦即联合下卦三爻。

[义理] 当陷入险境时,应团结一切可以团结的力量,不断壮大自己,救己救人。

九五 大蹇朋来。

[解读] 大难临头,幸有朋友前来营救。

[象释] 九五爻处于“坎”之中央,象征蹇之最严重处;且“九五”尊位,其蹇关系到宗社存亡,非常蹇可比。幸而“九五”刚毅中正,其德足以感召天下,尤其

相应的忠臣“六二”舍身相援,其蹇可济。

[义理] 凡是有节操之士,即便处于极度险境之中,也会有志士仁人共赴其蹇,匡扶正义。

上六 往蹇来硕,吉。利见大人。

[解读] 只有众志成城,才能形成一股巨大力量;逢凶化吉的主要原因,还在于有一位德才兼备的大人物。

[象释] 上六爻已是“坎”的上限,即将脱离险境;但是,上六爻以阴居阴,自身力量十分柔弱,必将借助相应的“九三”,以及相邻的“九五”两个阳刚之爻,尤其是处于尊位的“九五”,刚毅中正之德,正是冲破险境的强大支柱。

[义理] 克服困境,需要与贤良之士结合,尤其是需要追随者,更需有一位德才兼备的领袖人物。

案例解易

桃园结义,肝胆相照

关羽(? ~219),字云长,本字长生,也称关公。河东解县(今山西临猗西南)人。他为人忠义持重,武艺超群。值东汉末年,朝廷腐败,战争连绵。关羽与刘备(蜀汉的建立者)、张飞在桃园结为兄弟(史称“桃园三结义”),决心振兴汉室。

曹操为争天下,蓄谋除掉刘备,发兵20万,分五路下徐州攻打刘备。刘备因寡不敌众而大败,只身匹马投奔青州(今山东临淄北)袁绍(东汉末世族豪强)。当时关羽护卫着刘备的两个夫人死守下邳(今江苏睢宁西北)。曹操十分敬慕关羽的武艺人才,渴望关羽能够成为自己的部将。他便用计攻破下邳,又派自己的部将、与关羽有过一面之交的张辽去说服关羽暂栖曹营。而后,曹操费尽心机对其施于厚恩,以图关羽归顺自己。

首先,曹操安排关羽与刘备的两个夫人同居一室,企图以此扰乱刘备与关羽的君臣之礼,兄弟之义。但关羽手持灯烛守护于门外,通宵达旦,毫无倦色。曹操一计不成,愈加敬佩关羽。

到了许昌(今河南许昌县东),曹操领关羽见过汉献帝,献帝下诏封关羽为偏将军。曹操摆筵席请关羽坐上座,会见众谋臣武士。曹操又拨给关羽一座府第,赠送早已准备的绫帛,金银器皿及十名美女,自此三日一小宴,五日一大宴地款待关羽。关羽将府第分为两院:内院请二位嫂嫂居住,派由下邳跟随而来的将士 10 人把守,自己居于外院。又将曹操赠金银财帛都送到二位嫂嫂处收贮,并命 10 名美女好生服侍她们。自己每 3 日一次到内院门外施礼问安,直到二位夫人说:“叔叔自便。”方敢退回。曹操见关羽穿的战袍已旧,便估算其身量,选用上等织绵请人精心缝制一领战袍赠于关羽。关羽穿上新衣,却将旧袍罩在外面,曹操笑问关羽为何如此节俭,关羽说:“并非节俭,只因那旧战袍是刘皇叔所赐,穿着它就好像看见了哥哥。”曹操听罢,喟叹了一番。

关羽在曹营时思念刘备,有时理着髯须自言自语:“活着不能报效国家,而今的处境又违背结义兄弟的初衷,真是白白地活着!”曹操便命人缝制一只精美的沙绵袋,送与关羽护髯。

曹操见关羽的马瘦,便命左右牵来一匹马赠送于他。只见那马浑身赤如火炭,形状高大雄伟,背上的鞍辔十分精致秀美。关羽一眼认出这是吕布(原为董卓部将,后被曹操擒杀)曾经骑过的赤兔马,立即躬身一再拜谢。曹操不解地问:“我送你那么多的金帛和美女,你不曾拜谢,而今送了一匹马,你却高兴得一拜再拜,为什么把畜生看得比人还贵重呢?”关羽答道:“这马一日可行千里,今天我很幸运能得到它。有朝一日如果得知兄长刘备的下落,我骑上这马只需1天就能跑到兄长所在的地方。”曹操见自己如此厚待关羽,关羽却毫无归顺之意,心中着实不悦,便将心事说与张辽听了。

张辽去拜访关羽并与他叙谈。关羽说:“我自然知道曹丞相待我的厚恩。但我已与刘备、张飞誓共生死,决不背弃。我虽不能留在曹营,但一定要立功报答曹丞相的厚恩而后离去。”张辽又问:“如果刘备已经不在人世,您将做何打算?”关羽答道:“愿随兄长于九泉之下。”张辽知道关羽迟早要离开曹营,只好如实报告曹操。曹操长叹说:“事主不忘其本,真乃天下义士!”

不久,袁绍依刘备之见攻打曹操。袁绍的大将颜良连斩曹操两名战将。曹操心中忧烦,派人请关羽出马。关羽辞别二位嫂嫂,领了几个随从,骑上赤兔马,马提青龙刀,直冲入颜良军阵。颜良在麾盖下远远见关羽跑来,还没弄清情由,那赤兔马已冲到面前,只见关羽手起刀落,将颜良斩于马下,随后翻身下马,割下颜良首级拴于赤兔马颈,飞身上马出阵,犹入无人之境。颜良的军队不战自乱。过了几天,关羽又不费吹灰之力砍杀袁绍名将文丑,夺回曹操的兵马粮草。曹操连称关羽:“真神人也。”遂上表朝廷,皇上封关羽为汉寿亭侯,特铸金印送给关羽。

后来,关羽知道了刘备的下落,立即到丞相府拜辞曹操。曹操在门上挂着回避牌,有意不见。关羽一连去了几次都没见到曹操,又去拜别张辽,张辽推说有病也不相见。关羽只好写了封书信派人送于曹操,同时将曹操所赠金银财帛原数留下,10名美女安顿在内院,汉寿亭侯印悬于堂上,而后带上原跟从人员及随身行李,护着二位嫂嫂的车仗,出北门而去。

此后,大义士关羽过五关,斩六将,历尽艰险,终于与刘备、张飞在古城相聚如初,并为刘备建立蜀汉王朝,形成魏蜀吴“三国鼎立”的形势,立下了汗马功劳。

解卦第四十：雷震长空，万物复苏

【爻词精义】

⊙脱困了就好了 ⊙既然脱困应该争雄天下 ⊙没有进取心是危险的 ⊙要有志在必成的决心才能获得支持 ⊙要设法改革，要讲究诚信 ⊙脱困后一定要谋发展

经文义解

【题解】

本卦阐述了解除困难的一般原则。有了困难，就应该设法解除；在排除困难的初期，一方面要采用柔和的方法，另一方面要抓住时机迅速解除。在解除困难时，应坚持正直的原则，即以正驱邪；为建立新秩序而任用人才时，应注意名实相符，尤其不可将高位授予小人。对邪恶势力的清理，务须彻底，并不惜采用断然的手段，以防姑息养奸。只有君子势长、小人势消，才能得到正义力量的广泛支持和帮助，完全摆脱困境，建立万象更新的社会秩序。

【原文】

䷧ 解[①]：利西南。无所往，其来复吉。有攸往，夙吉。[②]

初六 无咎。

九二 田获三狐，得黄矢，贞吉。[③]

六三 负且乘，致寇至，贞吝。[④]

九四 解而拇，朋至斯孚。[⑤]

六五 君子维有解，吉。有孚于小人。[⑥]

上六 公用射隼于高墉之上，获之无不利。[⑦]

【注释】

①解:卦名。下坎上震,象征舒解。②夙:早。③田:田猎。④负:肩负,背负。⑤解而拇:解开被绑的拇指。斯:乃。⑥君子维有解:君子被绑而又解脱。维,语助词,无义。⑦隼:一种猛禽名,俗称鹞子。墉:城墙。

【译文】

解卦　象征舒解。有利于西南之地。不必继续前往行事。返归原处安居其所就可获吉祥。如果有所行动,就及早前去。如此,可获吉祥。

初六　没有灾祸。

九二　打猎时抓获三只狐狸,又获得黄铜箭头,可获吉祥。

六三　身背重物而乘车出行,必然招引贼寇前来抢劫,处事艰难。

九四　像解开被绑的拇指一般摆脱纠缠,朋友才会心怀诚信前来帮助。

六五　君子被缚又得到解脱,必获吉祥。小人不改邪归正则没有出路。

上六　王公用利箭射高墙上的大隼,捕而获之,无往不利。

【释义】

䷧　解:利西南。无所往,其来复吉。有攸往,夙吉。

[解读]　解除困难,是因为得到了同道者的援助;困难解除之后不应再有任何激烈行动,而应恢复原有的社会秩序,才会吉祥。解除困难、恢复原有秩序的工作应当迅速,才会吉祥。

[象释]　内卦“坎”是险,外卦“震”是动;从困境中走出来,行动自由,表明困难已经解除,故卦名“解”。又,上卦“震”是雷,下卦“坎”是雨,象征春雷发动,春雨沛然,冻结闭塞顿时瓦解,万物开始复苏。“西南”乃“坤”卦所居之处,“坤”象征柔与众;往西南则用柔得众可解困。

[义理]　“解”与“蹇”是一对互相转化的矛盾,困难达到极端,便要谋求解除,一旦解除了困境,又耽于安乐,产生新的困难,如此循环,难与解相反相成。解除困难需要众人的力量,齐心协力,善于以柔克刚;而在困难解除之后,更应注意以柔治世,保持社会秩序的安宁。

初六　无咎。

[解读]　困难开始缓解,不会发生什么过失。

[象释]　“初六”以柔处下,足以自保;且与“九四”刚柔相济,虽无大吉,亦

无灾难。

［义理］ 在患难逐渐消失的时候，处理问题应该刚柔相宜。

九二 田获三狐，得黄矢，贞吉。

［解读］ 在田野里猎得三只野狐，又获得黄铜箭头；伸张正义，坚守正道，所以吉祥。

［象释］ 本卦除君位的“六五”外，还有三个阴爻，故以“三狐”喻之；“九三”以刚居柔，处内卦的中位，因而以中色“黄”和特点为直的“矢”作比喻。“九三”与“六五”相应，负有匡扶君主、驱除小人之责。

［义理］ 国家的患难，由奸佞小人而起。要消除困难，最适当的方法，就是坚守正道，敢于伸张正义。

六三 负且乘，致寇至，贞吝。

［解读］ 身上背着东西乘在华丽的马车上招摇过闹市，招致盗寇劫夺。这样，即便所怀之财取之有道，也难免会陷入艰难。

［象释］ “六三”阴爻阳位，象征卑微之人却居于下卦的最高位，实际身份与所居之地位不相称，难免受辱。

［义理］ 在解除困难时，务必正确认识自己，行为做事名实相符，不说不合身份的话，不做不合身份的事。

九四 解而拇，朋至斯孚。

［解读］ 解开脚上的镣铐，恢复昔日的雄姿，朋友们便会聚拢在你的周围，竭诚相助。

［象释］ “九四”为君子之位，与之相应的“初六”以阴柔居下象征小人；“九四”受“初六”的纠缠牵累，“解而拇”意指“九四”摆脱“初六”的纠缠。

［义理］ 君子只有割断与小人的关系，才能得到朋友的信任和支持。

六五 君子维有解，吉。有孚于小人。

［解读］ 君子摆脱困境恢复安生养息的社会秩序，因而吉祥如意，以至那些小人也相信只有改邪归正才有前途。

［象释］ 六五爻以阴居中正的尊位，象征君主柔中有刚而且中正，且有“九二”忠臣匡扶正义，协助君主驱除奸巧小人，建立正常安定的社会秩序。

[义理] 君子势长才能对小人产生威摄,小人必然收敛其势,乃至改邪归正。

上六 公用射隼于高墉之上,获之无不利。

[解读] 身居高位的公爵藏箭于身边,站在城墙高处随时准备射落那些盘旋飞来的恶鸟,不会有不利。

[象释] “上六”是本卦的最高位,但不是君位,故称“公”;“高墉”亦指“上六”的位置。“隼”为凶残之鸟,像“六三”小人;“六三”卑而贪位,一心往上爬,以阴居阳而得位的“上六”不容其贪婪,故有“射”之行动。

[义理] 当卑鄙小人觊觎高位企图作乱时,身居高位者有责任对这类邪恶势力采取断然措施,以匡扶正义。

案例解易

雍正改制

雍正帝即位初年,即以大刀阔斧的改革精神,废除了西南少数民族地区传统的土官土司制度,改为府、州、县政权,由清朝中央政府直接派遣流官进行统治,历史上叫做“改土归流”。

原来,自从上古苗族离开黄河流域,迁往湖南、广东、广西、四川、云南、贵州地区以后,无论是红苗(衣带红)、黑苗(缠黑布)、青苗(缠青布)、白苗(缠白布)还是花苗(衣褶绣花),都始终保持着自己的风俗习惯,跟汉族不一样,生产也比较落后。

因此,虽然秦汉以来,在上述地区已经设置了一些郡县,却始终采用着官其酋长、随俗而治的办法。

正式的土官司制度的确立,是13世纪时的事。蒙古宪宗三年(1253),忽必烈率大军征服了云南大理政权,但以苗族当代表的少数民族头人,不断地起兵反抗蒙古贵族的统治。他们集合民众,杀官抗赋,据险自固,使得元朝统治者派不进官员，也无法进行有效统治。在这种情况下，元朝统治者便大量委任当地少数民族的酋长和头人为各级官员，历史上称为土官土司。

明王朝建立以后，继承了元朝“以土官治土民”政策，对西南少数民族的酋长给予印信，授予官职，并且还制定了土司土官的承袭、等级、贡赋、征调等各项具体办法，使土司制度更加完备。

所谓土官，指土知府、土知州、土知县等，是地方的行政长官；所谓土司，有宣慰使、宣抚使、安抚使、招讨使等，是掌握兵权的武官，地位要比土官高一些。土官土司实行的都是世代承袭制，他们对朝廷负有贡赋，征调发兵的义务，在其统治区域内，仍可保持传统的统治方式和统治机构。

土官和土司都是少数民族的首领和头人，他们的权力极大，有浓厚的割据性。例如，云南丽江有个土司沐氏，有家奴 2 400 多人，据地数百里，拥兵十数万，“自王其地”，割据一方。他还四设关卡，进出者必须持有沐氏签证，甚至中央派员去传皇帝诏令，沐氏也不出境迎接。

土官和土司的特权很多，而且至高无上。他们在其管辖的范围内，实行的是残酷和野蛮的领主统治，广大的下属百姓实际上都是领主的农奴或奴隶。他们握有“生杀予夺”的大权。例如，乌蒙地区的土司、土官杀了土民之后，还要叫其亲属向他们缴纳“垫刀费”几十两。

土官和土司对土民的经济剥削也极其残酷。他们借着向朝廷进贡之名，行大刮民财之实，“一年四小派，三年一大派，小派计钱，大派计两，土民岁输土徭，较汉民丁粮多十倍。”另外，还有许多苛规陋例，例如逢年过节，土民要向土司送鸡鸭；土司家中婚丧之事，土民则要把礼物送上，如无礼可送则要无偿为土司效力。凡此种种，举不胜举。贵州的民谣说：

官占坪，民占坡，苗子倮啰住山窝。

在土官土司制度统治下，广大土民处在极端贫困的境地。土官土司世代承袭，因而，每当老的去世，新的上台时，上层集团内部为了争夺继承权，便大打出手，相互厮杀，人民遭殃。有时，部落之间因水源、地盘、婚姻、宗教等纠纷而引起大规模的仇杀，“一世结仇，九世不休”，世代冤仇不解，给人民造成重大的伤亡和损失。

更为严重的是，土官土司还经常乘朝廷不稳之机，组织发动武装叛乱，给朝廷的统治造成很大威胁。例如,明朝天启、崇祯年间,贵州水西土司安邦彦勾结川南永宁土司奢崇明发动叛乱,纠合叛兵10余万人,攻陷贵阳、重庆、泸州、遵义,围攻成都达百日之久,造成西南局势大动荡。又如康熙四年,云南迤东土司禄昌贤、王耀祖利用清朝统治未稳,发动叛乱,起兵数万,连续攻陷临安、蒙自、嶍峨、宁州等城邑,整个云南为之震动。康熙十四年(1675),吴三桂掀起三藩之乱后,湖南、云南、贵州、两广地区的土官土司认为是脱离清朝统治的好机会,纷纷举兵响应,成了三藩叛乱的社会基础。

到了雍正四年(1726),清朝逐渐走上盛势,国家一统,经济实力大增,政治也较安定,此时,镶黄旗人鄂尔泰,走马上任,做了云贵总督。他看到贵州东南境内,以古州为中心的“苗疆”势力太大,竟有1 300多个寨子,周边长达3 000余里;又看到四川的东川、乌蒙、镇雄3个土府离重庆太远;还看到贵州和广西交界的地带,苗、汉人民错杂难理,还注意到云南边界的镇沅、威远、新平、普洱、茶山等土司经常跟缅甸、老挝联系。总之,土官土司制度的存在,不仅影响西南广大地区的安定和祖国疆域的巩固,而且也阻碍少数民族的社会进步,不利于朝廷的统治。

为此,鄂尔泰独出心裁,上了一个奏折,内称:

苗民负险不服,隐为边患,要想一劳永逸,总须改土归流,所有土司,应勒令献土纳贡,违者议剿。

这折一上,整个王公大臣,统统吓得瞠目结舌,只有雍正帝佩服他的远见卓识,极力喜奖道:“奇臣奇臣!这是天赐于朕也。”遂命鄂尔泰全权办理改土归流事宜。

鄂尔泰决定首先将东川、乌蒙、镇雄三大土府由四川划归云南,实行改土归流。这三府地处四川与云南之间,民族关系复杂,闹事最多。鄂尔泰先从这里开刀,以示杀一儆百。

当年夏天,鄂尔泰先革去东川土司的头衔,接着派员去乌蒙。乌蒙土司禄万钟,联合镇雄土司陇庆侯以武力抗拒。鄂尔泰采取“剿抚并用”政策,凡是以武力抗拒者,坚决剿平之。由于清军兵多粮足,擒住禄万钟,降了陇庆侯,土司的武装力量逐个被消灭,三大土府才得以改土归流,改设了乌蒙府、东川府、镇雄州,派遣流官统治,隶属云南省。

东川、乌蒙、镇雄三府改土归流成功，消息传到京城，雍正帝大喜，又升鄂尔泰为云南、贵州、广西三省总督，命他全面推行改土归流。鄂尔泰根据不同情况，采取多种措施实施改土归流。

一是通过军事进剿方式，强制进行改土归流。

二是靠武力威慑，借各种罪名革除土司士官的职务，强迫改土归流。

三是土司土官交钱纳土，自动呈请改土归流。

至雍正十三年(1735)，在四川、贵州、云南、广西、湖南5省，绵延数千里，数千个苗寨，60多个府、州、县废除了土官土司的职务，代之以清朝中央政府派遣的流官，完成了改土归流，实现了全国政体的统一。

不仅如此，改土归流还减轻了人民的经济负担。一般来讲，推行全国统一的赋役政策，较土司的苛捐杂税，劳动人民的经济负担有所减轻。清政府还在那些自动归流地区，多次宣布减免赋税，予以优惠。

再有，改土归流也有利于少数民族的社会进步。流官的统治一般比土司文明，没有那么多旧俗陋规。例如，湖南省永顺府改土归流以后，第一任流官知府袁承庞，于雍正八年发布21条禁例，宣布禁止头人向土民任意“捉拿人畜”、“派送食物”，禁止“胥种坐床”(即姑家之女与舅家之子配婚和叔与嫂、兄与弟媳配婚)等旧习俗。这类禁例，对于振兴民族，有一定意义。流官还兴办学校，提高少数民族文化水平。

当然，改土归流也有一些不良后果。一是推行过程中有数以万计的无辜土民被杀害，造成民族仇恨。二是，推行过程中，各地一些官僚地主进入少数民族地区，他们依仗流官势力，侵占和掠夺“土民”的土地，采用各种方式剥削少数民族等。

损卦第四十一：损彼有余，而益不足

【爻词精义】

⊙让损失见鬼去吧 ⊙别使损失扩大化 ⊙志同道合是好的 ⊙遭受损失不一定是坏事 ⊙损失是值得庆贺的 ⊙损失转为增益是需要坚守正道的

经文义解

【题解】

本卦阐述了损有余以益不足的原则。指出如何运用损的手段为自己开辟前进道路的一般途径，认为损己益人，应以诚信为基础，由此取得别人的信任与支持。对于志同道合者的助益，当损则损，但是也要量力而行，不可拘泥程式，尽量谋求不损己也能益人的途径；损有余以益不足是天地之间的一条普遍法则，因而以损增益的行动务须不失时机，使损失减少到最低限度，使增益得到最大的效果；柔顺、中正、谦和的人，即使有所不足也必然会得到众人的助益，全力支持其抱负的施展；处在领导地位的人，当自己得到充实之后，也应不忘其本，取之于民，用之于民，务须懂得损己亦即益己，助人实为自己的快乐。

【原文】

䷨ 损①：有孚，元吉，无咎，可贞，利有攸往。曷之用，二簋可用亨。②

初九 已事遄往，无咎，酌损之。③

九二 利贞。征凶，弗损益之。④

六三 三人行，则损一人，一人行，则得其友。⑤

六四 损其疾，使遄有喜，无咎。

六五　或益之十朋之龟，弗克违，元吉。⑥

上九　弗损益之，无咎，贞吉，利有攸往。得臣无家。

【注释】

①损：卦名。下兑上艮，象征减损。“损”是减少的意思。②曷：何，什么。簋：古代盛谷物的竹器。亨：祭祀鬼神。③已事：停止自己的事情。已，止。遄：速。④益：与“损”相对，增加。⑤王弼《周易注》：“三人，谓自六三已上三阴也。三阴并行，以承于上，则上失其友，内无其主，名之曰益，其实乃损……阴阳不对，生可得乎？”意思是说，缺乏互补的一方，无法化生，这即是损；有了互补的一方，才能化生，这才是益。⑥或：有人。十朋之龟：价值十朋的宝龟。朋，古代货币单位，双贝为一朋。“十朋”形容价值连城。

【译文】

损卦　象征减损。胸怀诚信之心，大吉大利，不会有灾祸，平卦，宜于有所行动。以祭祀为例，只要心诚，以两簋淡食祭祀神灵，贡献尊者就足够了。

初九　停止自己的事情，赶快去帮助别人，则没有灾祸，但要酌情量力而行。

九二　利卦。但若兴兵出征则会有凶险，有时不减损自己也能帮助别人。

六三　三人同行，由于俱为阴性，不得其偶，貌似益实乃损；一人出行，因可觅互补一方，虽谓寡实则益。

六四　减轻疾患的事要尽快办理，如此，便可获得喜庆，而不会有灾祸。

六五　有人贡献价值连城的宝龟，不违反推辞，大吉大利。

上九　不要减损，而要增益，如此就没有灾祸，吉祥，宜于有所行动，又使人臣服，一心为国，以至忘了自己的家。

【释义】

䷨　损：有孚，元吉，无咎，可贞，利有攸往。曷之用，二簋可用亨。

［解读］　当有所减损时，只要有诚意，仍会大吉，不会招来祸患，可守正道，利于行事。以祭祀为例，只要心诚，即便减损到只用两竹盘的菲薄祭品，也会被神灵所接受，得到保佑。

［象释］　下卦本为纯阳之乾、上卦本为纯阴之坤，乾的第三爻与坤的第三爻互换，即成为《损》卦，寓有损阳刚之余补阴柔不足之义。又，下卦“兑”是泽，上卦“艮”是山，减损泽中之土增益山，便成为山高泽低之象。

[**义理**] 对于损的处置,应本着诚信的态度,当损则损,以最小的损失求得最大的效益。

初九 已事遄往,无咎,酌损之。

[**解读**] 毫不犹豫地停下自己的事情去援助别人,不会有灾难;援助别人时,应斟酌量力减损自己。

[**象释**] 初九爻与六四爻阴阳相应,初九刚健有余,六四阴柔不足,于是,初九舍己助六四;然而初九毕竟位置低下,损有余时应该量力而行。

[**义理**] 对于志同道合者,应当予以帮助,但应量力而行。

九二 利贞。征凶,弗损益之。

[**解读**] 利于坚持正道,如果轻举妄动就会遭致凶险,有时不减损自己也能助益别人。

[**象释**] 九三阳爻刚毅,居于下卦的中央,有中庸不妄动之象;与"六五"阴阳相应,本应减损自己助益"六五",但考虑到倘若自己减损,于"六五"亦无益,因而自守不妄进,以固本益上处之。

[**义理**] 损己益人固然应该提倡,但是,如果不损而益就更好。因此,对损益的原则,应该根据实际情况灵活运用。当损则损,能不损己而益人,则更可以使对方有益。

六三 三人行,则损一人,一人行,则得其友。

[**解读**] 三人同行,因为主张不合而使其中一人离去;一人独行,因为孤单寂寞而寻找朋友结伴而行。

[**象释**] 下卦本为乾,三阳去其一以益上卦,此即"损一人"所指;六三爻在下卦中虽是惟一阴爻,然而与"上九"阴阳相应,且因为损益关系而结交,故又为"一人行,则得其友"之象。

[**义理**] 本爻辞最明显地说出了天地间的损有余以益不足的原则。三则余一,故损之;一则不足,必又得一而益为二。

六四 损其疾,使遄有喜,无咎。

[**解读**] 减损疾病,必须及时迅速,才会有可喜的结果,不会有灾难。

[**象释**] "六四"阴爻阴位,象征柔弱多病,需要由刚健的初九给予助益。

［义理］ 就好比一个人生了病，应尽快治疗；一个人有缺点，应尽快纠正。治疗越早越快，治愈的可能性便越大。

六五 或益之十朋之龟，弗克违，元吉。

［解读］ 人们都愿意减损自己以增益君主，进贡价值连城的大龟，是大吉大利。

［象释］ “六五”阴爻居上卦中央，象征君主柔顺中正；“九二”与之阴阳相应，象征君主会得到臣民的助益。

［义理］ 柔顺、中正、谦逊的人，必定会得到众人的支持；当其居于高位时，同样能得到天下人的赤诚拥护。

上九 弗损益之，无咎，贞吉，利有攸往。得臣无家。

［解读］ 自身充实 不仅毋须别人受损，而且使人受益，太平无事，吉祥如意，既有利于事业的发展，亦使人臣服，一心为国，以至忘了自己的家。

［象释］ 上九爻是损卦的最终一爻，正值损极而益的时刻；本卦总趋势是损下益上，而“上九”以阳刚之爻居于最上位，本身十分充实，不仅不需要下面受损以助益它，反而会以自己的充实使下面受益，是故上九爻与九二爻虽同有“弗损益之”，然九二爻是勿损自己以益别人，上九爻是勿损别人以益自己。

［义理］ 社会地位很高的人，不应做自私自利之事，而应竭尽自己的力量帮助别人，才能使天下大众都能公而忘私。

案例解易

耶伯生卖船

1967 年 6 月，中东战争爆发后，东西方之间的海上门户苏伊士运河一度被关闭。日本和西方国家在中东购买的石油只好绕过好望角，在长途跋涉后回到本国。这种长途运输导致对油船的需求大幅度增加，各航运公司纷纷大批购进油船，挤进石油运输行业，赢得巨额利润。石油运输业蜂拥而起，一时成为世界航运业的热门话题。

而在挪威的卑尔根,有一个年轻人却对此有着独特的看法。他就是后来曾任挪威船长协会董事长、被评为挪威1977年最佳企业的耶伯生船运公司的拥有人——阿特勒·耶伯生。他当时年方31岁,因其父亲去世刚刚接过父亲留下的一家小船运公司,这家公司只拥有7条船,与其他大船运公司比起来,力量极其弱小。其父在世时,面对航运业中经营油船的热潮,不甘心眼睁睁看着肥水流进外人田,也购进了3条油船,希望借此挤进石油运输业,然后扩展其航运公司的力量。油船的造价非常高,这三条油船花费了公司微薄资本的大部分,这种投资积压了资金,具有一定危险性;同时面对一些庞大的运输公司,只有3条油船的小公司其实毫无竞争力。

年轻的企业家耶伯生鉴于这种情况,在接管公司一年后宣布卖掉油船,退出石油运输的竞争热潮。许多人对此大惑不解,还有一些人更是认为耶伯生年轻无知,不趁着大好时机狠赚一把,却退出竞争,搞其它方面的运输。

面对人们种种评论,耶伯生淡然置之。油船很轻易地就脱手了,利用卖三艘油船的钱,耶伯生购进了几艘散装船,这种散装船可以用来为大企业运输钢铁产品和其他各种散装原材料。以此为基础,他与一些大企业签订了运输钢铁产品和原材料的长期合同。

他曾解释说:无论建设船运公司还是工业企业,都存在长期打算和短期打算的两种不同做法。作为一家小公司,虽然有在投机性的热潮中大赚一笔的机会,但是日后却无法逃脱经济衰退的致命打击。唯有放眼长远利益,放弃眼前小利,站稳脚跟,逐步发展壮大,才能在险象环生的航运业里立于不败之地。

不久,1973 年再次爆发中东战争。为抵制美国等西方国家对以色列的支持,阿拉伯产油国纷纷提高油价。油价猛涨,使许多石油消费国大幅度削减石油需要量。与此同时,北海和阿拉斯加石油的成功开采,也改变了石油运输的路线。这两个原因使油轮的需求量锐减,给世界运输行业带来了根本的变化。许多石油运输船处于空闲之中,各大油船公司在新情况下进退维谷,一筹莫展,有的以遭受重大损失为代价转向其它方面,有的因缺乏足够的财力无法转向而处于崩溃状态。

而耶伯生这家曾经只拥有 7 条船的小公司,凭借其与工业部门签订的那些长期合同,运输散装货物,赢利稳步上升,不仅安然度过了航运业的衰退时期,而且逐步积累起资本,使公司有了进一步的发展。

今天的耶伯生公司已是挪威最有生气的船运公司,在耶伯生的手中,掌握着总共 120 万吨的 90 条商船的大船队,还有在世界各地的众多投资。这些成果,可以说正是建立在其创业初期的这一决定之上的。

生意场上总是如江海波涛一样,有起有伏,危机常常出现。如果急功近利,下赌注式的能捞则大捞一把,这是不能有广阔发展前途的,只有把眼光放长远,不怕暂时的损失,才能在波涛滚滚中安度险关,取得长远的发展。耶伯生的成功正是因为他对这一经济规律有着透彻的认识。

益卦第四十二：损己益人，民必心服

【爻词精义】

⊙有财力是好事　⊙想锦上添花需要敬上苍　⊙有财时要多救济灾祸　⊙有财时尽量与官方打成一片　⊙有财时要讲究诚信和仁爱　⊙财富多得不能再多，你得当心

经文义解

【题解】

本卦阐述了损己益人、损上益下的原则。损己益人，必然使人悦服；施即是受，诚心诚意助益他人，必然能得到他人诚心诚意的回报。统治者如能明白此理，持之以恒地助益他人，必能团结大众，冒险犯难、大展宏图，成就伟业。当然，益人者的动机须纯正，目的须正当；而受益者亦须柔顺、中正、谦恭，他人才会乐善好施；受益者倘若贪得无厌，不仅得不到他人的助益，还会遭到他人的攻击，导致求益反损的结果。

【原文】

䷩　益[①]：利有攸往，利涉大川。

初九　利用为大作，元吉无咎。[②]

六二　或益之十朋之龟，弗克违，永贞吉。王用享于帝，吉。[③]

六三　益之用凶事，无咎。有孚，中行告公用圭。[④]

六四　中行告公，从，利用为依迁国。[⑤]

九五　有孚惠心，勿问元吉，有孚惠我德。[⑥]

上九　莫益之，或击之，立心勿恒，凶。[⑦]

【注释】

①益:卦名。下震上巽,象征增益。“益”是增的意思。②利用为大作:利于有大作为。③王用享于帝:君子享祭上天祈求福泽。帝,上天,天帝。④增之用凶事:将增益用于凶险之事。中行:执守中正之道事。告公用圭:手执玉圭向王公告急求助。圭,一种玉器,古代天子诸侯祭祀、朝聘时,卿大夫执之以示“信”。⑤迁国:迁都。⑥惠:仁爱。⑦或击之:有人攻击他。

【译文】

益卦　象征增益。利于有所行动,宜于涉过大江大河。

初九　利于大有作为,大吉大利,不会有灾祸。

六二　有人用价值连城的宝龟来占卜,结果也总吉祥,预示恒久之事可获吉祥;就像有道的君王祭享上天,必获吉祥。

六三　把增益用以救助凶险之事,不会有什么灾难。心怀诚信,执守中正之道谨慎从事,时刻像手执玉圭向王公告急求助那样恭谨。

六四　执持守中正之道谨慎从事,得到王公信任,有利于凭此完成迁都利民大业。

九五　胸怀诚信仁爱之心,不用占问就知道极为吉祥,天下人定将以仁爱之心回报我的仁爱之德。

上九　没有人能增益于他,反而有人攻击他,自己立心不常,必有凶险。

【释义】

䷩　益:利有攸往,利涉大川。

[解读]　象征增益,有利于发展事业,有利于涉渡大川。

[象释]　下卦本为坤,上卦本为乾,乾的第一爻与坤的第一爻互易位置,即成为《益》卦,因而有减损上方增益下方之象。民为国之本,“益”民实质益己,因而卦名《益》。又,上卦“巽”是风,下卦“震”是雷;风愈强雷愈响,风助雷威;雷愈响风愈急,雷助风势;风与雷相互助长,气势增益。下卦“震”是动,上卦“巽”是木是风,卦象又为木船为风所漂动,故有“利涉大川”之喻。

[义理]　君子应在见到别人比自己更优秀的品德时,就要毫不犹豫地去追随学习;对于自己的过失,就要像雷一样毫不忌惮,果断改正。这是使自己获益的最好办法。

初九　利用为大作，元吉无咎。

［解读］　有利于从事伟大的事业，能获得大吉而不发生过失。

［象释］　初九爻处在最下位，本来不能担当大事，但本卦为上损下益，“初九”以阳居阳，又得到相应的“六四”的助益，故能担当重任。

［义理］　位微才足，能担当重任，干一番事业，志大才疏，难负重任。

六二　或益之十朋之龟，弗克违，永贞吉。王用享于帝，吉。

［解读］　即便用价值连城的大龟占问，结论始终一致，因为循于正道的人总是吉祥如意；就像君王用祭品祭祀天帝，天帝只保佑循于正道的君王吉祥如意。

［象释］　“六二”以阴居阴，处于下卦的中位，象征柔顺、虚心、中正，因而任何人都会给予助益，尤其与之相应的“九五”，更会不遗余力给予援助。其爻辞与“损”卦六五爻相同，前者是以上位受人民助益，后者即本爻是处在下位受到上级关怀援助。

［义理］　温和、谦虚、正直的贤德君子，即便自身力量弱小，也一定会得到众人的帮助，甚至不惜全力以赴；如果这类贤德君子能将自己的美德保持始终，那么他也一定能始终得到众人的助益。

六三　益之用凶事，无咎。有孚，中行告公用圭。

［解读］　求助凶险，没有什么过错；但是必须本着诚信之心并且用于正道，像手执玉圭向王公告急求助那样恭谨。

［象释］　“六三”是下卦，“震”即动的最上一爻，有主动向“六四”请求助益之象，且“六四”是大臣位，因而有“告公”之辞。

［义理］　在发生意外变故时，应以诚敬之心向其提供援助，而上层人士对于下属的助益，也符合取之于民、用之于民的原则。

六四　中行告公，从，利用为依迁国。

［解读］　用于正道，有求必应，利于王公信任，甚至可以做成迁移国都的大事。

［象释］　“六四”亦即“公”；“告公”者为“六三”。“六三”向“六四”求援，“六四”应允。上卦原为三阳之乾，因下益而不惜损去与之最临近的下位阳爻，

与初爻互换,由此变纯阳之乾为巽,故有“迁国”之喻。

[义理] 世间最大的益是益民。因此,有政治头脑的人,最乐于做的事情是:益民,即益己。政治秩序的稳定,社稷的长存,皆赖于益民这一举措。

九五 有孚惠心,勿问元吉,有孚惠我德。

[解读] 有施予别人恩惠的诚意,不用占问就知道这是非常吉祥的事情,因为别人也会诚意给予回报。

[象释] 九五爻在上卦中央,君位,阳爻阳位,为刚毅中正之象;又有六二爻阴阳相应。所以,“九五”有力量有诚意布施恩德于下属,而下属尤其“六二”亦柔顺、诚挚地予以回报。

[义理] 布施恩泽于人民,人民亦必涌泉相报,这样的领袖,便一定能得到人民的拥护,能一展抱负。

上九 莫益之,或击之,立心勿恒,凶。

[解读] 没有人来助益他,反而有人来攻击他,内心拿定了主意又不能持之以恒,必有凶险降临。

[象释] “上九”阳刚,以至“益”的极限,本应益下,但它却以刚居极,象征求益过甚,以至走向了反面。

[义理] 处于高位的人,如果不思益人,反而贪得无厌地要求他人的奉献,最终必然是自己遭受损失。引申到政治上,统治者一味取之于民而不用之于民,时间一久,必然引起民愤,甚至导致反抗。

案例解易

先吃亏后赚钱

一个医学院的毕业生一跃成为资本无数的经济大亨,哈默的一生如一部惊险神奇的小说,他的机智、勤奋、创新、富于冒险的奇特的经营之道令世人赞叹和敬慕。而最重要的一条经验是:不求近利,着眼未来,不在乎吃些眼前的小亏。

他同前苏联的贸易就能说明这一点。这说明真正有本事的大资本家都是敢于吃亏的人,吃了小亏,他们才发了大财。

美国的"石油巨人",跨世纪、跨世界的石油大亨——亚蒙·哈默,是一位具有传奇色彩的世界著名企业家,西方石油公司的董事长兼总经理,该公司在西方世界最大的工业公司中居第二十位,列美国大石油公司的第八位,年销售额127.5亿美元(1985年统计)。这位业绩卓著的实业家、经济强人曾是"列宁的挚友",号称"无所不成的红色资本家",有着"开垦处女地"的精神,敢于"到'月球'上去探险"的"经营奇才"。

1898年哈默出生于美国纽约一条杂乱狭窄的街区。他的父亲朱利叶斯·哈默是一位医生。父亲曲折奋争的经历给年轻的哈默以深刻的影响,甚至左右了哈默的一生。当他还在中学读书时就开始了赚钱的尝试。一次他从哥哥那里借了185美元买了一辆双座敞篷旧车,185美元对一个穷学生来说不是一个小数目,能否如期偿还没有把握。他利用圣诞节来临之际用买来的车为商人送糖果,半个月下来不但还清了哥哥的钱,自己的腰包也鼓了起来,小试牛刀初露锋芒的哈默坚定了自己的志向。一年以后哈默考入哥伦比亚大学医学院,在学期间他父亲经营的制药厂濒临倒闭,父亲要求他经营药厂但不能荒废学业。哈默从此开始了实业家的生涯,他请了一位同学帮助他完成学业,条件是他为这位同学提供免费食宿。他主管药厂后改革了经营方式和推销方法,让几百名"传教士"传销产品,取消了原来以邮寄销售为经营手段的方法,这种当面销售的方法获得了成功,药品的生意越做越兴隆。

独到的先见之明使他在商海的角逐中获得了一次又一次的成功。第一次世界大战结束时,制药界普遍认为,政府和军方取消医药合同后,药品市场将会出现萎缩,在他的对手大量减员削减药品产量的时候,哈默则采取了相反的措施,他准确地预见到战争结束后药品管制将解除,公众购药量将会大大增加。后来的情况证实了哈默的精明,药厂营销额增加,工人由十几人增加到1 000多人,药厂改名为公司,23岁的哈默不但获得了医学院的金质纪念章,同时也成为哥伦比亚医学院首屈一指的百万富翁。

"只要值得,不惜血本也要冒险"。这是哈默的座右铭和生意经。人无我有,人弃我取,使他在激烈竞争的商战中立于不败之地。

1921 年,哈默受父亲委派到莫斯科去收取药款,并和前苏联人做生意。这在当时被认为是“发疯的举动”,是去月球上冒险。当时前苏联处在内战时期,外国的武装干涉导致经济封锁,长期的战乱和灾荒,使新生的苏维埃政权面临着十分艰难的局面。粮食极缺,伤寒病、霍乱流行,饿殍遍地,饥饿使广大人民疲弱不堪。哈默以大无畏的探险精神毅然踏上了前苏联的土地。他考察了乌拉尔的大饥荒后,发现那里的工业区各种矿产品、毛皮、宝石等资源极为丰富,而此时美国正值粮食丰收,生产过剩使粮价一跌再跌,农场主宁可把粮食烧掉扔进大海,也不愿以极低的价格出售。如果让双方交换岂不是一举多得吗!“我可以办这件事,谁有权来签合同?”列宁对哈默此举极为赞赏,很快发表指示:“很好,我将指示外贸部门确认这笔贸易。”列宁亲切会见了哈默,并送给他一张用英文题词的照片:“给阿曼德·哈默同志。弗·伊·乌里扬诺夫 1921 年 11 月 10 日。”哈默热泪盈眶,深为列宁真挚伟大的人格所感动。两人结下了深厚的友谊。他为前苏联运来了 100 万蒲式耳小麦,并从前苏联运往美国裘皮和市场上多年不见的鱼子酱。粮食缓解了前苏联的饥荒,哈默在苏的生意也越做越大。列宁给了他特许权,他是持有前苏联人民银行第一个存折,在前苏联第一个承租企业的美国人。12 年后美国政府才承认前苏联政权。他担任了前苏联对美国贸易的代理商。他说服了美国汽车大王福特,成为在前苏联经销福特产品的唯一代理人。以后哈默沟通了 30 多家美国公司成为对前苏联贸易的总代理。哈默因此获得了惊人的效益,他在前苏联银行的存款相当可观。哈默是永不满足的,他不会放过每一次发财的机会,一次偶然的机会,哈默发现莫斯科商店单调昂贵的德国铅笔,其价格是美国铅笔的十多倍,一支铅笔在美国只需二三美分,在前苏联竟卖到 20 多美分。他申请了生产许可证后,用重金从纽伦堡请来技术专家,加强生产的管理。1926 年铅笔产量高达 1 亿支,物美价廉的新产品不仅满足了前苏联国内的需要,而且远销十几个国家,仅此一项哈默赚了几百万美元。

20 世纪 30 年代初,哈默离开前苏联,回到了离别 10 年的纽约,以其雄厚的经济资本开始了新的奋斗。他在对市场环境分析后做出决策:在纽约码头建立酒桶加工厂。他认为新总统罗斯福上台后禁酒令将被废除,随着酒的产量增加,酒桶的需求量将会骤增。当他的酒桶生产线建成,酒桶大量上市之际,正值禁酒令废除,酒桶成为抢手货,很快被销售一空,哈默着实大赚了一把。二次世界大战爆发了,由于粮食紧张酒厂不准用谷物酿酒。哈默认准行情,威士忌将成为缺门货！他以每股90美元的价格买了5 500股酿酒厂的股票,两个月后每股涨到150美元,作为股息哈默把威士忌改成瓶装,用上自己的商标。很快在市场上销售出一半,剩下的2 000多桶酒,哈默在一位化学工程师的帮助下,掺进80%的土豆酒精,廉价的土豆酒精大大地降低了成本,而味道没有多大变化,掺了土豆酒精的威士忌仍然受到酒客们的欢迎,2 000桶变成1万桶并很快售出。哈默可谓点石成金。

这些小故事和哈默所做的石油生意相比小巫见大巫。1956年已经58岁的哈默开始了最能赚钱,竞争也最激烈的石油生意。初涉石油市场的哈默面对的是种种风险和严峻的考验。当时几家大的石油公司各霸一方,强手如林的石油市场已没有他立足之地。1960年投资了千万元勘探资金却没有取得任何结果,在进退两难的关键时刻,哈默再次显示了超凡脱俗的实业家的魄力。他冒着极大风险接受了一位年轻地质学家的建议:在旧金山以东德士石油公司放弃了的地区,可能有大的天然油田。他筹集了大笔资金投入开发。历经艰险,也是老天恩赐,终于钻出了价值约2亿美元的加利福尼亚的第二个大天然油田。几个月后又钻出了蓄量丰富的天然油田。哈默石油巨人的生涯开始了。他领导的西方石油公司开始跻身大石油公司行列。

1960年在利比亚出借租地的谈判中,竞争十分激烈。多家大石油公司并不把西方石油公司放在眼里,在招标大战中哈默出奇制胜,战胜了实力大大超过自己的强劲对手,出人意料地获得了两块租地。初战告捷但并不一帆风顺。在投入了近千万美元后,却一滴也未打出来,哈默承受了巨大的压力。他没有退却,他支持地质学家采用先进的电子计算机技术探测,凭着勇于探险的精神和科学求实的态度,终于打出了高产油井,其中一口年产7.3万桶,是利比亚产油最高的一口井。一口口高产油井使哈默的财源滚滚而来,西方公司在诸强鼎立的石油大战中确立了自己的位置。

有探险家之称的哈默,以他那超人的不知疲倦的创业精神以及严谨的科学态度,在变化莫测的商业竞争中赢得了几十亿美元的财富,事业上取得了巨大的成功。90高龄的哈默每天仍工作10多个小时。他曾经说过:“幸运看来只会降临到每天工作14小时,每周工作7天的那个人头上。”这也许就是他致富的“魔法”。他给人们的启迪是深刻的。

【国学精粹珍藏版】

全本周易

李志敏⊙编著

卷三

◎尽览中国古典文化的博大精深 ◎读传世典籍，赢智慧人生——受益终生的传世经典

民主与建设出版社
·北京·

夬卦第四十三：清除邪恶，要讲策略

【爻词精义】

⊙与人分裂还自恃其勇不好 ⊙要注意防范 ⊙吞下那口恶气吧 ⊙姑且找个安身之地 ⊙别走极端了 ⊙不及早公布会很麻烦

经文义解

【题解】

本卦阐述了清除邪恶小人的原则。小人阴险奸巧，诡计多端，在清除邪恶小人时不能不小心谨慎，戒骄戒躁，应先谋而后动，刚柔相济；对付阴险小人，亦应以其人之道还治其人之身，不妨悄然进行，不露声色，把握时机，一举歼灭。清除工作不可迟疑，也不可冲动冒进；处置小人，应持不偏不激的态度，尽可能采用怀柔感化的方式，使其改邪归正。小人久居高位，毕竟是众矢之的，迟早会被清除。

【原文】

䷪ 夬①：扬于王庭，孚号有厉。告自邑，不利即戎，利有攸往。②

初九 壮于前趾，往不胜为咎。

九二 惕号，莫夜有戎，勿恤。③

九三 壮于頄，有凶，君子夬夬，独行遇雨，若濡有愠，无咎。④

九四 臀无肤，其行次且。牵羊悔亡。闻言不信。⑤

九五 苋陆夬夬，中行无咎。⑥

上六 无号，终有凶。⑦

【注释】

①夬：卦名。下乾上兑，象征决断。“夬”是果断的意思。②扬于王庭：在君

王的朝廷之上发表言论。扬，张扬。庭，通“廷”。自邑：指自己封邑的民众。戎：兵，指兴兵出战。③惕号：因惊恐而大叫。莫：通“暮”。恤：忧虑。④頄：脸面。夬夬：决然而行。濡：沾湿。愠：怒，怨。⑤次且：即趑趄，行走艰难的样子。⑥苋陆：细角山羊。⑦无号：不必大声号叫。

【译文】

夬卦　象征决断。在君王的朝堂之上发表言论，告诫并诚心号召自己封邑的民众，倘有不利立即兴兵征伐，如此，利于日后有所行动。

初九　脚趾前端盛壮，贸然前行不能取胜，反而会招来灾祸。

九二　惊惧呼号，是因为深夜发生战事，但是没有危险，所以不必担心。

九三　脸面盛壮，定有凶险；虚与委蛇，又会被刚毅的君子误解，却没有什么灾祸。

九四　臀部无皮，行路艰难前进；牵羊而行还怕它逃走。别人的忠言也不能遵从。

九五　清除小人，态度很暧昧，但只要居中行正，一定没有灾祸。

上六　不要大声号叫，因为凶险最终难于逃避。

【释义】

䷪　夬：扬于王庭，孚号有厉。告自邑，不利即戎，利有攸往。

［解读］　清除奸巧小人，应在朝廷上公开宣布其罪恶，然后以诚心号召众人一起行动；小人垂死挣扎，危险仍然存在，因此还要告喻自己领地的人民，倘有不利便动用武力，除奸行动一定能顺利进行。

［象释］　本卦阳爻有五，象征君子势盛：“上六”阴爻阴位，象征小人奸巧位居众君子之上，然毕竟势单，很快便将为盛阳所清除掉。君子、小人，水火不容，必须果断决裂，因而卦名《夬》即取“决断”之义。

［义理］　阴险小人身居高位，本身便是一种罪恶。清除处在高位的小人，最好的办法是发动民众，这样，君子除奸的目的和行动才能得到发扬光大。

初九　壮于前趾，往不胜为咎。

［解读］　壮胆举步前行，却力不从心，以至自取其辱。

［象释］　初九爻是下卦“乾”的一部分，刚健有余，进取之心很盛，然而所居之处为最下位，力不从心，因而不仅无实力驱逐居于高位的邪恶小人，反而遭其

所辱。

[义理] 驱逐小人,不仅要积聚力量,还须策划周详;轻举妄动,不仅不能清除奸巧,而且会给自身带来灾祸。

九二 惕号,莫夜有戎,勿恤。

[解读] 大声疾呼,警惕敌人来犯,所以即便夜间有敌偷袭,也不必担心失利。

[象释] 九二爻以阳刚居阴柔,象征刚柔相济,不会冲动冒进,与初九爻以刚居刚、少年冲动喜事好胜不同。又,"九二"居于下卦的中位,虽不正却得中,能够把握中庸之道,故在《夬》卦中为最佳之爻。

[义理] 君子与小人决断,应时刻不忘危惧,警惕小人的阴谋,防范其随时可能发生的反击。

九三 壮于頄,有凶,君子夬夬,独行遇雨,若濡有愠,无咎。

[解读] 怒形于色,便会招致小人的憎恨、暗算;虚与委蛇,又会被刚毅的君子误解与小人妥协,心中不免懊恼,有如单独行路遇到大雨,外面的衣服被淋湿,内心则窝着一团火,这并没有什么关系,因为误解总会消除。

[象释] "九三"以刚居刚,刚强过度,溢于言表,以致小人怀恨;在本卦中,"九三"与"上六"又是惟一阴阳相应的爻,而"上六"以阴居阴,是阴柔小人,"九三"虽有与小人决断之心,却不免被众阳所疑。"九三"与"上六"阴阳调和,因而又有"遇雨"之说,令"九三"百口难辩。但是,刚毅的"九三"毕竟与阴柔的"上六"非同道,总有真相大白的时候。

[义理] 与小人决断,要有忍耐,不动声色,悄然进行。

九四 臀无肤,其行次且。牵羊悔亡。闻言不信。

[解读] 屁股上脱掉了皮,走路趔趄艰难;羊牵在手里还怕它逃走,别人的忠告充耳不闻。

[象释] "九四"阳爻阴位,又不在上卦的中央,象征坐立不安,心中有疑,忠言不听,以致迟滞不前。上卦"兑"是羊,故有"牵羊"之辞。

[义理] 清除奸巧小人,要稳重,出手时要果断、迅速。

九五 苋陆夬夬,中行无咎。

[解读] 虽有清除小人之心,但态度又很暧昧,有如割苋陆草一样不干脆;

但是毕竟还有刚毅中正之心,清除小人之事不至于有何过失。

[象释] “九五”处于五阳爻的最上方,位居至尊是清除奸巧的主脑;“九五”毕竟又与“上六”最接近,态度不免暧昧。然而,“九五”以阳居阳,处于上卦中央,既有与奸小决断的决心,又在清除邪恶时不失中庸原则。

[义理] 作为最高统治者,清除奸巧小人的最好办法是通过感化的方式使他们改邪归正。

上六　无号,终有凶。

[解读] 已经走投无路,哭喊求饶亦无济于事,最终难逃厄运。

[象释] “上六”阴爻阴位,象征阴险奸巧的小人,是众阳所要驱除的对象。上六爻处于本卦的极端处,进退无路,已成必然消亡之势。

[义理] 无论小人所居的地位有多高,迟早总要被清除。

案例解易

似真实假,造势慑人

万历十三年(1585)。

努尔哈赤刚起事不久,势单力薄。

这一天,努尔哈赤率领50人,其中只有25人身披盔甲,前去抢夺界藩城,不料界藩城主早有准备,不克而归。归途中,没想到界藩城主巴穆尼会同城破逃亡的玛尔墩寨主纳申等4个头目,率兵400,倾城而出,追赶努尔哈赤。

到了太兰岗之野。两军阵式刚刚摆开,前锋纳申一马当先,拍马挥刀奔驰而来。努尔哈赤见是玛尔墩城的手下败将纳申,也不搭话,便单骑拨马相迎。交战中,纳申一刀砍断了努尔哈赤的马鞭,努氏也不示弱,手疾眼快,挥刀一击,砍断了纳申的胳膊,纳申坠马而死。

巴穆尼一见同伴死于马下,便挺枪跃马入阵,还未等冲到努尔哈赤跟前,努氏迅速将战马一转身，一箭飞出，巴穆尼应弦落马，死于马下。

军士见主将身亡，敌手武艺高超，再不敢贸然发动挑战，围而不动，静观努尔哈赤的行动。

努尔哈赤自己也明白，尽管镇住了眼前的400敌兵，但自料兵单力弱，马不堪战，还是设法脱身为上。

恰此时，部下甲士问努尔哈赤："马疲了，怎么办？"努尔哈赤略一思索，命令道："你们下马，假装以弓拂雪，像拾箭的样子，缓缓翻过岭撤走。"他自己则只率7人露了甲胄而站立于纳申尸体旁。纳申部下不懂他掩护士兵退却的真意，便高声喊道："人已经死了，你还站在那里，莫非要吃他的肉不成？"努尔哈赤答道："这小子是我的仇敌，他的肉也可以吃。"然后，率领随从七人退到一个隐避的地方，露缨亮盔，时隐时现。纳申部众早已领教努尔哈赤的厉害，深知他深通谋略、用兵多诈，误认为前边真有伏兵，吓得连纳申的尸首也不敢收拾，一边喊道："有埋伏，咱知道"，一边退下去。努尔哈赤见敌兵已跑得无影无踪，才从容不迫撤回。

努尔哈赤临危不惧，处变不惊，运用似真实假，造势慑人之术，以几十人吓退数百敌军的围攻故事，为中国军事谋略之文库增加一笔财富。

姤卦第四十四：邂逅相逢，切莫轻信

【爻词精义】

⊙邂逅之交不足取　⊙一见如故没好处　⊙萍水相逢要自律　⊙用不着谨小慎微　⊙少女魅力难隐藏　⊙一见面就打架，还是慎重为妙

经文义解

【题解】

本卦阐述了防范邪恶的原则。对于邪恶势力的防范，宜早不宜迟；当它发生之初，就应采取积极有效的办法，及时阻止其发展；对于尚处于卑微状态的邪恶势力的处置，固然应遵循中正的原则，但不能有丝毫的同情与怜悯；那些因为性格刚硬容易得罪别人而处境不佳的人，也不能因为自己的孤独而与小人结伴；无论何时何地，都应谨慎择友，以免引狼入室，养奸成患；对邪恶小人，既要有万无一失的防范措施，又要坚持中正处置的原则，相信善有善报，恶有恶报，时候一到，一切都报，自然法则是不可抗拒的；对于邪恶小人，采取远远躲避的态度，虽然是一种消极的防范，但不与小人同流合污，亦不失为一种洁身自好的君子作风。

【原文】

䷫　姤[①]：女壮，勿用取女。[②]

初六　系于金柅，贞吉。有攸往，见凶，羸豕孚蹢躅[③]。

九二　包有鱼，无咎，不利宾。[④]

九三　臀无肤，其行次且，厉，无大咎。

九四　包无鱼,起凶。

九五　以杞包瓜,含章,有陨自天。[5]

上九　姤其角,吝,无咎。[6]

【注释】

①姤:卦名。下巽上乾,象征相遇。②取女:娶女。③金:铜制车闸。羸豕:猪被捆绑。孚:此为竭力的意思。蹢躅:此为挣扎的意思。④包:通"庖",厨房。⑤以杞包瓜:用杞柳蔽护树下之瓜。杞,杞柳。含章:含藏彰美。陨:降落。⑥角:角落。

【译文】

姤卦　象征相遇。女子过分盛壮则会伤男,不宜娶其为妻。

初六　紧紧缚在铜车闸上,定有吉祥。而急于有所行动,则必然出现危险,就像猪被捆绑而竭力挣扎一样。

九二　厨房有鱼,没有灾难,但是不宜于款待宾客。

九三　臀部无皮,走路艰难,前进定有危险,但是并不会有大的灾难。

九四　厨房无鱼,定然惹发凶险之事。

九五　用杞柳荫护树下之瓜,含蓄不露,总有一天会像陨石坠地而自行消亡。

上九　走入空荡的角落里相逢,行事定会艰难,但是没有灾祸。

【释义】

䷫　姤:女壮,勿用取女。

[解读]　邂逅的女子特别健壮,不可以娶她为妻。

[象释]　本卦为一阴与五阳相遇,象征一个女人周旋于五个男人中间,健壮而不贞。

[义理]　女壮男必弱,因而女壮不是好事而是坏事,应尽量避免任何助长阴柔势力的做法,否则便会发生如同《姤》卦之象所示的那种阴渐壮大而阳渐削弱的情况。

初六　系于金柅,贞吉。有攸往,见凶,羸豕孚蹢躅。

[解读]　绑上坚实的车闸,及时制动才会吉利;否则听凭发展必有凶险,小猪虽然羸弱被捆绑时也会竭力挣扎。

[象释] 初六爻是五阳之下开始生长的一个阴,它虽然处在微弱之时,但有渐长的趋势,倘若及早设法将之阻止,则“吉”;倘若任其发展,则“见凶”。“初六”如同一只“羸猪”,怀有蠢蠢欲动之心:“孚蹢躅。”

[义理] 见微应知著,防患于未然。对小人要戒备,在其未形成势力之前,就积极采取措施予以阻止,才能确保君子之道的吉祥。

九二 包有鱼,无咎,不利宾。

[解读] 厨中有鱼,无忧无虑,但不利于招待宾客。

[象释] 九二爻以阳居阴,位在下卦的中央,自身有力量,性又中庸和顺。因而就其本身而言,有安乐之象;但它与全卦中的惟一阴爻比邻而居,即与初六有亲比关系,不免有以中庸之道接纳“初六”,以致削弱自身力量之象。

[义理] 对于处境卑微、力量微弱的小人,不可有同情怜悯之心,否则,不仅自己的小康平静的生活会受到影响,甚至会发生更大的祸患。

九三 臀无肤,其行次且,厉,无大咎。

[解读] 臀部瘦得皮包骨头,走路也很困难,其状虽危,但还不是致命之病。

[象释] “九三”阳爻阳位,刚强过甚,又离开了下卦的中位,以致不能自我节制,一味追求异性,然而“上九”亦阳,不与它相应;惟一的“初六”,又被“九二”所阻不能上行与其相遇,因而坐立不安,有日益消瘦之势。因为终究未受到“初六”的蛊惑引诱,所以并无大碍。

[义理] 即便处在孤独之境,也不可与小人沆瀣一气。

九四 包无鱼,起凶。

[解读] 庖中无鱼,灾难就会降临。

[象释] “九四”本是高位权臣,生活宽裕,由于它是惟一与“初六”阴阳相应之爻,受“初六”的蛊惑引诱,终于陷入庖中无鱼的困境,渐渐走向灾难的深渊。

[义理] 阴阳相应,本属好事,然而在夬卦之中,惟一的相应之爻却为凶,原因即在相应者乃“女壮”,因其诱惑而使身处高位的君子陷入困境。由此可见,无论何人何时,对于相遇的对象都应该有所鉴别和选择,否则,难免一失足成

千古恨。

九五　以杞包瓜，含章，有陨自天。

［解读］　用杞柳将甜瓜包裹起来，不露声色，静以待变，总有一天会像陨星从天坠落一样自己消亡。

［象释］　“九五”阳刚，有如杞柳一样能有力地制住“初六”之阴；它又处在上卦中央，坚持中庸的原则，因而制止“初六”时并不锋芒毕露，而是采取含蓄不露的方式。“初六”在“九五”的制约之下，只能像甜瓜一样，时间一久自行腐烂消亡，在强大的“九五”面前，“初六”的消亡有如陨星一样顺应了自然规律。

［义理］　君子对于小人的防范与制裁，既要有万无一失的措施，又要有坚持中正的原则，不能以恶制恶，而应含蓄不露，耐心等待时机，令其随着自然法则的作用而自行消亡。

上九　姤其角，吝，无咎。

［解读］　在角落里相逢，虽遭受羞辱，然无过失。

［象释］　“上九”居于本卦最高之位，如同长在动物头上的角，既高又刚硬，自视清高，与“初六”保持的距离最远，不免有褊狭之嫌，然其远离小人，也不能说是什么过失。

［义理］　君子对小人的态度，不应采取远远躲避的方法，而应接近他，然后设法感化他，或者阻止他。

案例解易

残花零落云翻雨

杨莱儿人生最大的不幸就是希望从嫖客中物色一个将来能为丈夫的人，而她所看中的对象到头来全都背弃了她。虽然有超群的姿色，卓越的才华，她还是走了投曲江池自尽这一条路。杨莱儿的一生，就是妓女血泪断肠的历史写照。

徘徊久，叹息愁思盈

杨莱儿，小名楚儿，从小父母双亡，但才思敏捷。迫于生计，她被迫沦落风尘，成为武昌的一名官妓。

有一天，武昌节度使韦蟾廉调任京师，众官设宴送行，这么大的送别宴会，杨莱儿是武昌官妓中的仕女班头，自然命她侍宴。

在宴会上，武昌方面的官吏及当地名流云集，十分隆重，韦蟾廉说："今日与诸公告别，不可无诗。"他首先写了两句：

悲莫悲兮生别离，

登山临水送将归。

在座官员及一般文人沉吟良久，无法续接。这时，杨莱儿上前说："大人，小女子口占两句可否？"

"好吧，就让你一续。"韦节度道。

这时在座的官员都一齐把目光投向她，只见她从容地信口续道：

武昌无限新栽柳，

不见杨花扑面飞。

两句续罢，满座哑然，众人皆服其才。这两句诗传到后代，著名的诗评家沈德潜也对此给予很高的评价，说是"后二句从别离送归，宕漾生情而语气灵警，连上一片神行，如此佳作，何减名士风流。"

爱美惜才之心，人皆有之，当下众官无不佩服她的才华，且又都知韦大人一向宠爱于她，于是当场都怂恿他纳她为妾，韦大人也爱她但苦无人作伐，又碍于官身，这时，经过一提，也就欣然从命，武昌太守，落得借此做个人情，成全于韦，立即把她从官妓中除名，使他们一同到京。

在进京途中，韦对她十分温存，对她说："我久欲名花独占，奈何官场体面，未敢造次，今日及与卿双飞并影，了却我一桩心事，我从此金屋藏娇，你从此终身有靠，我们是前生的缘分哩！……"杨莱儿这时感到无限的激动和温暖，晶莹的泪水从腮边溢了出来，喃喃地说："大人，贱妾有此福分，我死也瞑目了！……只是……"她一时语塞，似乎有话咽在心里不便明说，韦是个机智之人，看出了她的心事，将她顺势搂抱在怀，给予一个甜甜的热吻，"莱儿，你放心，我是真心爱你，我和你誓死永不分离。我们在地愿为连理枝，在天愿作比翼鸟，我就是官高绝顶也不会抛弃你的!”

“大人,你真好! ……”她全身软绵绵地投进他的怀中,好似天真的婴儿睡进了母亲的臂弯,她幸福地陶醉了。

韦到京不久,朝中拟命他担任吏部尚书同平章事,俗话说:“官高必险,树大招风”,看着他青云直上,一升再升,不免引起他人的嫉妒,尤其是他的政敌将他纳杨一事,大做文章,说他:“闱薄不修,行为不检”。

韦蟾廉为了保其乌纱,一面上表,力辩这是诬陷之词,一面叫杨到跟前,他心情矛盾而尴尬地说:“莱儿,这事你可能已有所耳闻了,这事……唉! 我不料那些好事者如此不与人为善,你深知我并非不爱你,只是我现将跻身中枢,唉,人言可畏,这事只好委屈你了,我知你也心中眷眷于我,既然眷我,就该为我着想。”他继续说道:“我思量再三,只好委屈你到平康里了。”

这“平康里”乃是中等妓院,位于西京的老宅坊,是专为善于唱曲应酬的妓女所处之所,杨莱儿到此地步,只好由他摆布,于是,被他送到了平康里。从此,她一步步堕入悲剧的生涯。

她到了平康里,他当然暗中派人知会了平康里的领班,说她原是韦大人的宠妓,要另眼照看,一般的人,是不能问津的,专为接待一些新来长安的举子。不久,新来的举子中,有一位叫郑昌图的,生得一表人才,风度翩翩,慕名特来专访,听了她对生平的一番倾吐后,不由慨叹:“红颜薄命,自古皆然。”并作愤慨之状,“这韦大人也真是没有良心,为了保自己的前途,完全不顾前情,作践一个烟花女子,自食前言,出尔反尔,势利之徒,斯文败类! 莱儿,我若得中,一定娶你,终生不离!”杨也深感郑的这番言语情怀,但她已接受了以往的教训,左耳进,右耳出,并没把这些话放在心上。

郑昌图也是官星高照,这年科考,他居然春风得意,以进士登了皇榜,泥金报捷之夕,他兴冲冲地来到平康里,告诉她这一喜讯。莱儿自然也十分替他高兴。饮酒间,他两人开始对诗。

郑昌图作的诗是:

莫道无缘却有缘,
迎来春色艳阳天,
此身不负三生约,

愿缔鸳盟不羡仙。

杨莱儿对的是：

银缸斜背解明珰，

小语偷声贺玉郎。

从此不知三麝贵，

夜来新惹桂枝香。

举子高中，佳人新欢，郑昌图见她美貌，杨莱儿又春心动荡。两人对完诗便共入罗帏，共效云雨之欢。

第二天，郑昌图特邀了他的一些好友，一齐请到平康里，杨莱儿盛妆在门口迎接客人，同来的好友，见杨艳色娇姿，不同凡响，都羡慕郑的造化，夸他艳福不浅，独占名花。客人中有一个姓马的，年纪不到20岁，少年得中，踌躇满怀，见到莱儿，兴之所至，不由信口吟了一诗，内含戏谑之意：

尽道莱儿口可凭，

一冬夸媚好声名。

适来安远门前见，

郑氏何曾解一鸣。

莱儿一听，不甘示弱，随口答道：

黄口小儿口莫凭，

逡巡看取第三名。

孝廉持水装瓶子，

莫向街头乱婉鸣。

这四句话反映了她坦率的性格，泼辣而又伶俐的口才和喜悦的心情，众人为之赞佩说：“果然名不虚传”！郑昌图和杨莱儿也十分高兴。当即，郑昌图设宴款待众人。宴席一直开到深夜才结束。当夜，郑于枕席之间，对杨又一次表示决不负她，决不会效韦尚书那样无情无义，出尔反尔，并说：“我若日后踏入仕途，有负于卿，天打雷劈！”杨听他说得如此信誓旦旦，自然欢乐，她双手挽着郑的脖子喃喃地说：“但愿如此。”

事情果然不出杨莱儿所料，郑昌图被任命为礼部主事。刚一到任，郑昌图的上司赵尚书大人就提出郑昌图去平康里的事情，告诉他在礼部做事，就得讲礼义,要做到“非礼勿视,非礼勿言,非礼勿动”,希望郑昌图从此不要再去平康里狎妓。

郑昌图一听上司大人提出这么严重的警告,当即就吓得冷汗淋漓,从此就横下一心与杨断绝了往来,什么“此生决不负卿,我不会学韦尚书那样出尔反尔,无情无义;我若日后有负于你,天打雷劈”等侃侃誓言,忘得个一干二净。

并写了一首诗托人带给莱儿,诗曰:

忍道荒唐莫说真,
几回惆怅几凝神。
残花零落云翻雨,
故苑迷离旧转新。
常叹风华飘柳絮,
却怜美玉陷风尘。
从今莫作巫山想,
宁作伤心薄倖人。

杨莱儿看了此诗,心里有说不出的难受。这些当官的,都是当面一套背后一套,想当初哪一个不是甜言蜜语,信誓旦旦,可转眼就可以翻脸不认人。

过尽飞鸿字字愁

韦蟾廉是这样,郑昌图又是如此。看来,女子千万莫入青楼,一入此门,便再莫做其他幻想,永远被人看不起,永远是任人玩弄的对象,倒不如寻个普通工匠或者低级的官吏,可能不会被抛弃,能够相随到白头偕老。

当她正在苦恼之时却来了一位现任京城中的捕快班头郭锻,他负责维持教坊的治安,经常与杨莱儿见面,这郭锻为她的姿色所动心,多次在她面前献殷勤。有一夜,来了两个客商,都指定要杨莱儿为他们陪酒侍夜,杨坚决不从,这两个商人也为杨而争风吃醋,大闹教坊,恰恰郭锻查夜,不由分说,把这两个商人全都押走,并一再询问杨受惊了没有?第二天,郭锻得到上司赏赐的一匹杭绫,也拿来送与她,杨对他也产生了好感,不由倾吐心事,他听了气愤填膺地说:“这些读书人,满口诗云子曰,仁义道德,实际上都是些狼心狗肺之徒,一点儿也不讲情义,真他妈的可恶!”

听了这些话,杨莱儿真有一种遇到知己的感觉,她已冰冷的心突然回阳升暖,她感到心里有一种莫名的喜悦,世间最不可信赖的是官宦书香,她忽然发现世间最重义可信赖的人是粗人武夫,她于是不由流露企图跟他委身从良的打算。

郭一听欣喜若狂,他当即激动得流出了眼泪:“难得你看上俺这粗人,放心,俺不会像他们那般读书当大官的王八蛋,只愿自己升官,不讲义气,俺一定好好爱护你,把你作祖宗牌子看,不!要把你作祖宗牌子供起来,我要以后对你有一星半点对不起,我是那乌龟王八蛋,不得好死,五马分尸!”

杨莱儿听了感激涕零,还是粗人莽汉直人直肠,这一下终身有靠了,她立即取出私房银两,交付与郭。郭与官场中的人相熟,只说她现以多病为由,轻而易举,便为她在官妓中除籍。杨莱儿从此喜获自由之身,她的心里感到无比的愉快和轻松,她发现了另一世界,这是她生命的大转折,不由得不激动于怀,当即赋诗一首:

九死残躯又转生,
等闲赢得一身轻。
从今远却惊魂事,
不作巫云梦里人。

事成之日,郭也备了一乘小轿,请了几个吹鼓手,接她过去。贺客居然盈门,婚宴也还丰盛,新婚之夜,她曲意承欢,她自信,这下她可以过上一个正常人的生活了。

可是谁又能想到,杨莱儿是才脱虎口,又入火坑。这郭锻还有个凶悍无礼的老婆彭氏,而且郭锻本人又是个既怕内又疑忌很重的人。他经常派人以送钱为名来杨莱儿的地方侦察。杨莱儿既是以诗才闻名的名妓,往日的旧识不少,听说她已从良,而且嫁给一个捕快班头,不免有些诧异,出于好奇,登门拜访者,不计其数。这些只要让郭锻知道,他就不问青红皂白,来到杨的住处抓住就是一顿毒打,打了之后,还要陪了共效云雨之欢,以泄其欲。杨如不从,又是拳脚相加,杨被他折磨得死去活来,终日以泪洗面,真是后悔莫及。

有一天,杨莱儿与女伴去曲江池游玩,巧遇郑昌图。杨莱儿十分气愤,当即写诗一首,以讽刺郑昌图,诗曰:

长者车尘每到门,
长卿非慕卓王孙。

定知羽翼难随凤，
却喜波涛未化鲲。
娇别翠钿粘去袂，
醉歌金雀碎残尊。
多情多病年应促，
早办名香未返魂。

郑昌图看过诗后，不以为耻，反而回诗一首，故意气杨莱儿，诗曰：

大开眼界莫言冤，
毕世跟他也是缘。
无计不烦乾偃蹇，
有门须是疾莲拳。
据论当道加严惩，
便合披缁念法莲。
如此诗情还不减，
须防今夜又蒲鞭。

杨莱儿一见这诗，怨愤交加，无限痛楚，这时她已彻底看破了人生，与其活着受罪，还不如一了百了。于是乘众姐妹不备之时，纵身跳入曲江池里，结束了她痛苦悲惨的一生。

萃卦第四十五：合众同心，开创事业

【爻词精义】

⊙别跟随那种没诚信的领导　⊙要善于统领群众　⊙有名无实跟着干啥　⊙聚集部众是好事　⊙要把人们安排到合适的位子上　⊙诚意思过，过不再来

经文义解

【题解】

本卦阐述了人类群体集合的原则。人类只有聚合起来，才有力量，才能轰轰烈烈地干一番事业。聚集的目的应正当，聚集的人都应一心一意，始终如一；聚集在一起的人们，应该互相信任，竭诚地对待同道，尤其身居高位的人应尊重自己的追随者；人们相聚在一起时，应互相激励，不宜互相挑剔抱怨；前来聚集的愿望真诚与否，须经实践检验；处于领袖地位的人，应该注重以自己的德行感化和号召民众，将民众紧紧团结在自己的周围；在群体中，不可孤高自傲，脱离民众；发现自己的缺点，便应及时反省纠正，将自己的力量，汇聚到集体的事业中去。

【原文】

䷬　萃[1]：亨。王假有庙，利见大人，亨，利贞，用大牲吉。利有攸往。[2]

初六　有孚不终，乃乱乃萃。若号，一握为笑。勿恤，往无咎。[3]

六二　引吉无咎。孚乃利用禴。[4]

六三　萃如嗟如，无攸利。往无咎，小吝。[5]

九四　大吉无咎。

九五　萃有位，无咎，匪孚，元永贞，悔亡。[6]

上六　赍咨涕洟，无咎。[7]

【注释】

①萃：卦名。下坤上兑，象征会聚。②假：到。庙：宗庙。③一握：古代占筮术语，指在不吉利的情况下筮得一种吉卦之数。④引吉：迎吉。引，迎。禴：古代四季祭祀之一，此为夏祭。⑤嗟：叹息。⑥萃有位：会聚而各有其位。匪：非，不。元：君长。⑦赍咨：叹息之词。涕洟：鼻涕、眼泪。

【译文】

萃卦　象征会集。亨通顺利。君王来到宗庙祭奉祖先，利于大德大才之人出生，亨通顺利，利于占问；以大牲祭祀，必获吉祥。利于有所行动。

初六　心怀诚信却不能保持到最后，必然扰乱正常的聚集。倘若求得谅解，仍可握手言欢。不必再有忧虑，有所行动没有灾祸。

六二　迎来吉祥，定无灾祸。心怀诚信有益于祭祀求福。

六三　由于会聚而生叹息，没有什么益处。其实有所行动也没有灾祸，仅只小有困难。

九四　大吉大利，没有灾祸。

九五　会聚而适得其位，没有灾祸，但是还不能获取众人信任；君长有德并坚守下道，民众的疑虑才会消解。

上六　咨嗟哀叹而且痛哭流涕，可以免去灾祸。

【释义】

䷬　萃：亨。王假有庙，利见大人，亨，利贞，用大牲吉。利有攸往。

[解读]　人才荟萃，万事亨通；君王宗庙祭祀，伟大人物普济万民，不仅亨通，而且对有德君子十分有利；因为用大牲口作为祭品，所以吉祥，并且有利于事业的发展。

[象释]　上卦“兑”是悦，下卦“坤”是顺，喜悦而顺从，象征欢聚；上卦“兑”是泽，下卦“坤”是地，象征水在地上聚而成泽。又，本卦“九五”刚毅中正，“六二”柔顺中正，以中正为前提而上下呼应，相得益彰，象征人才荟萃，故名“萃”。

[义理]　聚集是一件好事，人才聚集，可以从事伟大的事业；财富聚集，也会愈聚愈多，同样有利于伟大事业的健康顺利发展。但是，聚集应以中正为前提，如果动机不纯正，人的聚集会闹事，制造祸乱；财富的聚集会导致人的腐化堕

落。在这种情况之下,聚集愈多,愈容易发生灾祸。

初六　有孚不终,乃乱乃萃。若号,一握为笑。勿恤,往无咎。

[解读]　志同道合之心不能贯彻始终,就会扰乱正常的聚集;倘若及时求得对方的谅解,仍可握手言欢;不要因此忧虑,大胆前往相聚不会有错。

[象释]　初六爻以阴居最底之阳位,不中不正;本与“九四”相应,然而因为不中不正,又想与本卦另一阴爻亦即位居至尊的“九五”相聚,而使得正常的聚集受到干扰。“九五”乃刚毅中正之爻,自有柔顺中正的“六二”与之相应,所以“初六”又号眺着祈求“九四”的谅解,重新恢复正常会聚的秩序。

[义理]　正当的会聚,不可三心二意,见异思迁,而应该建立在道义的基础上,执着如一,携手共进。

六二　引吉无咎。孚乃利用禴。

[解读]　由援引而会聚必然吉祥,没有灾殃;只要心诚,就能得到神的赐恩。

[象释]　“六二”以阴居阳,又处下卦中央,象征柔顺、中正,与“九五”相应,必然诚信和顺从。然而“九五”乃至尊,“六二”为忠臣,倘若“六二”主动向“九五”靠拢,难免有趋炎附势之嫌,必以有力者推荐乃至“九五”降尊援引,“六二”与“九五”的会聚才更有利。本爻之“孚”,由于处下卦中位的缘故。

[义理]　即便是同道,相互的聚合也必须诚信,诚心诚意地对待对方,尤其是处在下属地位的贤士,对于所追随的对象的诚意,应该有所鉴别;没有诚信的聚合,也就失去了聚合的意义。

六三　萃如嗟如,无攸利。往无咎,小吝。

[解读]　相聚在一起,一味地叹息,并无益处;振奋前进无灾难,至多有点儿小失误。

[象释]　“六三”以阴居阳,不中不正;与之同处下卦的初一、六二两爻,各有九四、九五两爻相应,惟“六三”与“上六”同阴不应,因而虽处“萃”中而有“嗟”象。然而,上卦“兑”毕竟有愉悦之象,“六三”与“上六”荟萃,虽然不尽人意,毕竟无甚灾难。

[义理]　人群聚会之中,不可能十全十美,人人都能遇到理想的伙伴。处

于这种情况下，不可悲观丧气，而应随遇而安，振奋精神，继续前进。

九四　大吉无咎。

[解读]　惟有结果大吉，才会没有灾祸。

[象释]　“九四”阳爻阳位，地位不正当，又处在刚毅中正的“九五”君王之下，稍一不慎，便会致祸；幸而“九四”治下的都是阴爻，是一群顺民，又与“初六”相应，所以结果会是“大吉”，不会有过失发生。

[义理]　聚集的愿望是否出于真诚，实践是检验的标准；因此，参与聚集者，务必要使聚集的结果尽可能地完美。

九五　萃有位，无咎，匪孚，元永贞，悔亡。

[解读]　在万众之中获得至高的地位，并不困难，但并不意味着取得了民众的信任；只有以至善的行为和永远坚守正道，民众的疑虑才会消除。

[象释]　九五爻阳刚中正，已经有了至尊的地位，而且有“六二”相应，有地位，有追随者，是本卦的主爻，体现了荟萃的精神。

[义理]　处于领导乃至领袖地位的人，凭借地位权力，一呼百应并不困难，难的是使他们从心底里信服。因此，居于高位的人，应注重于以德服人，不是以自己的地位，而是以自己的德行号召民众，惟其如此，民众才会真正聚集在自己的周围，合力开创伟大的事业。

上六　赍咨涕洟，无咎。

[解读]　嗟叹涕泣，不会有过失。

[象释]　“上六”是萃卦的终极，正当萃极欲散之际；以阴居阴，柔弱无力，欲找同志聚合，却下与“六三”同阴不应，欲萃而不得，不免孤独嗟叹。“上六”虽然孤独难萃，然而它求萃不得而沮丧的心情，又何咎之有？

[义理]　在遭到民众的遗弃时，应该深自反省，“吾日三省吾身”，须及时找出原因，究竟为什么自己会处于孤独之境，及时补过，求得同人的谅解，汇聚到济济人众中去。

案例解易

赦小过，举贤才

鲁国季氏的家臣仲弓，有次问孔子如何管理好政事，孔子说："先有司、赦小过、举贤才。"就是说，要引导官吏，赦免他们的小过错，选拔贤良的人才。

为什么要"赦小过"呢？因为，"人非圣贤，孰能无过？"如果对有小的过失的官吏不能赦免、宽恕，那就难免使人觉得世间没有什么贤才可用了。大体说来，苛求小过有三害。

其一，"一叶遮目、不见泰山"。鲁迅先生曾说："倘要完全的人，天下配活的人也就有限。"事实上，"金无足赤，人无完人"，世界上从古到今都没有尽善尽美的大成至圣。

司马光认为，"若指瑕掩善，则朝无可用之人。"意思是，如果用小的过失掩盖其大的美德，那么，朝廷就没有可以用的人了。所以，在挑剔的人眼里没有贤才，其所看到的都是人的缺点，而无优点，"一叶遮目，不见泰山"，或"只见树木，不见森林"。

《初潭集》中谈到，齐桓公作为春秋五霸之一，了解到卫国人宁戚是个难得的人才，欲用他治国，但许多大臣说宁戚有这样那样的不足，而且不是齐国人。其实，齐桓公也了解这些，但他并不"以其小恶，忘其大美"，坚持任用宁戚。也正因为这样，齐桓公才得以成为春秋时的第一霸主，如果像齐桓公的那些大臣一样，不能正确认识宁戚，看不到宁戚的"大美"主流，便将错失良才，致使其他的人也会觉得他容不得人，从而悄悄避开、引退，势必造成大批人才的流失。还是荀况说得好："水至清无鱼，人至察无徒。"一个对别人过于苛求的人，是不可能真正得到别人的帮助的。因此，在一定意义上说，这是"明有所不见，聪有所不闻"。

其二，不辨忠奸，冤屈贤良。贞观四十年，魏征上疏唐太宗说："任以大官，求其细过，刀笔之吏，顺旨承风，舞文弄法，曲成其罪。自陈也，则以为心不伏辜；不言也，则以为所犯皆实。进退维谷，莫能自明，则苟求免祸。大臣苟免，则谲诈萌生。谲诈萌生，则矫伪成俗。矫伪成俗，则不可以臻至治矣！"

大意是，任用大官，如果追究他细小的过错，那么，刀笔之吏就会顺着皇帝的旨意推波助澜、舞文弄法，致使大官冤屈成罪。大臣自己申辩吧，就认为他心里不服；不申辩吧，就认为别人说他犯的罪是实。面对这种情况，进退两难，不可以周全，便企求免遭祸害。大臣侥幸免了罪，欺诈的言论便会发生，于是，矫情虚假就形成不良风气，国家也就不可能得到好的治理。

宋高宗宠幸奸臣秦桧，听信谗言，以"莫须有"的罪名杀了爱国将领岳飞，最后导致丧权辱国、遗臭万年；楚汉相争时期，楚王项羽也误听谗言，苛求小过，赶走了他身边最后一位智谋之士范增，成为真正的孤寡霸王，最后败于刘邦手下。这是历史留给后人的教训。

其三，不利于从政者发挥特长。当政者对下级官吏求全责备，下级官吏为了避免受到苛责，成日提心吊胆，将精力大多用于防止小过，以保全其身之上，以致根本没有机会充分展示其特长，达不到人尽其才，才尽其用的用人效果。

明成祖命令陈毅为海运督运官，为了防避海寇袭扰，陈毅规定天津卫的运粮船只必须同时出发，结队而行。明永乐四年(1406)6月，有30多艘船比同队海船晚5天出发，但同日到达目的地，也未受损失，陈毅主张处分押运的官员，明成祖则说："姑宥之。"又说："凡用人者，录功而略过，则人奋于功，若计过而略功，则救过之不暇，何暇懋功哉？"明成祖的意思是，姑且原谅他们。大凡用人，记录功劳而忽略小过，那么，人就奋力立功；如果计较过错却忽视功劳，那么，人们时时刻刻为了补救过失还来不及，又哪来时间立大功呢？不难看出，不赦小过，其害非浅。

有此三害，治政就得不到好效果。所以，"成大功者不小苛"，"有大略者不问其短"，"有厚德者不非小疵"。意思是说，对于立大功劳的人，不苛求他的小过失；对有远大谋略的人，不追究他的短处；对有高尚德行的人，就不指责他的小毛病。只有这样，才能招揽天下贤达之士，以兴治国安邦之计。

清世宗说："赦小过，举贤才，为政之体当如是也。"又说："知识短浅之过，朕自然宽恕，加之教训，但必须知过必改……"意思是，"赦小过，举贤才"是为政的主要方面之一，由于知识缺乏而犯的过失，自然会受到宽恕，只是要加以教育训导，使之知过就改。也就是说，对于犯小过的人，“宜教而勿逐”。不仅要赦免一个人的小过，而且要帮助教育他改正，这才是真正爱护人才的做法。

在美国内战初期，林肯所启用的军队将领大多是没有缺点或大缺点的人，但在形势有利的情况下，总是败在叛军的手下。林肯后来发现，叛军的将领，无不或多或少地有些缺点，但他们在军事上的指挥才能也更突出。于是林肯改变用人方式，力排众议，任命了贪杯好酒的格兰特将军为总司令，终于扭转了南北战争的局面。美国管理专家杜拉克就此评论说：“倘要所用的人没有短处，其结果至多只是一个平平凡凡的组织。所谓‘样样都是’，必然是一无是处。才干越高的人，其缺点往往也越明显。有高峰必有深谷，谁也不可能是十项全能。”这就告诉我们，在使用人才时，要识大体、看主流，“虽制御功臣，而能回容，有其小失”（对功臣虽然约束较严，但常能曲予宽容、原谅他们细小的过错）。

苛求小过，有时无异于打击人的积极性，而“赦小过”，实质上是一种最起码的激励方式，是对一个人社会价值的最根本的肯定和认可。

《韩诗外传》中有这样一个故事：楚庄王姬佗举办晚宴，和百官共庆胜利。席间，灯烛忽被风吹灭，有人趁此暗地里牵王姬的衣袖，被王姬扯下冠带，请庄王查办。庄王认为：酒后狂态，人之常情，如果为这事而查处某人，只会伤害国士之心。所以庄王反而命令大家都扯下冠带,尽情欢乐。这就是后人所说的“绝缨会”。两年后,晋楚发生战争,有一人表现特别勇猛,庄王一问,原来此人就是“绝缨会”牵王姬衣袖的人。这个故事说明,当政者大度用人,能赦免部下的小过失,做部下的往后会更加卖力尽职。因为“赦小过”,实际上是一种激励的方式,无形中使被赦免的人得到一种幸免受罚的内疚忏悔感,进而转化为戴罪立功的动力源。

所以,古人一再强调,“将治乱者不治小,成大功者不小苛。”曹操于建安十九年,在《敕有司取士勿废偏短令》中说:“士有偏短,庸可废乎！有司明思此义,则士无遗滞,官无废业矣。”意思是说,有才能的人即使有所不足,怎能因此而废弃不用呢！有关部门要好好想想这个道理,那样,有才能的人就不会被遗弃不用,官府也就没有旷废的事了。

齐桓公九合诸侯

齐国虽然在长勺打了一次败仗,但是这并没有影响齐桓公后来的霸主地位。过了 10 多年,北方的燕国(都城在今北京)派使者来讨救兵,说燕国被附近的一个部落山戎侵犯,打了败仗。齐桓公就决定率领大军去救燕国。

齐恒公二十三年(前 663),齐国大军到了燕国,山戎已经抢了一批百姓和财宝逃回去了。

齐国和燕国的军队联合起来,一直向北追去。没想到他们被敌人引进了一个迷谷。那迷谷就像大海一样,没边没沿,怎么也找不到原来的道儿。

还是管仲想出一个主意来。他对齐桓公说:“马也许能认得路,不如找几匹当地的老马,让它们在头里走,也许能走出这个地方。”

齐桓公叫人挑了几匹老马,让它们领路。这几匹老马果然领着人马出了迷谷。

齐桓公帮助燕国打败山戎以后,邢国也遭到另一个部落狄人的侵犯。齐桓公又带着人马去赶跑了狄人,帮助邢国重筑了城墙。接着,狄人又侵犯卫国,齐桓公帮助卫国在黄河南岸重建国都。就因为这几件事,齐桓公的威望就提高了。只有南方的楚国(都城在今湖北江陵西北),不但不服齐国,还跟齐国对立起来,要跟齐国比个高低。

楚国在中国南部，向来不和中原诸侯来往。那时候，中原诸侯把楚国当作“蛮子”看待。但是，楚国人开垦南方的土地，逐步收服了附近的一些部落，慢慢地变成了大国。后来，干脆自称楚王，不把周朝的天子放在眼里。

齐恒公三十年，齐桓公约会了宋、鲁、陈、卫、郑、曹、许 7 国军队，联合进攻楚国。

楚成王得知消息，也集合了人马准备抵抗。他派了使者去见齐桓公，说：“我们大王叫我来请问，齐国在北面，楚国在南面，两国素不往来，真叫做风马牛不相及。为什么你们的兵马要跑到这儿来呢？”

管仲责问说：“我们两国虽然相隔很远，但都是周天子封的。当初齐国太公受封的时候，曾经接受一个命令：谁要是不服从天子，齐国有权征讨。你们楚国本来每年向天子进贡包茅（用来滤酒的一种青茅），为什么现在不进贡呢？”使者说：“没进贡包茅，这是我们的不是，以后一定进贡。”

使者走后，齐国和诸侯联军又拔营前进，一直到达召陵（今河南郾城县，召音 shào）。

楚成王又派屈完去探问。齐桓公为了显示自己的军威，请屈完一起坐上车去看中原来的各路兵马。屈完一看，果然军容整齐，兵强马壮。

齐桓公趾高气扬地对屈完说：“你瞧瞧，这样强大的兵马，谁能抵挡得了？”

屈完淡淡地笑了笑，说：“君侯协助天子，讲道义，扶助弱小，人家才佩服你。要是光凭武力的话，那么，咱们国力虽不强，但是用方城（楚国所筑的长城，在今河南方城北至泌阳东北）作城墙，用汉水作壕沟。您就是再多带些人马来，也未必能打得进去。”

齐桓公听屈完说得挺强硬，估计也未必能轻易打败楚国，而且楚国既然已经认了错，答应进贡包茅，也算有了面子。就这样，中原八国诸侯和楚国一起在召陵订立

了盟约,各自回国去了。

后来,周王室发生纠纷,齐桓公又帮助太子姬郑巩固了地位。太子即位后,就是周襄王。周襄王为了报答齐桓公,特地派使者把祭祀太庙的祭肉送给齐桓公,算是一份厚礼。

齐桓公趁此机会,又在宋国的葵丘(今河南兰考东)会合诸侯,招待天子使者。并且订立了一个盟约,主要内容是:修水利,防水患,不准把邻国作为水坑;邻国有灾荒来买粮食,不应该禁止;凡是同盟的诸侯,在订立盟约以后,都要友好相待。

这是齐桓公最后一次会合诸侯。像这样大的会合,一共有许多次,历史上称做“九合诸侯”。

齐恒公四十一年,管仲病死。过了两年,齐桓公也死去。齐桓公一死,他的5个儿子抢夺君位,齐国发生了内乱,公子昭逃到宋国。齐国的霸主地位也就结束了。

不避亲仇,公心选才

祁奚外举不避仇,内举不避亲

“外举不避仇,内举不避亲”。是我国古代举荐人才的一段佳话。

此事发生在春秋时期的晋国。晋悼公三年(前570),年老的中军尉祁奚请求退休。晋悼公为由谁继任,征询祁奚的意见,祁奚“称解狐,其仇也”。晋悼公刚要任命解狐,不料他却病死了。晋悼公又询问祁奚谁可任中军尉,祁奚回答说:“午也可。”午就是祁午,是祁奚的儿子。后来中军副尉羊舌职也死了,祁奚又推羊舌职的儿子羊舌赤继任。晋悼公于是任命祁午为中军尉,羊舌赤为中军副尉。

《左传》的作者在评价这件事时说:“君子谓祁奚于是能举善矣,称其仇不为谄,立其子不为比,举其偏不为党。”他还引用《尚书·商书》中的话说:“‘无偏无党,王道荡荡。’其祁奚之谓矣。”意思是说,不偏私,不结党,王道才能发扬光大。大史学家司马迁也说:“祁奚可谓不党矣!外举不隐仇,内举不隐子。”这些都是说祁奚举荐人才出以公心,一心为国。

祁奚不仅能够出以公心举荐人才，而且善于保护人才。

祁奚“外举不弃仇，内举不失亲”的优良品德为历代所赞颂，成为举荐人才的楷模。他保护羊舌兄弟的事迹为人称道，其爱护人才、公私分明的作风非常值得后人效法。

毛遂自荐脱颖而出

战国时代，赵国有位平原君赵胜，三度拜相，礼贤下士，宾客投奔者至数十人

赵孝成王八年（前258），秦军围攻赵都邯郸甚急。赵王命平原君出使楚国，请求救援。平原君打算带领20名能文能武的随员，如果恳请不行，便以死相拼，迫使楚王联兵，即所谓“文不能取胜，则歃血于华屋之下，必得定纵而还”。因为是要以死相拼，所以随员只从门客中挑选，不到外面寻找。谁知挑来选去，只选得19名，还差一人。

这时，有一位门客毛遂，自告奋勇，表示愿随平原君出使。当平原君知其在门下已经3年，便以锥子装在口袋中，其尖马上就能显露出来为比喻，认为毛遂在门下3年默默无闻，不能胜任此次出使，劝其留下。毛遂立刻回答道：“臣乃今日请处囊中耳。使遂蚤（早）得处囊中，乃颖脱而出，非特其末（尖）见而已。”表示如果早将他装入袋子中，不仅尖端可见，还将脱颖而出呢！平原君见其很有辩才，便同意毛遂为随员，一同使楚。

到了楚国，由于一路的谈吐，其余19名随员都改变了对毛遂的讥讽态度，"皆服"其论议。平原君与楚王谈判，苦口婆心地讲述联兵抗秦的利害关系，谈了整整一个上午，仍无结果。其余19名随员鼓动毛遂："先生上。"毛遂按剑上殿，楚王怒叱毛遂下去。毛遂仗剑进前，先以气势镇住楚王："王之所以叱遂者，以楚国之众也。今十步之内，王不得恃楚国之众也，王之命悬于遂乎。"然后陈以利害，一面指出楚国的优势："今楚地方五千里，持戟百万，此霸王之资也。以楚之强，天下弗能当。"一面又批评楚国的懦弱：秦将白起"三战而辱王之先人，此百世之怨而赵之所羞，而王弗知恶焉。"最后强调："合纵者为楚，非为赵也。"一席话，软硬兼施，弄得楚王连连称是，当场表示"谨奉社稷而以纵。"毛遂怕楚王反悔，立即问道："纵定乎？"楚王回答："定矣。"毛遂马上让楚王左右的侍从取来鸡、狗、马血，自己捧着铜盘跪在楚王面前说："王当歃血而定纵，次者吾君，次者遂。"于是，赵楚合纵、联兵抗秦的协定生效，楚王命春申君将兵救赵。出发前的第二方案，得以实现。

平原君一行回到赵国后，深感"相士"识人的不易，自叹道："胜相士多者千人，寡者百数，自以为不失天下之士，今乃于毛先生而失之也。"于是，拜毛遂为上卿。

"毛遂自荐"这一成语，便是来自这个故事。它给人们的启示，除了正确认识自己的价值，敢于自己推荐自己之外，还有一个用人者能否为各类人才提供显示其才能的机会的问题。两相结合，必然收到更大效果。

齐桓公不计私仇用管仲

战国时，齐国的齐襄公有公子纠和公子小白两个弟弟，他们各有一个很有才能的老师。齐襄公十分荒淫，公子纠便随老师管仲去鲁国避难，公子小白则跟老师鲍叔牙去了莒国。

后来，齐襄公在内乱中被杀，大臣们派人到鲁国去接公子纠回国当国君。鲁庄公亲自带兵护送公子纠回国。公子纠的老师管仲担心公子小白抢先回国夺取君位，因为公子小白所在的莒国离齐国较近，他得到鲁庄公同意，先带了一批人马去拦截公子小白。

管仲带人赶到即墨附近时，果然发现公子小白正往齐国去。管仲上前劝说公子小白别回去,但小白听不进去,管仲便向小白偷射了一箭。小白立刻倒下,管仲以为他死了,于是不慌不忙地回去护送公子纠返齐。

然而,公子小白没有死,鲍叔牙救了他,并赶在公子纠之前回到了齐国,说服大臣立公子小白为国君,即齐桓公。

公子纠在鲁国军队护送下赶到齐国时,齐、鲁两国打了起来,结果鲁军大败。鲁庄公被迫同意齐国的要求,逼死公子纠,把管仲抓起来。但齐国提出,管仲射过齐桓公一箭,要报一箭之仇,将他押送回齐国,由齐桓公亲自处置。鲁庄公只得同意。

在被押往齐国的路途中,管仲吃了不少苦头。到了绮乌时,管仲去向那里的官员要饭吃。一位官员跪着把饭端给管仲。十分恭敬地等他把饭吃完,然后问道:“要是您回到齐国没有被杀而受到重用,将来怎么报答我?”

管仲回答说:“如果我真的受到重用,我要任用贤明有才能的人,奖赏有功的人。我能拿什么来报答你呢?”那位官员听了这些话,心里很不满意。

管仲被押到齐国后,没想到受到鲍叔牙的亲自迎接,而齐桓公不仅没有报一箭之仇,反而让管仲当上了相国。鲍叔牙则甘愿作管仲的副手,因为鲍叔牙知道管仲的才能远在自己之上,才说服了齐桓公这样做。

这给我们的启示是:

对统治者和领导人来说,用人毫无疑问是个至关重要的大问题。真正的用人之道,惟一的标准,理所应当是才能和德行。只要是真正想干点事,而不是尸位素餐和混日子,就必须遵循这一原则。

要任用贤明有才的人,需要宽阔的胸襟和气度。比如齐桓公,不计较差点要命的一箭之仇,爱才胜过泄私愤,管仲才得以不死并当上相国。倘若换个人,管仲或许早就命归黄泉了。鼠肚鸡肠,容不得异己的人,迟早成不了大气候,下场也好不了。

任用贤明有才的人,还得要有功夫和时间来进行考察。毛遂自荐的能人毕竟是少数,越到现在,毛遂自荐越发成了投机取巧、拍马钻营者惯用的手法,并常常美其名曰“自我推销”。在这种情况下,不妨对“自我推销”者多留点儿神,听其言,观其行,然后再决定取舍。中国北方农民有句大白话说,是马是骡牵出来蹓蹓,意思是说是好种还是孬种,让它出场表演就知道了。话虽不高雅,却包含至深道理。

任用贤明有才的人,也要对他们给予充分的信任。用人不疑,疑人不用。这是用人的一个起码准则。既用又疑,不但自己揣上一桩心病,也使被用的人离心离德,身在曹营心在汉,说不定还会在关键时刻反戈一击,取而代之。

升卦第四十六：遵循柔道，与时俱进

【爻词精义】

⊙拾阶而上吉利 ⊙过节时可表诚信 ⊙有时得做些没意义的事 ⊙在合适的地方向上级表示忠心 ⊙也得坚守正道 ⊙要想有更大发展那就更要坚守正道

经文义解

【题解】

本卦阐述了升进的原则。与《晋》《渐》卦类同，而小有差别，本卦的特点是柔进。在升进中，如果自身力量较弱，就应追随志同道合者中的长而有力者，以他们的成功的经验作为自己的借鉴；升进固然靠实力，但心地的纯正、待人的诚信更重要。当然，也不可拘泥于用柔，依赖于他人。审时度势，当时机来临时，务必紧紧抓住，当进则进，勇往直前；越是升进到了高位，越要注意诚信待人的作用，在升进途中，诚信能化险为夷；身居至尊者，同样应该守诚守信，才能获得贤士民众的真诚辅助，不断开拓基业；升进也有极限，到了无可再进的极限，更须注意运用柔顺之道，与刚健的同人继续保持同心同德，以取得其支助，保持自己既有的地位。

【原文】

䷭ 升[①]：元亨。用见大人，勿恤。南征吉。

初六 允升，大吉。[②]

九二 孚乃利用禴，无咎。[③]

九三 升虚邑。[④]

六四　王用亨于岐山,吉,无咎。⑤

六五　贞吉,升阶。⑥

上六　冥升,利于不息之贞。⑦

【注释】

①升:卦名。下巽上坤,象征上升。②允:进。③禴:古代四时祭祀之一。④虚邑:空虚的城邑。⑤亨:通“享”,祭祀。岐山:地名,位于今陕西省岐山县东北。⑥阶:台阶。⑦冥:昏夜,夜间。不息:指昏夜不息以求上进。

【译文】

升卦　象征上升。大吉大利。得到慧眼赏识,不必有什么担忧。向上攀登,必获吉祥。

初六　不断长进上升,大吉大利。

九二　心怀诚信有助于祭祀求福,没有灾难。

九三　上升顺利,如入无人之境。

六四　君王来到岐山祭奉神灵,定获吉祥,没有灾难。

六五　坚持正道则可获吉祥,顺着台阶步步上升。

上六　继续上升,进取不止。

【释义】

䷭　升:元亨。用见大人,勿恤。南征吉。

[解读]　前进会非常亨通,能得到慧眼的赏识,不必忧虑;向上攀登,一定吉祥。

[象释]　上卦“坤”是地,下卦“巽”是木,木从地下生出来,茁壮升高,因而卦名为《升》。上卦“坤”与下卦“巽”都是顺,上下通顺,故为“大亨”。“九二”居下卦之中,与“六五”相应,下位刚毅中正之士,必能得到上位中正人物的器重和提拔,在传统图式中,上为南方,故本卦辞中又有“南征吉”之言。

[义理]　有抱负的君子,应从小处着手,不断增进自己的德性,借助于伟大人物的援手,积极奋斗,有所作为。

初六　允升,大吉。

[解读]　宜于上升,必然吉祥。

[象释]　“初六”以柔顺居于最下位,是下卦“巽”即顺的主爻。在上升时,

"初六"如果依靠、追随九二、九三两阳爻,就能获得吉祥。

[义理] 在前进、上升过程中,如果自身力量柔弱,就应该紧紧追随志同道合的前辈。

九二 孚乃利用禴,无咎。

[解读] 只要心诚,就能获得神的赐恩,无灾殃。

[象释] "九二"刚毅中正,与"六五"相应,"九二"之忠诚,能获得中庸之"六五"的信任。

[义理] 在上升进程中,重要的是诚信,而不是形式。刚毅之臣事中正之君而获得欣赏升擢的,不是靠虚文修饰,而是凭一颗赤胆忠诚之心。

九三 升虚邑。

[解读] 勇往直前,如入无人之境。

[象释] "九三"以阳居阳,临近上卦"坤";"坤"均为阴爻,有中空"虚邑"之象。"九三"临近"虚邑",正是乘虚大进之际。

[义理] 当进则进,时不可再;升进虽然以柔为要,然亦不能一概而论。

六四 王用亨于岐山,吉,无咎。

[解读] 君王到岐山祭祀神灵,吉祥无灾难。

[象释] "六四"以阴居阴,近"六五";象征近君侧的柔顺之臣;上能顺从君王升进,下能为民众开辟进取之道,而自己则安于现状。"六四"对"六五"的态度,就像君王在岐山祭祀神灵时那样虔诚恭敬。

[义理] 谋求升进的途径须正当;谋求升进的态度须诚恳;应懂得欲将取之必先予之的道理,有时候止也是进,止中含蕴着更大的进。

六五 贞吉,升阶。

[解读] 坚持正道,才会吉祥,并能拾级而上,顺利前进。

[象释] "六五"以阴居阳,且处上卦中位,象征刚柔相济,中正有道:"六五"与"九二"相应,对于刚毅中正的"九二","六五"信而不疑,故能居于尊位而一展鸿图。

[义理] 对贤能之士信而用之,而且始终不疑,才能得到贤能之土的尽心辅助,不仅尊位可保,且可以继续升进,发展事业。反之,如果用而疑之,就不可

能有“士为知己者死”的有力辅助;既有的王业,亦将举步维艰。

上六 冥升,利于不息之贞。

[解读] 不知不觉已经升进到了极顶,此时仍应保持不断进取的精神状态。

[象释] “上六”以阴居阴,已是升进的极限。本身柔弱无力,幸有“九三”刚强的接应。处在这个升进的极端,不进则退,只有继续坚持升进中以柔克刚的原则和借助“九三”之力奋发进取的精神,才能维持既有的高位而不致倒退。

[义理] 柔弱无力却身居高位,是最危险的事情。身在此境中,应善于运用柔顺之道,如大地之负万物;倘若不自量力,以其高位而傲睨万物,便会走向升进的反面,此时的升进就是倒退的开始。

案例解易

谨修善行,莫问祸福

“祸兮福之所倚,福兮祸之所伏。”老子对祸福的论述颇富有哲理。人生遭际,祸福无常,岂能预料?因此,居安者必得思危。人无远虑,必有近忧。通达显贵时,应谨小慎微,切不可忘形得意,忘乎所以,否则必是乐极生悲。当遭受祸殃时,也不必悲观失望,自暴自弃。有道是:“山重水复疑无路,柳暗花明又一村。”

当代有位学者说:“心量有多大,福报就有多大。”百福之基立于心量之中。《太上感应篇》说:“祸福无门,惟人自招”,祸福的分流是善恶。欲要避凶趋吉,须开万善之法门,人心不动,欲念未形,无欲念自无吉凶。古人所以昼勤三省,夜惕四知,戒惧恐于不睹不闻之际,无非惩恶扬善。所以说吉人语善、视善、行善,一日有三善,三年必降之福也。

乾隆年间,有一个叫颜希深的人,在平度任知州。某一年夏天,颜希深因公务去了省城,逢平度州遭遇暴风骤雨,整个城市被大水淹没了。居民无家可归,到处流浪。所有粮食也冲走了,灾民无以为食,纷纷涌塞于路旁。

知州不在位,赈灾工作无法进行。颜希深的母亲望着灾民,忧心如焚。她觉得自己有责任来拯救这些灾民。于是,她下令打开仓禀,将所有的存粮发放给灾民。由于有了果腹之物,灾民终于度过了难关。

颜希深之母赈饥之举自然受到百姓的拥护,但在其上级眼里,却是件犯上作乱之事。颜希深的顶头上司以擅动仓谷的罪名,向乾隆参劾颜希深,要免除他的知州职务。

乾隆皇帝看过奏章,拍案大怒,说:"如此贤良的母亲,如此好的官吏,尽忠尽职为国为民,不保举他们反而弹劾他们,拿什么来让天下人效法呢?"说后,立即下令将颜希深擢升为知府,并赐给他的母亲三品封号。

这就是乾隆的治政风格,赏罚分明,体察入微。对杨瑞莲之事也同样如此。

杨瑞莲是常州人,书法颇佳,尤精于篆体和隶书。最初在乡里一直郁郁不得志,只得前往京都,投靠亲戚梁诗正。梁诗正就让杨瑞莲作了一名缮写官。到这一年的八月十三日那天,同馆的人大都参加乡试去了,只有瑞莲一个留在馆中,午饭后,一个身材魁伟的人进来,因为不相识,瑞莲只是同他随便打了人招呼,让他坐下,两人攀谈起来。

来人问瑞莲馆中人都哪儿去了,瑞莲答都去参加乡试去了。来人又问为何一个人留下,瑞莲答担心宫内紧急抄件,所以就留下了。又问瑞莲的籍贯、姓名,瑞莲一一作了回答,来人又提出要看看瑞莲所写的东西,瑞莲满足了他的要求,看后对瑞莲的书法非常赞赏。

正说话中,忽然见几个待卫赶来了,瑞莲这才知道来人是高宗乾隆就赶紧趴在地上,叩首请罪。乾隆笑笑点头而去。

第二天,乾隆对梁诗正说:"你的那个亲戚杨某非常诚实,篆体和隶书都写得很好,这样的人才不去参加乡试,实在太可惜了。就赏他个举人吧!"

乾隆的确没有看走眼,这个杨瑞莲在任上干得很好,成绩颇佳,因而被选为湘潭县令。不过,这位杨县令却也有个毛病,有点孤芳自赏的味道。某次不小心把上司给得罪了,遭到上司弹劾。乾隆皇帝看过奏章后,说:“杨瑞莲是个诚实的人,这一点我非常了解,所参不准。”杨瑞莲于是得以保全。由此可知,乾隆察人,于细微处见品质。

爱好对别人诽谤、讥讽、毁誉,暴露的正好是自己灵魂的丑恶。受到他人的毁誉,并不以怨对怨,而是“有则改之,无则加勉”,结果使自身的缺点得到修正,人品增发光彩;喜欢依恃强横欺人、压人、侮辱人,失去的正是自身的福报,受到他人的欺侮,并不以仇解仇,而是使自己的志向更远大,信念更坚定,最终会扬眉吐气,转祸为福,成为人中丈夫。

五官是精神的窗户,血气是五脏的使役。耳目放纵于声色,五脏就动摇不定,血气荡扬而无休止,精神驰骋而不可守持,心念丛生而难以自制,这样,祸福来到时,即使像山丘那样明显,也无从辨晓。所以,圣人爱惜自己,而不使血气、精神和心念外泄。

周勃夺军

汉惠帝没有儿子,吕太后从外面找了一个婴儿冒充是惠帝生的,立为太子。西汉惠帝七年(前188),惠帝一死,由这个婴儿接替皇位,吕太后就名正言顺地临朝执政。

吕太后为了巩固自己的权力,要立吕家的人为王,问问大臣们可不可以。

右丞相王陵是直筒子,说:“高皇帝宰白马立下盟约,不是姓刘的不应该封王。”

吕太后听了挺不高兴,又问左丞相陈平和太尉周勃。

陈平、周勃说:“高祖平定天下,分封自己的子弟为王,这当然是对的;现在太后临朝,封自己的子弟为王,也没有什么不可以。”

吕太后才高兴地点点头。

散朝以后,王陵批评陈平和周勃说:“当初在先帝跟前宣誓的时候,你们不是都在场吗?现在你们违背了誓言,怎么对得起先帝?”

陈平和周勃说:“您别着急。当面在朝廷上和太后争论,我们比不上您;将来保全刘家天下,您可比不上我们了。”

打这以后，吕太后就陆续把她的内侄、侄孙，像吕台、吕产、吕禄、吕嘉、吕通等一个个都封了王，还让他们掌握了军权。整个朝廷大权几乎全落在吕家的手里了。

吕后一家夺了刘家的权，大臣中不服气的人不少，只是大多数人敢怒而不敢说罢了。

汉高祖有个孙儿刘章，封号叫朱虚侯，他的妻子是吕禄的女儿。有一次，吕太后举行宴会，指定刘章进行监督。刘章对太后说："我是将门的后代，请允许我按军法来监督酒宴。"吕太后答应了。

刘章瞧见大伙儿喝酒喝得热闹。他提出要给吕太后唱个《耕田歌》助助兴，吕太后说："你就唱吧！"

刘章放开嗓子唱了起来：

深耕坲（音 jì）种，立苗欲疏；

非其种者，锄而去之。

（这首歌的意思是：田要耕得深，苗要栽得疏；不是好种子，就把它锄掉。）

吕太后听了，很不痛快。

不一会，有个吕家子弟喝醉了酒，不告而别。刘章追了上去，借口他违犯宴会规矩，把他杀了。刘章回来向太后报告的时候，左右大臣吓得什么似的。吕太后因为已经允许他按军法办事，也拿他没有办法。

吕太后临朝的第八年，得了重病。临死前封赵王吕产为相国，统领北军；吕禄为上将军，率领南军，并且叮嘱他们说："现在吕氏掌权，大臣们都不服。我死了以后，你们一定要带领军队保卫宫廷，不要出去送殡，免得被人暗算。"

吕太后死后，兵权都在吕产、吕禄手里。他们想发动叛乱，但是一时不敢动手。

刘章从妻子那里知道了吕家的阴谋，就派人去告诉他哥哥齐王刘襄，约他从外面发兵打进长安来。

齐王刘襄向西进兵，吕产得到这个消息，立刻派将军灌婴带领兵马去对付。灌婴一到荥阳，就跟部将们商量说："吕氏统率大军，想夺取刘家天下。如果我们向齐王进攻，岂不是帮助吕氏叛乱吗？"

大家商量下来，决定按兵不动，还暗地里通知齐王，要他联络诸侯，等待时机成熟，一起起兵讨伐吕氏。齐王接到通知，也就暂时按兵不动。

周勃、陈平知道吕氏要发动叛乱，他们想先发制人，但是兵权在吕氏手里，怎么办呢？

他们想到大臣郦商的儿子郦寄和吕禄是好朋友，就派人要郦寄去劝说吕禄："太后死了，皇帝年纪又小，您身为赵王，却留在长安带兵，大臣诸侯都怀疑您，对您不利。如果您能把兵权交给太尉，回到自己封地，齐国的兵就会撤退，大臣们也心安了。"

吕禄相信了郦寄的话，把北军交给太尉周勃掌管。

周勃拿了将军的大印，迅速跑到北军军营中去。向将士下了一道命令："现在吕氏想夺刘氏的权，你们看怎么办？谁帮助吕家的袒露右臂，帮助刘家的袒露左臂。"

北军中的将士本来都是向着刘家的。命令一传下去，一下子全脱下左衣袖，露出左臂来（文言叫"左袒"）。周勃顺利地接管了北军，把吕禄的兵权夺了过来。

吕产还不知道吕禄的北军已落在周勃手里，他跑到未央宫想要发动叛乱。周勃派朱虚侯刘章带了 1 000 多个兵士赶来，把吕产杀了。接着，周勃带领北军，把吕氏的势力消灭了。

到这时候，大臣们胆子就大了。他们说："从前吕太后所立皇上不是惠帝的孩子。现在我们灭了吕氏，让这种冒充的太子当皇帝，长大了不是吕氏一党吗？我们不如再在刘氏诸王中推一个最贤明的立为皇帝。"

大臣们商议的结果，认为代王刘恒在高祖的几个儿子中，年龄最大，品格又好，就派人到代郡（治所在今河北蔚县）把刘恒迎到长安，立为皇帝，这就是汉文帝。

困卦第四十七：陷入穷困，要深反省

【爻词精义】

⊙有时困窘会让人有生不如死之感 ⊙最穷困时才当上官，就得更要虔敬上苍 ⊙有时困窘得让人如陷绝境 ⊙有的困窘是可以摆脱的 ⊙受严厉处分时才懊悔就晚了 ⊙有时会受困于纠缠不清之中

经文义解

【题解】

本卦通过困于株木、困于酒食、困于石、困于金车、困于朱绂、困于葛藟等一系列形象的比喻，阐释了应付困境的原则。由于力量微弱而处于深深的困境时，必须隐忍待机，切忌浮躁；由于大富大贵而陷入困扰时，必须头脑清醒，不可得意忘形；因为侥幸妄进而陷入困境时，务必要有应付最坏局面的思想准备；当自身也处于困境而又必须援救处境更坏的同道时，务必量力而行，不可操之太急，以免雪上加霜；处于至尊之位时，最大的困扰是来自身边的奸佞，对来自位高权重者的困扰，尤须谨慎排除，同样不可操之太急；处于极端困境中时，应该冷静反省被困的原因，然后付诸行动，以求突破。

【原文】

䷮ 困[①]：亨，贞，大人吉，无咎。有言不信。

初六 臀困于株，木入于幽谷，三岁不觌。[②]

九二 困于酒食，朱绂方来，利用享祀。征凶，无咎。[③]

六三 困于石，据于蒺藜，入于其宫，不见其妻，凶。[④]

九四　来徐徐，困于金车，吝，有终。[⑤]

九五　劓刖，困于赤绂，乃徐有说，利用祭祀。[⑥]

上六　困于葛藟于，臲卼，曰动悔有悔，征吉。[⑦]

【注释】

①困：卦名。下坎上兑，象征困穷。②株木：树木。幽谷：幽深的山谷。觌：见。③困于酒食：指吃醉了酒。朱绂：红色祭服。绂，古代祭服的饰带，此借指祭服。④困于石：前进道路被乱石阻挡。据：《易》例，在一个重卦之中，如果一个阳爻位居阴爻之上，那么这一阳爻对于其下的阴爻的关系称"据"。据是凭借、占据的意思，此引申为居处。蒺藜：一种一年生草本植物，果实有刺；此指九二爻。宫：居室，此引申为自己的家见其妻，意思是得婚配。⑤困于金车：被金车所困阻。⑥劓：古代刑名，割鼻。刖：古代刑名，断足。说：通"脱"。⑦葛藟：一种藤类植物，臲卼：惶惑不安。悔：这里是后悔和悔悟的意思。

【译文】

困卦　象征困穷。亨通顺畅，进行卜问，大德大才之人可获吉祥，并不会有灾祸。但是要进行自我表白，别人却并不相信。

初六　困坐在树干上没法安身，退居幽暗的山谷，三年也不露面。

九二　喝醉了酒，大红祭服刚送来，正好用来祭祀神灵。如果自己拿来享受则有凶险，要是改过就没有灾祸。

六三　道路被乱石阻挡而堵塞不通，只得居处在蒺藜之上；而转身回到自己家中却见不到妻子，定有凶险。

九四　缓缓而来，是因为被金车所阻困；但是虽然行动艰难，却有好的结局。

九五　受割鼻断足之刑；以正念举行祭祀，渐渐能摆脱困境。

上六　被葛藤缠绕得惶恐不安；此时感到后悔，应该赶快悔悟，这样的话必获吉祥。

【释义】

䷮　困：亨，贞，大人吉，无咎。有言不信。

［解读］　身处困境，仍然豁达开朗，执于正道，这样的有德君子一定吉祥无灾难；此时说话，别人不会相信。

［象释］　下卦"坎"是阳卦，上卦"兑"是阴卦；阴上阳下，象征阳被阴所掩

蔽。从上、下卦的阴阳爻而言,“九二”阳爻被“初六”、“六三”阴爻所掩蔽,“九四”、“九五”被“上六”所掩蔽。因此,本卦象征君子被小人所困,因而卦名曰“困”。又,上卦“兑”是泽,下卦“坎”是水,象征泽漏水于下而致干涸,因而穷困。但“九二”、“九五”均以阳刚居中,象征君子虽处困境,依然能坚持正道。

[义理] 困境可以磨砺人的意志,通过出困求通的奋斗,体现君子的伟大人格;摆脱困境的最好办法,是实实在在的行动,不是口辩。因为,在困境时,即便说得再好,也不会有人相信;如果一味相信言说能解决问题,脱出困境,则必将走入死胡同。

初六 臀困于株,木入于幽谷,三岁不觌。

[解读] 困坐在树桩上怎么行?深入幽谷,三年不见天日。

[象释] 初六爻处在下卦“坎”的最底层,环境的黑暗,自身的柔弱,实难走出困境,亟须“九四”前来援助;然而“九四”以阳居阴,不中不正,且自身亦受到“上六”阴爻的压抑,急切之间难以相济,所以“初六”之脱困,亦需俟以时日。

[义理] 在极端困境之中,应尽可能地蓄养精力,隐忍待机,切忌心浮急躁。

九二 困于酒食,朱绂方来,利用享祀。征凶,无咎。

[解读] 因为酒菜过于丰盛而坐立不安,却又添上了华贵的蔽膝朱绂,这样的待遇只配用于祭祀神灵,平时享受难免招致凶险,马上改过可保无咎。

[象释] “九二”困于“初六”、“六三”两阴之中,阴柔之爻如同酒食,多则困阳,难免有险;但“九二”阳刚中正,有及时反省的头脑,有自我脱险的力量,因而虽险无咎。

[义理] 生活富裕、地位显贵,有时也会造成困扰,处在这种困境之下,务必头脑清醒,不可得意忘形。

六三 困于石,据于蒺藜,入于其宫,不见其妻,凶。

[解读] 迷困于乱石之中,攀撑于蒺藜丛中,好不容易脱身回家,已经不见了妻子,多么凶险。

[象释] “六三”阴居阳位,不中不正;前面有“九四”巨石一般挡住进路,后面有“九二”像蒺藜一般挡住去路;想与“上六”结伴,又同阴不应。

［义理］ 小人侥幸妄进，难免要陷于丧身亡家的极端困境。

九四 来徐徐，困于金车，吝，有终。

［解读］ 姗姗来迟，因为途中被坚固的金车所困，虽然遇到了一些麻烦，最后终于脱身。

［象释］ “九四”与“初六”相应，有援救“初六”摆脱“幽谷”之困的义务，但是自身以阳居阴，上有“上六”之压抑，下有“九二”阳刚之阻拦，对“初六”的援救只得徐徐进行。不过，“九四”与“初六”既有相应关系，援救迟早总会成功。

［义理］ 在自身亦处困境之际，对于同道的援救更应该量力而行，不能操之过急。

九五 劓刖，困于赤绂，乃徐有说，利用祭祀。

［解读］ 削鼻砍脚，为权贵所困扰，但是，慢慢地总可以得到援助，摆脱困境，只要具有像祭祀神灵时那样坚定的信念。

［象释］ “九五”至尊，却被居于高位的“上六”及“六三”两阴爻所围困；由于“九五”刚毅中正，又处于上卦“兑”即悦的中心，最后总能以其诚信感召“九二”一起摆脱困境而有“脱”的来临。

［义理］ 处于尊位者往往容易被身居高位的群小所包围，欲罢不能。在这种特殊的困境中，同样要有沉着坚定的意志，徐徐图谋脱困之路。

上六 困于葛藟于，臲卼，曰动悔有悔，征吉。

［解读］ 被关押在有葛藟、木桩围住的监狱里，开始对自己的过失有所悔悟；能及时反省，便会有吉祥降临。

［象释］ “上六”虽然处于困境的极点，却以阴居阴而当位，能检点自己，谨慎行动，成为本卦中惟一以“吉”告终的爻。

［义理］ 人往往处在极端困境中时。才会深自反省，从自己的经历中总结失败致困的原因和寻找走向成功之路的法门。这就是物极则反的规律。

案例解易

屈辱称臣穷途路

“江南江北旧家乡，三十年来梦一场。吴苑宫闱今冷落，广陵台殿已荒凉。云笼远岫愁千片，雨打归舟泪万行。兄弟四人三百口，不堪闲坐细思量。”

这首悲怆凄凉的诗出自南唐的末代君主——后主李煜，当时南唐刚被北宋所灭，被俘的南唐君臣被押解上船送往北宋。他愁绪满怀独立甲板，仰望天空濛濛雨雾，回首金陵烟雨笼罩，念国破被俘，前途未卜，不禁黯然泪下。

想南唐开国君王烈祖李昪，则是当时少有的杰出的政治家，在他治理下，南唐曾统治了鄂州（今武汉市武昌）以东、长江南北的广大地区，形成了与中原国家对峙的局面。如果烈祖的事业后继得人，南唐是有可能进一步统一南方，甚至统一南北的。但是历史发展的结局却是在烈祖之后，南唐国势日益衰弱了。继位的南唐二主——中主李璟，先后对后周、北宋称臣，及至后主李煜就成了可悲的末代君王了。

南唐国势是如何由盛转衰的？南唐二主是如何成为衰败亡国之君的？我们先从中主李璟说起。

袭位天子　果真梦托金龙？

中主李璟是在南唐升元七年(943)继位的，李璟的父亲就是烈祖李昪。

李昪因服食丹药中毒去世。临终前，他拉着儿子李璟的手说：“我经过几十年苦心经营，创下这番基业，如今我在德昌宫给你留下了兵器金帛七百多万件，你一定要好好守住我开辟的帝业，善交邻国，保住社稷。”列祖告诫他千万不要忘记隋炀帝因好大喜功、骄奢淫逸而亡国的教训，不要做一个二世祖，要做个贤君。要记住主要的敌人是来自北方。李昪生怕儿子记不住，把李璟的手指放到自己嘴里，咬出了血。看来李昪对他的继承人是不很放心的。

烈祖李昪有五个儿子,李璟是他的长子,也是他最不放心的一个。李璟原名景通,他自来对修身齐家治国平天下不感兴趣,独爱诗词歌赋、音乐舞蹈。他喜欢与乐部宫妓在一起吹拉弹唱,曾受到李昪的训斥。李昪比较喜欢的是二子景迁,他不尚侈华,有乃父作风,可惜19岁就夭折了。老三景遂有君子风度,知过能改。老四景达能见义勇为,舍己救人。李昪曾一度打算传位给四子。二、三、四子似乎都比长子要强些,但是后来皇位仍然传给了景通。这是因为嫡长子继承皇位,是封建宗法制下天经地义,不可移易的事。再加上事有凑巧,有一年夏天中午,李昪正在睡觉,梦中见到一条金龙在升元殿前绕着殿柱飞舞。李昪以为这是吉兆,醒来后就派人去殿上察看。臣下回报说,有人见到景通曾绕殿柱奔跑。李昪以为这是上天暗示景通是未来的真龙天子,于是下决心,在升元四年(940)正式立景通为太子。

但是景通对当皇太子是不热心的。景通幼年时喜欢读书,他10岁时就会写咏竹新诗了。“栖凤枝梢犹软弱,化龙形状已依稀。”是他幼年时写下的颇有才气的诗句。他不但会写诗,还多才多艺,写得一手好字。他年轻时习过武,跑马射箭也算擅长。但是他生性文儒,“素昧威武”,对军旅生活十分厌弃。他少年时曾在庐山读书,“筑馆于庐山瀑布前”,青年时代仍十分留恋那里的栖隐生活,曾一度希望能在这种隐居生活中了此一生。后来,只是因为被迫召去袭位,才打断了这个念头。说他是被迫袭位并不夸张,因为他曾三次上疏要求辞去太子名位,让位给他的弟弟。烈祖去世后已10多天,景通还未嗣位,还在烈祖灵柩前哭哭啼啼地要让位给他的几个弟弟。最后大臣们只得手捧皇帝的衣冠,催迫他登上皇帝的宝座。

太子景通继位后,改元保大。他下诏把自己的名字改为李璟。璟是美玉的光彩,因此他又取字为伯玉。后庙号为元宗。李璟执政后不改文人秀士习气,史书称他“音容闲雅,眉目若画”,“风度高秀”,“工属文”,他始终也未能成为一个有文韬武略、能继往开来的明君，反而身居皇位却疏于政事，热衷诗词声色，骄奢沉迷，苛政黩武，最后使南汉沦为后周的附庸。

文人骚客　岂有治邦良策

李璟最大的弱点是不热衷政事，为人疏懒。他即位仅一年，就对那些批阅奏章的例行公事懒得管了。他听说上古时殷朝，曾实行兄弟相承的制度，就想效法。要把皇位让出来，传给三弟景遂或四弟景达。他自己则打算退进深宫，享清福。他先声称要让几个弟弟共掌国权，封燕王景遂为齐王，鄂王景达为燕王。命景遂为诸道兵马元帅、太尉中书令，居东宫；命景达为副元帅。他自己退入深宫，沉醉于诗词娱乐。

他继位第二年，就下诏让齐王景遂总管全国政务，把军政大计全交给元帅府掌管。他移居深宫，谢绝群臣，不再出朝视事。

此诏一下，朝廷哗然，许多大臣激烈反对。刑部郎中萧俨冒死进谏，指出："兄终弟及只是在先王晏驾后，儿子年幼，才不得不变通一下，传位给兄弟。如今陛下富于春秋，正是继承先帝遗志，为中兴大唐大有作为之时。深居宫禁，谢绝群臣，是万万不应该的。"老臣宋齐丘也上疏说："自古以来帝王不能只靠自己一个人的耳目来知道天下的事，要靠天下的耳目，这样才能无论远近，群情世态都能知道。这是因为帝王能延接各方面的人，不受隔绝的缘故。如果陛下退入深宫，再想了解民情，就难上难了！"

李璟见此举遭到众臣的反对，不得已只好收回成命，宣布他以后仍出朝视事。但实际上他只是为了缓和一下舆论，连每隔三五日坐朝他都不能坚持，只是在心情愉快时，才临时派人去通知文武大臣，叫他们上朝来奏事。平日，大臣有事，仍是只能向元帅府通报，由元帅府视情节轻重，再请圣断。这样，南唐军政机构办事十分迟缓，朝政变得暮气沉沉。

李璟执政后，一反烈祖时崇尚俭朴的风气，生活日趋奢华。他违背烈祖遗诏，动用巨额钱财和人力为他父亲修建陵墓。他热心的只是一年四季不断的宴饮、赏花、赋诗、赏雪。保大七年(949)他别出心裁地下令要举办一次内香宴，要后妃和亲王大臣带夫人都来参加。凡是参加宴会的人，都必须随身佩带装有名贵香料的绣花荷包和掺有香料的食品，到酒宴上拿出来比赛。为了争宠斗艳，后妃和贵夫人想尽办法去搜罗各种各样的名贵稀有香料，竟搜罗到 92 种之多，不少是海内外的罕见珍品。这样一次内香宴耗费的钱财，足够南唐百姓吃上一年半载了。由于李璟带头崇尚奢华，宫女全部换成了妙龄少女，这些少女人人争学时髦。当时宫中盛行一种北苑妆，嫔妃、宫女都戴缕金丝头饰，以“花饼”饰于额头上，成为五代十国时期有名的一种宫廷妆。

由于李璟奢华过度，对农民的搜刮日益增多。逼得农民只好逃荒要饭，甚至群起造反。就在李璟举行内香宴的前后，淮北就爆发了农民起义，李璟只好派出军队前往镇压。

尽管国内阶级矛盾加剧，政局不稳，但是李璟这位具有词人气质、多愁善感的君王，仍然沉溺于他的诗词创作之中。李璟在未当太子时，生活优裕而少拘束，有种种幻想，也热恋过一些少女。成为太子、特别是当上皇帝后，他深居宫禁，不能与外面的女子随便谈情说爱，这使他常常苦闷。虽然皇宫里有的是从民间强选来的少女，但是她们与李璟没有真实的爱情。因此李璟常常回忆他早年的恋情。他写的词，传世的只有四首，写的都是个人苦闷怨恨的心情。

由于李璟喜爱诗词文学，他也乐于有人与他唱和，因此他任用大臣时，往往只重文才，不问品德。他任用最久的宰相冯延巳就是因为在写词上有独到的功夫而官运亨通的。还有他继位后重用的陈觉、冯延鲁、查文徽、魏岑等，连同冯延巳，被时人称为“五鬼”。即使这是当时政敌攻讦之词，但从史实看，此五人确实是误国误民的平庸之辈。

在这样一些文人学士、贪官污吏、平庸之辈组成的中枢机关统领下，南唐政府当然不可能改革政治，也提不出一套统一南北的正确方略、政策来。中主李璟重任风雅文士为政，这正是最终走向亡国的原因之一。

国不泰何以服外

李璟执政后，两次对邻国用兵，得不偿失，以致国力大损，国势从此一落千丈。

保大三年(945)，闽国发生内乱，李璟指派五鬼之一的查文徽率兵出征，企图一举吞并闽国。南唐军队从江西攻入福建时，因道路险阻，行军很困难。建州(今福建建瓯)一带人民，厌恨闽国内战，反对闽国的苛政盘剥，争先恐后，伐木开路，俘获闽国主王延政。可是南唐军战胜后，烧杀掳掠，无所不为，使福建人民大失所望。李璟却认为查文徽等有功，竟不问大掠之罪。汀、泉、漳三州相继降南唐,南唐军想乘胜攻下福州。五鬼之一的陈觉自称能劝说福州割据者李仁达来投降。陈觉到福州后,遭到李仁达的冷落。陈觉恼怒,回到建州,竟假传圣旨,擅自发兵,以五鬼之一的冯延鲁为将,围攻福州。李璟得知后虽大为恼火,但也只好默认既成事实,又派五鬼之一的魏岑率军去支援。到保大四年十月,南唐军队已攻到福州东武门,但因诸将阵前争功,而不能攻克。保大五年吴越救福州兵自海上登陆,南唐军派出大批弓箭手,向海滩上立足未稳的吴越军猛射,吴越军顿时乱了阵脚,快要全线崩溃。可是这时冯延鲁却突然想出一个莫名其妙的主意:要让南唐军向后撤,让吴越军重新登岸,再予全歼。陈觉接受了这个主意,下令南唐军后撤半里。这时吴越军卷土重来,与福州城内李仁达配合作战,使南唐军队两面受敌,溃败于福州城下,士卒死二万余人,丧失了大批军资器械。南唐江西各州仓库储蓄的物资(占国库的一半),经过这次战争的消耗,几乎用光了。

更为严重的是,南唐不仅受到重大损失,也失去了对中原采取行动的时机。保大四至五年间,契丹入汴,后晋灭亡,这正是中原大乱的时刻。后晋的密州(今山东诸城)刺史皇甫晖,棣州(今山东惠民东南)刺史王建率众投奔南唐,淮北许多义兵首领也要求南唐援助。南唐本以唐室后裔自居,在这时,如果打出这个旗号,并处理得当,统一中原并不是不可能的。

可是南唐已被福建绊住手脚,无法行动。南唐军在福州大败后,元气亏损,更谈不到北定中原了。

保大九年(951),湖南马氏兄弟争国,南唐派边镐从江西取潭州(今长沙),刘仁赡从武昌取岳州,一举灭楚。南唐君臣得此成功,高兴得忘乎所以。李璟以为"天下一家"指日可望。魏岑在宴会上居然说:"等到陛下北定中原时,望能赐我魏博节度使的职务。"中主李璟居然满口答应,魏岑也恬不知耻地立即下跪谢恩。昏君庸臣实在是做白日痴梦。当时也有头脑冷静的人,有一个叫高远的说:"我们乘荆楚内乱,所以取其地很容易,但是看到南唐朝廷上这些人的本事,要守住是很难的。"不久事实的发展,证明了他的判断是正确的。

到了第二年,湖南荆楚旧将刘言起兵反南唐,南唐军队很快便被赶走了。

为什么旋得旋失,如此容易?有一个叫孙朗的将校,先从淮北投奔南唐,后来又在湖南叛变南唐。他说:"我在金陵数年,对南唐的政事看得比较清楚,南唐朝廷上没有贤臣,军队中没有良将。中主不辨忠佞,赏罚不当。这样的国家不完蛋就算是幸运,怎么可能去兼并别国呢!”孙朗这个人,人品固然不可取,但他对南唐政局的分析是有道理的。

李璟丢失湖南,灰心已极,不想再用兵了。然而这时后周已强大起来。南唐不可避免地要受到中原强敌的强大军事、政治压力了。

认输

保大十一年(953)春天,南唐有一平民叫邵棠的给中主李璟上书,指出“北朝(指北周)政治修明,励精图治,有可能要南征,望我朝早做抵抗的准备。”邵棠的上书是非常及时的。当时后周建立仅三年。由于后周的统治者郭威出身于破落官僚家庭,从小就是个孤儿,18岁应募做军卒,靠着自己一身勇力和能书算,一步步爬上去,比较了解民情。他即位时已48岁,三十年的军旅生活给了他丰富的社会阅历和斗争经验。由于曾在颈上刺了飞雀,他自称“雕青天子”。即位后,他常以前代史事为借鉴。郭威虽然在位仅3年多,他的继任者柴荣,在位也只五年多,但是他们却对政治、经济进行了大刀阔斧的改革,事功可观。郭威和柴荣都很注意节约,力求朴素,这与南唐的奢华形成了鲜明的对照。后周出现了蒸蒸日上的势头,南唐却是江河日下。郭威、柴荣注意减轻百姓的负担,惩治贪官污吏,发展生产,兴修水利,进行了军事改革。他们有统一的雄心。后周显德元年(954),郭威去世,柴荣新立。高平一仗柴荣指挥,打败了北汉和契丹联军。显德二年二月又连取后蜀的秦、凤、阶、成四州,取得了用兵的成功。

可是这时李璟却想休兵了。有人对李璟说:“但愿陛下数十年不用兵。”李璟说:“数十年算什么。”意思是自己寿命比数十年要长,最好是这辈子不再用兵了。这真是昏君说梦话。保大十三年(955)十一月,后周柴荣即下诏南进南唐了。周世宗柴荣命李谷、王彦超等率军侵淮南,自己率军攻寿州。

周军来攻,中主李璟才知道国难当头了,看来要想休兵,莫异于坐以待毙了,于是他被迫调兵抵抗。可是他仍然十分昏聩,任命的统帅刘彦贞又是一个纨绔子弟。此人从小生长在富贵之家,只知道贪污聚敛,根本不懂兵法,也从未打过仗,但十分喜好虚荣。他任节度使多年,军政上毫无实绩,但会奉迎权贵。他搜刮到财物就去贿赂权贵,家中也积财巨万。这样的蛀虫被五鬼中的魏岑夸奖为“文武全才,古今少有”,于是李璟就任用他来对抗后周军。

保大十四年(956)春,后周将李谷败南唐军于上窑(今安徽怀远县南)。随后,周主率师南侵,刘彦贞率南唐军与后周军战于正阳(今河南东南部淮河北岸)。当时后周军故意示弱弃营后退,据守一浮桥。刘彦贞下令追击。刘仁赡很有作战经验,认为后周军肯定有埋伏,劝刘彦贞屯兵不前,养精蓄锐,待机而动。刘彦贞却狂妄地说:“敌军听到我的大名,就会害怕的逃跑,不追击还干什么?”裨将臧师朗贪功轻敌,恃勇寡谋,急发兵至正阳争夺浮桥。结果被后周军伏兵所败,将士死伤万余人,军器损失30多万件。刘彦贞战死,臧师朗被俘。残部奔赴寿州与刘仁赡会合。

南唐军战败后,李璟曾表示要率师抵抗,但是一些臣子极力劝阻,李璟决心又变了。但是柴荣却三次率军来攻南唐寿州。寿州守将刘仁赡坚守不退,后周军一时攻不下来。柴荣决定奇袭南唐东都扬州。东都守将贾崇和冯延鲁,毫无准备,白天宴饮歌舞,晚上高枕无忧,后周军一到,东都就陷落了。李璟知道后大为恐慌,接二连三派人去向周世宗求和,表示决心“以小事大”,“岁输贡物”,哀求后周军不再南进。还表示只要后周军北撤,什么条件都可以答应。又暗中派使者走海路去向契丹求救。但是周世宗不答应北撤,去契丹的密使又多被后周军截获,李璟一时手足无措。

到保大十五年(957)正月,后周军围攻寿州已一年,虽然伤亡万人,还是攻不下来。周世宗决定又一次御驾亲征,决心攻下寿州,从精神上打垮南唐。周世宗先分割消灭寿州城外的南唐援军。刘仁赡得知外援已绝,晕了过去。部将见大势已去,开城投降。寿州失陷,李璟更是惶惶不可终日,决定立即派人再度向周世宗求和。不久,后周军又攻下泰州(今江苏泰县)。李璟这时已不想作任何抵抗了,只忙着求神问卜。为了逢凶化吉,他命明年改年号为中兴元年。就在大军压境、金陵都城岌岌可危时,李璟居然还相信可以中兴,真是痴人说梦!就在中兴元年头两个月里,海州、楚州、舒州相继失陷。李璟想到《易经》上有“天地交泰”的话,认为如果改元交泰,就可能扭转局势。可是中兴也罢,交泰也罢,改个年号顶什么用!事实是败局已定。在走投无路的情况下,李璟又打算退位。就在这时,周世宗已到达江北,耀兵于江上。李璟怕后周军渡江,攻下金陵,就派陈觉向后周奉表,进贡方物,表示愿意取消皇帝称号,改称藩王,甘心作后周的附庸。周世宗考虑到军事政治形势的需要,决定适可而止,同意讲和,让南唐作后周的附庸。至此,烈祖李昇辛辛苦苦经营20多年创立的帝业,传到李璟手中,竟然就这样被葬失殆尽了。经过谈判，南唐献出淮南江北十四州、60个县的土地；取消交泰年号，改奉后周显德正朔；每年进献10万钱贡品。李璟改称江南国主。为避后周太祖的庙讳，李璟改名李景。他再也不能穿赭黄色的龙袍，连宫殿上象征帝王的一些装饰品也得取下来，这是多么大的屈辱！那时南唐江南无盐田，李璟上表给周世宗，要求把海陵（今江苏泰州市）一地拨还给南唐，使百姓有盐吃，可是周世宗不答应，只同意每年卖30万斛盐给南唐。南唐既丢国土，又失盐税，每年还要用土特产去与后周换盐，国库更为空虚了。

李璟看到金陵面临前线，认为太不安全，决定迁都洪州（今江西南昌）。显德六年(959)周世宗柴荣病故，第二年年初赵匡胤发动政变，夺位建立北宋。北宋建隆二年(961)二月，李璟迁都南昌。由于南昌生活不如金陵方便，迁都后文武百官叫苦连天，纷纷央求迁回金陵，李璟只好同意。可是刚要上路，他就突然病倒了，六月，李璟病故于南都长春殿，时年46岁。

李璟即位时正处在南唐历史上的关键时刻，历史给他提供了一个地主阶级政治家建功立业的舞台。但是由于他生性疏懒，贪图安乐，外事轻率，胡乱用兵，又近小人、远贤臣，结果在位近20年，不仅没有什么建树，反而把一个好端端的南唐搞得积贫积弱。在东征西伐中给本国和邻国带来了灾难和痛苦，使国势转衰。在后周南进，南唐面临生死存亡之时，又毫无作为，终至兵败，由独立自主的国家降为附庸。中主不是一个暴君，文学上也有建树，但作为一个地主阶级政治家，他不仅未能重新统一中国，反而屈辱为臣，留下了千古笑柄，给后人以政治兴亡的深刻教训。

李璟死了，他把国运空蹙的南唐留给了他的儿子后主李从嘉。但是偶然继位于社稷岌岌可危之时的后主又有何异呢？南唐的灭亡已是不可逆转了。

国运日穷蹙

李从嘉原有五个哥哥，但都在幼年和青年时期去世。他的位置由第六而第五，而第四、第三……终于在交泰四年(961)二月被立为太子。六月，中主李璟去世。七月，李从嘉在金陵即位，后改名李煜。

这时的中原地区，赵匡胤已经取代后周，建立了宋王朝，史称北宋。赵匡胤就是宋太祖。北方易主，南唐依然称藩。虽然宋是初建，暂时还没有作灭亡南唐的打算。但是它的势力一天天扩大，对国运日蹙的南唐却是一个极大的威胁。

如何保住自己的统治,成了刚刚即位的李煜必须要考虑的问题。

就当时的形势看,虽然经过与后周的战争,南唐的疆域已经缩小了,但它仍控制着长江下游和中游的部分地区。这里土地肥沃,物产丰富,人力充足。如果政策得当,用得其人,中兴南唐不是没有希望的。可是,正像宋太祖评论的那样,李煜只算得上一个好的翰林学士,却根本不是一个好的君王。这时他对宋竭尽全力曲意奉承,只求作宋的藩属国,能让他保存这余下的残破江山。因此,即位之初,即派中书侍郎冯延鲁带着大批礼物和亲自书写的表章,到宋的都城汴京(今河南开封市),报告自己沿袭王位的经过。表章写得极其谦恭得体,说明自己本非应当继位的嫡长子,又无真才实学,完全出于偶然,才登上了王位;自己一定按照先君的嘱咐,遵奉宋朝正朔,保守臣节。

看到李煜的表章,宋太祖放心了。他知道,这样一个君王,对中原土地是不会有奢望的,对宋王朝是不会有威胁的。于是,他派大臣带着诏书,来金陵祝贺南唐新君继位。为了进一步打消宋太祖的疑虑,显示自己真心实意作宋的属国,李煜准备了两套礼服。一套是紫色的藩王礼服,是在接待宋朝使者时穿的,以示自己甘为藩属;另一套是赭黄色的皇帝礼服,是平时上朝召见大臣等南唐内部活动时穿的,来享受一下当皇帝的威风,其实这时他已称为南唐国主了。这是一种多么可怜可悲的举动。同时,也反映出了李煜这时的矛盾心理:一方面安于现状,不思振作;另一方面又不甘彻底归顺宋朝,还做着偏安江南的美梦。

李煜的这种矛盾心理,在其他事情上也不断表现出来。公元972年,李煜下令,贬损仪制,改诏称散,中书门下省为左右内史府,或左右内侍府,尚书省称司会府,御史台为司宪府,翰林院为艺文院,或文馆,枢密院为光政院,大理寺为详刑院,客省为延宾院,官号也随之改易,以避中原宋廷,从形式上看,好像是北宋中央政府的下属机构。为了苟且偷安,他在即位之初,就接二连三地派使臣,带着大批金银财物到汴京朝贡,以求宋太祖暂时不要打南唐的主意。同时,他也知道宋太祖早晚是要南下的,为了保住半壁江山,光靠朝贡大概是不行的,还得作些真正有力的准备。于是即位之初,封自己的弟弟韩王从善为司徒兼侍中、诸道兵马副元帅,组织训练军队。同时又设置了龙翔军,负责操练水军。为了防备宋军攻势太猛,李煜连退路也作了安排。他封自己的另一个弟弟邓王从益为司空兼南都留守,让他负责建设和管理南昌,以便在金陵难守时,好退保江西。

但是，李煜的想法实在是大错特错了。宋太祖是不是进攻南唐，并不决定于李煜进贡的多少，而是决定于形势和需要。一旦时机成熟，宋军决不会停留在江北的。相反，一次又一次的进贡，把江南府库中的大量财富投进了汴京的无底深渊，结果白白消耗了自己的力量，却支援了自己的对手。经过连年的朝贡，使南唐府库枯竭，经济上困难越来越大。南唐烈祖时代的繁荣景象一去不复返了。

信佛求安惟屈卑

尽管国势日趋败落，府库枯竭，民怨纷起，宋王朝的威胁日益加剧，李煜仍不思振作，只是一味沉湎于宫廷宴乐、诗词歌舞之中，整日与皇后周宪卿卿我我，恩爱缠绵。

周宪小字娥皇，史称大周后。据史书记载，她是一个非常漂亮的才女，“通书史，善音律，尤工琵琶”，“至于彩戏弈棋，靡不绝妙”。她的这些专长，正好和李煜的爱好一致。李煜自小喜欢琴棋书画，尤其擅长填词，因此二人颇为情投意合。特别是她又善于梳妆打扮，有时梳上一个高高的发髻，有时又穿一套紧身束腰的衣服。服饰经常变化，更使李煜喜爱非常。

一个冬天的夜晚，雪花纷纷扬扬，李煜和大周后在宫中饮酒作乐。酒酣耳热之际，娥皇让李煜起舞。他回答道：“你要能创作一首新曲，我就可以伴着它起舞。”娥皇并不推诿，口不停歌，笔不停书，顷刻谱成一曲，起名《邀醉舞破》。接着又谱了一首名为《恨来迟破》的曲子。李煜自然也就随着新曲舞蹈一番。据说，唐朝开元盛世时期，宫廷中流行一首著名的曲子叫《霓裳羽衣曲》。后来经过长期战乱，留传下来的曲谱已经残破不全；因为时间长久，人们对这首曲子也已渐渐淡忘了。大周后得到了这一个曲子的残谱，用琵琶试着弹奏，并把它补续完整。于是，盛唐时期的音乐，又流行于南唐宫了。

李煜每日与大周后宴乐于宫中，根本不把国事放在心上，致使政务俱废。为此，监察御使张宪上书进谏，希望李煜能改弦更张，注重国事。李煜对张宪的劝谏，却一分也没有接受，仍旧日日宴乐，夜夜歌舞；对其他人的劝谏，也同样当做耳旁风。

可是，两人的恩爱生活并没能长久，宋太祖乾德二年(964)底，大周后病逝，这年她只有29岁。她的去世，使李煜非常悲痛。他亲自写了一篇数千字的《昭惠后诔》来悼念她。此外，他还写了一些哀悼大周后的诗词，其辞切切，感情至深。

虽然李煜与大周后的感情甚笃，但他和封建社会其他君主一样，也不是那么专一的。就在大周后病重期间，他已经和她的妹妹（史称小周后）同起并坐于花前月下，同眠共宿于宫中密室。李煜曾有几首《菩萨蛮》词，描述了他与小周后幽会的情景。其中一首：

“花明月暗笼轻雾，今宵好向郎边去。刬袜步香阶，手提金缕鞋。画堂南畔见，一晌偎人颤。奴为出来难，教君恣意怜。”

勾画出小周后倒提着金缕鞋，只穿着袜子，轻手轻脚，心神不定地出来与情人相会的形象。另一首：

“铜簧韵脆锵寒竹，新声慢奏移纤玉。眼色暗相钩，秋波横欲流。雨云深绣户，来便谐衷素。宴罢又成空，梦迷春睡中。”

叙述了两人幽会宴乐的情景。这些词正是李煜追求声色、沉湎宴乐的自画像。

北宋开宝元年(968)十一月，李煜正式立小周后为国后。从此，大周后去世留在他心上的阴影渐渐淡漠了，他们又开始了新的朝朝歌舞、夜宴乐乐的生活。据史书记载，小周后“警敏有才思，神彩端静”，受到的宠爱更超过了她的姐姐。

富丽堂皇的宫殿大概是住得太久了，李煜又别出心裁地命人在群花丛中建起一座小亭，以红罗围绕，并装饰着名贵的玳瑁和象牙，雕镂得十分精巧。亭子建得极小，只能容得二人促膝而坐。李煜与小周后就在小亭中饮酒取乐，作艳曲而歌之。除了小周后外，宫中还有几个得宠的妃嫔。有一个叫窅（yǎo，音咬）娘的，生得很苗条，又善于歌舞。李煜让人制作了一个金莲台，高约六尺，饰以金珠宝物，莲花中间作成五色彩云状。让窅娘用帛缠足成新月形状，穿上素袜在莲台上回旋舞蹈，大有凌云之态。但高居皇位的天子之壮志却荡然无存。

成日的欢乐，耗去了李煜的绝大部分精力，什么国家，什么政务，全都置诸脑后。其实，这时的南唐，早已不是昔日的模样，原属南唐的淮南江北之地，早已割给了后周。看着他这样乐而忘忧，大臣们很是不满。韩熙载曾有诗讽刺道：“桃李不须夸烂熳，已失了春风一半。”这些话传到李煜耳中，他只当没听见，每日仍与小周后等歌舞宴会于宫中。李煜有一首《浣溪沙》词，记录了这种场面：

“红日已高三丈透，金炉次第添香兽，红锦地衣随步皱。佳人舞点金钗溜，酒恶时拈花蕊嗅，别殿遥闻箫鼓奏。”

彻夜的歌舞,把红地毯都踏皱了,歌舞的乐声远播到宫外。不仅如此,他还作起另一桩荒唐事,即在南唐境内大兴佛事。

李煜信佛,并不是继位以后才开始的。早在他当皇子的时候,为了躲避长兄的妒忌,除了每日读书习画外,也曾参禅拜佛,与和尚尼姑交往,以示看破红尘。即位后,南唐国运穷蹙,他不是完全不知道。但是用什么方法去振兴国家,他不往这上面用心思。除了向宋朝进贡外,他就把希望寄托在佛教上,企望得到神佛的保祐。

北宋开宝三年(970),李煜下令在南唐境内广修佛寺,奉佛念经。他自己也身体力行,每日朝罢,就与小周后穿上僧衣,戴上僧伽帽,披上袈裟,双双到寺院诵经拜佛。大概跪拜次数太多,他们的额头都磕肿了,看上去就像长了瘤子一样。这样一来,南唐境内一时寺院林立,出家人越来越多,国家用于佛事的支出越来越大,生产受到了很大影响。同时,由于他热衷于此,对国家政务就更不过问了。

这时,全国的形势又有了新的变化,宋朝已先后灭亡了荆南、后蜀,至开宝四年(971)又灭了南汉。这时,宋军屯驻于汉阳,居长江上游,对南唐形成了南北夹击的形势。李煜得知后,非常恐慌,急忙派太尉中书令的弟弟韩王从善为使臣,带上大批财物到汴京朝贡。同时又上书给宋太祖,请求将自己南唐国主的称号,改降为江南国主,并请今后宋朝如有诏书给他,就直书其名。第二年,他又下令贬损仪制,就是把过去自己使用的一套代表等级身份的器物、装饰、礼节、服装、各级职官等,都降低规格,以示自己是真心实意地作宋的藩属。堂堂天子之尊夫复何存?

对于宋向南唐的步步进逼,李煜只知卑躬屈节,就是不知振作精神,励精图治。当时南唐去北方经商的一些商人,途中见到荆南停泊有数千艘宋的战舰,建议秘密派人去焚毁它,给宋朝一点打击。懦弱的李煜却不敢采纳这个建议。

对李煜的所作所为,正直忠心的大臣们早有异议,也有人采取各种方式进谏。开宝六年(973),内使舍人潘佑上书,痛陈对国家局势的看法,言词甚为激烈。李煜虽然表面上多次赐手札嘉奖他的忠心,但心里是老大不高兴。而且对他的意见完全置之不理。潘佑愤而上书请归乡里,同时再次上书万言力谏。这次李煜却发怒了,认为潘佑是受了与其交厚的户部侍郎李平的指使,于是先把李平逮捕下狱，又派人去逮捕潘佑。潘佑被逼自杀，李平也在狱中吊死。与此同时，李煜还因猜忌，派人毒死了忠于国家、以沉毅果敢著称的将军林仁肇。这些都更削弱了自己的力量，给宋灭南唐创造了有利的条件。南唐亡国的厄运就要来到了。

保社稷，犹如困兽之斗；被俘王，受封违命侯

李煜除了成日沉湎于诗词歌舞、奢侈淫靡之中外，在他即位以后，还特别喜欢书画。

李煜喜欢书法绘画，自然对与书画有密切关系的文房四宝特别喜爱。他除了收藏四宝中的珍品外，也注意对这些东西制作技术的改进完善，以显示南唐是个文化之邦。他对自己境内出产的名贵的徽墨、宣纸、歙砚的制作非常重视，经常亲自监督制造。他还常与工匠们研究制造技术，并给予种种方便。

当时宣州有一位著名的造纸工匠，能用竹子作原料，制出精美绝顶的纸。李煜听说后，派人把他请到金陵，专门为他在宫中的澄心堂建了一个造纸作坊。李煜常来看工匠们工作，见到工匠们忙前忙后，他也情不自禁地为他们打起下手。在李煜的亲自主持下，南唐宫中制出了品质优良的澄心堂纸。

制出了好纸，当然得配以好砚和好墨。歙州出产的歙砚，质量已经很不错了。但是为了使它更上一层楼，李煜还专门在歙州设置了砚务衙门，负责砚的生产与改进。

制墨也是他非常关心的事情。为了制出上等佳墨，他也像造澄心堂纸一样，特地把民间著名的制墨工匠请进宫来，并在澄心堂附近的庭院里设置了制墨作坊。在李煜的支持下，这里制出的墨很快名扬天下，当时各地方政权都派人到南唐来订购。

由于有最高统治者的提倡和支持，南唐的文化事业得到发展。在当时战乱局面下，南唐在文化发展方面，是首屈一指的。

李煜还有一些与其他各代腐朽君主不一样的地方。据史书记载，他虽然生活荒淫奢侈，但是治国治民并不是很酷烈的，甚至还有“仁义之行”。有的史书记载说他为人优柔典雅，“天性友爱”，与兄弟之间相处很是和睦友善。比如他曾派遣自己的弟弟从善到宋朝进贡，宋太祖把从善留在汴京作人质。李煜曾上表请求放从善回金陵，宋太祖不许。他为此心情很不愉快，把“四时宴会皆罢”。

李煜的这种性格特点，不能说是缺点，但是这与他所处的时代和地位，是极不相称的。有人说，如果李煜生在太平的时代，做一个太平的国主倒还可以敷衍一世。可惜他生在离乱之时，一个书生国王是不能保社稷的，这种评论是有一定道理的。

正当李煜还沉湎于歌舞宴乐之中时，亡国的灾难袭来了。开宝七年(974)，宋太祖派使臣到金陵，要求李煜到东京，与太祖一起参加祭祀活动。宋使面带傲色地对李煜说："大宋天子今冬行柴燎之礼，国主宜往助祭。"李煜不敢正面答复，用其他话遮掩过去。不久宋使又到，再次要求他北上，并威胁说，宋朝就要出兵南下，李煜应及早到汴京去。这当然是宋太祖想用威胁手段，迫使他投降，可以免动刀兵。李煜又托病推辞。

种种迹象表明，宋朝就要大兵压境，吞并南唐了。面对这种形势，李煜既然不愿入朝去做囚徒，拒绝投降，决定作困兽之斗，只好作最后一拼了。他下令金陵和沿江地区紧急戒严，宣布废除过去使用的宋朝年号，改用干支纪年，以示与宋决裂。但是他又拿不出个实实在在的办法来，任用的主将又是个只图私利，并不愿为国效忠的人。这就更加快了南唐的灭亡。

宋开宝七年九月，宋太祖以李煜拒绝到汴京、对抗朝廷为理由，派大将曹翰、曹彬、潘美等，率领大军，水陆并进，向南唐发起了全面进攻。宋军势如破竹，锐不可当；南唐军却不堪一击，接连败退。次年六月，宋军渡过长江天堑，兵临金陵城下。这时，李煜却仍在宫中与后妃们取乐，城外的战事如何，一点也不知道。11月27日深夜，宋军攻破金陵，李煜走投无路，只得率领当时在宫中的四十多名文武官员出宫投降。第二天，李煜带着全族上下三百余口和被俘的文武百官，登上宋军的战舰，冒雨北上，终于踏上了去汴京的道路。可这时他的身份，已是宋朝的俘虏了。

路上行程一个多月，开宝九年(976)正月，李煜一行到达汴京。宋太祖下令在明德楼前举行受降仪式。正月初四日，宋太祖端坐于明德楼上，李煜着白衣戴纱帽，匍匐于明德楼下，昔日风流倜傥的神态，一丝也没有了。据说，看着李煜这模样，宋太祖曾感慨地对左右说："李煜只能算是个翰林学士，怎能当一国之主呢！他如果能用写词的心思去治国，也不会落得这么个下场。"于是封他为违命侯。囚徒，虽然名为封侯，实际上过着比囚虏还要难堪的生活。况且"违命"二字本身就包含着巨大的侮辱。直至公元977年,40多岁的南唐后主李煜在生日晚上饮鸩暴崩,结束了他的两年多屈辱的俘虏生活。

才华学士　败国二主

作为一个以词名世的末代君主,李煜一生写了不少佳联名句。由于是一个亡国之君,前后期的生活变化巨大,就使他的词作呈现出不同的面貌。

他在亡国以前的作品,有的是描写豪华的宫廷宴乐生活的,如前面举过的那首《浣溪沙》。有的是描写他自己恋爱生活的,如前引的那两首《菩萨蛮》。还有些作品,是他平时触景生情,随手而作,从一些不同角度,反映了他的片断生活。这个时期的作品,往往写得艳丽多彩,笔法细腻,但在内容上则不如亡国后的作品饱满充实。

做俘虏后,行动就不那么自由了。他处处受到监视,物质生活也大不如前。宋太祖时给他的待遇还算不错,到宋太宗时就越来越差了。夕日天子之身,受此囚虏之苦,实在颇有感慨。他在给金陵旧宫人的信中,形容自己当时的处境说:"此中日夕,只以眼泪洗面。"可见这时的生活是多么的悲惨。这当然更引起他对旧日生活的回忆和对故土的怀念。他在《相见欢》中写道:

"无言独上西楼,月如钩。寂寞梧桐深院锁清秋。剪不断,理还乱,是离愁,别是一番滋味在心头。"

表现出他这时心思烦乱、愁绪满怀的形状。

对故国的怀念,也时时在他的作品中表现出来。如他在《虞美人》中写道:

"春花秋月何时了,往事知多少。小楼昨夜又东风,故国不堪回首月明中。雕栏玉砌应犹在,只是朱颜改。问君能有几多愁,恰似一江春水向东流。"

他这时的名作《浪淘沙》,把自己的处境,自己的亡国之痛,描述得更加细致入微。

"帘外雨潺潺,春意阑珊。罗衾不耐五更寒。梦里不知身是客,一晌贪欢。独自莫凭栏,无限江山。别时容易见时难。流水落花春去也,天上人间!"

这时,李煜除了感怀叹息,怀念故土外,也时时回忆起旧时江南的人物,特别是一些忠于旧国的大臣。到汴京第三年的一天,宋太宗派南唐旧臣徐铉去看他,为的是察看一下他是否安于现状,有没有异想。见到头戴纱帽身穿道袍的李煜,徐铉就要下拜。他连忙拦住说:“今日岂有此礼?”两人相对无言,心里都充满了凄苦的滋味。隔了好一会儿,李煜突然说:“当日错杀了潘佑、李平,真是后悔莫及!”徐铉不敢多坐,匆匆告辞出来。

徐铉刚离开李府,就被宋太宗召去。他不敢隐瞒,便把与李煜见面的情况,一五一十地报告了一遍。宋太宗知道李煜对现状是不满意的,恰在这时,又听到他的作品中有“四十年来家国,三千里地山河”,“雕栏玉砌应犹在,只是朱颜改”和“小楼昨夜又东风”、“恰似一江春水向东流”的句子,更加重了对李煜的疑忌,便产生了杀他的念头。

这年夏历七月初七日,正是我国传统的七巧佳节,也是李煜的生日,宋太宗却在这天下决心要处死他。当天晚上,宋太宗命人给他送来了经过反复试验的“牵机药”。服了这种药的人,会不自主地向前屈身,直至头足相就,痛苦而死,宋太宗就是要李煜至死也不能扬眉吐气。李煜不敢违命,只得和泪饮下。随后毒性发作,全身痉挛,痛苦地弯着身子,直到第二天清晨才死去,这时他刚刚42岁。一代国君,满腹才华的学士,就这样离开了人间。

李煜和父亲李璟一样,虽然是昏庸君主,但绝不算是暴君,反而待人处事都很讲感情。而且他和父亲一样都有很高的文学天赋,而其诗词艺术成就较其父更有过之而无不及,他是中华词史上杰出词人。

南唐第二代中主和第三代后主,享祖宗余福,自幼锦衣玉食,不知如何创业,更不知如何守业。中主和后主为人宽厚,不是暴君,在文化上也有建树,都不能完成历史赋予的重大使命,在重新统一中国上建功立业;相反,却保不住一隅江山,屈辱称臣,成了衰败亡国之君。然而历史并不是没有给予他们建功立业的机遇。当然,作为封建帝王,这种一代兴起,二、三代就衰亡的也是屡见不鲜的,在五代十国时也到处可见,可以说这是封建制度下一种带规律性的现象,是封建制度本身造成的。南唐二主只不过更典型地体现了这个规律。但是南唐君王的兴衰史,也给其他阶级的政治家、事业家以启示:如果不注重对继承人的培养、训练,创业难,守业更难。成由勤俭败由奢,这是任何阶级都应重视的历史教训。

井卦第四十八：既颁法令，宜严遵行

【爻词精义】

⊙法令不切实际没用 ⊙有的法令没法用 ⊙有法必行 ⊙法令需要维护 ⊙苛刻的法令不足取 ⊙要有法必依

经文义解

【题解】

本卦以井水养人为喻，阐释了用贤的道理。认为政权虽有更迭，用贤的道理始终不变，但是在具体的用人过程中，却又灵活多变，对于一些本来可用之才，因为时间的推移而变得不合时宜时，理应淘汰；贤士往往因为人事渠道的阻塞而被埋没在民间不能致仕任用，这是人才的莫大浪费；领导者应该重视人才的发掘；贤士也应该不断自我完善，等待时机，造福于人民；贤士被任用而且居于高位时，应始终如一，为国为民。

【原文】

䷯ 井[①]：改邑不改井，无丧无得，往来井井。汔至亦未繘井，羸其瓶，凶。[②]

初六 井泥不食，旧井无禽。[③]

九二 井谷射鲋，瓮敝漏。[④]

九三 井渫不食，为我心恻。可用汲，王明，并受其福。[⑤]

六四 井甃，无咎。[⑥]

九五 井洌，寒泉食。

上六 井收勿幕，有孚元吉。[⑦]

【注释】

①井:卦名。下巽上坎,象征水井。②邑:泛指村庄城邑。井井:从中取水。第一个“井”字用作动词,取水。汔:接近。繘井:淘井。羸:此为倾覆的意思。瓶:古代汲水器具。③不食:不能食用。旧井无禽:井旁植树,禽来栖息,井枯树死,飞鸟不再来。④井谷射鲋:井底小鱼来回窜游。鲋,小鱼。瓮:罐子。敝漏:破旧,此为破碎的意思。⑤渫:治理即淘洗。为我心恻:使我心中悲伤。王明:君王贤明。⑥甃:修整。⑦井收勿幕:修整水井的事已经完成,不须覆盖井口。收,完成。幕,盖。

【译文】

井卦　象征水井。村邑改动而水井不能迁走,每日汲取井水既不会枯竭,也不会满溢。人们来来往往不停地从井里汲水,如果未及水面而毁坏水瓶,则定有凶险。

初六　井底污泥淤积,井水已经不能食用,井枯树死,飞鸟再也不来栖息。

九二　就像枯井只剩井底小鱼来往窜游,犹如打破水罐因而无物取水。

九三　枯井已经淘净仍然没有人取水食用,使人心中凄凉悲伤;水已经能够食用,应该赶快前来取水,君王圣明,与臣民共享恩泽。

六四　水井正在修整,一定没有灾祸。

九五　井水清洌,洁净而且清凉,能食用。

上六　修整水井的事已然完成,无须再盖井口,此时心怀诚信;大吉大利。

【释义】

䷯ 井:改邑不改井,无丧无得,往来井井。汔至亦未繘井,羸其瓶,凶。

[解读]　村落可以迁移,井却依然在原处,既不减损也不增多,来往行人可以汲水解渴,因为井水取之不竭;人们用绳子将瓦罐子往下垂吊,如果未及水面便在井壁上碰碎,那就太不幸了。

[象释]　上卦“坎”是水,下卦“巽”是木,木桶入水,井水上升,所以说是“井”。九二、九五均以阳刚居中,象征井的功用可以恒久,取之不尽,用之不竭。但是,如果井水上升的途径被毁,井里的水再多也无济于事了。

[义理]　本卦以井水养人隐喻任用贤能的道理;国家有兴衰,政权有更迭,但用贤的道理永远不会变更。选贤用贤的渠道,必须畅通;造福于人民的工具,

不可废弃。用贤须谨慎小心,对贤能的使用须贯彻始终,防止功亏一篑。

初六　井泥不食,旧井无禽。

[解读]　井水浑浊便不能食用,年久失修的破败不堪的旧井连鸟雀也不会光临。

[象释]　"初六"阴爻居于最底层,相当于井中最底部的泥水;与"六四"同阴不应,"初六"无上引之象。积之既久,便成为废井,人禽共弃。

[义理]　浑浊的井水不能食用,昏聩的小人不能任用。时过境迁,旧井总有被淘汰废弃的时候;虽然用贤之道不变,具体用人却非一成不变,不合时宜者理应被淘汰。

九二　井谷射鲋,瓮敝漏。

[解读]　井底漏水,注入溪流,只能供养小鱼;犹如破旧的瓦罐,失去了本有的作用。

[象释]　"九二"刚毅中正,如同喷涌的井水,可是与"九五"不相应,难于上升,于是只能与"初六"为邻。

[义理]　一些贤能之士,因为缺少上层人物的有力援引,始终混迹于平民之间,失去了本可以养人济物的应有作用。

九三　井渫不食,为我心恻。可用汲,王明,并受其福。

[解读]　井底的泥沙已经淘净,井水十分清澈,不食用未免可惜;可以赶快汲上来享用,君王圣明,是大家的福气。

[象释]　"九三"阳爻阳位得正,在下卦的最上位,又与"上六"阴阳相应,犹如清洁的井水且有上引的趋势。

[义理]　有些贤士,尽管血气方刚,充满活力,一心想有所作为,替国家人民出力,但未必能及时被发掘使用。这类贤士若能被及时发现、重用,实在是国家之幸、人民之福。

六四　井甃,无咎。

[解读]　用砖石砌井壁,不会有灾祸。

[象释]　"六四"以阴居阴,位得正;但是以柔居柔,性偏弱。"六四"以其性弱而处于井之中部,惟不断自修,充实力量,方可免咎。

［义理］ 有济世之志的贤士，务须注意不断进修充实自身力量，等待时机，厚积薄发。

九五 井洌，寒泉食。

［解读］ 井水甘洁、清凉，可以饮食。

［象释］ “九五”以阳刚居于上卦之中位，刚毅中正，如井水甘洁清凉，尽善尽美，提供人们饮用。

［义理］ 贤明君子居于至尊地位，正是造福于人民之时。

上六 井收勿幕，有孚元吉。

［解读］ 修整水井的事完成后，不要盖住井盖，以便他人前来汲水，存此诚信利人之心，必有大吉。

［象释］ “上六”是本卦最上位，象征井水已被提汲上来，大功告成了，所以“元吉”。因为井水以出井利用为最终目的，所以，在六十四卦中，惟有此卦与《鼎》卦一样上爻象征功成业就。

［义理］ 贤能之士处于最高位时，应当始终如一，继续诚心实意地为民服务。

案例解易

汉武帝挥泪斩外甥

汉朝时期，武帝有一个妹妹，叫做隆虑公主。隆虑公主出嫁以后，一直未生有儿子，到了年纪很大时，才生了个儿子。隆虑公主晚年得子，自是欣喜异常，全家上下也都非常高兴，夫妻俩把个儿子视为掌上明珠，隆虑公主的这个儿子，就是后来的昭平君。

昭平君从小受到父母、家臣的宠爱，养成了十分任性的坏习惯，稍不遂意，他就又骂又打，下人都很怕他，由于他是汉武帝的亲外甥，他父母不管，谁也不敢管教他，昭平君就是在这种任意胡为和一片恭维声中很快长大起来。长大以后，他恃仗自己的特殊地位，非常骄横，常常为非作歹；他有时骑着高头大马，在大街上打马狂奔，吓得行人纷纷闪避，闪避不及的，不是挨他的鞭子，就是被马撞倒，遇到有敢于指斥他的人，他就唆使恶奴，一拥而上，把对方打个半死。老百姓十分痛恨他，一般的官吏也是敢怒不敢言。

隆虑公主和丈夫对儿子的所作所为也早有耳闻，但他们太爱儿子，总是舍不得加以责备，因此，昭平君的骄横更加肆无忌惮。

隆虑公主心中既疼儿子，又非常担心儿子，她害怕儿子这样下去会犯死罪，终日担惊受怕，焦虑不安。不久，隆虑公主就患了重病，虽经宫中名医治疗，无奈病入膏肓，眼看就要驾鹤西归了。她在沉疴之中，仍念念不忘儿子的前程，总想为儿子谋个万全之策，以免自己死后，儿子会遭到杀身之祸。于是他把汉武帝找去，伤心地说："哥哥，我只有一个儿子，可是，他平素又不学好，我们现在也没法管好他了，我害怕我死之后，他会触犯国法，判成死罪，现在，我以黄金千斤，钱一千万，为他预赎死罪，请你答应我，这样，我死也瞑目了。"

汉武帝好言安慰了一番，并当场答应了妹妹的要求。

没过多久，隆虑公主就死了。母亲一死，昭平君更加骄横霸道，目无法纪，无论是谁，他都不放在眼中，整天外出游逛，酗酒滋事。

有一天，他喝醉了酒，歪歪斜斜地在街上乱撞，一头撞在一位老大夫身上，他不但不道歉，反而破口大骂这位老大夫，老大夫气愤不过，回敬了他几句，昭平君竟然拔出腰间短剑，向老大夫猛刺过去，利剑顿时穿透了老大夫的胸膛，鲜血汩汩地流了一地。街上的人都吓坏了，大呼小叫，纷纷躲避。昭平君却像没事一样，拔剑扬长而去，街上的人谁也不敢阻拦他。

杀人案报到主管司法的廷尉那里，因是人命官司，廷尉立即派兵把昭平君抓了起来，把他关押在内宫监狱里。按照汉朝法律，无故杀人者，必要偿命；但由于昭平君是汉武帝的外甥，廷尉不敢专断，便上奏汉武帝，请武帝论断其罪。

汉武帝平时是个执法很严的人，但这件事确使他左右为难。按照法律，昭平君无故行凶杀人，理应判死罪，可是，汉武帝想到妹妹病危时向自己预赎昭平君死罪的情景，又觉于心不忍，禁不住垂泪叹道："我妹妹年纪很大才生了这么个儿子，病危时又向我预赎了他的死罪，现在他真的犯了死罪，叫我怎么办才好呢?”

左右大臣见此情况,也纷纷上前说情,劝谏道:“既然公主生前已向陛下预赎了昭平君的死罪,陛下就赦免了他吧。”

但是,汉武帝毕竟是个有所作为的君主,他沉默了很久,然后抬起头来,望着群臣缓缓地说:“法令是朝廷制定的,如果我庇护外甥,而破坏了法令,岂不有负于民?这样一来,我还有什么脸面进高祖庙呢?”

说完,他毅然忍痛判斩昭平君。下罢诏令,汉武帝已经泪流满面,悲伤不已。众大臣也都默默无言。

昭平君被押在监狱里,根本没有意识到会有大祸临头,他不相信舅舅汉武帝会判自己死刑,认为顶多不过罚点钱完事,等到听了宣读诏令,他才知道什么叫犯国法,但已为时太晚了。

“强项令”董宣

东汉的董宣,为人耿直,刚直不阿,执法如山,凡事以理为先,不管其人是谁,真有股“唯将直气折王侯”的气概。

西汉末年和王莽时代的残暴统治,在人民起义的浪潮中被推翻了。汉光武帝建立东汉王朝以后,吸取西汉政权和王莽统治被推翻的教训,统一全国后,采取了一些措施,与民休息,恢复社会生产,先后九次发布关于释放奴婢和禁止残害奴婢的命令,并多次下诏减轻人民的租税和徭役,还大赦天下,兴修水利,裁撤冗员等,这些措施有利于社会秩序的安定,缓和了社会矛盾,有利于社会经济的恢复和发展,史称光武中兴。

汉光武帝刘秀颁布了许多法令,以维护和巩固自己的统治,但这些法令仅仅对老百姓有用,对皇亲国戚就没那么有用了。光武帝的大姐姐湖阳公主,就仗着兄弟做皇帝,骄横异常,随心所欲,目无法纪,甚至她家的奴仆也不把朝廷的法令放在眼里,为非作歹,胡作非为,周围的人和许多官员都怕她,小心翼翼地去逢迎她、巴结她。

那时候,有一个洛阳令,名叫董宣,生性刚直,对皇亲国戚的骄横不法非常不满,他认为皇亲国戚犯法,应当同百姓一样治罪,而不能有什么特殊,他虽然官职不大，但刚直不可，宁死不向权贵屈服让步。因而汉光武帝赐之为“强项令”，时人又称他为“卧虎令”。

董宣，字少平，陈留（郡名，治所在陈留，今河南开封市东南）圉（今河南杞县南）人，出身微贱。最初被司徒侯霸征辟，专门负责评定一些地方官吏们统治政绩和优劣。这期间他工作努力，不徇私情，受到上级主管的好评，于是被任命为北海相。他所管辖的这个地区，有些豪强地主鱼肉乡民，欺压百姓，残害无辜，无恶不作。他决心改变这种混乱局面，使当地人安居乐业。

当地有个很有权势的豪富大户，名叫公孙丹，是一个武官。此人一贯作威作福，当地人迫于他的地位和权势，都敢怒不敢言。公孙丹花了很大一笔钱，建造了一座相当豪华的住宅。但有位风水先生说，这座深宅大院，没福气的人住不得；有福气的人住进去，也得先死一个。但又说，有办法补救。当时迷信认为，可以先找一个替身冲掉那股丧气。目无法纪、残忍歹毒的公孙丹当下就叫他儿子杀死一个过路人，把尸首抬进新屋，以免自家人遭殃。董宣得知这件事后，很是生气，立即派人将公孙丹父子捉拿归案，详加审问，依法判处公孙丹父子死刑，为无辜的死者伸冤报仇。当地老百姓拍手称快，都认为董宣为他们做了一件大好事。但公孙丹乃一方豪强恶霸，家丁众多，当下他们亲戚、家丁、死党带着 30 多人，手执兵器利斧直奔相府前鼓噪威胁。董宣毫不畏惧，率府兵击退了他们。后他又查出这帮家伙曾参与王莽阴谋篡权活动，并与海盗勾结为非作歹，杀人越货，便毫不犹豫地命令部下水丘岑将他们逮捕法办，一并杀之，以绝祸患。

可是董宣的上司青州太守，不问青红皂白，以滥杀无辜的罪名将董宣、水丘岑等判成死罪。董宣更加气愤，在其上司面前丝毫也不示弱，据理痛斥。临刑前，执刑官让他饱餐一顿，董宣厉声说：“董宣生平未曾食人之食，况死乎！”毫不畏惧，上车而去。一同斩首的有 9 人，刚轮到他时，正好光武帝刘秀派专使来了解这件事的经过,便命令把董宣带回牢狱。在狱中,董宣义正辞严地向特使陈说了事情的真相,以铁的事实驳斥了对他的诬蔑,并且大义凛然地说:"公孙丹的案子是我办的,水丘岑只不过是执行我的命令而已,他没有责任,要杀就杀我吧。"光武帝知道后,很受感动,觉得董宣是个难得的人才,便赦免了董宣和水丘岑,并将董宣调到京都洛阳,任洛阳令。

皇城脚下,为官哪能轻松。董宣到任后不久,便遇到了一件更为棘手的案子:原来,湖阳公主有个管家,一贯狗仗人势,横行霸道,这一次竟敢在光天化日之下无故杀人,这还了得!当下吩咐部下去抓。可是这家伙却躲在公主府里不出来,而洛阳令只不过是一个小小的官职,哪能擅自进入侯门,更不用说要进去抓人了。董宣平时就听说过湖阳公主的厉害,知道事情很难办,但董宣决不罢休,等待时机,一定要为死者鸣冤报屈。董宣也着实费了不少心事,叫人整天守在公主府门口,并派人收买公主府中的奴仆,打探公主的行踪。终于,机会来了。

一天,董宣得知湖阳公主要出游,而且那个杀人凶手也跟着出来。于是早早地等候在路上。果然,远处一簇仪仗车马奔夏口亭而来,很是排场威风,原来是湖阳公主乘车来了,那个家奴也坐在车上。等公主的车马一到,董宣便仗着剑,跑上前去,拦住马头,并且以刀画地。湖阳公主见停了车,便询问出了什么事,驭者说是洛阳令董宣拦阻车马。湖阳公主见一个小小的县令敢拦她的车驾,怒问道:"大胆董宣,为何拦阻我的车驾?你知道你犯了什么罪吗?"董宣闻言,气不打一块儿出,当着公主的面,说她的管家犯了杀人死罪,现在就得逮捕依法惩办,并厉数公主庇护杀人凶手的罪行。公主大怒,不仅拒绝交出她那个管家,反而责骂董宣无礼。董宣责备公主不该放纵家奴杀人犯法,并且大声呵斥那个杀人凶手,骂毕,喝令那个管家下车,当场依法处决。围观的人很多,都感到董宣为百姓出了口冤气。

湖阳公主哪里受过这般气,小小县令竟敢当着自己的面处死自己的家奴,真是又羞又气又急又恼,急忙命令驭者驾车径直朝皇宫奔去,向自家兄弟光武帝告御状。很快便赶到皇宫里,湖阳公主便向光武帝哭诉董宣如何欺负她,牙齿咬得"格格"直响,恨不能一口咬死董宣,以泄心头之气。光武帝一听董宣这样不讲情面,把自己姐姐气成这样,大怒,立即下召令董宣上殿面圣,要把董宣当着姐姐的面用竹板条打死董宣。

董宣知道自己闯了大祸，但他并没有被吓倒，上得殿来，镇定自如，从容地走到光武帝面前，说："陛下要打死我，我毫无怨言，不过临死前要让我把话说清楚，这样我死也瞑目！"光武帝仍在气头上，怒气冲冲地说："大胆狂徒，竟敢对公主这般无礼，你有什么说的，快说！"董宣慷慨激昂地说："陛下向来以德为本，圣德贤明，励精图治，使汉室得以中兴。可是皇姐纵容家奴随便杀害平民百姓，百姓不满，天理难容！如此无视国法，而陛下却千方百计予以包庇，这不是纵容犯罪吗？陛下将凭什么治理天下呢？我忠心为国为民，没有罪过，不能受刑，请陛下允许我自杀！"说完便昂头向盘龙柱碰去，顿时鲜血四溅，董宣血污满面。

光武帝刘秀没想到董宣这样刚直，急忙叫太监把董宣抱住。细想董宣的一番话，觉得自己处理不当，不应当责怪董宣这样忠心耿耿的官员。沉吟半晌，想赦免董宣，但又感到有损皇姐的面子。于是叫董宣向湖阳公主叩头道歉，双方体面地了结此事，便说："我念你一腔正气，饶你一死，还不快快向公主谢罪？"并用眼光向董宣暗示，可是董宣是个威武不屈的硬汉子，坚决不肯向公主叩头谢罪。光武帝左右为难，只好命令两个太监将董宣按倒，强使他叩头，求公主开恩。可是董宣说什么也不愿叩头，用双手死死地撑着地，挺着脖子，不肯低头，其势恰如"卧虎"。后来京都百姓称他为京都"卧虎"，因而董宣也叫"卧虎令"。

湖阳公主见董宣如此倔强，而自家兄弟气也消了大半，更加觉得自己丢了面子，很生气。就用话来刺激光武帝说："文叔(刘秀的字)，当初你是平民百姓时，就敢隐匿和庇护犯死罪的人，官吏谁敢进家门抓人。现在你当皇帝可好，贵为天子，难道就制服不了一个小小的洛阳令？"光武帝已经被董宣这种刚直不阿的倔强劲头打动了，听了姐姐的一番话,不仅没有发火,反而哈哈大笑,说道:“皇姐,你有所不知,我现在当皇帝与过去做百姓时可不同了。那时隐藏犯人,是出于义愤。现在我做了皇帝,就得带头依法办事。还请皇姐多多包涵。”

那两个太监也知道光武帝缓和下来了,并不想把董宣治罪,可又得给三方一个下台阶,便大声说:“陛下,董宣的脖子太硬,摁不下去。”

光武帝听了,也只能对湖阳公主笑笑而已,下令“把这个硬脖子的洛阳令撵出去!”湖阳公主见这情形,也只得作罢。

光武帝十分欣赏董宣的忠贞刚直,就给他一个封号,叫做“强项令”,意思是脖子很硬的县令;同时,赏他30万钱,奖励他的刚直。董宣回府后,把这笔钱又分给了他的手下办案的人。

从此,董宣更加大胆地执法,敢于同豪强地主、皇亲国戚的不法行为作斗争。地主豪强,“莫不震栗”,京师号之为“卧虎”,有歌谣赞曰:“抱鼓不鸣董少平。”

董宣当了5年的洛阳令,任内逝世,享年74岁。董宣是一个封建国家的县令,他为了维护封建国家的法令,不惜生命,同破坏国法的权贵作斗争。应该说,他那种刚直不阿、宁折不弯的“强项”精神的确是值得赞赏和推崇的。

革卦第四十九：应顺民意，实施变革

【爻词精义】

⊙变革需要坚决 ⊙需要有充分的准备 ⊙要获取民众认可 ⊙要适应形势要求 ⊙会遇到权势大者的阻碍 ⊙要调整内部关系

经文义解

【题解】

本卦阐释了变革的原则。任何政治，都有一个盛极而衰的过程，当败相显露时，即须采取变革的行动，以适应时势民心的需要。变革是一件牵动全局的大事。在条件尚未成熟的时候，应慎审时势，积聚力量，巩固自己，不可轻举妄动；一旦条件成熟，就应抓住时机，果断行动；变革即使势在必行，也应首先取得民众的信任和支持。能否取得变革的成功，不仅变革者要具有不畏怯、不妄动的性格，而且变革者要赢得广大民众的信赖。只有在变革之先自己进行变革，才可能变革周围的人和环境；变革绝非修饰，变革必须彻底；当变革成功之后，上下洗心革面，休生养息，保持安定团结，开始新的生活。

【原文】

䷰ 革[①]：己日乃孚。元亨，利贞，悔亡。[②]

初九 巩用黄牛之革。[③]

六二 己日乃革之，征吉，无咎。

九三 征凶，贞厉。革言三就，有孚。[④]

九四 悔亡。有孚，改命吉。[⑤]

九五 大人虎变，未占有孚。[⑥]

上六 君子豹变，小人革面，征凶，居贞吉。[7]

【注释】

①革：卦名。下离上兑，象征变革。②己日乃孚：到己日才有变革的诚心。己，十天干之一，居第六位，过天干十日之半。③巩：固。革：皮革。④革言三就：变革必须慎重，经过多次计议才能采取行动。三，多。就，成。⑤改命：改革天命，指改朝换代。⑥虎变：变革之际像老虎那样威猛。⑦豹变：像豹子那样迅捷。

【译文】

革卦 象征改革。时至己日，再下定改革的决心。大吉大利，利卦，危厄将自行消解。

初九 以黄牛皮绳牢固拴住，以免轻举妄动。

六二 到了己日断然实行改革，必获吉祥，而没有灾祸。

九三 冒进会有凶险。变革一定要慎重行事，经过多次计议才能采取行动，而且行动时必须具有诚信之心。

九四 危难窘迫将自行消解。胸怀诚信之心，毅然变革，必获吉祥。

九五 大德大才之人在改革之时气势像老虎那样威猛。不经占问就知道他具备诚信之心。

上六 君子在改革之时行动像豹子那般迅速，庶民也改变往日的面目；此时如果持续变革而不停息，必有危险，而居家守中，可获吉祥。

【释义】

䷰ 革：己日乃孚。元亨，利贞，悔亡。

［解读］ 变革在“己日”发动，才能获得民众的拥护，并且非常顺利，朝着有利于正义的方向发展，危厄不会再发生。

［象释］ 上卦“兑”是泽，下卦“离”是火，兽皮在水中浸、火上烤，制成皮革；又，下卦形似灶，上卦形似被烘烤的皮，其中两阳爻是坚实部分，一阴爻是要除去的毛及松软部分。经过加工，皮革面目一新，但实质未变。又，上卦“兑”是泽，有水；下卦“离”是火。水浇火，水盛则火灭；火烧水，火盛则水干。水、火不相容，相克相生，产生变革之象。又，上卦“兑”是少女，下卦“离”是中女，两女同住一起，彼此不能相让，便发生家庭革命。

［义理］ 变革必须适时；变革的方式，必须正当，依循自然法则进行。天地

由变革而形成四季变化,生育万物;历来的社会变革,如殷汤王、周武王的变革,顺乎天时,应乎民心,推动了社会的发展。

初九　巩用黄牛之革。

[解读]用黄牛皮强拴住,不使妄动。

[象释]　"初九"虽在变革的卦体中,但居于革卦之初"九四"同阳不应,变革的时机尚未成熟;"初九"的位置最低,其地位尚不足以掀动变革之风;以阳居阳,其性刚烈易于躁动,故有"用黄牛之革"的告诫。

[义理]　变革是一件掀天揭地的大事,在酝酿变革的时候,务必谨慎,蓄积力量,巩固自己,不可轻启变革之端。

六二　已日乃革之,征吉,无咎。

[解读]　在已日进行变革,前进必然吉利,不会有灾祸。

[象释]　"六二"以阴居阴,具有文明中正的德性;处在下卦"离"即文明的中部,象征改革的主体;且与"九五"阴阳相应,正是发动改革的最佳时刻。

[义理]　一旦条件成熟,就应该抓住时机,果断地采取变革的行动。

九三　征凶,贞厉。革言三就有孚。

[解读]　急躁冒进会有凶险,即使行动正当亦难免危险;关于变革的言辞务须深思熟虑,再三讨论,意见一致,才能付诸行动。

[象释]　"九三"阳爻阳位,过于刚强,又离开中位,到达了下卦的最上位,故有躁急过甚之象;其位属上下卦分离之处,正是变革行动之际。不革不行,非革不可,于是便有"凶"、"厉"之告诫。幸而"九三"与"上六"阴阳相应,故有"三就"、"有孚"之语。

[义理]　变革即使势在必行,也应深思熟虑,慎之又慎;采取任何行动,都应得到群众的充分理解、信任和支持。

九四　悔亡。有孚,改命吉。

[解读]　悔恨消除,仍需得到民众的信任、支持,才能吉祥。

[象释]　"九四"以阳居阴,其位不正,故有悔象;然而毕竟已经进入上卦,变革已经过半,进入逆转的边缘;且"九四"阳居阴,刚柔兼具,既不畏怯也不妄进,颇有改革家的风度,因而有悔变无悔。

[义理] 改革能否成功,不仅需要改革者具有不畏怯的心理、不妄进的性格和准确把握时机的能力,更需要赢得广大民众的普遍信赖。

九五 大人虎变,未占,有孚。

[解读] 领袖人物像斑斓的猛虎一般发动变革,即使未占问前途如何,民众仍然相信变革能够成功。

[象释] “九五”阳爻阳位居中,是“大人”变革的主体;与“六二”阴阳相应,象征“大人”刚健中正的变革能得到民众的响应与追随。

[义理] 领导变革的伟大人物,在变革之先必须自己先行变革,然后才可能变革周围的人和环境;变革必须彻底,给人以面目一新的感觉,并且将变革之理昭示天下,使民众看得清楚,感到改革的顺天应人、至公至正。凡是取得民众信任的变革,都一定能够顺利进行、获得成功。

上六 君子豹变,小人革面,征凶,居贞吉。

[解读] 君子像豹子般迅速地进行变革,庶民也应旧貌换新颜;继续前进有凶险,安静无为才合乎正道而吉祥。

[象释] “上六”是本卦的终点,象征变革已经完成,进入守成之时。“上六”与“九三”阴阳相应,皆有“征凶”之辞,但“九三”又曰“贞厉”,至“上六”则曰“贞吉”,是因为“九三”处在变革前,“上六”处在变革后,“九三”忌妄动,“上六”忌再动。

[义理] 变革既已成功,君子应当随着时代的进步,继续革新自己,跟上时代的步伐;而庶民百姓,也应革除邪恶,顺应时势,追随领袖,享受改革之后的成果。在变革之后,不可再采取激烈的行动,而应与民休息,保持安定团结的政治局面。

案例解易

阿克巴

1556年2月14日,印度莫卧儿王朝第三代帝王阿克巴被宣布为王位继承人,时年13岁,由他的舅父代为摄政。他的舅父穆阿扎姆是个野心勃勃的家伙,他不仅独揽大权,而且想篡夺王位。阿克巴18岁时,他夺回大权,命令他的舅父到圣地麦加退隐。阿克巴终于自己独力执政了。

阿克巴摆脱左右羁绊后,便开始扩张领土的征讨,他对不同的地区采用不同的政策。对表示愿意归顺的地区,他仍让原来的头领管理土地,并对他的子孙委以重任。1562年,阿克巴同愿意归顺的王公罗比哈里·马尔的女儿结婚,并让他的妻弟担任要职。对不愿意归顺,拒绝投降的地区,阿克巴就用武力征服,并兼并他们的土地。1567年,阿克巴攻打梅瓦尔,用了4个月的时间攻下,屠杀了3万人,并把作为王国象征的大铜鼓和母神座上的大烛台拆下,当做自己的战利品。阿克巴用武力和怀柔的手段,15年的时间里统一了北印度。他又用16年时间把版图扩大到遥远的西北地方。最后,他又用了3年的时间,平定了南方的几个王国,从而建立了一个强大的莫卧儿王朝。

为了巩固自己的政权,他对自己国家的内务进行改革整顿。他命令官员重新丈量土地,将帝国分为182个税区,严格分别等级征税;他还废除将战俘卖为奴隶的习俗;下令取消人头税、香客税(对朝圣的印度教徒征服的税)、田赋附加税,遇到天灾人祸,则一律免交田赋;阿克巴统一了全国度量衡,有力地促进了工商业的发展。

印度是个具有悠久宗教传统的国家,国内主要民族各有自己的宗教信仰。印度是世界上宗教最多的国家,现在人们把印度称为“宗教博物馆”。阿克巴信仰伊斯兰教，而印度长期流行的是印度教，因此印度教和伊斯兰教之间经常发生矛盾冲突，这极大地影响了国家的安定团结。为了协调印度教和伊斯兰教教徒们的关系，阿克巴采取了一系列的措施，他宣布各教派平等，他选用印度教人士做高级官员，自己还娶了信奉印度教的贵族的女儿做妻子。阿克巴自己还在宫廷中采纳印度教惯例，每天清晨登阳台谒见臣民，参加印度教节庆，朝廷觐见时佩戴印度教标志等。印度教把牛当做圣牛，不许宰杀，阿克巴为此禁止宰牛、杀生。他还在宫中点上了长明灯等。

阿克巴出于自己“宽容大度的个性”和自己“对宗教思想的追求”，他还创立了一个没有上帝、没有先知、没有教务的“圣教”。这种宗教的特点是提倡廉俭，其教义是要求信徒“弃绝世俗欲望而求得救”。要求入教的人，可以直接见到阿克巴。将头巾放在阿克巴的手中，将头放在阿克巴的脚上，阿克巴将人扶起，向他祝福，给他戴上头巾，送他一幅自己的肖像，这人就算入教了。这个宗教要求信徒忠于国君阿克巴。教徒们把阿克巴当做上帝，相见时呼叫“安拉——阿克巴”（意为“阿克巴即真主”）。信徒还效忠皇帝献出自己的财产、生命、荣誉等。阿克巴的“圣教”既无庙宇，又不祈祷，只要求教徒平时爱

护动物,尽可能施舍、赈济或做好事。“圣教”也不强迫别人信教。阿克巴的宗教措施,缓和了当时的宗教矛盾,使不同教派和平相处,莫卧儿帝国的统治也因此得到了巩固。

阿克巴作为国王,他尊重印度教,但对印度教的陈规陋习则加以禁止,反对寡妇自焚殉身、杀婴、童婚、近亲结婚以及不许寡妇再嫁等。

印度教寡妇自焚殉身是个愚昧、残酷、野蛮的风俗:丈夫死了,妻子要跳入火堆为丈夫殉葬。这个风俗在印度流传很久了,到阿克巴的莫卧儿王朝已有1 000多年了。阿克巴对此非常痛恨,他派督察专员到全国去巡察,当寡妇不是自愿殉葬时,督察专员就去保护她们。阿克巴还曾经亲自去解救过一位被迫跳火殉葬的孟加拉总督的寡妇呢。

据传说阿克巴是个文盲,但他每天都要听别人给他朗读各种书籍,因此他也获得了比较渊博的知识,能够和一些有学问的人讨论文学、哲学、宗教等问题。他还画画,在宫廷中养了100多位画家,这些画家每月开三、四次绘画展览。阿克巴总是兴致勃勃地观赏,经常加以点评并给好作品赏赐。在阿克巴的宫廷里,还有各地的音乐家,他经常听印度、波斯、中亚、克什米尔等地的音乐,渐渐地他也能作曲,而且命人将印度梵文乐谱转译成波斯文,再用波斯文演唱。他要求他的官员互相学习,印度教官吏学习波斯文,伊斯兰教官吏学习印度文,到后来,他的官吏们有的同时能用波斯文和印度文赋词做诗,很好地促进了波斯文化和印度文化的交流。阿克巴当政时期,他善于理财和用人,又尊重各民族不同的宗教信仰,这样,印度国内的矛盾缓和,人民过着安居乐业的生活。

1605年10月,阿克巴去世。他去世后,他的后代统治印度的五十多年(1605~1657年)是莫卧儿帝国兴盛、封建经济发展的时期。阿克巴为莫卧儿帝国的繁荣发展打下坚实的基础,他是莫卧儿王朝功勋显赫的最著名的人物之一。

鼎卦第五十：明君贤士，相得益彰

【爻词精义】

⊙威风扫地时别问政事 ⊙别任人唯亲 ⊙别一意孤行 ⊙要取得属下的支持 ⊙要有忠诚的耳目 ⊙要有得力的助手

经文义解

【题解】

本卦借烹物化生为熟，比喻事物调剂成新之理，其中侧重体现行使权力，“经济天下”、“自新新人”、“革故鼎新”的意义。同时本卦六爻的正反面喻象集中揭示了本卦的中心思想：鼎器功用之所以能成，事物新制之所以成立，必须依赖贤能。起用贤能，方能除旧布新。而升擢人才，必须知人善任。小人成事不足，败事有余，不足以担当重任，必须排除。《大象传》盛称“君子”应当端正居位、严守使命，这是非常正确的。贤能不必心灰意冷，坚守正道，终必定有施展抱负的一天。明智的君王，刚毅的辅佐，刚柔相济，相得益彰，无往而不利。

【原文】

䷱ 鼎[①]：元吉，亨。

初六 鼎颠趾，利出否，得妾以其子，无咎。[②]

九二 鼎有实，我仇有疾，不我能即，吉。[③]

九三 鼎耳革，其行塞，雉膏不食。方雨亏悔，终吉。[④]

九四 鼎折足，覆公𫗧，其形渥，凶。[⑤]

六五 鼎黄耳金铉，利贞。[⑥]

上九 鼎玉铉，大吉，无不利。

【注释】

①鼎:卦名。下巽上离,象征鼎器。②鼎颠趾:鼎颠覆,足朝上。利出否:利于倾倒无用之物。否,不,指无用之物。以其子:因其子。以,因。③实:此指食物。仇:匹配,此指妻子。④革:革除,这里是失去的意思。塞:阻塞,引申为困难。雉膏:用雉肉做的美味食物。方雨亏悔:天刚下雨阴云又散去。方,刚刚。亏,少。悔,通"晦",指阴云。⑤覆公餗:将王公的八珍粥倾倒出来。公,王公。餗八珍菜粥。其形渥:洒得遍地都是。渥,沾濡之状。⑥金铉:铜制鼎耳的吊环。

【译文】

鼎卦　象征鼎器。大吉大利,亨通顺畅。

初六　大鼎翻倒,其足向上,宜于倒掉无用之物;就如娶妾生子,其妾因子而被扶作正室,必无灾祸。

九二　鼎中盛满食品,心中充满仇恨但不为邪恶所动,可获吉祥。

九三　大鼎丢失了鼎耳,移动非常困难;美味的雉膏也不能吃;天刚降雨乌云就突然散去,终会获得吉祥。

九四　大鼎难负重荷而断折鼎足,王公的美食倾倒出来,鼎身沾满污物,定有凶险。

六五　大鼎配备上黄色鼎耳,鼎耳配备铜制吊环,有利之卦。

上九　鼎耳配备玉制的吊环,大吉大利,无所不利。

【释义】

䷱　鼎:元吉,亨。

[解读]　革故鼎新,十分吉祥、亨通。

[象释]　鼎卦的形象似鼎:初六爻为鼎足,六五爻为鼎耳;下卦"巽"是木,上卦"离"是火,象征燃木煮物,有革新之意,故称之为"鼎"。又:六五爻与九二爻相应,象征"九二"贤士被"六五"君王所赏识。鼎有镇邪、颁布法律等作用。

[义理]　与"革"卦的改革旧政权不同,"鼎"卦侧重于巩固新政权;巩固新政权,莫过于养贤。古代任一新朝创立,首先铸鼎、书以律令,由此宣告新时代的开始;鼎所象征的,不仅仅是端正、凝重的历史使命,更涵有供养圣贤之士的意义。

初六　鼎颠趾，利出否，得妾以其子，无咎。

[解读]　鼎颠倒其足，能消除掉鼎中秽物因而有利；就像讨妾生育了儿子，使本来不好的事情又当别论。

[象释]　初六爻在鼎卦的最下位，故有"趾"之喻。初六爻又与九四爻相应，以致足朝上而呈"颠"状，使鼎为之倾倒。

[义理]　本文以颠倒鼎为喻，说明布新必先除旧的道理；只有清除陈旧、腐败，才能储备人才，开创新的事业。清除腐败，必然要打破旧的秩序，往往会遭到非议，但毕竟合乎社会发展规律，应该理直气壮。

九二　鼎有实，我仇有疾，不我能即，吉。

[解读]　鼎中装满实物，心中充满仇恨，不为邪恶所诱惑，吉祥。

[象释]　九二阳爻为实，居下卦中位，如在鼎中，象征鼎中充满实物；因初六爻以阴居阳不正，如患有疾病，致"九二"怕受传染而生仇恨之心，且"九二"刚毅处中，亦不屑与"初六"小人接近，而与上位的"六五"相应。

[义理]　即使本身有才气、有能力，对于前进的方向仍应谨慎地把握；养贤的一个重要方面，是对小人的拒斥。

九三　鼎耳革，其行塞，雉膏不食。方雨亏悔，终吉。

[解读]　鼎没有了耳，移动起来就有困难，即使鼎内有美味的鸡肉，也难以享受；但是就像下雨总有天晴时，最终会吉祥。

[象释]　"九三"为鼎之腹，阳爻而充实，如同鼎中装满佳肴；阳爻阳位，过于刚强而易折，因而有"鼎耳革"之警。然而因其得位，有坚守正道之象，故"终吉"。

[义理]　贤路阻塞，人才虽然一时未能被重用，但总有云开雾散的时候，贤能只要坚守正道，总有被赏识、重用的机会，有施展抱负的一天。

九四　鼎折足，覆公餗，其形渥，凶。

[解读]　鼎足折断，打翻了王公的美食，溅得一身淋漓，凶险。

[象释]　居于高位的"九四"与象征鼎足的"初六"相应，然而"初六"成事不足，连累"九四"，其源盖出于"九四"位不正。

[义理]　任用人才，须量才录用，此所谓知人善任。如果任人唯亲，让才疏

学浅者来担当重任,必然力不能支,其结果,不仅害了他本人,也势必连累自己。

六五 鼎黄耳金铉,利贞。

[**解读**] 黄色的鼎耳,坚固的吊环,则革新能够顺利进行。

[**象释**] “六五”象征鼎耳,处在上卦的中位,因而说鼎耳为黄色;“六五”有“九二”相应,“九二”刚毅处中,因而以“金铉”为喻。

[**义理**] 为君者明智公正,为臣者刚毅忠勇,这样的君、臣倘若通力合作,便能相得益彰,革新事业必能顺利进行,取得成功。

上九 鼎玉铉,大吉,无不利。

[**解读**] 鼎的耳环是玉料所镂,则革新大吉,无所不利。

[**象释**] 鼎之用在于食烹而出鼎,故“上九”为最佳。上九以阳居阴,体刚而履柔,如温玉之性,故有“玉铉”之喻。

[**义理**] 革新之举,在于刚柔兼备,就像坚硬而又温暖的玉,刚毅而又不失温情。这样,革新既势不可挡,又给人以如沐春风的感觉。

案例解易

天生我才必有用

凡是有才能的人,都应该得到使用。唯才是举,“内举不避亲,外举不避仇”。唯才是举,不避亲仇,一要知人善任,二要为了事业,三要出于公心。凡是唯才是举,任人唯贤的人,在事业上无不取得成功。

糊涂营销学认为,唯才是举,就是要让平凡之人发成功之光。娃哈哈集团的人才观正是这样。人才是至宝,这是娃哈哈的人才观。然而,要广招人才,必须首先尊重人才。十年来,该公司想尽一切办法从社会上广罗人才。娃哈哈董事长、总经理宗庆后在他创业之初,曾三顾茅庐,请出浙江医科大学的教授给予帮助。他将教育局分给自己的房子钥匙交到从百年老店胡庆余堂请来的医师手中。目前,娃哈哈已拥有博士生、硕士生、本科生、专科生等大专以上知识分子

400多人。这些人才成为公司最宝贵的财富,他们在研究、生产、销售等领域推动着娃哈哈的发展。

有了人才之后,关键是用好人才。在青年知识分子中实施“饥饿教育”是宗庆后的发明,他说,这是让他们先尝点苦头,目的是告诉他们,娃哈哈是艰苦奋斗出来的,忘记过去,就是背叛。但宗庆后绝不是让青年人“饿着”,他的思想是苦了之后就是甜头。因此,在娃哈哈,劳动报酬与工作实际挂钩的机制,使尝到“甜头”的人才的积极性始终不会低落。

当然,在娃哈哈的人才观里,人才绝不仅仅是持有文凭的大学生。在这里,只要你有才能,“人才”的桂冠就会戴到你的头上。宗庆后甚至说,“农民临时工也是人才”。这些就是娃哈哈的“立体人才观念”。因此,在这家公司,来自农村的“打工妹”、“打工仔”都能成为“立体人才”的发展对象。公司规定,凡连续在企业工作五年以上,工作认真,积极要求上进的临时工可转为正式工,同样享受奖金、分红、医疗及子女入学等方面的福利待遇。这种观念稳定了临时工的队伍,使他们成为一线工人中的一支骨干力量,有的还成为重要岗位的负责人。据介绍,1993年以来,公司已有50多名临时工转为正式工。

尊重人才,才能广招人才。有了人才,不拘一格地用他们,人才才能真正成其为人才。同时,将那些别人没把他当人才,自己也从来没认为自己是人才的人培养成人才,为公司的发展出力——娃哈哈的人才观就这样成为企业制胜的法宝。意大利首屈一指的菲亚特汽车公司是菲亚特集团的一个组成部分,也是世界十大汽车公司之一。谁也没有料到这家赫赫有名的公司,在1979年以前的10年里,竟是个面临倒闭的公司。它连年亏损,无法进行再投资,被迫将13%的股票卖给了对外银行。面对这种困境,菲亚特集团老板艾格龙尼家族大胆地起用强过他们的维托雷·吉德拉,任命他为汽车公司总经理,将公司全权交给他独立经营。维托雷·吉德拉管理才华出众,平易近人,具有不屈不挠、吃苦耐劳、脚踏实地的性格,老板正看中了他的这些优点而邀请他来汽车公司任职的。吉德拉上任后,大刀阔斧地进行了一系列行之有效的改革。在吉德拉的整治下,菲亚特汽车公司很快摆脱了困境,提高了劳动生产率,到1984年终于使汽车的销售量达到了128万辆,1994年达到1 000多万辆,跃居欧洲第一,吉德拉本人也由于经营有方而闻名,被人们称之为欧洲汽车市场的“霸主”。

苻坚铁心用王猛

东晋时期,北方少数民族氐族建立了一个国家——前秦,京都定在长安(今陕西省西安市)。前秦的皇帝苻坚是一位具有雄才大略的人物,他当上国王以后,大胆启用汉族知识分子,使前秦很快强大起来。但是,在用人问题上,苻坚也碰到过一些麻烦。他是如何解决这些麻烦的呢?

苻坚手下有一位杰出的汉族政治家王猛,苻坚十分信任他,凡朝廷的重大决策几乎都要与他一起商量后再决定。王猛被重用,引起了氐族贵族势力的坚决反对。

当时有一个大将叫樊世,是氐族的大贵族。他在苻氏起兵立国的过程中,有很大的功劳,是前秦的开国元老之一。但他常常居功自傲,把谁都不放在眼里。尤其对苻坚重用王猛等汉族知识分子十分反感,并极力进行反对。

有一次,他当着众人的面责问王猛:"我们与先帝(指前秦的开国者苻洪、苻健)一起出生入死、打下江山,却没有参与朝廷大事;而你没有汗马功劳,却专管国家大事,这岂不是我耕田而你吃谷吗?"王猛毫不示弱,他针锋相对地回答说:"还应该让你去做厨师,把饭给我端上来,哪里只是做农夫种田而已!"樊世听后肺都要气炸了,他咬牙切齿地说:"我要把你的头砍下来,挂在长安城门,不然,我誓不为人!"

樊世和王猛之间矛盾的公开化,其实质是苻坚的用人政策与氐族保守势力及狭隘的民族偏见的激烈冲突。是继续任人唯贤、支持王猛,还是屈服于本族豪强的压力?这对苻坚来说,不能不说是一场重要的考验。

苻坚应该怎样来处理这一矛盾呢？当王猛把自己与樊世冲突的事件报告给苻坚以后，苻坚果断地回答说："必须杀掉这个老东西，然后百官才会安定。"于是，他们便商量好了除掉樊世的计划。

有一天，樊世到苻坚那里去反映情况，苻坚故意对王猛说："我想招杨璧做我的女婿，你看杨璧这个人怎么样呢？"樊世听到后，大发脾气地说："杨璧是我的女婿，结婚已经很长时间了，陛下怎么能够叫他做女婿呢？"王猛就故意指责樊世说："陛下拥有天下，你竟敢与他争女婿，这是对皇帝的不忠，哪里还有什么上下的区别？"樊世怒不可遏，站起来就要打王猛。左右的人都来制止，双方才没有打起来。樊世破口大骂王猛。苻坚这时更加恼怒，下令把樊世推出去杀了。

这件事在氐族贵族中引起了极大的反响，他们联合起来向苻坚告状，放肆地攻击王猛。结果，苻坚不仅不相信他们的话，反而，坚决镇压攻击王猛的人，他或用鞭子抽打，或愤怒责骂这些告状的人。这样，才彻底消除了氐族中狭隘的民族偏见，王猛的地位得到了极大的巩固。

以后，他又任命王猛为中书令、京兆尹，使王猛的政治才能得到了充分的发挥，社会也得到了较好的治理。

震卦第五十一：闻雷知警，恐惧修省

【爻词精义】

⊙要树立权威 ⊙严厉点好 ⊙有威严才能做成事 ⊙要保持威严 ⊙有威严总是对的 ⊙年事已高就不能做大事了

经文义解

【题解】

本卦的中心思想，在于阐释震惊的应对之道。在发展进步的过程中，难免发生意外的重大事故，以致震惊。唯有记取教训，凡事戒慎恐惧，才能有法则可循，发挥刚毅的力量，镇定而从容地对付，不致惊慌失措。即或遭受灾难，也可将损失减至最小。平时谨慎，经常反省检讨，保持高度警觉，即可防患于未然。

【原文】

䷲ 震[①]：亨。震来虩虩，笑言哑哑。震惊百里，不丧匕鬯。[②]

初九 震来虩虩，后笑言哑哑，吉。

六二 震来厉，亿丧贝。跻于九陵，勿逐，七日得。[③]

六三 震苏苏，震行无眚。[④]

九四 震遂泥。[⑤]

六五 震往来厉，亿无丧有事。

上六 震索索，视矍矍，征凶。震不于其躬，于其邻，无咎。婚媾有言。[⑥]

【注释】

①震：卦名。下震上震，象征震动。②虩虩：恐惧之状。哑哑：笑声。匕：勺，匙。鬯：祭祀用的香酒。③厉：迅猛。亿丧贝：将会大量失去钱财。亿，古制，十

万为亿,这里是极多的意思。贝,古代货币。跻于九陵:登上九重高陵。跻,登。④苏苏:不安的样子。震行:震恐而行。眚:灾祸。⑤遂:附。⑥索索:发抖的样子。矍矍:不敢正眼看。躬:亲身。有言:闲言碎语。

【译文】

震卦 象征震动。亨通顺利。雷霆轰响,震得事物惊恐惶惧,随后却又谈笑风生。雷声惊闻百里,而匙中的美酒却没有洒出。

初九 雷霆急响震得万物惊恐惶惧,随后又谈笑风生,必获吉祥。

六二 雷霆剧响,必有危险,巨盗劫取大量钱财后逃之夭夭;不要前往追寻,七天之内自会失而复得。

六三 雷霆巨动,惊惶不安,震惧而行,却不会有什么灾难。

九四 雷霆震动,惊慌失措而落入泥沼之中。

六五 雷霆震动,上下往来,都有危险;没有重大损害,但会发生事故。

上六 雷霆震动,瑟索发抖,两眼惶恐不安,惟恐有凶险,若还未震及自身,而仅震及近邻,就预防,则没有灾祸。但是如果谋求婚配,将招致闲言碎语。

【释义】

䷲ 震:亨。震来虩虩,笑言哑哑。震惊百里,不丧匕鬯。

[解读] 当惊雷滚滚而来,君子能处惊不变,依然谈笑风生;即使雷震百里,也不会失落手中的勺子与酒食。

[象释] 上下卦均为"震"即雷,双雷重叠,其声必烈;震由坤爻变而来,象征地下阳气滋生,因而大地震动;又象征纯阴之母与纯阳之父首次交合得子,故"震"又象征家庭中的长子。

[义理] 迅雷烈风,能使人变色。但是,如果平时能戒慎恐惧,当震惊突然来临时,便不会惊慌失措,而能镇定自若;担当国家重任者,都应该具备这样的心理素质。如果灾难来临时惊恐万状,灾难一过又全然忘记不知警惕,那么,下一次灾难再来临时,仍会惊慌失措。

初九 震来虩虩,后笑言哑哑,吉。

[解读] 当惊雷初次滚滚而来时,必然惊惧;以后惊雷再来时倘能谈笑自若,则吉祥。

[象释] "初九"以阳居阳,是下卦的主爻,也是整个卦的初始,象征着雷的

首次发动。

[义理] 能惧然后能不惧。有的人所以具有处惊不乱的素质,是因为在初次遇惊之后能够吸取教训,时时以恐惧修身,以致在危难尚未来临之际,便已有了充分的心理准备。人有了这种涵养,方能够化险为夷、转危为安,在危难之中始终保持“泰山压顶不弯腰”的大无畏精神。

六二 震来厉,亿丧贝。跻于九陵,勿逐,七日得。

[解读] 巨盗临门,十分凶恶,劫夺钱财,往深山峻岭中流窜;丧失的钱财不必去追夺,七天之后自然会失而复得。

[象释] “六二”阴爻阴位,很柔弱,因而有被夺之象;况且“六二”邻近“初九”,突发事件中一定首当其冲。然而,“六二”处下卦的中位,有中正之德,故而又有失而复得之象。

[义理] 在大的危难来临时,应该审时度势,不可作无谓的抗争。必须失掉的,就让它失去;不应失去的,即便失去还会重新获得。有了这样的心态,方能处惊而不易色。

六三 震苏苏,震行无眚。

[解读] 惊雷骤起不免筋酥骨软,一旦听惯了响雷,也就不会再惊惶失措了。

[象释] “六三”阴爻阳位,与“上六”又不相应,势单力薄,不中不正,以致惊雷一起,便会恐惧不安。

[义理] 古人说:“白天不做亏心事,夜半敲门心不惊。”心地不正的阴险小人,往往会产生“草木皆兵”的感觉,在震惊之事发生时,心理承受能力显得特别薄弱;即便如此,当震惊接踵而至,习以为常之后,“草木皆兵”之辈也能镇定下来。由此可见平时的戒惧是多么重要。

九四 震遂泥。

[解读] 惊雷滚滚动地而来,让人因慌乱而陷泥淖中。

[象释] “九四”是第二个雷即上卦的主干,其声之烈,尤甚于下卦之雷;与“初九”同为阳爻,不应而应,故有“遂泥”之势。

[义理] 君子处在双重的震惊事件之中时,不可被其势所欺而丧志,而应

该发挥自己的刚毅之性,才能经受住高度的震慑和冲击。

六五　震往来厉,亿无丧有事。

[解读]　惊雷往来不息,其势危险,不会丧失什么东西,但会有什么不测之事发生。

[象释]　"六五"阴爻阳位,不正;它的上位是震惊的极点,它的下位是重叠之雷的主爻,故有往来皆厉之象。然而,"六五"处中,具有不偏不激的中庸德性,或可免遭雷击之灾。

[义理]　处在震惊的中心时,如能持守正义,坚持不偏不激的中庸原则,便可有惊而无险,将损害降低到最小限度。

上六　震索索,视矍矍,征凶。震不于其躬,于其邻,无咎。婚媾有言。

[解读]　灾难如同惊雷一样突然而至,不免心惊肉跳,左右惶顾,惟恐凶险临身。结果灾难未曾加诸其身,而仅震及近邻,则安然无事。如果谋求婚配,将会惹得怨声顿起。

[象释]　"上六"以阴居阴,不中不正,又在震惊的极点,因此所遇震惊最迅烈。然而,其阴柔无比,警觉甚敏,而为有惊无险之象。

[义理]　经验有直接与间接两种,当别人遭受灾难时,自己应迅速作出由彼及此的反应,及时警觉,防患于未然。

案例解易

“冒犯上帝的城市”巴比伦

巴比伦是一座令人神往的古城，它位于幼发拉底河和底格里斯河的交汇处。早在公元前1830年左右，阿摩利人就以巴比伦为都城，建立了古巴比伦王国。在古巴比伦国最出色的国王汉谟拉比死后，巴比伦不断受到外族的进攻，历经了500多年战乱，直到公元前7世纪末，才在尼布甲尼撒领导下，建立了新巴比伦王国。然而，88年后，新巴比伦王国又被波斯人彻底毁灭。随着巴比伦王朝的覆灭，显赫一时的古城巴比伦，也日渐消失在荒草之中了。

在新巴比伦王国时期，巴比伦也是古代两河流域地区最壮丽最繁华的都城，巴比伦古城有内外两道城墙，城里最壮观的建筑物，就是尼布甲尼撒王宫和著名的“空中花园”，以及那座据说让上帝感到又惊又怒的巴别通天塔。

那么为什么把巴比伦城又叫做“冒犯上帝的城市呢”？这个说法来自《圣经·旧约》。

《圣经·旧约》上说，人类的祖先最初讲的是同一种语言。他们在底格里斯河和幼发拉底河之间，发现了一块非常肥沃的土地，于是就在那里定居下来，修起了城池。后来，他们的日子越过越好，决定修建一座可以通到天上去的高塔，这就是巴别塔。他们用砖和河泥作为建筑的材料。直到有一天，高高的塔顶已冲入云霄。上帝耶和华得知此事，立即从天国下凡视察。上帝一看，又惊又怒，认为这是人类虚荣心的象征。上帝心想，人们讲同样的语言，就能建起这样的巨塔，日后还有什么办不成的事情呢？于是，上帝决定让人世间的语言发生混乱，使人们互相言语不通。后来人们就把巴比伦叫做“冒犯上帝的城市”。

巴比伦城墙的厚度，可以让一辆4匹马拉的战车转身。长达16公里，每隔一段距离就有一座城楼。城墙的两端起于幼发拉底河畔。河对岸是巴比伦的新城区，一座大桥横跨幼发拉底河，使新城区跟主城连在一起。所以，这座城墙不仅是巴比伦人用来抵御敌人的主要屏障，而且也是一道保护巴比伦城不受河水泛滥之害的可靠堤防。巴比伦城有100座铜做的城门，因此希腊大诗人荷马又把巴比伦城称为“百门之都”。

巴比伦古城的大门叫典礼门，高4米多，宽2米左右。门的上部是拱形结构，两边和残存的城墙相连，门洞两边的墙上有黄、棕两色琉璃砖制成的雄狮、公牛等图像。这座城门建筑得十分牢固，公元前568年波斯人在摧毁巴比伦古城时，只有这座城门幸存下来。在千百年风雨剥蚀下，古城城墙已坍塌无存，唯独这座城门依然完好如初。

穿过城门是一条广阔大道，上面铺着灰色和粉红色石子，大道两旁的残墙上现在还留着清晰可见的雄狮、公牛等图像。尼布甲尼撒的王宫就在大道西边。被人们称为“世界七大奇迹”之一的“空中花园”，就在南宫的东北角。相传，它是尼布甲尼撒二世为让他的米底妻子赛米拉米斯公主，排忧解闷而兴建的，可惜它早已不存在了。

赫赫有名的巴别通天塔就耸立在大道的北面。巴别塔本是巴比伦古城里，一座供奉巴比伦人的主神马都克的神庙。塔的顶端是神殿，有一条石梯可以直通神殿，敬神时，穿着白色法衣的祭司在由乐器伴奏的合唱声中登上塔顶。这座巴别塔就是《圣经·旧约》里的巴别通天塔。“巴别”这个词是巴比伦文，意思是“神的大门”。由于它的读音跟古希伯来语中的“混乱”一词相似，加上当时巴比伦城里的居民讲的远不止一种语言，《圣经·旧约》的作者也就很容易把“语言混乱”与上帝对建塔的惩罚相联系，编出上述的故事来了。巴比伦古城里最早的巴别通天塔，在公元前 689 年亚述国王辛赫那里布攻占巴比伦时就破坏了。新巴比伦王国建立后，尼布甲尼撒二世下令重建通天塔。他命令全国不分民族、不分地区都要派人来参加修塔。

尼布甲尼撒下令重建的巴别通天塔共有 7 层，总高 90 米，塔基的长度和宽度各为 91 米左右。在高耸入云塔顶上，还建有壮观的供奉马都克主神的神殿，塔的四周是仓库和祭司们的住房。在 5 000 多年前，人们能建起这样一座如此巍峨雄伟的通天塔，实在是人世间的一大奇迹。遗憾的是，巴别塔如今剩下的仅仅是一块长满了野草的方形大地基的残迹了。

在波斯人彻底摧毁了巴比伦之后，人们对巴比伦通天塔仍然念念不忘。公元前 331 年，当亚历山大大帝占领已经荒芜的巴比伦后，他曾经想重建通天塔。但是，单单清除废塔的砖瓦就需要一万人工作两个月。最后他只好放弃了这个计划。

千百年过去了，不知有多少人一直想找到巴比伦城的遗址。

1899 年 3 月，一批德国考古学家，在今天巴格达南面 50 多公里的幼发拉底河畔，进行了持续 10 多年之久的大规模考古发掘工作，终于找到了已经失踪两千多年，由尼布甲尼撒二世在公元前 605 年改建后的巴比伦古城遗址。

考古学家们现在仍在巴比伦古城遗址上进行着发掘工作。许多宫殿、神庙、街道和住房已经渐渐露出地面。考古学家们正在和历史学家、艺术家们一起，根据发掘出来的文物，复制古城巴比伦大多数建筑物的原型，以便有朝一日能使这座人类宏伟的古城恢复旧观。

艮卦第五十二：把握分寸，适可而止

【爻词精义】

⊙要约束部下　⊙别让部下吃力不讨好　⊙别越级但要有进取心

⊙自律是应该的　⊙要考核助手的绩效　⊙厚道善良以为辅助

经文义解

【题解】

《艮》卦，是强调自发的停止。"时止则止，时行则行"，时当行则行，是以时势造英雄也。时当止之时，言语亦不妄发，其行亦不妄动也。"君子以思不出其位"，这就是注意力止于其位。何况"不在其位，不谋其政"（《论语·泰伯》）也。是以可行则行，可止则止，行之无不利，止之无不吉，知行知止，此之谓行止之法门也。

止应当止于行动未开始之前，才不会失当，才不会身不由己。不能适可而止，或勉强追随，必然不愉快。倘若刚强过度，应止不止，或止而不当，必将忧患。惟有达到不为外物所动，不为私欲所动的人我两忘境界，才能成功。

【原文】

䷳　艮[①]：艮其背，不获其身，行其庭，不见其人，无咎。[②]

初六　艮其趾，无咎，利永贞。[③]

六二　艮其腓，不拯其随，其心不快。[④]

九三　艮其限，列其夤，厉薰心。[⑤]

六四　艮其身，无咎。

六五　艮其辅，言有序，悔亡。[⑥]

上九　敦艮，吉。⑦

【注释】

①艮：卦名。下艮上艮，象征抑止。②庭：庭院。③趾：脚趾。④腓：小腿肚。拯：举。⑤限：胯，腰部。列：裂。夤：夹脊肉。薰：烧灼。⑥辅：面颊。⑦敦：深厚敦厚。

【译文】

艮卦　象征抑止。抑止背部，使整个身体不能动弹，在庭院里行走，却看不到人，没有灾祸。

初六　抑止脚趾而使之难于起步，没有灾祸，利于卜问长久之事。

六二　抑止小腿肚的运动，勉强举步追赶应该追随之人，心中不能舒畅。

九三　抑止腰胯的运动，以至于撕裂了夹脊肉，使人心急如焚。

六四　抑止身体使其不能乱动，必无灾难。

六五　没有胡言，讲话有条有理，没有灾祸。

上九　用敦厚的美德压抑邪欲恶念，必获吉祥。

【释义】

䷳　艮：艮其背，不获其身，行其庭，不见其人，无咎。

［解读］　人的背部静止，整个身体也便难以移动；内心安静，即便进入有人的庭院也视若无睹。稳且静，人就不会有过失。

［象释］　“艮”是山，寓安重坚实之意；本卦上下均“艮”，象征两山重叠，极其稳固，岿然不动。又，经卦“艮”一阳在上、二阴在下；二阴不动，一阳已升至极点，亦须停止，故“艮”有“止”义。上、下卦相同，对应的阴阳爻相同而不相应，故有“不见其人”，亦即视而不见之辞。

［义理］　形体保持稳定状态的关键在于背部，行动保持稳定状态的关键在于内心。内心宁静，不受外界环境所影响，就不会妄动；即便有所行动，也会谨守本分，冷静思考，应止则止。

初六　艮其趾，无咎，利永贞。

［解读］　首先要控制住脚趾上的动作，脚趾稳定则不失足，其益在于有始有终。

［象释］　“初六”处在最下位，故以“趾”为喻。人有行动，必先动趾；若使趾

的行动受到控制，则不会发生超越规矩的行为，然则“初六”阴爻居阳位，不中不正，故有“永贞”之戒。

［义理］ 当行则行，当止则止。什么事不应该做，这从事情一开始就应把握和控制。否则，差之毫厘，失之千里。如果自始至终都能够把握住当止则止的尺度，不半途而废，那么必然获益。

六二 艮其腓，不拯其随，其心不快。

［解读］ 腿停止不动，却不能阻止其上位者的冒进而只得勉强相随，因而心中不会愉快。

［象释］ “六二”属于下卦的中位，相当于人的腿部，因而有“腓”即腿肚之喻。“六二”阴爻阴位，居中得正，懂得当止则止的道理，但它的行动却受制于“九三”；“九三”刚愎自用，不会听从“六二”关于当止则止的劝告，因而“六二”只能违心相随。

［义理］ 由于缺少主动权，明知应止却不能止，违心地追随别人继续冒进，其心情必然抑郁不舒畅。无论在政治还是经济领域中，这类情况屡见不鲜。

九三 艮其限，列其夤，厉薰心。

［解读］ 抑止腰部的活动，两肋的肌肉便像被分裂开来一样，不能活动，其难受犹如烟火薰心肺。

［象释］ “九三”在上、下卦分界处，相当于人的腰部；爻阳位，又离开了中位，有刚强过甚而偏激之象。“九三”上下两个阴爻，被“九三”从中分裂开来，象征“九三”与上下、左右的人不能和睦相处，因而危机重重。

［义理］ 当止则止。然而，任何停止都是相对的，停止是暂时的，停止中寓有行动。如果将停止绝对化，认为讲停止就是绝对的止，那么动、止便会失当，以致造成众叛亲离的局面。

六四 艮其身，无咎。

［解读］ 能够自我控制其身体，便不会有过失。

［象释］ “六四”已进入上卦，故以“身”比喻；阴爻阴位，得正，故有守静不躁动之性。

［义理］ 停止有一个时间与空间的问题。什么时候应该停止，停止在什么

样的场所,只有做到心中有数,才能自我约束,“止”得恰到好处。

六五　艮其辅,言有序,悔亡。

［解读］　说话谨慎,条理清晰,后悔之事便不会发生。

［象释］　“六五”处于卦的上方,故以“辅”即颚关节比喻。其阴爻居阳位,不正,应有后悔之事,然而又处中,言辞中肯在理,所以后悔之事又消除。

［义理］　俗话说:“病从口入,祸从口出。”言语能表达思想,却又能致祸,因而说话务须小心谨慎,也有一个当止则止的问题。只有适可而止,才能避免“祸从口出”。

上九　敦艮,吉。

［解读］　以谨慎敦厚抑制私欲,吉祥。

［象释］　“上九”以阴爻居于艮卦即止的极处,其笃于止的心情,达到了极点。别的卦至于极点的都要朝着反面转化,而本卦“上九”却不仅不转化为动,反而表现出了对于“止”的敦厚笃实,其源盖由于《艮》为兼山之卦,“上九”为稳之又稳的众山之巅。

［义理］　凡事贵在坚持,愈近终点愈是坚定于既定的宗旨,才能功德圆满。然而世人往往很难做到这一点。例如,学业快要结束时,便会放松自己;人一生谨慎,到了晚年却容易堕落。如果到了晚年仍能努力克制和严格约束自己,也就真正实现了善始善终。

案例解易

不行君道，好鹤亡国

继位之初

周惠王九年，卫惠公的儿子继承了王位，他就是卫懿公。这位懿公在位九年的时间里，无节制的游乐，不理国家大事，不体恤人民，特别喜欢喂养鹤这种禽鸟。他认为鹤的体色洁白，形态高雅，叫声好听，还能舞蹈。俗话说上行下效。卫懿公对前来献鹤的人一律给予重赏，猎手们就千方百计地捕捉白鹤前来邀赏。于是好几百只鹤把他的宫廷御苑都塞满了，他还给每只鹤都规定了品位俸禄，高的按上大夫的给予粮饷，低的也只比大夫矮一级。卫懿公出游，群鹤也要装进敞棚高车之内分班跟随，还称之为“鹤将军”。侍弄这些鹤的人也享有粮饷。为了鹤的口粮便加重百姓的税赋，而百姓饥寒冻饿，他视而不见。当时执掌朝政的是有名的贤臣大夫石祁子与宁庄子，他俩劝谏了无数次，卫懿公都不理不睬。卫国的宗族中还有卫惠公的同父异母哥哥公子毁，他知道这样下去卫国将要亡国，于是找了个借口逃亡到了齐国，齐桓公把宗族的女子嫁给公子毁，公子毁就留在齐国再也不回卫国了；另外，理应接替王位的太子伋子却冤屈而死。卫懿公掌权以来，卫国的百姓无不日夜诅咒他早死。因为伋子的兄弟们都没有儿子，只有公子毁有贤德的名声，

所以卫国的百姓暗中都拥护他。

自周平王东迁，南蛮北狄又肆无忌惮地进犯中原。北狄首领瞍瞒掌握好几万兵力，常常有扫荡中原的打算。当他听到齐国来征讨山戎时，便生气地说："齐兵长途奔袭，一定是瞧不起我，应该先把齐兵打败。"便派二万骑兵攻破了邢国。后来，听到齐国来救邢国，瞍瞒便乘虚移师卫国。这时候，卫懿公正想运送着他那些白鹤去游玩呢！探子前来报告说："狄人已经打过来了！"卫懿公才惊惊慌慌地调集兵将准备迎敌，谁知百姓们都逃到乡村野外去了，没有人愿意来替他打仗。卫懿公派掌管土地和民事的官员司徒去捉拿百姓，半天才捉到一百多人，问他们为什么要逃避当兵，大家回答说："只要有一样东西就可以抵御北狄了，哪里用得着我们呢？"懿公问："是什么东西？"众人说："是白鹤。"懿公说："白鹤怎么能抵御北狄呢？"众人又说："白鹤既然不能作战就是废物，大王放弃有用的而去供养无用的东西，百姓当然不服了！"懿公听了连忙说："我知道错了！我愿意放掉白鹤，顺从百姓们的心意。"大夫石祁立刻劝懿公："大王赶快这样做，恐怕这样改正也有些晚了。"卫懿公无奈，只得命人把白鹤放走，谁知这些吃惯了现食的白鹤，还是在喂养它们的地方绕着圈子飞，不愿离开。石、宁两位大夫亲自到街市上去向百姓讲述懿公悔过的意思，百姓们才回来了一些。

北狄的兵马已经杀到荥泽，一天就有三次急报到来。大夫石祁子向卫懿公建议："北狄兵慓悍勇敢，不能够轻易地前去迎敌，请让我去齐国求取救兵。"卫懿公回答说："齐兵过去曾向我国进军，虽然自己撤走了，但是我们并没有和好，现在怎能来救？不如拼死一战，来决定生死存亡吧！"大夫宁庄子勇敢请命："请让我率军迎战，大王镇守城池如何？"卫懿公说："我要是不亲自去作战，恐怕别人不会全心投入战斗的。"说完，就把自己佩带的代表国王权力的玉玦交给了石祁子，让他代理行使国君的权力，并且叮嘱说："您就像这块玉玦一样地清白正直来处理一切吧！"又把强弓硬弩交给宁庄子，命令他专门防守王城，并说："国家的事完全委托给两位了。我要不战胜敌人，就不回来了。"两位大夫听了都流下泪来。卫懿公交代完毕，便集中战车和军力，委派大夫渠孔为大将，于伯为副手，黄夷作先锋，孔婴齐率领后军殿后。备战中他听到兵营里流传怨恨的话语，于是在夜晚，卫懿公就到兵营中去听一听是怎么一回事，到了兵营，听见士卒们在吟唱这样一首歌：

白鹤无功受禄,百姓却要用尽力量去耕种;白鹤得坐高敞的大车,百姓们在服艰苦的兵役。现在北狄兵是这样强悍,想去战斗啊一定会是九死一生!白鹤哟,你现在哪里?我们虽然害怕还是只好去呵!

懿公听了,情绪一下低沉许多。加上渠孔执行军法过于严格,兵营中背离的情绪更增加了。大军进抵荥泽,见一千多名敌兵左右分开乱跑,主将渠孔就说:“别人讲狄人勇敢善战,这是有名无实的!”于是命令擂着鼓前进,敌人假装大败,把卫军引进了埋伏地方,一时间响起了信号,狄兵像天崩地塌一样地冲了出来,把卫军截成了孤立的三个部分,使卫军不能互相支援。本来卫军就缺少战斗意志,现在一见敌人来势凶猛,便丢掉所有的战车、军器逃跑。好几层狄兵紧紧地把卫懿公包围在中间。渠孔忙说:“情况太危急了!快把中军大旗放倒,大王换了便服赶快下车,或者还可以逃走。”卫懿公叹了一口气说:“剩下这样几个人如何能挽救得了国家?大旗不能倒,宁愿一死,以谢百姓!”不一会,卫兵前后部队完全被消灭,黄夷战死,孔婴齐自杀。北狄的军队越围越多。于伯身中数箭,掉下了战车,懿公和渠孔也先后被杀,卫军全部覆没。

卫国太史华龙滑与礼孔从北狄军中逃脱,把懿公败亡的消息报告了守卫王城的宁庄子,宁庄子想开城投降北狄,礼孔不从,拔剑自杀。宁庄子与石祁子商量之后,带着卫懿公的眷属和公子申,连夜坐上小车往东逃去,华龙滑抱起典籍紧跟其后。两位大夫的逃亡,引起百姓们拖家带口跟着逃命,哭泣的声音震动了天地,北狄兵长驱直入,进入卫城。掉队的百姓都被狄兵杀死。石祁子保着宫内眷属先走,宁庄子断后,边战边退,跟随逃亡的百姓又有一半死在北狄人的刀下。逃到黄河边上,幸而得到齐桓公派来的军队救助,才连夜乘船渡过了黄河。

以后,石祁子、宁庄子两位虽然扶立公子申为国君,但公子申没有多久就死了,宁庄子又到齐国把公子毁接回来继承王位,称为卫文公。卫文公这时所拥有的仅仅是三十辆兵车,王宫已被狄人焚毁,只能寄居在民间。卫文公虽然生活简朴,蔬食菜羹,早起夜息,安抚百姓,人们也称赞他的贤能,可是,卫国终于再无力恢复,走向了灭亡。

渐卦第五十三：守正渐进，量力而行

【爻词精义】

⊙年轻人别急躁　⊙年轻人别着急　⊙别迷失方向　⊙别把中途休息的地方当成了努力目标　⊙会碰到些阻碍的　⊙别忘有功劳的人

经文义解

【题解】

《渐》卦阐释由停顿转向前进时，必须采取渐进的原则。前进才能建功，前进当然要刚毅，但也要把握中庸原则。不可以勉强，不可以冒进，应当稳当，依据状况，把握时机，循序向前迈进，动静顺乎自然，才能安全，行动不会被动。倘若刚强过度，不停地冒进，就有脱离群众的危险。当然，在渐进中，必有阻碍，宜以正当的方式，进退由心，切实掌握事物发展过程中“循序渐进”的原则，切不可“揠苗助长”也。

【原文】

䷴　渐[①]：女归，吉，利贞。[②]

初六　鸿渐于干，小子厉，有言，无咎。[③]

六二　鸿渐于磐，饮食衎衎，吉。[④]

九三　鸿渐于陆，夫征不复，妇孕不育，凶，利御寇。[⑤]

六四　鸿渐于木，或得其桷，无咎。[⑥]

九五　鸿渐于陵，妇三岁不孕，终莫之胜，吉。[⑦]

上九　鸿渐于陆，其羽可用为仪，吉。[⑧]

【注释】

①渐：卦名。下艮上巽，象征渐进。②女归：女子嫁人，归嫁。③鸿：鸿雁即

大雁。干：河岸。小子：指幼童。④磐：大石头。衎：高兴，和乐。⑤陆：指较矮的山顶。⑥或：有的。桷：木椽，引申为直树枝。⑦陵：山陵。⑧陆：指高山之顶。

【译文】

渐卦　象征渐进。女子出嫁循礼渐进，可获吉祥，有利之卦。

初六　幼小的鸿雁在河岸边活动，有种恐惧感，有流言蜚语把他非难，但是并无灾祸。

六二　鸿雁落到巨石之上，安享饮食和悦欢快，必获吉祥。

九三　鸿雁落到小峰顶上，就像丈夫随军出征一去不再回返，妻子怀孕又流产，如此，定有凶险。但却利于防御贼寇。

六四　鸿雁飞行渐进，有的落到大树上面，有的落到直树枝上面，都没有灾祸。

九五　鸿雁飞行渐进落到山丘之上，犹如妻子三年不怀孕，但未受丈夫责难，必获吉祥。

上九　鸿雁在高空翱翔，羽毛非常美丽，可以用作仪饰，十分吉祥。

【释义】

䷴　渐：女归吉，利贞。

［解读］　女子出嫁，按照婚嫁的礼节循序渐进，就能吉祥，其利在于这些礼节合乎正道。

［象释］　下卦“艮”是山，上卦“巽”是木，山木为“止”义，但是山上有木，木渐渐成长，于是山也随着渐渐增高，所以卦名取“渐”。又，自“六二”至“九五”，其四爻各得其位，象征嫁女过程中合乎正道、循序渐进的一系列礼仪。

［义理］　渐进的重点在“渐”，渐是进取时的一种表现形式。任何事物都有一个循序渐进的过程。

初六　鸿渐于干，小子厉，有言，无咎。

［解读］　幼小的鸿雁停留在水涯边上活动，像小孩子蹒跚学步那样有一种恐惧感，于是便有嘲笑它胆小的言语出现，其实鸿雁这种不急于上岸高飞的做法并不错。

［象释］　“初六”是渐进之始，阴爻柔弱，尚无能力一下子登岸，更无能力振翅飞翔，只能量力而行在水边磨砺自己；“六四”与“初六”同阴，相互拒斥，既无

力应援“初六”,又因“初六”力弱,跟随不上其步伐而怨声不已。

[义理] 凡事都应该量力而行,不可勉强;即便力量还很薄弱,只要循序渐进,就不会发生什么失误。

六二 鸿渐于磐,饮食衎衎,吉。

[解读] 鸿雁爬到岸边的大石板上栖息,在欢乐地寻觅食物,没有灾祸。

[象释] “六二”的位置比“初六”高了一层,且“六二”柔顺中正,又与“九五”相应,其处境如磐石一般稳定,其心情亦很和乐。

[义理] 在成长过程中,要脚踏实地,依靠自己的力量循序渐进,但并不排斥通过正常途径争取外界的应援。

九三 鸿渐于陆,夫征不复,妇孕不育,凶,利御寇。

[解读] 鸿雁渐渐地走上陆地,此时就像丈夫出征不还家,妇女怀孕流了产,十分危险,但是居高望远,有利于防御贼寇。

[象释] “九三”以阴居阳,虽正而过刚,有宁折不弯之象,故而有“征不复”之辞;又与“上九”同阳而不应,只得与“六四”相比相求,这种相亲相求不合正道,因而又有孕而不育之象。然而“九三”毕竟是得位之爻,其阳刚之性尚能用于正道。

[义理] 当自身力量还不足以一展宏图时,切不可躁急冒进,而应该寻找一个比较平安的环境,渐渐地壮大自己,耐心地等待瓜熟蒂落这一时刻的到来。

六四 鸿渐于木,或得其桷,无咎。

[解读] 鸿雁渐渐飞上了高树,有的还在树枝上平安地栖息。

[象释] 上卦“巽”为木,“六四”由于处在上卦的下位,与下卦相邻,因而以树为喻;其阴爻阴位,柔弱温顺,因与二个阳爻比邻而有依靠之象。

[义理] 处于位高而力弱的不安稳之境,惶恐之心在所难免,但只要柔顺灵活地处世,必能得到强者的援助,渐渐地丰满自己。

九五 鸿渐于陵,妇三岁不孕,终莫之胜,吉。

[解读] 鸿雁飞上山丘,犹如三年不怀孕的妇女,从未受到过丈夫的责难欺凌,终必吉祥。

[象释] “九五”阴阳相应,因而以“陵”为喻;刚健而中正,又与“六二”阴

阳相应，其象甚佳；虽然两爻之间有“九三”、“六四”阻隔，但“九五”与“六二”心心相印，执信如一，所以有“吉”兆。

[**义理**] 事物的发展壮大，不可能一帆风顺，即便成功的事业，其间也有诸多曲折，犹如姻缘美满有时却不能生育子女一般，认识到发展中有曲折、美满中有不足也是一种客观规律，就不至于自寻烦恼。

上九 鸿渐于陆，其羽可用为仪，吉。

[**解读**] 鸿雁在天空中飞翔，羽毛漂亮得可以做装饰品，吉祥。

[**象释**] “上九”处在本卦最上位，象征循序渐进终于实现了最高目标。“上九”处极位而刚健，象征宏图之志的施展，前程似锦，故又有“仪”之一辞。

[**义理**] 经历漫长的渐进，终于羽毛丰满，可以一遂凌云之志了。有的人到了这个境地便会生出高处不胜寒之感，惟有循序渐进者，具有雄厚的实力和足以眩人耳目的魅力，他的前程仍然未可限量。

案例解易

马援教侄树清名

马援是东汉初名将，是扶风茂陵人。他不但善于打仗，在教育子女方面也很有见解。

马援的侄子马严、马敦为人处事很不谨慎，喜欢到处讥讽和议论别人，而且广泛结交侠义之士，当时马援正在南方任职，他知道此事后，立即给两个侄子写了封信，信中说：

我希望你们闻人过失，就像听到父母的名字一样，耳可得闻，口不可以言。好议论人的短长，随便评论时政，这是我最厌恶的，我宁愿死也不愿子孙有这种行为。你们是知道我这种脾气的，我之所以对你们重申，是要你们不要忘记。有一个叫龙伯高的人，为人敦厚谨慎，言语周密，谦约节俭，清廉公正而有威信。我特别欣赏并看重此人,也希望你们向他学习。还有一个叫杜季良的人,豪侠仗义,忧他人之忧,乐他人之乐,对人轻重合宜,非常好。他父亲死时,数郡之人皆来吊唁。我对他也既爱又重,但不愿你们效法他。如果你们学龙伯高学不好,还可以落个谦谨的名声,这就是所谓"刻鹄不成尚类鹜。"如果你们学杜季良学得不好,就会变成轻薄之徒,这就是所谓"画虎不成反类犬。"

在马援的教育下,马严、马敦谨慎言行,不再妄发议论。马援死后,马严兄弟在一个叫钜下的地方居住,德行受人称赞,被称为"钜下二卿"。

梁启超呕心育子女

为了造就维新变法的新人,梁启超曾亲自任湖南时务学堂教习。梁办时务学堂也是成功的,有再造民国之功的蔡锷就是他的高足。梁启超在治家方面也有一套成功的经验,他有 9 个子女,他们都各有自己的成就,这当然与他的严格教育分不开。他不仅是孩子们的慈父,还是孩子们的朋友。他很注意引导孩子们对知识的兴趣,又十分尊重他们的个性和志愿,他非常细微地掌握每个孩子的特点,因材施教,为每个子女的前途都有周到的考虑和安排。但又不强迫他们一定按照自己的意图去办,而是反复地征求孩子们的意见,直到他们满意为止。

他对子女们非常慈爱,从 1923 年起到 1929 年去世,先后共有五个孩子到国外求学或工作。他非常想念他们,为了培养子女成才,他又很能控制自己的痛苦,鼓励他们向上。在 1925 年给女儿梁思顺及梁思庄的一封信中说:"宝贝思顺,小宝贝庄庄,你们走后我很寂寞。……思顺离我多次了,所以倒不觉得怎样,庄庄这几个月来天天挨着我,一旦远行,我心里着实有点难过。但为你成就学业起见,不能不忍耐几年。……但日子过得很快,你看你三哥(梁思永)转眼已经回来了,再过三年你便成为一个学者回来,帮助爹爹工作,多快活呀!"

他教育子女做学问,不要只注意专精,还要注意广博。梁思成在国外求学之时,他在信中说:"思成所学太专门了,我愿意你趁毕业后一两年,分出点光阴多学些常识,尤其是人文科学中之某部门,多用点工夫。我怕你因所学太专门之故,把生活也弄成近于单调,太单调的生活容易厌倦,厌倦即为苦恼,乃至堕落之根源。"又说:"凡做学问要'猛火熬'和'慢火炖'两种工作,循环交互着用去,在

‘慢火炖’的时候才能令所熬的起消化作用。思成你已经熬过三年了,这一年正该用炖的工夫,不独于你身子有益,即为你的学业计,亦非如此不能得益,你务要听爹爹苦口良言。”这些话恐怕也是他自己读书、治学的经验和总结。

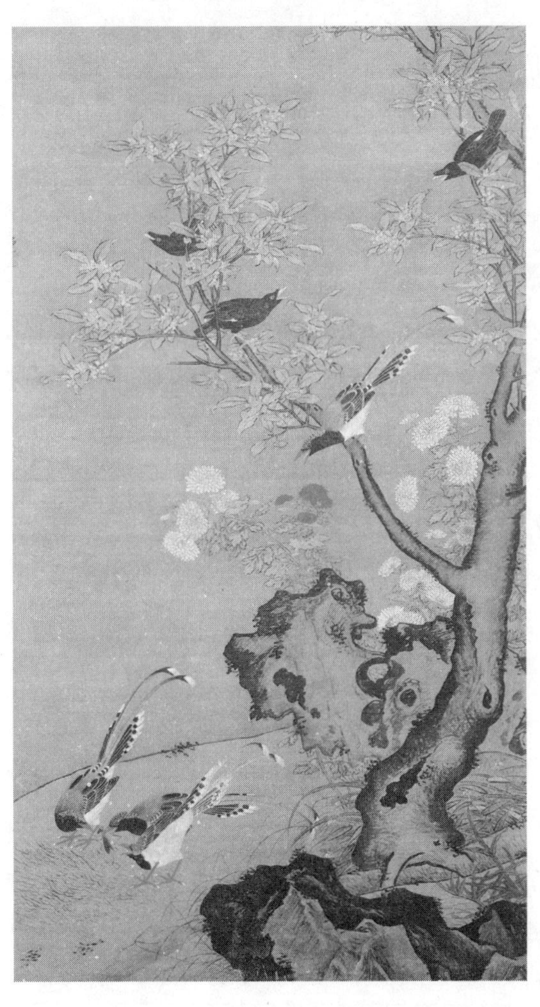

他还不断地鼓励指导子女战胜学业上的困难,重视培养子女的实践能力,具体指导他们加强外围知识。他给梁思成的信中说:“莫问收获,但问耕耘。……一面不可骄盈自满,一面又不可怯弱自馁,尽自己能力去做,做到哪里是哪里。如此则可以无入而不自得,而于社会亦总有多少贡献。”当梁思成在美国取得建筑硕士学位之后,又在1927年12月18信中说:“我替你们打算,到美国后折往瑞典、挪威一行,因北欧极有特色,市容亦极严整有新意,新造之市,建筑上最有意思者为南美诸国,可惜力量不能供此游,次则北欧特可观,必须一往。由是入德国,除几个古都市外,莱茵河畔著名堡垒最好能参观一天。回头折入瑞士看些天然美,再入意大利,多耽搁些日子,把文艺复兴时期的美彻底研究了解。最后能回到法国,在马赛上船(到西班牙也好……中世及近世初期的欧洲文化实以西班牙为中心)。中间最好能腾出点时间和金钱到土耳其一行,看看回教的建筑和美术,附带看看土耳其革命后的政治。”为自己子女事业想得多么细致、周到,看了这信封,不能不令人感动。

他对每个子女的前途都有周密的考虑,竭力培养他(她)们成为有学问的人。他抓住每一个机会,使他们多学一门专长。女儿思庄上大学二年后该选专业,他建议思庄学当时中国还几乎是空白的现代生物学。在1927年8月29日信中写道:"你今年还是普科大学生,明年便选定专门了,你现在打算选择没有?我想你们兄弟姐妹,至今还没有一个学自然科学,很是我们家里的憾事,不知道你性情到底近这方面不?我很想你以生物为主科,因为它是现在最进步的自然科学,而且为哲学、社会学之主要基础,极有趣而不须粗重的工作,于女子极为合宜。学回来后,本国的生物随处可以采集试验,容易有新发明。截至今日止,中国女子还没有人学这门(男子也很少),你来做个'先登者'不好吗?还有一样,因为这门学问与一切人文科学有密切关系,你学成回来可以做爹爹一个大帮手,我将来许多著作还要请你做顾问哩!不好吗?你自己若觉得性情还相近,那么就选它,再选一两样和它有密切联络的学科以为辅。你们学校若有这门的教授便留校,否则在美国选一个最好的学校转去,姐姐哥哥们当然会替你调查妥善,你自己想想定主意吧!"在4月26日给思永夫妇的信说:"你们回来的职业,正在向各方面筹划进行(虽未知你们打什么主意),一是东北大学教授,一是清华大学教授,成否皆未可知,思永当别有详函报告。另外还有一件非职业的职业——上海有一位大藏画家庞莱臣,其家有唐(六朝)画十余轴,宋元画近千轴,明清名作不计其数。这位老先生六十多岁,我想托人介绍你拜他们(已托叶葵初),当他几个月的义务书民。若办得到,倒是你学问前途一个大机会,你的意思如何?亦盼望到家以前先用信表示。……所以我盼望你我的副产工作——即《中国美术史》。这项工作,我很可指导你一部分,还可以设法令你看见许多名家作品,我所能指导你的是将各派别提出个纲领,及将各大作家之性行与其时代背景,详细告诉你。……所以我盼望你在旅行中便做这项工作的预备。所谓预备者,其一是多读欧人美术史的名著,以备将来用他的体例。关于这类书认为必要时,不妨多买几部。其二是在欧洲各博物馆、各画苑中,见有所藏中国作品,特别注意记录。"

他教导子女只有多学知识,才能丰富生活内容,永久保持不厌倦的精神。1927年8月29日在给思成的信中说:"一个人想要交友取益,也要方面稍多,才有接谈交换或开卷引进的机会。不独朋友而已,即使在家庭里头,像你有我这位爹爹,也属人生难逢的幸福;若你的学问兴味太过单调,将来也会和我相对词竭,不能领着我的教训,你生活中本来应享的乐趣也削减了不少了。我是学问趣味方面极多的人,我之所以不能专职有成者在此。然而我的生活内容异常丰富,能够永久保持不厌不倦的精神,亦未始不在此。我每成若干时候,趣味转过新方面,便觉得像换了新生命,如朝旭升天,如新荷出水。我自觉这种生活是极可爱的,极有价值的。我虽不愿你学我那泛滥无归的短处,但最少也想你们参采我那烂漫向荣的长处。”

又注意子女的道德培养,教育子女生活要艰苦朴素。同年5月5日给思顺夫妻的信中说:“生当乱世,要吃得苦才能站得住(其实何止乱世为然)。一个人在物质上的享用,只好能维持着生活便够了。至于快乐与否,全不是物质上可以支配。能在困苦中求出快活,才真是会打算盘哩。”给思忠的信中说:“一个人苦在舒服的环境中也就会消磨志气。你看你爹爹困苦的日子也过过多少,舒服日子也经过多少,老是那样子,到底意志消磨了没有?……我自己常常感觉我要拿自己做青年人的人格模范。最少也不愧做你们姐妹弟兄的模范。我又很相信我的孩子们,个个都会受到我这种遗传和教训,不会因为环境的困苦或舒服而堕落的,你若有这种自信力便‘随遇而安’的做。”

梁启超的爱国主义思想也贯穿在对子女的教育中。他对子女言传身教,根据每个子女的性格、爱好、特长以及国家需要,精心考虑他们所学专业,不惜一切送子女到海外求学,以便学成回国,更好地为国家服务。他的九个女子先后有七人曾到国外求学或工作。他们在国外读书数年,学贯中西,成为各自行业的专家。以他们各自的学问专长,完全可以在国外找一份很好的工作。但他们没有一个留在国外,都是在学成后回来报效祖国。他的女子,可以说人人成才,各有所长:长女思顺(1893~1966)爱好诗词和音乐,编有《艺蘅馆日记》《艺蘅馆词选》,曾多次再版,解放后任中央文史馆馆员;长子思成(1901~1972)著名建筑学家,在建筑理论、建筑教育思想、城市规划诸方面都有不少超前的新观点,是我国古建筑研究的先驱者、我国建筑教育的奠基人之一;次子思永(1940~1954)著名考古学家,是我国第一个受过西洋近代考古学正式训练的学者,中国近代考古学和考古教育开拓者之一;次女思庄(1908~1986年)著名图书馆学家,一生致力于西文编目工作;四子思达从事经济学研究,参与编写《中国近代经济史》、主编《旧中国机制面粉工业统计资料》一书。五子思礼著名火箭控制系统专家,是我国航天事业的开拓者之一、中国导弹控制系统的带头人，为我国航天事业作出了重要贡献。几十年来，他们在不同的岗位上，都作出很大成绩，共同为祖国的各项事业而献身。

在梁启超生活的几十年中，正是中国的多事之秋，是民族危机和政治危机日益加深，人民革命日益高涨之时。1884 年法国侵略中国的战争，1894 年日本侵略中国的“甲午战争”，使中国丧失了台湾等大片国土和巨大的民族权益，1896 年德国强占胶州湾，一批批的通商口岸开放，巨额的赔款，使中国半殖民地化的程度进一步加深。面对严重的民族危机，在亡国危险迫在眉睫的时刻，梁启超以一介书生，成为变法维新的健将，毕生探求中国的富强之道。历史的复杂性使他呈现出异常复杂的面貌，如何理解和分析研究梁启超的政治表现，如何准确地把握他的思想发展变化的脉络，正确地评价他的思想实质，是很困难的。他的功过，迄今众说纷纭，毁誉不一，很难论定，但是作为中华民族的一代精英，他的爱国主义的思想品格，乐观进取的精神，经世致用的治学态度以及成功的家庭教育经验，都是不容否定和抹煞的。

归妹卦第五十四：强扭的瓜，当然不甜

【爻词精义】

⊙陪嫁心里不好受 ⊙夫妻间别老是斤斤计较 ⊙早点嫁出去好 ⊙晚出嫁也未尝不可 ⊙娶个既美又贤的女子很吉利 ⊙女子寒微男体弱，这样的婚嫁要不得

经文义解

【题解】

妹，少女也。女嫁曰归。少女从长男，其情不正，说而动，皆非正也。《序卦传》说："进必有所归，故受之以《归妹》。"

《易》曰："一阴一阳之谓道。"是道也，何道也？《中庸》曰："君子之道，造端乎夫妇。"是也。《渐》与《归妹》，即此之谓也。二卦皆三阴三阳卦，其一成一败，善不善之结果，祇以位之当不当，随之前与后，则有天渊之别也。一阴一阳之谓道，合乎天地中正之大义也。

【原文】

䷵ 归妹[①]：征凶，无攸利。

初九 归妹以娣，跛能履，征吉。[②]

九二 眇能视，利幽人之贞。[③]

六三 归妹以须，反归以娣。[④]

九四 归妹愆期，迟归有时。[⑤]

六五 帝乙归妹，其君之袂，不如其娣之袂良。月几望，吉。[⑥]

上六 女承筐，无实，士刲羊，无血。无攸利。[⑦]

【注释】

①归妹:卦名。下兑上震,象征嫁出少女。归,嫁。②归妹以娣:少女出嫁,其妹从嫁。古代习俗,一夫多妻,姐姐出嫁,妹妹可以随同姐姐同嫁一夫,此称“娣”。③眇:眼盲失明。幽人:安恬幽居之人。④须:通“媭”,姐。反归:回娘家。⑤愆期:延误时日。愆,延误。迟:晚。⑥君:这里指正室即大妻。袂:衣袖,指衣饰。良:好。几望:既望,每日十六日。⑦筐:竹器,指盛嫁妆的奁具。实:指嫁妆。 :割。

【译文】

归妹卦　象征嫁出少女。向前行进必有凶险,没有什么益处。

初九　少女出嫁作偏房,就像跛足者奋力前行;兴兵征讨可获吉祥。

九二　眼盲者勉强注视;安恬隐居之人,利于守正。

六三　少女出嫁,姐姐从嫁作偏房;事发后,又以妹妹的身份从嫁作偏房。

九四　少女迟迟不嫁,为的是等待时机。

六五　帝乙嫁女,正室的服装反而不如陪嫁妹妹的服装华美;成亲日期定在既望之日,十分吉祥。

上六　少女手捧礼筐,却无东西可盛;新郎杀羊,却没有放出血来,不会有什么好处。

【释义】

䷵ 归妹:征凶,无攸利。

[解读]　象征嫁出少女,发展下去无益处。

[象释]　下卦“兑”是少女,上卦“震”是长男,卦象为少女嫁给长男,所以卦名“归妹”。少女与少男结合方称般配,而今少女与长男结合,显然不般配;且下卦“兑”是悦,上卦“震”是动,为少女主动取悦长男使之心动之象,与夫唱妇随的常理不合,因此这类婚嫁包含着凶险。

[义理]　男大当婚、女大当嫁是天地之间的第一正事,因而不可违逆常理;人们应该通过违理现象看未来的结果,尽可能避害趋利,防患于未然,使得正事正办,以维护正常的夫唱妇随的家庭秩序。

初九　归妹以娣,跛能履,征吉。

[解读]　少女出嫁做偏房,就像跛足者勉力行走,仍能获得吉祥。

[象释] “初九”在本卦最下方,象征该女子地位低贱,因而有“娣”(妾)之谓;与“九四”同阳不应,只能靠自己的力量奋斗,因而有跛子行路之艰;地位虽低贱,却因为阳爻阳位,而有一股刚烈之性,能坚守正道。

[义理] 不计较名誉和地位,顺其自然,忠于职守,并且坚持始终,这样的人虽然一时位卑身贱,终将会有好的结局。

九二　眇能视,利幽人之贞。

[解读] 盲人眼睛不好使,仍能看清东西;幽居之人,利于守正。

[象释] “九二”处中,有坚定的贞操和良好的妇德;与“六五”阴阳相应,然而“六五”阴居阳位,其性阴柔而其位不正,“九二”有遇非其人之象,因而有一目失明和幽居不得意之象。

[义理] 人无完人,有贤德可是有生理缺陷。然而有失必有得,娶这样的妻子,往往更勤于料理家务、更体贴照顾丈夫;由于不能抛头露面,少与外界接触,就更有利于贞操的持守和妇德的完美。

六三　归妹以须,反归以娣。

[解读] 少女冒充其姊出嫁作正室,事发后仍以妹妹的身份从姊陪嫁作妾。

[象释] “六三”以阴居阳,有不甘人下的倔强之性;其位不正,因而有“以须”即冒充其姊的不正当之举,然而邪不胜正,最后还是重归“娣”即偏室的位置。

[义理] 才德不足以重任,但应安守本分,位其所位,实其所实;否则,落得一个自取其辱的结果。

九四　归妹愆期,迟归有时。

[解读] 少女迟迟不嫁,是为了等待更好的机遇。

[象释] “九四”与“初九”同阳不应,尚无配偶之象;以阳居阴,内柔而外刚,节操坚强,不肯轻易许嫁,以致延误了婚期。不嫁的原因在于“九四”本身的意愿,与“六三”之被退返全然不同。

[义理] 有才德者才有择人而配的主动权,贤士才有择明主而仕的资格。当然,所择必须适度;只有适度,方能“有时”。

六五　帝乙归妹，其君之袂，不如其娣之袂良。月几望，吉。

［解读］　帝乙将女儿出嫁，大女儿的衣着不如从嫁的妹妹的衣着那样华丽；成亲时间定在既望之日，十分吉祥。

［象释］　"六五"阴爻君位，相当于君王之女；与"九二"相应，象征下嫁给臣子；阴爻处中，又在高位，象征该女子具有中庸的德性和高贵的气质。

［义理］　俗语"佛靠金装，人靠衣装"，此言有谬；衣装若与人的品德相比，后者更重要；尤其是妇德，更为人们所看重。

上六　女承筐，无实，士刲羊，无血。无攸利。

［解读］　新娘子托着盛放礼品的篮子拜见公婆，篮内却没有什么东西；新郎举行割羊仪式，羊却流不出血；一切都是那样的不顺利。

［象释］　"上六"以阴居阴，柔极而无坚定的德性；与"六三"同阴而不应，象征婚姻不会成功，因而以女"无实"、士"无血"隐喻婚姻不顺利的因素来自男女双方。

［义理］　婚姻关系应该建立在男女相爱的基础之上，如果男、女双方都缺少诚意，一定不会相扶到老。

案例解易

为了权势而勉强维持的"高贵婚姻"

1744年6月28日上午，宽阔的皇家教堂里人头攒动，炎热的天气使得教堂里充斥着各种香水和汗水混合而成的怪味。10时整，索菲娅步入了教堂，她身着镶有银丝花边的粉红色绫绸长裙，棕色头发上系一条纯白色缎带，白皙娇嫩的肌肤，蔚蓝的眼睛，端庄优雅的风度吸引了所有的人。整个教堂异常安静，只听得索菲娅有节奏的脚步声在响。她很镇定地站到大主教诺夫哥罗德的身旁，用俄语宣读长达50页的东正教义。她的声音好像来自遥远的天国，清纯、流畅而美妙。女皇流下了感动的眼泪,大主教流下了感动的眼泪,所有参加仪式的人真真假假都眼泪汪汪。仪式结束后,女皇高兴地赏赐给索菲娅一枚胸针和一个价值十万卢布的钻石项链。也就在这一天做礼拜的时候,“索菲娅”的名字永远成为了过去,索菲娅改名为“叶卡特琳娜·阿列克赛耶芙娜”,意即亚历山大的女儿叶卡特琳娜。叶卡特琳娜是伊丽莎白女皇的生母、彼得大帝的皇后的名字,所以这个叶卡特琳娜称为二世。

第二天,大公和叶卡特琳娜的订婚仪式如期举行。上午9点,叶卡特琳娜和大公双双走进了莫斯科最大的教堂与斯宾斯基大教堂。她穿一身洁白的法国式婚礼服,散发着圣洁的光彩。大公上穿一件红色的紧身礼服,下穿金黄色的礼裤。他仍然恶习难改,不时向欢呼的人群挤挤眼睛,伸伸舌头。他今天容光焕发,比平时多了一些活力。诺夫哥罗德的大主教亲自主持了定亲仪式。繁琐的仪式经过四个多小时后,大公和叶卡特琳娜终于交换了戒指。接着,礼炮轰隆,金钟长鸣。普鲁士安哈尔特—采尔布斯基的小公主似梦似幻地成了俄罗斯大公夫人。叶卡特琳娜的脸上荡漾着幸福而稍带腼腆的微笑,但她的内心却充满了忧虑,那个即将与她相伴终身的人能给她带来幸福吗?

叶卡特琳娜在《回忆录》中认真思考过这个问题,她写道:“对于彼得,我本来就没有过高的要求。只要他能对我稍微好一点,我会顾全周围的情况而别无所爱的。我可以衷心地对待他。但是,在我们新婚之初,我便有一种不吉利的想法。我对自己说:‘假如你爱这个男人,你将是世界上最不幸的女人。像你这样性格的人,会决意返回什切青的’;他几乎连瞧都不瞧你一眼,他嘴里所谈的差不多全是玩木偶兵的事情,而且为了表示他对妻子的无所谓,他会对别的女人更感兴趣;而你又是那么好强,不愿家丑外扬,一定要顾全他人的面子又顾全自己的面子,所以,婚后,便只能这么无

味地维持。”

准确地讲,彼得大公与叶卡特琳娜之间的障碍很深了。虽说是新婚,但他们同床而异梦。他因为自己发育的不成熟和心理的障碍而不能使她得到应有的爱抚;她也根本不爱他,即便多情也是枉然。这种所谓夫妻关系的建立,对任何一方都是痛苦的。彼得虽无男子汉的雄风和气质,但他在妻子面前仍高高在上,不甘示弱。他并不公开承认自己的无能,而处处表现出另有所爱的架势。他甚至当面向妻子直言:“我喜欢某某某姑娘。”叶卡特琳娜信以为真,觉得自己恐怕没有尽到一个做妻子应尽的义务,以至于被别的女人勾引去了。因此她也时而自我反省,出于女人共有的自尊,也同样以牙还牙,假装对大公的不忠不屑一顾,你爱跟哪个女人搞就搞去吧!彼得看到妻子对自己所谓的“不忠”毫不介意,便破罐子破摔,真的与其他女人调情,甚至当着妻子的面与别的女人接吻、拥抱。彼得的假戏真做严重刺伤了叶卡特琳娜的感情,于是,她与彼得之间的裂痕愈来愈深,以至于公开吵闹,分床而寝了。一个又一个晚上,他们由背靠背到墙隔墙,你不让步,我也不退步。

小夫妻之间的别扭已引起了女皇陛下的高度警惕。女皇已看出他二人之间的不共戴天之处,心里凉透了。她为两位年轻人之间的终身大事操尽了心,而现在却让她从心底里失望。当初为了她的皇室后继有人,她花费了千般精力、万般时间来成全这一对年轻人之间的终身大事。老实说,当初她虽然把外甥从异国接来,并没有指望他本人能顺理成章地挑起自己的担子,她的希望寄托在下一代的下一代,让她马上退位,由她选定的继承人走马上任,那不是她的起初打算。所以,当外甥成亲并真正拥有了皇位继承权以后,她又以不信任、甚至是敌对的眼光来看待这个事实。更何况彼得仅仅是个假设,充其量是个摆设,她无论如何也不会容忍她身边真的有一个“接班人”在翘首以待。就如同女皇穿衣服不允许有别的女人比她穿得更高档、更好看一样,她也不允许在一国之中有两个实际上的君主,或有另外的能与她平起平坐的人。对大公,她只觉得太稚气,太不注意场合,也太没有经验,到处吹嘘自己是至高无上的大公,是俄罗斯的君主。女皇对他是不屑一顾的。只是这叶卡特琳娜,当初固然把她看作自己的孩子一样,但如今孩子已经长成大人,小公主已成为大公夫人。更由于她小小年纪居然身手不凡,赢得一片赞誉声。如今这小姑娘已具备了条件,并拥有天赋,博学多才,志向远大,谁能预测将来的不测不是发自她手呢?女皇注意到宫中大小官员对叶卡特琳娜的吹捧和尊重有时竟超过对自己,这就不能不引起女皇的警觉和反感。女皇认为:“过分地抬高大公夫人,便是对我的不恭不敬。”这句话是她与宠臣们谈的。因此女皇认为必须要给年轻人泼一盆冷水了,毫不手软地教训她一下,以此让年轻人们知道自己是姓什么,叫什么。伊丽莎白采取的第一动作是将叶卡特琳娜所喜爱的侍女玛利亚·茹科娃毫不留情地逐出了宫廷。这个侍女的惟一罪名就是对女主人过于赤胆忠心,因此妨碍了女皇旨意的贯彻。逐出玛利亚·茹科娃才过不到一周时间,叶卡特琳娜最贴心的第一侍从扎哈尔·切尔内绍夫也因故被女皇调走,说是派到雷根斯堡执行新的外交使命去了。扎哈尔·切尔内绍夫感觉到此次外派不是重用,而是另有算计,于是想直接跟女皇陈述。但好心人马上告诉他:“你不走也得走,走也得走。因为女皇已担心你会迷恋上大公夫人。”说起这个原因真是天大的笑话,在一个晚餐场合,他只是向大公夫人使过一个眼色,以便提醒她该回去休息了。从玛利亚·茹科娃开始,女皇接二连三地撤换了叶卡特琳娜的大多数侍从和朝臣。最后剩下来的和新派来的,全是女皇另有交待或对大公夫人持有成见的人,在对叶卡特琳娜身边所有人员进行大换班的过程中,大公夫人看在眼中,想在心中。她已发觉伊丽莎白女皇对自己的态度发生了质的变化,但不知祸起何处。所以她心中不快,感到这女皇果然心血来潮,什么人都治。

叶卡特琳娜婚后的日子难过了。夫妇矛盾在先,又冒出一个女皇变着法子让她难堪,她受到了双头夹击。尽管如此,她还是在保持一个大公夫人应有的形象和品行,继续读历史、读俄语,深造自己。同时一直坚持参加东正教的祭礼,仍然虔诚地面对圣像,口唱圣诗,为俄罗斯祈祷。对于处境困难的她来说,除了持之以恒地使自己在各方面获得俄罗斯化以外,她尚没有想出更好的立身图治之举。而且,她没有更多的条件去干其他事情。她的行为准则正在她心中固定下来了,任何力量都无法使她改变。大公自然还在以自己“德国人”的理由在讥笑讽刺她。每当她准时到达东正教祭礼活动的现场时,彼得便以斜视的冷酷的目光投向她,甚至阻挡她去参加。他对她说:“你为什么不能像我一样,躲开这些无味的活动,下决心撕下自己的伪装呢?”叶卡特琳娜无言以对,因为如果回答,那便要吵架,忍一忍,权当做没有听见。

大公夫妇结婚一年多了，叶卡特琳娜至今未怀孕，皇位继承问题没有得到解决，女皇愤怒异常，她把这事完全归咎于叶卡特琳娜的无能，因为她激不起丈夫的情欲。女皇召来叶卡特琳娜，对她大加斥责，说她是这桩婚姻不成功的根源。女皇不允许她辩解，继续对她大加辱骂，说她不喜欢大公，说她另有所爱。最后，女皇的斥责从夫妻生活方面转到了政治方面，她像一头发了疯的狮子吼叫着。叶卡特琳娜感到很委屈，刚想张口分辩，女皇攥着拳头冲到了她的面前，她满脸通红，目光如火，仿佛要把叶卡特琳娜生吞活剥似的。叶卡特琳娜吓哭了，她早就听说女皇在盛怒之下经常打人。她想躲开，可身后是一堵墙，无路可逃。眼看女皇的拳头就要落下来了，幸好这时大公闯了进来，女皇咬紧牙关，才将拳头缩了回去。叶卡特琳娜回到了自己的房间，痛哭了一整天。

大公夫妇结婚已好几年了。在这期间，叶卡特琳娜与彼得一直没有生育，而且夫妻关系日益冷淡。平常，彼得只是在玩木偶兵游戏和睡觉时才到叶卡特琳娜床上去。为了掩饰他的生理缺陷，彼得经常在叶卡特琳娜面前吹嘘他如何征服过别的一些女人。其实，彼得只不过是今天和这个玩玩儿，明天同那个闹闹而已，虽然他已满 23 岁，但他这个成人年龄的孩童顶多也就是靠幻想征服女人来获得满足罢了。

不久，于 1745 年同时因对大公夫人抱有好感而被逐出宫廷的安德烈·车尔内舍夫的弟弟查哈尔·车尔内舍夫又使叶卡特琳娜有些六神无主了。他于 1751 年又在宫廷中出现，并且发现叶卡特琳娜比过去漂亮了。当年他离开宫廷时，叶卡特琳娜还只是一个 17 岁的清瘦少女，而现在重逢时见到的她已经是一个 21 岁的丰盈少妇了。查哈尔·车尔内舍夫不由自主地将这一看法告诉了叶卡特琳娜，这使叶卡特琳娜很高兴。她写道："这是我有生以来第一次听到这样的话，我丝毫不感到他说此话有什么恶意。我甚至天真地认为他说得都是真的。"当时在舞会上流行着一种风气，舞伴们相互在小纸条上"题词留念"，这些题词往往是一些小诗，写得是否成功，得看当事人的随机应变。于是，叶卡特琳娜与查哈尔·车尔内舍夫就经常在舞会期间交换这种"格言"，并且最终于交换现成的"格言"发展到交换手写的情书。车尔内舍夫的情书充满激情和大胆的表白，使叶卡特琳娜感到很有乐趣。但车尔内舍夫还不满足。在一次化装舞会上，他恳求叶卡特琳娜能够答应在她的卧室"接见"他，甚至说为此他可以装扮成她的仆人,以避人耳目。叶卡特琳娜及时地向他指出了这种做法的危险性,尽管她也很动心,但最后还是拒绝了这个请求。于是,他们只有继续靠写情书来倾诉衷肠了,直到车尔内舍夫返回他的部队。

叶卡特琳娜在她自己的《回忆录》中写道:说实在的,我从不认为自己是天姿国色,但我善于讨人喜欢。我想我的“力量”就在于此。的确,她善于召唤爱情,并把爱情传播到她周围的人身上。继车尔内舍夫兄弟之后,叶卡特琳娜又避开了几次爱情的诱惑。她面对她的女教师玛丽娅·谢苗诺夫娜·佐格洛柯娃的丈夫的暗送秋波表现得无动于衷,这使得佐洛柯娃的心中对她略存感激之情。但在这件事上,叶卡特琳娜实际上并没有什么值得表扬的地方,因为她根本就不喜欢那个丑陋、愚蠢和呆笨的佐格洛柯夫。

一年夏天,叶卡特琳娜感到十分苦闷,就来到佐格洛柯夫家的田庄拉耶夫。在这里,她度过了这个夏天的大部分时光。那时,她几乎天天能和年轻的基里尔·拉祖莫夫斯基伯爵会面。他是佐格洛柯夫一家在田庄的邻居,每天坐马车来回走60 俄里,到拉耶夫来吃中饭和晚饭。20 年后,叶卡特琳娜有一次忽然想到要问他,是什么力量促使他每天那么不辞劳苦地奔波在佐格洛柯夫家的田庄和他自己的家波格洛夫斯柯耶之间,最大限度地分享了叶卡特琳娜的寂寞的。

在大公的宫廷侍卫官中,有萨尔蒂柯夫两兄弟,即哥哥彼埃尔和弟弟谢尔盖。他们出身于俄国最古老、最高贵的名门世家之一,父亲是一位侍卫长,母亲是格里律公爵的女儿,以举止轻佻闻名,1740 年起在伊丽莎白身边工作。对于这位萨尔蒂柯夫夫人,安哈尔特的采尔布斯特公爵夫人曾进行过特殊的描述:“萨尔蒂柯娃很漂亮,她迷惑了很多家庭。她进行了很多活动,她的行为极其乖张,子孙后代最好是不知道她的这些活动。她常常带着她的一名女仆到兵营去,委身于那些士兵们,并和他们一起喝酒,赌博,经常赌输,让他们赢钱……保护女皇陛下的三百个格列纳吉尔兵,都是她的情人。”由此可以想像,萨尔蒂柯夫兄弟会受到什么样的影响。按叶卡特琳娜的看法,哥哥彼埃尔禀赋较差,其智力与外表与佐格洛柯夫不相上下。而弟弟谢尔盖就像“白昼一样美妙”。1752 年,当叶卡特琳娜爱上谢尔盖·萨尔蒂柯夫时,他早在两年前同女皇的一个侍从女官玛特列娜·巴甫洛芙娜·巴尔克结了婚。这是一次爱情的结合。据说,有一次谢尔盖·萨尔蒂柯夫看见玛特列娜·巴甫洛芙娜·巴尔克在荡秋千,便一见钟情地爱上了她。但结婚后，这种热情转瞬即逝，他经常去另觅新欢。谢尔盖·萨尔蒂柯夫并不像叶卡特琳娜笔下形容得那么俊美聪敏，不过，他还是有一些魅力的。他生着一头金黄的头发，中等身材，体格匀称，动作灵巧，再加上性情活泼，能言善辩，很能博取女人的欢心。这一点，他自己也很清楚，所以，诸如谈情说爱、追逐女性和干一些伤风败俗的勾当是他最感兴趣、也最为得心应手的本事。

无疑，叶卡特琳娜当时冷落寡欢的处境给了谢尔盖·萨尔蒂柯夫接近她的机会和勇气。“他不惜冒着去西伯利亚的风险来干这桩风流事。”叶卡特琳娜周围众多的女皇派来的耳目反而刺激了他跃跃欲试的情绪。他首先赢得了佐格洛柯夫夫妇的好感，成了他们府上的座上宾。因为当时佐格洛柯娃夫人的“肚子一天天大起来，而且她常感不适”，所以叶卡特琳娜几乎每天都去拜访她，以排解她足不出户的寂寞，但当叶卡特琳娜每次去那里都能碰上谢尔盖·萨尔蒂柯夫时，她就猜到了些什么。显然，这个年轻人不是为拜访女主人而来的，因为此时的叶卡特琳娜已经有了一些经验了，萨尔蒂柯夫的意图已表露得很明显很清楚。当时，佐格洛柯娃行动不便，加之自从他们夫妻生活中出现了那次不幸事件之后，她对叶卡特琳娜在整个事件中表现出来的庄重多少有些感激，所以不像平时那样对叶卡特琳娜严加防范。至于佐格洛柯夫本人，因为他也爱着大公夫人，更加令人感到不便，所以萨尔蒂柯夫也想办法把他支开。他说他发现佐格洛柯夫有写诗的天才，把这个老实人吹捧得眉开眼笑，他还鼓励佐格洛柯夫用他给出的题目来写诗，佐格洛柯夫就真的受宠若惊地坐在角落里埋头搞起创作来了。这样，萨尔蒂柯夫和叶卡特琳娜就能单独在一起，无拘无束地畅谈起来。谢尔盖不仅是宫廷中最漂亮的美男子，而且是一个善于随机应变的人。叶卡特琳娜说他是个“真正的机灵鬼”。她默默地听着他壮着胆子对自己的表白，心情十分激动，但她仍试图做出点反应，以摆脱这种诱惑。她说：“您考虑过您的妻子了吗？她会怎样看待这件事呢？”萨尔蒂柯夫没有被问倒，并激烈地反驳说，他早就不爱她了，这不过是少年时代的迷恋，是一个错误，现在她在他的生活中只是一具行尸走肉罢了。他说，“一时的糊涂使他付出了巨大的代价。”“闪光的东西不一定都是金子。”并讲述了“这一块金子”是如何很快地“变成了一块普通的铅”的。总而言之，他是坚决要抛开可怜的玛特烈娜·巴甫洛夫娜了。叶卡特琳娜盼望着自己能被他说服，她甚至对这个婚后不幸而向铁石心肠的大公夫人求爱的美少年感到同情。她“几乎每天”都能见到他，而且越来越喜欢听他讲话。叶卡特琳娜肯定地说，她已经尽了一切努力来摆脱他，甚至指出他来得太晚了。“您怎么会知道呢？也许我已经有了心上人？”这个拙劣的手法反倒使萨尔蒂柯夫相信自己已经成功在望了。叶卡特琳娜自己也承认，摆脱这位漂亮的诱惑者的纠缠，其主要障碍事实上在于他很讨她喜欢。

法国驻俄罗斯的外交官曾写过一篇见闻录。“喜欢偷情的大公夫人听完了他（萨尔蒂柯夫）的叙述之后，劝他要克制自己的恋情。有一次，谈话非常热烈，萨尔蒂柯夫鼓起勇气向她畅诉衷肠；她对他作出了热烈的反应，态度温柔，感情激动，和他分手的时候，她不禁朗读了马克西姆给克西法拉的一首小诗：《请别辜负我将为你付出的眼泪》。”“……行宫迁到彼得霍夫以后，举行了几次打猎活动。大公夫人借口不适，大多没有参加。萨尔蒂柯夫也找到种种巧妙的借口，获得大公批准，可以不陪他出猎。全部时间，他都是和大公夫人一起度过的，他感到人家对他十分友好，他就很好地利用了这个条件。”

婚后八年，叶卡特琳娜第一次在情夫的怀抱里找到了做女人的快乐。和那个可怜的彼得相比，萨尔蒂柯夫身上具备她所需要的一切优点：精壮、勇敢和优雅。她丝毫也不为自己的所作所为感到羞愧，但她害怕他们的秘密会被人窥破。大公的法国侍从布雷桑把殿下令人担忧的话传给了谢尔盖：“谢尔盖·萨尔蒂柯夫和我的妻子共同欺骗了佐格洛柯夫，让他相信他们，他们愚弄了他。”从这些话中还看不出彼得有什么妒忌的意思。他当时并没有把叶卡特琳娜对谢尔盖·萨尔蒂柯夫的迷恋看得那么严重。他认为他们之间无非是上流社会的那种轻浮爱情而已。他本人和众多的宫女之间的所谓“热恋”不也是除了交换一下狡黠的微笑或说几句双关的话之外就再无别的了吗？所以谢尔盖和叶卡特琳娜担心的不是大公的嫉妒，而是另一种危险。即如果谢尔盖这个“情场老手”要做叶卡特琳娜的情夫，而她的丈夫是众所周知的童男，一时她怀了孕，人们会怀疑谁呢？为了排除这个危险，这个青年居然壮大胆子向女皇谈了妨碍“大公幸福”的生理缺陷，并表示他自信能说服大公殿下同意做手术。女皇欣然同意了他的建议，并鼓励了他一番，而他就居然把事情办成了。

此时的叶卡特琳娜已不是以前的那个叶卡特琳娜了，自从与谢尔盖·萨尔蒂柯夫分手后，她已决心不再让男人支配自己的感情。波尼亚托夫斯基虽给她带来无穷的快乐，她也承认自己非常喜欢他，但在他面前，她始终保持矜持，甚至近乎傲慢。她不再像在第一个情人面前那样动不动以眼泪乞求爱情，她现在要扮演男子的角色，要把比她小三岁的腼腆情人玩弄于股掌之上。从此，这个曾经受过种种屈辱的大公夫人终于无可挽回地走上了历史上最无耻、最淫乱的道路。

英国大使威廉斯对自己的随员波尼亚托夫斯基所取得的进展很满意，他希望这个情人能把大公夫人争取到英国一边来。当然，在掌握了这样一件影响大公夫人的强大武器后，他也没有忽视其他手段。叶卡特琳娜是一个嗜好奢华、挥霍无度的女人，她可以为买一条裙子而把家产荡尽。尽管女皇在这方面曾对她严加训斥，可毫无作用，她依然用大把的钱去买高档的奢侈品。另外，在她的头脑里，始终有一种观念，即"小费"万能。为了笼络人心，她经常给周围的人赠送礼物，其出手之大方令同时代的人为之惊讶。这样一来，她总是债台高筑。威廉斯获悉这一情况后，认为这是拉拢她的一个好机会，他立即向她提供帮助。叶卡特琳娜不加考虑地接受了。此后，她一次又一次写信向威廉斯的银行主借款。借款次数之多，以致最后连她自己也觉得不好意思开口了。

就在威廉斯千方百计拉拢叶卡特琳娜的同时，国务大臣贝斯杜热夫也在伺机与她接近。贝斯杜热夫曾受到女皇的宠信，但随着岁月的流逝，女皇开始冷淡他了。这时女皇的新面首是伊凡·朱瓦洛夫，此人比女皇年轻 18 岁，长着一张英俊的娃娃脸、两个可爱的酒窝、高高的鼻子和撩人情欲的嘴。女皇对他言听计从，而他正是贝斯杜热夫的死敌。贝斯杜热夫清楚地认识到自己在女皇手下已不可能有什么光辉灿烂的前景。同时，他也注意到，46 岁的女皇，由于生活糜烂，已未老先衰了。她神思恍惚，容易受惊，从不在同一间屋子里睡两夜觉。她在整个帝国中搜罗到了一位能够抵抗睡眠的人，让他坐在自己的床边，整夜不打一个盹儿。她经常在圣像前喃喃低语，害怕死亡将至。她有时犯痉挛病，犯病后很长一段时间一直处于麻木不仁的呆滞状态，人们无法同她谈任何事情。当她神志清醒以后，她又怀疑人们在她的背后搞鬼，于是训斥这个，逮捕那个，弄得整个宫廷不得安宁。只有两样东西让她永不厌烦，那就是醇酒和情人。她步履蹒跚，神思困倦，打着呃，越来越需要男人的陪伴。她经常无节制地饮酒，这使她淫心大发，甚至连别人替她宽衣解带都等不及，宫女只好用剪刀三两下把衣服剪开。她的情人如同走马灯似的,换了一茬又一茬。淫乱的生活使得她身体每况愈下,老奸巨猾的贝斯杜热夫更觉得应该寻找新的靠山。

彼得大公是未来的皇帝,可贝斯杜热夫同威廉斯一样,对他感到失望。彼得那个窄小的脑袋里只能容得下一个人物,那就是他从未见过面的腓特烈二世。在他的心目中,腓特烈二世是世界上最伟大的国王。他对自己的祖国怀念不已,拒绝去搞任何使自己俄罗斯化的活动。他从头到脚都是个普鲁士人,并至死不渝。贝斯杜热夫却是个忠实的奥地利人,他始终把腓特烈二世视为仇敌。于是,他放弃了与大公结成同盟的想法,把目光转向了早已俄罗斯化的大公夫人。

叶卡特琳娜很快就发现,派去监督她和伺候她的人员有了很大变化。她的首席侍从弗拉奇斯拉沃娃原来像一个凶神恶煞的女看守,可自从同国务大臣谈了一次话以后,立刻变成了一头温柔的小绵羊。不久,贝斯杜热夫与叶卡特琳娜的母亲约翰娜联系上了,他自告奋勇地充当她们母女间通信联络的人,而以前这种通信正是他禁止的。

这时,宫廷中有人私下传说,女皇很可能要废黜不称职的外甥彼得,让小保罗取而代之。叶卡特琳娜对自己的前途开始担心起来。一旦丈夫被废,她将是什么命运呢?是把她和丈夫一起送回德国,还是在摄政委员会给她保留一个席位?不管怎样,这将意味她13年来梦寐以求的宏愿成为泡影。她不肯善罢甘休,她要有所行动。贝斯杜热夫似乎看出了叶卡特琳娜的心思,他决定破釜沉舟,跨出大胆一步:把一份在他示意下草拟的关于解决皇室继承权的秘密备忘录呈送给大公夫人。根据该备忘录,在女皇晏驾之后,彼得将被拥立为沙皇,但他要同叶卡特琳娜共同掌权。除了考虑新皇帝夫妇外,贝斯杜热夫也为自己保留了最高、最好的职位:禁卫军司令、外交大臣、陆军大臣和海军大臣。看到国务大臣对自己如此推心置腹,叶卡特琳娜不免有点飘飘然,她那争夺权力的野心更加膨胀。这份秘密备忘录为叶卡特琳娜指出了一条日后夺取政权的道路,她对此很感兴趣。可是,在女皇统治期间进行这场皇权投机交易,无疑是拿自己的脑袋作赌注。谨慎的叶卡特琳娜在这件事上表现得极有分寸,她没有完全拒绝国务大臣的方案,只是提请他注意,说她不相信该方案会实现。贝斯杜热夫取回草案,作了某些修改。他把全部精力都投入到了这项工作中。当然,聪明的大公夫人也明白贝斯杜热夫为何如此热心,她后来写道:“说实话,在我看来,他的备忘录不过是满纸空言,是老头为了进一步笼络我而抛出的诱饵。”

威廉斯和贝斯杜热夫已从不同方向把大公夫人引上了政治舞台,这使得叶卡特琳娜兴奋不已。她早就渴望摆脱封闭状态,一展宏图,现在终于有了机会。威廉斯和贝斯杜热夫对大公夫人日益增长的影响坚信不已,然而他们却忽略了一点,那就是大公夫人不是任人摆布的小女孩,她是个既狂热又理智、既好大喜功又实事求是的具有远见卓识的女人。她有着利用身边一切人为自己服务的惊人艺术,她绝不会被人利用从而使自己走上毁灭的道路。

威廉斯有着很强的理解力和敏锐的洞察力,可对大公夫人却认识不足,他过高地估计了大公夫人在宫廷中所起的作用。1755 年 8 月,由于他的努力,俄国同意恢复 1742 年签订的英俄同盟条约,共同对付法国人和普鲁士人。威廉斯得意忘形,他甚至想象着俄国十万大军已扑向了英国的敌人,使他们闻风丧胆。可是由于国际关系的变化,欧洲列强为了各自利益又重新进行了组合。1756 年 1 月 5 日,英普两国签订了《威斯敏斯特条约》。这样,普鲁士由以前的敌人变成了英国的盟友。女皇得知英普签订条约的消息后,拒绝批准同英国的条约。当时,俄国与普鲁士有着不可调和的矛盾。俄国想利用邻国瑞典和土耳其帝国的衰落,进一步向中、西欧推进。俄国计划夺取东普鲁士,用它换取波兰的库尔兰,从而加强俄国在波罗的海的地位。普鲁士国王的野心则是把波兰变成属国,让其弟任库尔兰大公,使普鲁士成为波罗的海的主人。俄国的阴谋和普鲁士的野心发生了冲突,女皇当然不会把普鲁士看成是自己的盟友。1756 年 2 月 26 日,女皇批准了与英国的同盟条约,但附加了一个条件:只有当普鲁士成为英国的敌人时,此条约才能生效,俄国才出兵援助英国。威廉斯对这一附加条件有些失望,不过,他还想利用大公夫人作进一步努力。威廉斯正想展开新的活动时,1756 年 5 月 4 日,法国夺取了英国在地中海的战略要地米诺卡,5 月 18 日,英国对法宣战,欧洲著名的“七年战争”爆发了。英国的盟友普鲁士在欧洲大陆先发制人,派兵侵入萨克森,这一行动终于把俄国推向了英国敌对阵营。俄国单方面毁约,加入了法奥联盟,准备与普鲁士交战。这时的威廉斯天真地认为叶卡特琳娜有可能制止俄军出征,即使军队按照伊丽莎白的命令已经出征,她也有可能使这支军队在战场上无所作为。

此时的叶卡特琳娜确实很愿意帮助威廉斯。从感情上说,她的父母都是纯正的日耳曼人,她不希望俄普两国开战。另外,英国为她慷慨解囊,还给她带来了一位英俊的情夫,她不能不关心英国的利益。但是,她与贝斯杜热夫新建立的友谊又使她放弃了这种想法。贝斯杜热夫向来推行反英、反普政策,她不能逆贝斯杜热夫的意志行事,他们之间还有一笔交易要做。为了讨好双方,叶卡特琳娜不得不去进行危险的、并且是相互矛盾的活动。

威廉斯因使俄辱命,被召回了英国。叶卡特琳娜对他的离去深感遗憾。为了表明自己并非忘恩负义,她给他写了一封信。信中说:"我决定还是给您写信,因为我未能亲临贵处当面告别。它将把我最真诚的遗憾带给那个我引以为挚友的人……为了以符合您那高尚情操的方式酬谢您,我在此把我的心愿奉告您:我将抓住任何机会使俄罗斯重新回到我认为的最符合它真正利益的道路上去,也就是说,同英国结成亲密同盟,给予它力所能及的一切援助,使它拥有它应有的压倒法国的优势。这样做符合整个欧洲的利益,尤其是符合俄罗斯的利益,因为,法国是英、俄的共同敌人,它的强大是俄国的耻辱。"接着,为了表示诚意,她还把自己的计划透露给威廉斯,"我的愿望如下:一旦我获悉她(伊丽莎白)驾崩的消息,并得知确实无误后,我就径直奔向我儿子的房间。同时,我委派一名心腹去通知我所信任的五名近卫军军官,让他们每人带领50名士兵……我将传令国务大臣贝斯杜热夫、大元帅阿普拉西来见我。在此期间,我进入停放女皇灵柩的灵堂,把近卫队长召来,命令他向我宣誓效忠,并把他留在我身边。看来,与其让两个大公(彼得和保罗)中的一个,不如让他们俩人都和我在一起,这样更明智和更保险。同时,命令我的拥护者在候见厅聚集待命。要是发现有什么动荡的迹象,我就让我的人或者近卫队队长的人把朱瓦洛夫夫妇和值勤副官监视起来。此外,卫队里的下级军官都很可靠……但愿老天别让我利令智昏!这件事是新出现的,我得赶快告诉您,这使我颇费心思。"最后,她意识到向威廉斯泄露的秘密过多了,于是在信上加上一句:"您应该懂得,这一切仅涉及女皇驾崩后之事宜。"

威廉斯收到信后,十分高兴。他对英国的未来充满信心,同时庆幸自己没有看错人,他回信说:"您生来就是发号施令和南面称王的人。"叶卡特琳娜对这句恭维话欣然接受。

威廉斯离开俄国宫廷后,波尼亚托夫斯基的日子也不好过。维也纳、凡尔赛

两个结盟的内阁把他看成是在彼得堡的最凶恶的敌人，女皇伊丽莎白也对他另眼相看。这时，萨克森宫廷坚决要求女皇把他赶出俄国宫廷，因为他既不是英国人，也不是外交官，凭什么成为英国大使馆的工作人员？他没有任何地位，为什么偏想扮演某种角色？波尼亚托夫斯基知趣地意识到自己必须离开俄国宫廷，他去向叶卡特琳娜告别。她没有阻拦他，她相信这次分别只是短暂的。果然，三个月后，波尼亚托夫斯基在取得波兰公使的正式称号后，又回到了彼得堡。这是贝斯杜热夫一手操办的，他想以此来取悦叶卡特琳娜。

这时，在萨克森战场上，旌旗蔽日，炮声隆隆。普鲁士军队势如破竹，打得萨克森人、奥地利人人仰马翻，狼狈逃窜。俄国不能坐视不管，立即命令年迈的阿普拉西大元帅率军前去收拾普鲁士军。阿普拉西一想到要与腓特烈二世的军队对阵，不免有些信心不足。他率军来到前线后，久久不发出进攻的命令。几个月过去了，他还在犹豫观看。贝斯杜热夫等急了，他请叶卡特琳娜背着女皇给老元帅写信，劝说他对普鲁士军队采取行动。他知道老元帅与叶卡特琳娜的关系不一般，他会考虑大公夫人的建议的。叶卡特琳娜立即照办了。其实她并不希望俄国人去打普鲁士人，但为了向贝斯杜热夫表示友好，她只能这样做。阿普拉西终于对普鲁士采取了强有力的行动。1757 年 7 月，俄国军队攻克了梅梅尔。同年 8 月，俄军在格罗斯·耶根道夫村击溃了普鲁士军队。8 月 27 日夜间，战地信使彼得·帕尼少将率领一批拿着银号角的邮车驿员，来到女皇驻跸的皇村，向她报告了这一特大喜讯。女皇拥抱着帕尼哭了。次日凌晨四时，彼得·保罗要塞鸣放了礼炮 101 响，隆重庆祝俄军首战告捷。叶卡特琳娜为了向俄国人表示自己爱国，也在奥拉宁堡寝宫的花园里举行了盛大的庆祝会。在这种普天同庆的日子里，只有彼得十分不快，他没想到被他视为战无不胜的普军居然被打败，他实在接受不了的事实。

复杂的政治游戏使叶卡特琳娜兴奋不已，她感觉到自己的出头之日就要到了。她现在不再是过去那个隐居的弱女子，不再受宫廷官吏的监督、伊丽莎白的恐吓和丈夫的欺凌了。她驯服了身边的每一个人，甚至国务大臣也逃脱不了同样的命运。外交官们注意到，在俄罗斯有两个宫廷，一个是女皇的宫廷，另一个是大公和大公夫人的宫廷，即“年轻的宫廷”。叶卡特琳娜开始把那些渴望进步的才智之士罗列到她的身边，为“年轻的宫廷”增添光彩，同时使自己在他们的心中成为进步和光明的化身。

丰卦第五十五：月盈则虚，盛极必衰

【爻词精义】

⊙有资本时投靠人会受到尊重 ⊙你很有钱但是你很诚信就没事 ⊙别让他人知道你太有钱了 ⊙带钱去投奔个普通的主子 ⊙你很有钱就有人来庆贺赞美 ⊙毫不利人专门利己很不妙

经文义解

【题解】

《丰》，大也。以明而动，盛大之势也。二五阴柔中正。阴主利，故丰裕也。《序卦传》说："得其所归者必大，故受之以《丰》；丰者大也。"

《丰》卦是在阐释盛衰无常的道理，虽然卦名是盛大的《丰》，但全卦却暗无天日，谆谆告诫盛极必衰，必须警惕。应该居安思危，以诚信启发人民，精诚团结，任用贤能，积极作为，才能持盈保泰，享受丰盛的成果。

【原文】

䷶　丰①：亨，王假之，勿忧，宜日中。②

初九　遇其配主，虽旬无咎，往有尚。③

六二　丰其蔀，日中见斗。往得疑疾，有孚发若。吉。④

九三　丰其沛，日中见沬。折其右肱，无咎。⑤

九四　丰其蔀，日中见斗。遇其夷主，吉。⑥

六五　来章，有庆誉，吉。⑦

上六　丰其屋，蔀其家，闚其户，阒其无人，三岁不觌，凶。⑧

【注释】

①丰：卦名。下离上震，象征丰厚盛大。②亨：通"享"，祭祀。假：到。日

中:中午。③配主:堪与匹配之人,即佳偶。旬:均,相当。《易经》崇阳抑阴,所以“旬”并不是最佳状态。尚:通“赏”。④蔀:遮光之物。斗:星斗。疑疾:即疑嫉,猜忌。发:去。若:语助词,无义。⑤沛:暗而无光的样子。沬,昏暗。肱:臂。⑥夷主:相类似的人。夷,平,均。⑦章:通“彰”光明。庆誉:喜庆和美誉。⑧闚:通窥。阒:空。觌:见。

【译文】

丰卦　象征丰厚盛大。举办祭祀大典,君王亲自去宗庙主祭,不必忧虑,宜考虑事业继续走向昌隆。

初九　碰到佳偶,尽管延迟一些也没有灾祸。

六二　光明被遮,正午出现北斗星。有所举动定受猜忌,心怀诚信能够消除猜忌,十分吉祥。

九三　光明被遮蔽,中午一片昏黑,此时折断了右臂,也没有什么灾祸。

九四　光明被遮,就像中午出现北斗星。碰上自己的同类,则十分吉祥。

六五　光明重现,带来了喜庆和赞誉,十分吉祥。

上六　高大的房屋,居室遮掩着,对着窗户往室内窥视,里面空无一人,三年之内一直没人露面,必有凶险。

【释义】

䷶　丰:亨,王假之,勿忧,宜日中。

[解读]　盛大意味着亨通;举办祭祀大典,君王值此盛极之时,不应该整天担忧,而应该积极设法使盛大的事业保持下去。

[象释]　下卦“离”是明,上卦“震”是动,光明而活跃,乃盛大之象征;下卦“离”是电闪,上卦“震”是雷,电闪雷鸣,气势盛大,故卦名为“丰”。丰,高杯盛物,盛大之义。

[义理]　盛大的东西既有喜的一面,也有忧的一面。忧的原因,在于盛大至极点必然要向衰落转化。然而,忧是消极的态度;我们不应持这种消极态度,应竭尽全力使盛势延长。

初九　遇其配主,虽旬无咎,往有尚。

[解读]　只要能够遇见与自己相般配的人,即使延迟一些时间也无妨。

[象释]　“初”与“四”对应,“初”称“四”为“配主”;“初九”与“九四”同阳

不应，但是在下卦“离”是电闪、上卦“震”是雷的情况下，“初九”与“九四”如同雷电一样紧密合作，且有电闪愈明雷声愈大的相若般配关系。

[义理] 对盛大的追求应积极主动，且需要有耐心。

六二 丰其蔀，日中见斗。往得疑疾，有孚发若。吉。

[解读] 太阳被巨大的帘子遮住，以致中午也能看见北斗星；有所行动，将会受其怀疑犯忌。但是，待之以诚信，启发其良知，仍可吉祥。

[象释] “六二”以阴居阴，处下卦“离”之中，为日中之象；与“六五”同阴不应，“六五”以阴柔居至尊位，象征昏庸的君王，中正的“六二”倘若追随“六五”，必遭猜忌；但“六二”毕竟是“离”即明的主脑，能以中正之心感化昏庸的“六五”，所以结语为“吉”。

[义理] 盛大中包含着衰败，为维护盛大之不衰，惟有深入到盛大的内部，以光明正大驱除昏暗不明。

九三 丰其沛，日中见沫。折其右肱，无咎。

[解读] 太阳被遮蔽，以至中午时一片昏黑；即使折断了右臂，也没有灾祸。

[象释] “九三”以阳居阳，又处在下卦“离”即明的最上方，本身是光明正大的；但是，它所遇到亦即与之相应的“上六”却阴柔不明，又处在上位的“震”之极端，刚毅中正的“九三”只得以无所作为自保无咎。

[义理] 当政治出现极端的昏暗时，贤德之士不应该强自出头，而应该忍辱负重，保存实力，以待明时的到来。

九四 丰其蔀，日中见斗。遇其夷主，吉。

[解读] 太阳被巨大的帘子遮蔽，以致中午也能看见北斗星；碰见志同道合者，吉祥。

[象释] “九四”以阳居阴，不中不正，有处身于昏暗不明环境之象；与“初九”同阳，虽无感应，却是同道，既为上卦“震”即动之主爻，便有主动与“初九”相济的姿态。

[义理] 在政治昏暗时期，身居高位的有志之人，应该主动接近下层的志同道合者，相扶相济，为突破黑暗、挽救危局、恢复盛势而协力行动。

六五 来章,有庆誉,吉。

[解读] 光明重现,会得到喜庆和美誉,因而吉祥。

[象释] “六五”阴爻而君位,象征昏昧的君王,本身无庆誉可言;然而与之对应的“九二”是刚健中正之士,“六五”有柔顺中正之德,因而能主动亲近、招揽“九二”,能在追求盛大中赢得一些庆誉。

[义理] 居于领导地位的人,本身缺少智慧,见事不明,但是,只要有不耻下问的虚心,有招揽容纳能人的胸襟,同样可以使事业兴盛起来。

上六 丰其屋,蔀其家,闚其户,阒其无人,三岁不觌,凶。

[解读] 房屋高大,窗户都用帘子遮蔽着,从门缝中往里窥视,静悄悄地没有人影。一连三年,不见有人出入,必有凶险。

[象释] “上六”以阴居阴,又处丰之极,象征阴柔而自大;与下卦“离”最为疏远,为远离光明之象;“上六”孤高自负,长期不与明德君子“九三”交往,其蔽之甚,不能自拔。

[义理] 小人得志,其事业也能够盛极一时,但长期不结交明德之士,自己孤立自己、蒙蔽自己,最终其盛大之业亦将被自己所毁。

【国学精粹珍藏版】

全本周易

李志敏⊙编著

◎尽览中国古典文化的博大精深 ◎读传世典籍，赢智慧人生——受益终生的传世经典

卷四

民主与建设出版社
·北京·

案例解易

否极泰来，极盛而衰

《易经》中有一种思想："否极泰来"，是说事物坏到一定程度就要向好的方面转化；它的逆定理"泰极否来"也能够成立。月满则亏，水满则溢，人满则败，大自然及人世间万事万物的发展逃脱不了这个规律，官场自然也不例外。"身危由于势过"、"祸积起于宠盛"（西晋陆机语），权势达到了极端，也就是走向败亡的开始，我们虽不好肯定地说这就是历史规律，至少也是一种十分普遍的历史现象。

权势太盛的人大多面临着四种危险：主疑、臣妒、己骄、下谄。

人们常说功高震主，功高之所以能够震主，是因为你的功，或来自于武力之强，或来自计谋之高，这是国君取得政权、保持政权的两把利剑，国君们不免提心吊胆：这些杰出的人才会不会以自己的本领去辅佐他人？会不会自己取而代之？会不会尾大不掉，驾驭不了？他们由疑而惧，由惧而恨，于是便有了一次又一次兔死狗烹的悲剧。

权力像一盘蛋糕，所有大臣都应当从这盘蛋糕中取得自己的份额，你的权势太盛，势必侵占、剥夺了别人的份额，这样怎能不遭别的大臣的妒恨？可以这样说，一个人权力的大小是和他树敌的多少、遭妒的强弱成正比，当那么多明枪暗箭都射向你的时候，你能不孤危吗？

权力也是一种腐蚀剂，它会使掌权人变得目空一切，贪得无厌，强暴专横、腐化堕落。也可以这样说，一个人权力的大小，和他受腐蚀的程度也成正比，权力越大，受腐蚀便越深，这就为自己的败亡制造了主观条件。

权力也像一席丰盛的酒宴，吸引来无数的食客，他们为了求得你赏赐他一杯羹，拼命谄媚你，讨好你，同时又偷窃你、瓜分你，掏空你；为了能够更多地中饱私囊，他们甚至唆使你去掠夺他人，或以你的名义去掠夺。这样，他们使你昏迷，使你孤立,拖你下水。直到这权力的宴席被席卷一空或被掀翻,他们逃之夭夭,留下你受穷、受过。

很多人都明白极盛而衰的道理,很多人却难以逃脱极盛而衰的命运,这大约是骑虎难下吧!

霍光是历史上的一位名臣,人们常将他和远古的贤臣伊尹相提并论,称为“伊霍”。他是西汉名将霍去病的同父异母弟弟,十几岁时,被霍去病从河东(今山西)带到长安,步入政坛。霍去病死后,霍光迁为奉车都尉光禄大夫,随侍汉武帝左右二十余年,“小心谨慎,未尝有过”,成为西汉中期政治舞台上一位出色的政治家,汉武帝的宠臣。武帝病终前,诏命八岁的儿子刘弗陵为皇太子,晋霍光为大司马大将军,上官桀、桑弘羊等五臣共辅朝政,霍光为首辅。从此,霍光连辅二代皇帝,执掌朝政二十年,殚精竭虑,苦心谋划,为西汉中期的政治稳定做出了贡献。

霍光做事沉着精细,缜密周全,天下百姓都很敬仰他的政治风度。年幼的汉昭帝即位之初,不能亲自理政,朝廷一切事务,均由霍光主持。霍光见皇上年少,为防不测,便日夜住在殿中,他行坐俱有定处,不敢稍移。每次进出殿门都按一定路线,从不偏离一寸,体现了严谨不苟的品格。一段时间内,宫里发生怪异现象,皇帝大臣们惊恐不安。霍光为防不测,便把保管御玺的尚符玺郎叫来,要收取他的玉玺。不料尚符玺郎视玺如命,死活不交玉玺。霍光上前夺玺,尚符玺郎竟按住佩剑道:“臣头可得,玺不可得也!”霍光见状暗喜,次日连提尚符玺郎两级。臣民们都称赞霍光公正,视其为朝中栋梁。

霍光办事以国为重,有以国事为儿戏者,即使是天子也不轻饶。元平元年(公元前74年),昭帝病逝,因无子嗣,霍光等拥立昌邑王刘贺继位,岂料刘贺是个狂纵无度的人,嗣位后专喜游猎,淫乱无行。霍光规劝无效,很是气恼。一次,他召集群臣到未央宫会议,说:“昌邑王行昏乱,恐危社稷,如何?”众臣唯唯诺诺,不敢发言。霍光见状,厉声说:“如今天下纷扰不安,我理应任劳任怨,负起责任来。”众臣知道霍光心有大计,纷纷叩头道:“万姓之命在于将军,唯大将军令!”于是霍光率众臣一同去见太后,陈述昌邑王的恶行,请求废立刘贺。太后同意了霍光所言。接着霍光请太后上朝召见刘贺,霍光同各大臣联名参奏他,说他淫逸无度,即位才27天,就做了千余件坏事,因此没有资格为民父母,应当废立。太后听后当即准奏，并怒斥刘贺："为人臣子当悖乱如是邪！"霍光将废帝送回到昌邑王府，临别时说："王行自绝于天……臣于负王，不敢负社稷，愿王自爱。"

霍光当政期间，勤政纳谏，轻徭薄赋，百姓富足，四方归顺，国家出现升平景象，宣帝本始元年（前73），汉宣帝下诏表扬霍光"宿卫忠正，宣德明恩，守节秉谊，以安宗庙"，加封霍光食邑1.7万户，赏赐黄金7 000斤，钱6 000万，绸缎2万匹等。宣帝本始二年（前72）三月，一代名臣霍光病故。太后和皇帝亲往送葬。

然而，"一人得道，鸡犬升天"。专制制度历来如此，霍光也不例外。霍光在朝时，他自己被封为司马大将军，他的一个儿子、两个侄孙俱被封侯，四个女婿、甚至连孙婿以及姐姐的女婿也都位居显要，举朝之中，无人能与霍氏家族的势力相抗衡。

霍光之妻霍显居然还不满足，还要与皇帝联姻，想将宣帝的皇后许氏挤掉，将自己的小女儿霍成君送入宫中为后，便趁许皇后怀孕之际，指使女医将她毒死；不久，霍成君便被立为后。霍光虽然不曾参与这次阴谋，当事后知道时，为了避免灭门之祸，不只不肯出首认罪，反而替那位女医掩饰，逃脱罪责。由于他大权在握，他生前这件勾当始终没有败露。

两年以后，霍光死去，其子霍禹继任大将军、大司马，侄孙霍山为丞相，外孙女上官氏为皇太后，小女儿霍成君为皇后，他们以为霍氏家族权势依旧如磐石之固，毫不收敛。霍显出入皇宫不分昼夜，如同自己家中一样；母子兄弟叔侄联成一气，广修府第，盛饰车马，纵情游乐，不问朝政，不敬皇上。当汉宣帝将其早年所生的儿子刘奭立为太子时，霍显气得吃不下饭，口吐鲜血，愤愤地道："刘奭是皇帝微贱之时所生的儿子，怎么能够立为太子？我的女儿是皇后，难道将来她生了儿子反而只能封王吗?"霍显想故伎重演，又指使皇后霍成君去毒害太子，幸有乳母保护，未能得逞。殊不知霍家的擎天柱已经倒了，早有人在暗中窥伺他们了。

霍光执政这么多年，自然得罪了不少人，霍光生前，他们敢怒而不敢言，如今霍光死了，便有人想要摧毁霍氏家族的权势地位，何况汉宣帝本人对霍光的专权也早心怀不满呢！首先出面发难的是御史大夫魏相，他已经打听到了霍显毒害许皇后之事，便秘密奏知皇帝。宣帝以霍氏在朝年深日久，势力盘根错节，不好一举擒拿，只是不动声色地收回了霍氏所控制的部分权力。

霍家子弟依然飞扬跋扈，一次，霍氏家奴与魏相的家奴由于争抢道路发生了冲突，霍家奴倚权仗势，竟然闯入魏相的御史府，大打出手，扬言要踏平御史府，迫使魏相磕头谢罪，这才罢休。

可此时魏相深为宣帝所信任，很快便被提拔为丞相，经常可以单独会见皇帝，经过他和宣帝的谋划，一系列削夺霍家权势的措施付诸实施：首先，收回了霍禹审批奏书的权力，令臣僚百姓上书直接交由丞相处理，于是，霍家的种种劣迹便源源不断地反映到宣帝那里；其次将握有兵权的霍氏子婿分期分批调出朝廷，而由自己的亲信所取代。

霍氏这才感到皇帝日甚一日的抑制和削夺，心怀怨恨；尤其当得知毒杀许皇后的事情已经败露时，更是惊恐万状，于是有了谋反之心，密谋由上官皇太后出面，召请魏相及许皇后的父亲许广汉赴宴，而使霍光的两名女婿在席间杀掉这两个人，然后拔掉汉宣帝，而立霍禹为皇帝。

这是一个绝大的阴谋，如果真的得以实现，汉家的江山便要完蛋了。可它很快被发觉，惩罚降临了，霍氏一门自杀的自杀，斩首的斩首，霍光的儿子霍禹被腰斩，老婆霍显被暴尸咸阳街头，已经当了皇后的小女儿霍成君被废黜，并终于自杀。

从霍光之兄霍去病算起，霍氏家族在西汉前期政坛上前后盘踞达60余年，立过殊功，建过伟业，兴盛之时，名动天地，威逼日月；一朝败亡，如土崩瓦解，冰化雪消。

早在霍氏极盛之时，茂陵人徐生就预言道："霍氏必亡。权势太盛了必然不再谦逊，不谦逊必然会欺慢君上，这是大逆不道的事情；权势超过了别人，总是压人一头，必然遭到众人的忌恨、反对，专权的时间越久，反对的人则越多；天下的人都反对你，你又行大逆不道之事，又怎么能够不灭亡呢！"

《资治通鉴》的作者司马光在论及霍氏之败时有一段话，大意是说：霍光辅佐汉朝，可以说是一个大忠臣，然而最后却未能保全其家族，这是为什么呢？权力，这是国君的武器，而大臣掌握着，长期不归还国君，很少会不遭祸的。昭帝、宣帝都很聪明，了解民间疾苦，完全可以亲政，而霍光长期专权，不知避让，又安排家人亲属充塞朝廷,使在上的国君满怀愤怒,在下的官吏百姓充满了怨恨,举国上下切齿痛恨,侧目而视,就等着他失势倒台以便惩处,霍光本人能躲过这一关,已经很侥幸的了,他的子孙不知收敛,反而变本加厉,这怎么能够不垮台呢?不过,汉宣帝也有错,如果他只给霍光以丰厚的利禄,众多的赏赐,使其富有,也可以报答霍光拥立的大德了。他却委霍光及其家人以重任,授他们以兵权,等到矛盾越来越多,冲突越来越尖锐,便加以强制性的制裁、削夺,使他们由怨恨而恐惧,终于铤而走险,皇帝也有不可推卸的责任。

司马光对霍氏及皇帝各打五十大板。不过他认为权臣败亡、君上有责的意见,却是很有见地的。大臣之所以具有凌驾一切的权力,或者由于国君的昏庸,或者由于国君的纵容。曾经有过这样的掌权者,有意将某个大臣抬到了至高无上的地位,利用他去除掉另一些异己者,达到自己的某种政治目的。然而权力如同潘多拉匣子中的魔鬼,一旦放了出来,再要收回就十分困难了。当最高掌权者发现这种权力已经构成对自己的威胁时,便要对权臣采取断然措施。那羽翼已经丰满的权臣未必肯那么乖乖就范,他要反抗。君臣之间不可避免地要发生一场火拼,也许权臣会得到应有的惩罚,但最高掌权者也难辞其咎。

李德裕是唐代后期的著名宰相,是李吉甫的儿子,牛李党争中李党的领袖。他历任四朝,很有作为。

会昌年间,德裕为相,深得唐武宗李炎信任。这时回鹘被黠戛斯所破,部落南移。武宗采纳德裕意见,发粮赈济回鹘,同时又严加备御。会昌三年(843),回鹘乌介可汗大掠云朔北边(今山西北部及内蒙古境),德裕命河东(今山西太原西南)节度使刘沔与幽州(今北京)节度使张仲武协办招抚。刘沔部将石雄率骑夜袭乌介牙帐,乌介遁走,唐军取得重大胜利。同年,泽潞(今山西长治)节度使刘从谏卒,侄刘稹擅称留后,意图继位。德裕力主讨伐,武宗支持他,组织诸镇军队进击;同时让李德裕起诏书给成德(今河北正定)、魏博(今河北大名北)二镇,说明朝廷对河北的政策不变,允许子孙世袭,两镇遂奉命出兵助攻刘稹。经过一年的战斗,泽潞平定。在这次战役中,德裕从流配军人中提拔起来的石雄为泽潞西面招讨,首破刘稹军。

武宗尊信道教,鉴于佛教长期盛行、寺院经济恶性膨胀,严重影响国家的课役征发,会昌五年决定废佛。早在浙西观察使任上,李德裕就奏请制止徐州出卖度牒，以免减损州县户口。此时，他积极支持武宗的废佛行动。

李德裕是个有作为的宰相，但肚量不宽，20余年间，他和牛僧孺等相互排斥。会昌时，他当国用事，僧孺和李宗闵都被贬黜到岭南。会昌六年，武宗死，宦官拥立武宗叔光王怡，是为宣宗。宣宗即位，德裕罢相为东都留守，牛党白敏中、崔铉等为相。不久，德裕又被贬为潮州司马，再贬崖州（今海南岛琼山东南）司户。

自恃功高，骄横傲慢，也终将自损其身。骄矜，是指一个人骄傲专横，傲慢无礼，自尊自大，好自夸，自以为是。这样的人在现实生活中还是经常能看到的，具有骄矜之气的人，大多自以为能力很强，很了不起，做事比别人强，看不起他人，由于骄傲，则往往听不进去别人的意见；由于自大，则做事专横，轻视有才能的人，看不到别人的长处。

骄矜对人对事的危害性是很大的。这一点古人认识是十分清楚的。

《管子·法法》中说："凡论人有要：矜物之人，无大士焉。彼矜者，满也。满者，虚也。满虚之物，在物为制也。矜者，细之属也。"这段话告诉我们，评价一个人，是有一定的标准的，凡是能够做出一番伟大事业的人，没有一个是具有骄矜之气的人。那些骄傲矜持之人，是自满的表现，是空虚的表现，这不是什么好事。

《尚书·革命》中这样阐述道：骄傲、荒淫、矜持、自夸，必将以坏结果而结束。同样的看法在《说苑·丛谈篇》中也有："富贵不与骄傲相约，但骄傲自然而然地随富贵出现了，骄傲和死亡并没有联系，但死亡也会随骄傲而来临。"

一代名君唐太宗对侍臣说："天下太平了，自然骄傲奢侈之风容易出现；骄傲奢侈则会招致危难灭亡。"

宋朝名将狄青任枢密使的时候，自恃有功，十分地骄横傲慢，得罪了一些人。当时文彦博执掌国事，建议皇上调狄青出京作两镇节度使，狄青不服，向皇上陈述自己的想法说：我没功，怎么能接受节度使的任命？我没有犯罪，为什么要把我调离京城呢？皇上宋仁宗觉得他说的有些道理，就没有再怎么样，而且称赞狄青是个忠臣，文彦博对仁宗说："太祖不也是周世宗的忠臣吗？太祖得了军心，就有了陈桥兵变。"仁宗听了这番话，嘴上什么也没说，但同意了彦博的意见。狄青对此毫无所知，就又到中书省去为自己辩解，仗着自己的军功还是不想去当节度使。文彦博则对他说:让你出去当节度使没有别的原因,是朝廷怀疑你了。狄青一听此话后退数步,惊恐不安,只好出京。朝廷每月两次派使者去慰问他,只要一听说朝廷派人来了,狄青就恐惧不已,不到半年,就发病身亡了。可见骄矜不忍是难以成大事的。

狄青自恃有功,于是骄傲起来,结果是什么呢?是自损其身。人要忍骄,不自以为是,要克骄防矜,谦恭待人,礼贤下士,才能获得他人的支持和拥护。

唐代的杜审言,字必简,是杜甫的祖父。唐中宗时做修文馆学士,为人恃才自傲,曾对人说:"我的文章那么好,应该让屈原、宋玉来做我的衙役,我的字足以让王羲之北面朝拜。"杜审言有些太自不量力了,所以被后世的人们所嘲笑。这样骄傲自夸只能是显出了他的见识的短浅,并没有人认为他的才能真的有那么大。骄矜不忍只能是贻笑大方。

《劝忍百箴》中对于骄矜这个问题这样说:"金玉满堂,莫之能守。富贵而骄,自遣其咎。诸侯骄人则失其国,大夫骄人则失其家。魏侯受田子方之教,不敢以富贵而自多,盖恶终之衅,兆于骄夸;死亡之期,定于骄奢。先哲之言,如不听何!昔贾思伯倾身礼士,客怪其谦。答以四字,骄至便衰。斯言有味,噫,可不忍欤!"

这段话意思是说,金玉满堂,没有人能够把守住。富贵而骄奢,便会自食其果。国君对人傲慢会失去政权,大夫对人傲慢会失去领地。魏文侯接受了田方子的教诲,不敢以富贵自高自大。骄傲自夸,是出现恶果的先兆,而过于骄奢注定要灭亡。人们如果不听先哲的话,后果将会怎样呢?贾思伯平易近人,礼贤下士,客人不理解其谦虚的原因。思伯回答四个字,骄至便衰。这句话让人回味无穷,咳,怎么能不忍耐呢?

确实是这样。现代人最大的问题,就是骄矜之气盛行。千罪百恶都产生于骄傲自大。骄横自大的人,不肯屈就于人,不能忍让于他人。做领导的过于骄横,则不可能很好地指挥下属,做下属的过于骄傲则会不服从领导。做儿子的过于骄矜,眼里就没有父母,自然不会孝顺。

骄矜的对立面是谦恭、礼让。要忍耐骄矜之态,必须是不居功自傲,自我约束,克制骄傲的产生。常常考虑到自己的问题和错误,虚心地向他人请教学习。

要克服骄傲自大,培养谦恭礼让的品质方面,古人为我们做出了不少榜样。

据《战国策》记载：魏文侯太子击在路上碰到了文侯的老师田子方，击下车跪拜，子方不还礼。击大怒说："真不知道是富贵者可以对人傲慢无礼，还是贫贱者可以对人骄傲？"田子方说："当然是贫贱的人对人可以傲慢，富贵者怎敢对人骄傲无礼？国君对人傲慢会失去政权，大夫对人傲慢会失去领地。只有贫贱者计谋不被别人使用，行为不合于当权者的意思，不就是穿起鞋子就走吗？到哪里不是贫贱？难道他还会怕贫贱？会怕失去什么吗？"太子见了魏文侯，就把遇到田子方的事说了，魏文侯感叹道："没有用田子方，我怎能听到贤人的言论？"

富贵者、当权者自身本来就容易有骄傲之势，看不起地位不如自己的人。但是作为统治者，如果不能礼贤下士，虚心受教，他就可能因为自己的骄矜之气而失政权，富贵者则可能因此失去自己的财势。

相同的例子还有《左传》中记载的在成公二年发生的一件事。当时鲁国和卫国忧虑齐国会来攻打他们，都到晋国去搬兵要讨伐齐国。晋国派郤克率领中军，士燮为上军之将的辅佐，乐书带领下军，去救鲁国和卫国，在华泉打败了齐军，俘获了齐国的车右逢丑父。齐国用甑和玉贿赂晋国，并答应把侵占鲁国和卫国的土地还给他们，以此作为求和的条件。于是晋国部队班师回朝。晋景公慰劳将士们说："都是你们的功劳。"郤克回答说："这是你教导有方，更全凭将士们的努力，我又有什么功劳呢？"士燮回答说："是荀庚指挥得好，是郤克控制全军，我又有什么功劳？"作为臣子的，如果都能如此谦虚，不居功自傲，那该多好，后人听了，都将称赞他们贤明。三位将军能够获胜而归，最重要的是他们谦恭相让,真诚团结的结果。

还有西汉人龚遂,字少卿,是山阳南平人,因为明经及第做了官。龚遂为人忠厚刚烈,有节操。昭帝时做渤海太守,在任多年。皇上派使者召他回去,龚遂手下的议曹王生愿意一起去。而功曹认为王生向来爱喝酒,而且喝起来没有节制,不同意他一个人去。龚遂不忍心拒绝王生,就让他跟着到京城去。到了京师王生每天只喝酒,不理会龚遂。有一天碰上龚遂被召进宫的时候,王生在后面追着喊道:"太守先停一下,我有话对你说。"龚遂返回来,问他有什么话说。王生说:"皇上如果问你是怎样治理渤海的,你不能摆自己的功,回答时应该说是圣上的功德,并不是小臣的功劳。"龚遂接受了他的意见。到宫中之后,皇上果然问他治郡的情况,龚遂照王生说的那样回答了皇上的提问。皇上十分赏识龚遂的谦和作风,并笑着说:"你从哪儿听到的长者之言?"龚遂于是回答说:"我不知道这些话,这是我的议曹王生教给我说的。"皇上认为龚遂年老了,拜他为水衡都尉。

东汉刘昆,字桓公,是陈留人,梁孝王的后代。小时候学习礼仪,学习施氏的《易》。光武帝时,先做江陵令。江陵县连年发生火灾,刘昆就向火叩头行礼,火就灭了。后来他做弘农太守时,老虎都背着小老虎渡河跑了。光武帝听说此事觉得很惊奇,提拔他做了光禄勋。光武帝问刘昆:"你以前在江陵的时候,使风熄火灭;后来做弘农太守,老虎北渡逃走,你推行什么德政,而达到这样的结果?"刘昆回答说:"这不过是偶然碰上罢了。"皇帝身边的人都笞他老实愚讷不会自夸,而光武帝感叹道:"这才是长者的话呀!"回头叫人记在史册上,用来警醒世人。

如果一个人喜欢自大自夸,就算是有了一些美德,有了一些功劳和成绩,也会丧掉。过分炫耀自己的能力,看不起他人的工作,就会失去自己的功劳。北魏贾思伯,是益都人武帝时做任成王澄手下的军司。到肃宗和明宗时,又让思伯做侍讲,也就是老师。皇帝也跟思伯学《春秋》。贾思伯地位虽然很尊贵,但对下人很平易,对贤人很尊重。有人问他:"你为什么能做到不骄傲?"贾思伯说:"骄傲必然伴随衰败,天下哪有富贵恒定不变的道理?"当时人认为这是很高明的见解。

固执自己的见解的人,会不明白事理;自以为是的人,不会通达情理;自傲者，不会获得成功；自夸的人，他所得到的一切都不会保持长久。

以上我们可以看到，骄矜不忍危害很大。作为统治者骄傲自大，不能以平等的态度待人，则会失去人才，失去人心，最后也必然要失去江山。作为统帅如果产生骄傲情绪，则骄兵必败。即使普通人，自以为是也会众叛亲离，难以成功。只有谦虚、听劝、忍耐骄矜之情的增长，谦和对人，才能无往而不胜。谦受益骄致败，可谓千古一理。

旅卦第五十六：行旅艰难，有备无患

【爻词精义】

⊙旅行中太小气不好 ⊙多带点钱会有人为你服务 ⊙旅途中总是难免有意外 ⊙得到别人资助说明你没有本事 ⊙别患得患失 ⊙别因小利忘大义

经文义解

【题解】

《旅》卦阐释求安定的原则、态度。在不安定的状态中，一切都容易不正常，必须守正。应当从大处着眼，先求安定，不可斤斤计较于细节，必须事事检讨，审慎决策，有万全准备，然后行动。更顺以谦逊的态度，结合群众，获得一切的支持与助力，措施应该正当得力。态度光明磊落，柔和顺其自然，把握中正原则，才能转危为安；切不可有恃无恐，倔强倨傲，得意忘形，能执其中，可谓智矣。

【原文】

䷷ 旅[①]：小亨，旅贞吉。

初六 旅琐琐，斯其所取灾。[②]

六二 旅即次，怀其资，得童仆贞。[③]

九三 旅焚其次，丧其童仆，贞厉。[④]

九四 旅于处，得其资斧，我心不快。[⑤]

六五 射雉，一矢亡，终以誉命。[⑥]

上九 鸟焚其巢，旅人先笑后号咷，丧牛于易，凶。[⑦]

【注释】

①旅：卦名。下艮上离，象征行旅。②琐琐：猥琐卑贱。斯：此。③即次：住

进客店。即,就。次,旅店。童仆:仆人。贞:忠贞。④焚:失火。⑤处:止,此指旅行受阻。⑥誉:美名。命:爵命。⑦易:通“埸”,田边。

【译文】

旅卦　象征行旅。小旅亨通顺利。出外旅行,心地纯正,吉祥。

初六　出外旅行,出门就猥猥琐琐,小家子气,这会招来灾祸。

六二　旅人住入客店,怀中揣着钱财,并得到童仆的忠心侍奉。

九三　客店失了大火,童仆也跑掉了,十分危险。

九四　旅行遭遇阻碍,尽管后来幸有钱财之助,利斧之防,但是内心依然不快。

六五　射杀野鸡,却丢了一支箭,不过最后还是获得赞誉。

上九　树上的鸟被毁,旅人先欢笑后哭号;在田边丢掉了耕牛,定遇凶险。

【释义】

䷷　旅:小亨,旅贞吉。

[解读]　旅行之事,有亨通;出门在外,心地纯正,吉祥。

[象释]　下卦“艮”是山,上卦“离”是火,山上有火,不停地蔓延如同旅行,因而卦名“旅”。“六五”阴爻处上卦之中,柔顺中正,兼具刚毅之性,然与下卦之中“六二”同阴不应,所以只能有小的亨通。

[义理]　古人之旅行,原因多为失业、犯罪、迁徙或其他不得意之事,是一种生活不安定的行动。当人处在这种情况之下颠沛流离,举目无亲,唯有持纯正的态度,诚恳地待人,才能逢凶化吉,遇难呈祥。

初六　旅琐琐,斯其所取灾。

[解读]　在旅途开始时便猥琐吝啬,这是招来灾祸的原因。

[象释]　“初六”以阴爻居本卦之初,象征猥琐鄙陋之人。

[义理]　人无远虑,必有近忧,尤其处在不安定的环境中,不可只顾眼前利益,而应从大处着想,识大体,顾大局,于屈中求伸。

六二　旅即次,怀其资,得童仆贞。

[解读]　投宿在旅店中,怀揣充足的费用,并有忠实的仆童。

[象释]　“六二”以阴居阴,处于下卦之中,有柔和中正之德,因而有即次、怀资、童仆贞之遇;“初六”比于“六二”,是其“童仆”。

［义理］ 在不安定的环境中，寻找一个住处，是容易办到的事情，难的是能得到忠诚的照顾。人间的真情，可遇而不可求。

九三 旅焚其次，丧其童仆，贞厉。

［解读］ 投宿的旅店失火，跟随的童仆丧失，充满着危险。

［象释］ “九三”以阳居阳，位正，故有“贞”之断语。然而以阳居阳，刚直过甚；又偏离了下卦的中位，不仅有失中庸之道，而且过于高傲，以至失去了安定的住所，童仆亦不辞而去。

［义理］ 处在不安定的环境中，不能过于刚直任性，更不可倨傲待人，而应以谦虚的态度，争取周围人们的帮助，在危机四伏的环境下求得生存和发展。

九四 旅于处，得其资斧，我心不快。

［解读］ 旅途中虽然有栖身之处，并且得到了生活所必需的钱财和斧头等工具，但是我的心情并不愉快。

［象释］ “九四”阳爻阴位，刚柔兼具，又处在上卦“离”即明的下位，头脑比较清醒，因此在旅途中能筹措到足够的旅费和生活必需品；然而毕竟阳爻居阴，位不正，象征不能一遂志愿而有抑郁之感。

［义理］ 在不安定的生活中，要用柔能下，顺应环境，要做到贫、富皆不丧志。

六五 射雉，一矢亡，终以誉命。

［解读］ 射猎时，一支箭被负伤而去的山鸡带走，但他终于博得了善射的美名。

［象释］ “六五”是上卦“离”即明的主爻，因而以羽毛光彩鲜丽的山鸡为喻；阴柔处中，有柔顺中庸之德；虽与“六二”同阴不应，但同德，所以都有所收获。

［义理］ 柔顺中庸，是旅人应该具备的品格；具有了这一品格，不仅可以自保，亦因此可以兴旺发达。

上九 鸟焚其巢，旅人先笑后号咷，丧牛于易，凶。

［解读］ 鸟的巢穴被火烧掉；旅行中的人先是欢颜喜悦，后来却号啕痛哭；农人在田畔丢失了牛，十分凶险。

［象释］ “上九”处在最高位，所以用飞得高高的鸟作喻。上卦“离”是火，所以有“焚”之喻。阳刚而处在最高位，象征高傲自负，失去了柔顺之德，因而又以“丧牛”为喻。

［义理］ 倨傲自负，是旅人最忌的态度。倔强傲睨，就会遭到别人的厌恶，这对于一个漂泊的旅人来说，实在太危险了。即便一时发迹，占据了高位，但最终还是找不到一所栖身之地。

案例解易

营兵腐败，须别练乡勇

曾国藩曾在《与王鑫》书中谈到训练战之能胜的兵勇的重要性及紧迫性，书信内容大致如下：

我于十六日回到了家中，身体欠佳，现已完全恢复健康。每当想到天下的局势，就非常伤心悲痛。桂东这次战役，三厅的兵在市里寻找并杀害湘勇，这是你亲眼见到的。江西之行，镇爿的士兵在三江口杀害湘勇，受重伤的人有十余人。七月十三日，八月初六日，省会城市两次受兵骚动，拿着旗子，吹着号，出动军队进行战争，都是因为兵勇不团结的缘故。七月二十四日，临庄诸君遇难也是镇爿、云贵的军队看见敌人就逃溃，而不去救他们，以致发生了这令人痛心的事情。大概近来的兵士都是非常孱怯，而且又善于妒忌功能，对防御敌人非常害怕，而对扰乱百姓则非常勇敢，对自己的敌人则以仁心谄媚，而对胜过自己的军队则狠心杀害。他们仇视乡勇，则胜于仇视敌兵。

从前己酉年间，新宁李沅发起兵，乡勇一举登上城池，马上就要攻破城池！那些兵用鸟枪打击乡勇并使乡勇坠墙而死，使其不能入城。现在又出现兵丁杀害壮勇的案件，尤其层见叠出，且不论他们公然互相仇杀，就是兵勇与敌人发生战争之际，这时各兵不互相救援，这小小的所募之勇，打算求得成功，他们可得到吗？不仅是乡勇，即使兵与兵互相遇见，难道听说有一个营已经败了，而你的营冒险去救他们吗？难道听说有一军饿死，而另一军肯分一粒粮食去救他吗？我的见解是，如果今天打算消灭敌人，必须先统一诸将的士气，万众一心，然后才可以开战。而现在部队的习气，与现在的调遣的方法，即使圣明的人也不能使队伍一心一气，除非别树一帜，改弦更张，断不能消灭此贼敌。我的意思是打算训练乡勇万人，寻求我们这里比较正心、正直而通晓军事的君子作为领导人，以忠义的思想训练士兵，而辅助以训练之勤，相激相励，这样诸将将万众一心，或许可以驰驱中原，这样逐渐可澄清敌人。现在江西已有楚勇二千人、湘勇一千人，很有和翕相卫的迹象，而从临庄那些君子遇难以来，我日夜忧虑，深深恐怕我岷樵、石樵、罗泽南、筠仙诸兄弟无以取胜而立足于万全之地，并且敌人有数万的军队，而我们的乡勇仅有四千人，也无法壮他们的威望胆魄树立威严。请示再训练六千乡勇，加上那四千乡勇，合成一万人，都归岷樵、石樵二君领导，他们的经费一方面应靠劝捐，另一方面从藩库中提取数万来应用，以此上奏，想获得批准，不知您的看法怎样？

巽卦第五十七：谦恭顺从，如沐春风

【爻词精义】

⊙是进是退果断为宜　⊙退让要真心实意　⊙眼前无路想回头
⊙退让可免祸，其术高下分　⊙退让也要走正道　⊙退让要讲原则

经文义解

【题解】

《巽》卦阐释谦逊的道理。在不安定中，必须谦逊，才能招揽人心，得到助力，始能转危为安。何况谦逊、顺从也是做人应有的态度，惟有谦逊、顺从，才能进入他人心中，进入万物之中，而被接纳。谦逊是顺从，但并非盲从，必须择善而从。谦逊亦非优柔寡断，更非自卑畏惧，当然也不是虚伪，而是应当正当，应当进取，事前叮咛周详，事后检讨得失，惟恐有所偏差的慎重态度；又必须恰如其分，不可过当。

【原文】

䷸　巽[①]：小亨，利有攸往，利见大人。

初六　进退，利武人之贞。[②]

九二　巽在床下，用史巫纷若，吉，无咎。[③]

九三　频巽，吝。[④]

六四　悔亡。田获三品。[⑤]

九五　贞吉，悔亡，无不利，无初有终。先庚三日，后庚三日，吉。[⑥]

上九　巽在床下，丧其资斧，贞凶。

【注释】

①巽：卦名。下巽上巽，象征顺从。②进退：进进退退。武人：勇武之人。③

巽在床下:比喻顺从过分。史:祝史,专门从事祭祀活动的官。巫:即巫师。纷若:勤勉异常的样子。若,样子。④频:一次接一次。⑤田:田猎。三品:三类,指三种禽兽。⑥先庚三日,后庚三日:庚前三日为丁日、戊日、己日,庚后三日即辛日、壬日、癸日。

【译文】

巽卦　象征顺从。柔弱者亨通顺利,宜于有所行动,顺从的对象是大德大才之人。

初六　进进退退,犹豫不前,应效仿勇敢之人。

九二　顺从过分而屈居君主床下,就像祝史、巫师勤勉忙碌的样子,会十分吉祥,没有什么灾祸。

九三　一而再,再而三地顺应他人,定然招灾。

六四　危难困窘将会消解。打猎时捕获很多野兽。

九五　预示吉祥,危难困窘自行消除,无所不利,起初虽然不顺利,最后却能畅通无阻。法令实施前后均有所行动(令前通告,令后执行),定获吉祥。

上九　顺从过分而屈居床下,结果失掉了钱财之助和利斧之防,会有凶险。

【释义】

☴ 巽:小亨,利有攸往,利见大人。

[解读]　顺从他人,只能小有亨通,有利于所要做的事情,但是顺从的对象应是有德有才的领袖人物。

[象释]　上、下卦都是巽,都是一阴爻附伏在二阳爻之下,象征阴顺从阳,符合自然之理;"巽"是风,上、下卦都是风,风随着风,无孔不入,象征国家法令的贯彻,君子德行的深入人心。

[义理]　顺从是谦逊的一种表现;具有谦逊的品德,就容易被人所接纳,有利于事业的发展。但是,也应有所选择,不能盲目。

初六　进退,利武人之贞。

[解读]　在进退两难的时候,应当效法勇武之人。

[象释]　"初六"即阴柔又在下位,有过度谦逊柔顺之象,又与"六四"同阴无应援,因而进退犹豫,举足不定。

[义理]　柔顺不等于优柔寡断,柔顺应与坚强的意志相结合。

九二　巽在床下，用史巫纷若，吉，无咎。

［解读］　匍匐在君主的卧榻旁，就像史官、巫婆跪在神台前一样的恭顺谦卑，吉祥无灾。

［象释］　“九二”阳爻阴位，有自卑之象；处下卦之中，其谦卑恭顺出自内心。

［义理］　谦卑柔顺应该出自内心，态度真诚。

九三　频巽，吝。

［解读］　频频地表示出谦卑顺从，会招致祸患。

［象释］　“九三”阳爻阳位，本性刚强有余；又离开了下卦的中位，位正而不中，因而有言不由衷之象。

［义理］　过分的恭顺表现为虚伪，虚伪的人将不会得到别人的信任。

六四　悔亡。田获三品。

［解读］　悔恨消失了，外出打措获得了很多野兽。

［象释］　“六四”阴爻夹于阳爻之间。下与“初六”同阴无援，本应有悔，然而阴爻阴位得正，又接近“九五”之尊，有顺乎阳刚、持守正道之象，因而不仅“悔亡”，且多有收获。

［义理］　谦卑合乎常情，就会收到良好效果，有利于建功立业。

九五　贞吉，悔亡，无不利，无初有终。先庚三日，后庚三日，吉。

［解读］　因刚健中正而吉祥，悔意消失，事无不利，开始时不顺利，但终究会顺利。法令实施之前要晓谕群众，法令实施之后要检查执行情况，才能取得吉祥的效果。

［象释］　“九五”以刚居刚，这种刚健之性本不适宜于柔顺之卦意，但是“九五”虽刚而中正，其刚健之性有如法令，终究会被人们理解和接受。

［义理］　谦逊柔顺不是无原则的。处于领袖地位的谦逊的人，只要所制定的政策法令合乎正道，颁布后公正地执行，同样会受到人们的尊重、出自内心的顺从。

上九　巽在床下，丧其资斧，贞凶。

［解读］　旅客匍匐在床下，结果失掉了钱财之助和利斧之防，难免凶险。

［象释］　“上九”阳爻居阴位，谦恭到了极点，以至过分而沦为自卑自贱。

[义理] 谦逊柔顺应当恰如其分,一旦过了度便是自卑自贱。

案例解易

阿谀奉承,挑拨离间

他自宫入监后不久,便平步青云,成为权倾朝野,炙手可热的大权监……这一是他为慈禧发动辛酉政变立下大功;二是年轻漂亮,善于阿谀奉承,深得主子的宠爱……安德海利用主子独揽朝纲和他在西太后身边的特殊地位,在宫廷内外,制造谣言,挑拨离间,违反禁令,干预朝政,索贿敲诈,贪赃枉法,无恶不作。最后落得个违反祖制,伏诛历城。

借辛酉政变　以飞黄腾达

鸦片战争十年之后,道光帝死去,其第四子奕詝继承皇位,改年号为咸丰,1851 年为咸丰元年。这位新皇帝也是生不逢时,此时的中国,世道更衰。咸丰元年(1851),在中国南方的两广地区就爆发了震动全国的太平天国农民起义。太平军在领袖洪秀全领导下,英勇作战,屡挫清军,由南北上,并占领南京,建立了一个与清王朝相对峙的农民革命政权。太平天国农民起义和遍及全国各地的反清起义互相呼应,对清王朝的封建统治构成了极其严重的威胁。内忧未平,外患又接踵而至。19 世纪 40 年代,英国发动了可耻的鸦片战争,打败清军,逼迫清政府订立了不平等的《南京条约》,中国除了向英主割地赔款外,还丧失了一些主权。英国虽然通过这场战争攫取了很多权益,可是它们的胃口很大,并不以此为满足。14 年之后,英国又联合法国,在俄美两国的支持下,发动了对中国的第二次鸦片战争,再次对中国大打出手,古老的中国又一次遭受到西方侵略者炮火的洗劫,而清王朝在这场战争中表现得更为软弱无能,不堪一击。在历时 4 年之久的战争中,北方要塞大沽、天津两度失守,南方门户广州则自始至终被占,由蒙古亲王僧格林沁统帅的清军劲旅在洋兵阵前一败涂地,几乎全军覆没。英法联军虽然占领了不少中国的城镇要塞,但他们并不罢休,继续侵犯,并于 1860 年 10 月攻陷了中国的首都北京。在中国近现代历史上,中国的首都曾三次被外国侵略者占领,这是第一次。英法联军在攻占了这座千年古都之后,对她进行了野蛮蹂躏。有园中之园美称的皇家园林——圆明园在惨遭联军的抢掠后,被付之一炬,化为瓦砾。

就在英法侵略联军进逼北京之际,身为大清帝国一国之主的咸丰皇帝吓得惊慌失措,不思抗敌之法,反而于咸丰十年九月二十二日(1860 年 8 月 8 日),急急忙忙地携带着皇后钮祜禄氏、宠妃懿贵妃叶赫那拉氏等 13 名妃嫔、5 岁的儿子载淳以及一大批文武亲信大臣逃离北京,同年九月三十日(1860 年 8 月 16 日),来到了位于今天河北省境内的承德避暑山庄,住进了那里的烟波致爽殿西暖阁。这里本来是避暑胜地,然而,咸丰一行此次到这里不是"避暑",而是"避敌"。在这支避敌队伍里,太监安得海也在其中。当咸丰帝带着皇后嫔妃及手下大臣前往承德避难之时,安得海作为那拉氏身边的亲信太监也一同前往。

咸丰皇帝奕詝是在 20 岁即位登基的。20 岁就当了皇帝,执掌最高统治权,对他个人来说,是件幸运的事。可是他从父亲道光皇帝手中接过来的却是一个难以收拾的烂摊子。即位当年,南方就发生了太平天国革命运动,政府虽派大军前往镇压,但屡被起义军击败,损兵折将,极为严重。"内忧"未静,外患又至。不久,又爆发了第二次鸦片战争,洋人又一次打上门来。蛮横无理的西洋军队不仅侵占了中国的大沽口、天津、广州等重城,而且还攻陷了中国的首都,并将皇帝喜爱的圆明园洗劫一空,付之一炬。外国侵略者的野蛮行径,前所未有,令人发指,朝野上下发出了"夷祸之烈极矣"的浩叹。频繁的"内忧"使咸丰帝终日忧思,寝食难安。严重的外患,

犹如火上浇油，雪上加霜，使他更加心绪烦躁。据记载，咸丰在这个时期脾气暴躁，喜怒无常，这大概与当时的形势有很大关系。严重的局势，社稷的安危，已使他忧心忡忡。加之沉湎声色，荒淫无度的宫廷糜烂生活，使他思虑伤神，渐形气弱，难以抵抗热河冬季的严寒，于是，痰嗽旧病复发。尽管从京城中招来不少名医高手，但由于病入膏肓，药石不灵，病情愈来愈重。咸丰帝自己也预感到大难临头，死期将至。临终前，他命大臣代笔书写了遗诏，作出了两项重要决定：一是立自己的独生儿子载淳为皇太子，二是任命 8 个人为赞襄政务大臣，扶助幼主，负责政务。这八位顾命大臣是：怡亲王载垣，郑亲王端华，协办大学士兼户部尚书肃顺，额驸景寿，军机大臣穆荫、匡源、杜瀚、焦佑瀛。其中，肃顺、载垣、端华三个掌握实权。同时他忧虑重重地写下手谕："朕忧劳国事，致撄痼疾，自知大限将至，不得不弃天下臣民。幸而有子，朕可无忧。所不能释然者，懿贵妃既生皇子，异日母以子贵，自不能不尊为太后，惟朕实不能深信其人。此后如能安分守法则已，否则，著尔出示此诏，命廷臣除之。凡我臣子，奉此诏如奉朕前，凛尊无违，钦此。"

这机密大事后来被安德海知道了，他把情况密报给那拉氏。

咸丰十一年七月十七日，咸丰帝病死于热河避暑山庄的烟波致爽殿。6 岁的皇太子载淳登上帝位。皇后钮祜禄氏被尊为慈安皇太后，载淳生母那拉氏被尊为慈禧皇太后。

载垣、肃顺等"顾命八大臣"与慈禧、慈安两太后，开始了一场你死我活的争夺最高统治权力的殊死大搏斗。在这场政治搏斗中，双方都需要寻求并获得第三种力量的赞助和支持。在这关键时刻，慈禧想到了留守北京的奕䜣。恭亲王奕䜣是咸丰皇帝的异母兄弟，道光皇帝的第六子，时称"六爷"。他是唯一被封为亲王的皇子。论能力才智，奕䜣是高于咸丰帝的，因此咸丰帝对他多有戒备和防范。又由于载垣、肃顺等人在咸丰帝面前屡进谗言，奕䜣长期以来郁郁不得志。但奕䜣的势力是强大的，他掌握着清王朝的外交权，得到外国列强的支持，而在内阁和军队中，也有他的众多同党。慈禧正是看准了这一点，决定利用奕䜣与载垣、肃顺等人之间的矛盾，借助奕䜣的势力，铲除自己的敌手。于是她写了一封密信，连夜派安德海潜出热河，赶送北京面呈奕䜣。奕䜣对载垣、肃顺等早就心怀不满，又因载垣、肃顺等人此次又不让他赴热河奔丧，更加恨入骨髓。在接到慈禧的密信后，奕䜣和安德海在暗室内密谋策划了整整一夜。安德海于次日凌晨便匆匆离京。奕䜣立即发出了要求奔丧的折子。他的折子传到热河，载垣、肃顺等人经过权衡商讨，以“京师重地，留守要紧”为名，拒绝了他的要求。慈禧一计不成，又生一计。她亲自拟定密召恭亲王奕䜣的懿旨，请慈安盖上“御赏”印，慈禧再钤上她控制的“同道堂”印，再次遣安德海星夜兼程赶往京城去召奕䜣。

无奈肃顺等人对安德海早有提防，在热河对他严加监视。安德海见无由脱身，便煞费苦心演出一场“苦肉计”。他在避暑山庄故意触范戒律，慈禧则借故杖责安德海，趁机宣称：为严肃朝纲，将安德海贬回京城宫中当差。肃顺等人不但未加怀疑，还暗暗为去除了一大隐患而高兴呢，而在这个时候，那封密信已经安然送达恭亲王奕䜣手中。

八月初一，奕䜣抵达热河，两宫太后即下旨召见。肃顺等人则以叔嫂避嫌为由，加以阻挠。于是，安德海立功的机会又来了。他出谋划策，在一个漆黑的晚上，在热河行宫把一切安排妥当后，让奕䜣男扮女装，趁着夜色瞒过侍卫耳目，引入内室，单独会见了两宫太后。就在这次由安德海精心安排的会见中，奕䜣与两宫太后秘密策划了翦灭载垣、肃顺等政敌，发动政变等行动方案。

恭亲王奕䜣回京后，积极联络人员，组织力量，进行政变的准备和部署。根据辅政八大臣的议定，咸丰皇帝的梓宫于咸丰十一年九月二十三日（1861 年 8 月19 日）离开热河行宫返京，灵柩由肃顺等人亲自负责护送。两宫皇太后和小皇帝则从间道先期回京，迎接灵柩。两宫皇太后认为这是发动政变的极佳时机。九月二十九日（8 月 25 日），两宫皇太后和小皇帝载淳先回到北京。到京后，她俩立即和奕䜣密商了发动政变的具体事宜，第二天（8 月 26 日）两宫皇太后公布了在热河行宫就已拟好的上谕，宣布了载垣等人的数项罪状，下令将他们革职拿问，严行议罪。随后，载垣等人陆续被捕。这样，咸丰皇帝指定的八个顾命大臣仅辅政 73 天，就宣告结束了。十月初九日（1861 年 9 月 6 日），载淳于太和殿正式即位，登上了皇帝宝座，原定的年号“祺祥”也被改为“同治”。所谓“同治”，就是小皇帝和两个皇太后共同治理天下的意思。随后，两宫皇太后批准了由礼亲王世铎等人会奏的十一条“垂帘章程”，开始垂帘听政，实际执掌清政府的最高统治权。政变终于成功。这次宫廷政变发生于 1861 年，这一年是旧历辛酉年，因此，这次政变又称为“辛酉政变”。

政变成功后，两宫皇太后对自己的政敌进行了严厉的惩处。辅政八大臣中，载垣、端华被逼令自杀，肃顺则在北京的菜市口被斩首示众，其余五位，或被革职，或被充军。对参与这次政变的有功人员，两宫皇太后则给予了丰厚的奖赏。恭亲王奕䜣被封为议政王，领班军机大臣，参与政务的最高政策，并兼管总理各国事务衙门。其他有功的军政人员也各得封赏。在“辛酉政变”中，太监安得海不辞辛苦，奔波于承德、北京之间，为两宫皇太后和恭亲王奕䜣传递消息，充当密使，为这次政变的成功立下了汗马功劳。政变成功后，两宫皇太后也没有忘记这位忠实可靠的奴才。清代的太监，从总体上说，都是皇室贵族的奴仆。但就其内部而言，也不是铁板一块，而是分为三六九等，大致分为大总管、总管、副总管、首领、副首领及一般太监等若干等级。一般太监因服役场所不同，又有御前太监、殿上太监、宫内太监、宫外太监的区别，待遇和地位也有差异。总之，清代太监地位不同，品级不一，大小有别，一层制一层、一层压一层，绝大多数地位卑微低下。“辛酉政变”成功后，两宫皇太后因安得海为她们除掉了政敌而感到高兴。尤其是慈禧太后对安得海更是大加赞赏，破格提拔他为太监大总管。太监大总管是清宫所有太监都眼热的一个职位，也是太监中最高的级别。按清宫旧制，在宫内服务满 30 年，且无太大过错者，方能破格提拔为大总管。按这些条件，安得海显然达不到“标准”要求，这时，他还不到 30 岁，但由于慈禧太后开始把握清政府实权，清代祖制对他并不多节制。不仅安得海得到提拔和赏赐，其他太监，凡在政变中“立功者”，统统得到了奖赏。当时，太监李莲英也为西太后发动宫廷政变出了力，可由于年幼，不能提拔，西太后赏了他 1 000 两白银。

安得海一步登天，他的主子逐渐地独揽朝纲，这也预示着安得海将会有了强有力的靠山，“前途光明”。

干预朝政

辛酉政变前，手握大权的顾命八大臣与野心勃勃的慈禧、遭到排挤的恭亲王奕䜣之间存在着深刻的矛盾。为了打败政敌，慈禧和奕䜣联手发动了政变，以迅雷不及掩耳之势，一举翦除了肃顺等人。政变成功后，对于胜利果实，嫂叔二人进行了分配，彼此各得其所。慈禧同慈安一道垂帘听政，登上了清朝最高统治者的宝座，奕䜣则获封议政王，出任军机揆首，兼管总理各国事务衙门，并担任宗人府宗令、总管内务府大臣、领神机营、稽查弘德殿一切事务等要职，集军事、政务、外交、皇室事务诸种大权于一身，成为朝中炙手可热的第一权贵。奕䜣在出掌军政大权以后，采取了安外攘内的政策，促成了所谓“同治中兴”局面的出现,他也因此而成为中兴功臣,受到朝野上下的普遍吹捧。一连串的胜利,使奕䜣开始变得居功自傲,头脑发热,于是,在用人得事、言谈举止方面逐渐流于放肆,大有架空皇太后之势。这种态势,自然为权力欲望极强的西太后所不容,对奕䜣的不满也就日渐表露出来。

察言观色、溜须拍马、投主子所好是清宫得势太监们的共性,而安得海表现得尤为突出。在揣摸、分析透了西太后对奕䜣的态度后,为了讨好西太后,安得海便利用常与西太后接触的机会,经常在其面前对奕䜣大肆诽谤。西太后早就清清楚楚地意识到,在朝廷内部,能够对自己的统治构成威胁的只有恭亲王奕䜣一人,对他不能不防。而安得海那些添油加酸、无中生有的话吹进她的耳朵里之后,更加深了她对奕䜣的不满和戒心。西太后逐渐下了决心,一旦有机会,绝对不能放过奕䜣,机会终于来了。

同治四年三月四日(1865 年 2 月 7 日),翰林院编修兼署理日讲官蔡寿祺上疏朝廷,列举种种事实,弹劾恭亲王奕䜣。在奏疏中,蔡寿祺认为奕䜣用汉人不当,图谋使汉人重掌军权。在陈述完奕䜣的罪状后,蔡寿祺还大胆地提出了要奕䜣罢官引退的建议。蔡氏的这份奏疏,如同一块巨石投入湖水,使平静的紫禁城内掀起了一场轩然大波。由于事情发生得太突然,奕䜣似当头挨了一棒,被打得晕头转向,不知所措。其它大臣也惶恐不安,担心因此而遭到牵连,祸从天降。而西太后表面上装作很生气,但心里却暗暗高兴。

蔡寿祺弹劾奕䜣的奏疏递上后,两宫皇太后立即召见了周祖培等数名大臣,让他们对恭亲王奕䜣从速议处。周祖培回答说:此事须有实据,请太后容我们退朝后详察以闻,并请大学士倭仁参加调查此事。两宫皇太后表示同意。随后,倭仁、周祖培等人召讯了蔡寿祺。蔡供认,他所罗列的奕䜣四大罪状全是风闻,并无实据。倭仁等人将这个结果向两皇太后作了覆奏。很快,慈禧太后以同治帝的名义将她亲笔草成的朱谕颁下。其中写道:“据蔡寿祺奏,恭亲王办事徇情、贪墨、骄盈、揽权、多招物议,种种情形等弊,似此重情,何以能办公事,查办虽无实据,事出有因。”最后,慈禧太后就是以这个“虽无实据,事出有因”的罪名,革去了奕䜣的“议政王”称号,罢黜了他的一切差使,不准他干预一切事。在这场政治较量中,慈禧再度取胜,而她的对手奕䜣则被打得措手不及,败得狼狈不堪。

然而,奕䜣并不是等闲之辈。毕竟他是咸丰皇帝的弟弟,同治皇帝的皇叔,且久居枢垣,树大根深,党羽伙众,并得到洋人的赏识。另外,一些王公大臣见如此显赫之恭亲王竟落得个这样下场,也不免产生兔死狗烹之感。于是,一些为恭亲王申辩的奏折纷纷递上。有的说,恭亲王自担任议政王以来,办理事务,未听说有昭著劣迹,只是在召对时说话有些不检点,但这终究非臣民所共见共闻。而且被参各款,查办又无实据,如果立即将他罢斥,恐怕消息传播出去,会议论纷纷,这对于用人行政,关系很大,因此一定要慎重。有的则建议两宫皇太后对奕䜣"酌赏录用,以观后效。"面对这一份份为奕䜣说情请命的上疏,慈禧感到,恭亲王的确非同一般,不可小视。如果置众论于不顾,非要置奕䜣于死地,则对于统治大局可能不利。考虑到这些,慈禧只好偃旗息鼓,鸣锣收兵。三月十六日,一道明发上谕颁下,奕䜣又重新被任用,但他的"议政王"称号并没有恢复,而且也不能参与军机处。他们一些死党见状,继续为他说情。奕䜣本人也在两宫皇太后召见他时,痛哭流涕,表示悔过。不久,西太后再下懿旨,恢复了奕䜣的军机揆首职务,奕䜣在谢恩时,"伏地痛哭,无以自容"。这样,以慈禧太后"垂帘"开始的这场政治风波,在持续了一个多月以后,最终以奕䜣"伏地痛哭"而结束。慈禧采用一打一拉、一反一复的手段,轻易地革去了奕䜣的"议政王"的称号,打击了他的气焰和势力,巩固了自己的地位。

由于安得海在慈禧面前屡进谗言,挑拨中伤,导致奕䜣丢掉了"议政王"头衔。而安得海竟因此深得慈禧太后的赏识,更加有恃无恐。据记载,有一次,奕䜣请见,慈禧当时正与安得海谈话,竟然对奕䜣置之不理。

安得海造谣中伤、挑拨是非,不仅得罪了恭亲王奕䜣,而且招致了朝廷内外文武百官的普遍痛恨。然而安得海恃西太后宠幸,不可一世,除了文武百官之外,他竟然胆大妄为地挑拨慈禧太后与同治皇帝之间的母子关系。令同治帝载淳十分痛恨。

在慈禧太后的庇护下,安得海拨弄是非、干预朝政已成恶习。他不单挑拨慈禧与同治的母子关系,就是在两宫皇太后之间,他也竭尽挑拨离间之能事。"辛酉政变"成功后,两宫皇太后开始"垂帘听政",共同执掌清王朝最高统治大权。从名义上看,慈安太后的地位要高于慈禧太后。可是,慈禧太后是一个野心和权力欲都非常强烈的女人,她不甘心受制于慈安,总想把实权操在自己手中。安得海对这一点看得十分清楚,也看出东太后不是西太后的对手。他为了讨好主子,挖空心思向慈禧太后献计献策。安得海善于挑拨离间,也很会把握分寸和时机。有一天,安得海对慈禧太后说:据我观察,东宫可是渐渐抓权了,望太后以后要小心点才是。奴才想,您本是皇上的生身母亲,平素您老人家对东宫也太客气了。从今以后,您可不能心肠太软了,如果再这样继续下去,别说奴才这条命保不住,恐怕连太后您的根基也不稳了。慈禧太后早就有排挤慈安、独揽大权的企图,所以听了安得海这席话后,为了达到目的,也想听听心腹太监的看法。安得海不慌不忙,把他早已盘算好的计谋一一道来。慈禧听后十分高兴,对他更加信任。

晚清时代,吏治腐败,贪污盛行,一些有权有势的大太监往往采用卑劣手段,聚敛钱财。

安得海利用职务之便,勒索了许多钱财。这些不义之财,主要用来维持他奢侈豪华的日常生活。他曾花了不少钱,购买了侍女安马氏。不仅如此,安得海还借母亲病故之机,大设仪仗,大摆筵席,以显示自己的富有和威风。其挥霍之巨,出手之大,令人叹为观止。据《帝后与太监》一书介绍:安得海的母亲死了,安得海少不得要回家哭拜祭奠,但他想的不是思念老母,而是借机显示一下他大总管的威风,摆一摆他高人一等的气派。他从北京动身时,随身就带了一位主持丧葬的总理,此人姓田名定,在京师专门给有钱有势的人家举办丧事。安得海把他请来,也想给他母亲举办一个隆重的丧事。田定办这种事很有经验,也知道安得海的权势,自然不敢怠慢。在发丧一个半月前,就上了差,搭上灵棚、孝棚、经棚、鼓乐棚、候客棚、待客棚,对厅、过厅、宾相厅、迎门厅、过街牌坊,还扎了金山、银山、蓬莱山、楼台殿阁亭榭轩,糊了牛头、马面、金童、玉女、大鬼、小鬼、判官、开道鬼、开路财神、金毛狮子、四大天王和罗汉,所用的席子清一色是崭新的。近处不够用,就用船从白洋淀载来。有人计算了一下,一共动用了 108

艘大小船只专门用来运苇席。丧仪所用桌椅和上边的围子、垫子也全都是新的,近处不够,就到远处去买。好在这个不完全立即用。除此之外,还用了大量的白绫子、白绸子、白缎子。据说由于用量太大,把天津所有商号的白绫、白绸和白缎子都买光了。结果导致这些商品的价格上涨了一倍。所用的纸张都是从河间、沧州、天津、济南等地买来的。其时,又请来和尚、尼姑、道士,人数均为108人。念经、跑方取水上法台、走金桥、迈银桥、过奈何桥、整天锣鼓喧天,笙管齐奏,吹吹打打,鞭炮齐鸣,神枪轰响,惊天动地,热闹非凡。丧葬期间,安得海为了显示权势与铺张,大摆宴席,不仅招待各方来客,连那些乞丐也用不着沿街乞讨了,只要到他家坐席即可填饱肚皮。为了给丧母出殡搞得非常奢侈,他花去了慈禧太后赏给他为其母办丧事的5 000两白银,但实际上这些钱是不够用的,他花的钱远远多出5 000两,由此可以看出其腐朽奢靡。

伏诛于历城

同治八年(1869)年初,安德海在慈禧的默许下,到江南一带采办龙衣。他自以为有恃无恐,以致忘乎所以,公然违背"太监不得在外招摇生事"的祖制和禁令,临行前,他决定带两个懂丝绸珠宝的行家。于是,花重资聘了前门外球宝市"宝鑫斋"的二号掌柜郑玉麟,还请了一位懂织锦绫缎的行家——前门外大棚栏"瑞蚨祥"的外柜段锦昌。有这两位行家,又加上他胞叔和王添福一共四个人,就很像个军机班子的。他口头上虽不敢把这班名称之为"军机",心里可真是这样想的。他还给这个班子拟了个名称,叫"幕府",把他们四位称作"谋士",打从离开京师,每天一大早,这四位就像军机大臣一样,恭候在他身旁,由他的贴身跟班"叫起",然后他同这四位"谋士"议定当天要干哪些事,分配哪些事,分配给哪些人去办。然后写上"录单",他在"录单"上划上押,最后交给下边承办。

船从通州出发,安德海如鸟出笼,一路上锦衣美食,听歌观舞,好不开心。

安德海南行,同治小皇帝与慈安太后都觉得削弱慈禧权势的大好时机已到,便派心腹秘密出京,监视安德海的行动,并适时诏示山东巡抚丁宝桢,让他逮捕安德海,听候朝廷的发落。

这一天,同治皇帝终于等来了丁宝桢的奏折,他急切地打开,一目十行地看了下去:"……有安姓太监者,自称奉旨差遣……伏思我朝列圣相承,二百余年,从不准宦官与人交结;亦未有差派太监赴各省之事。……尤可异者,龙凤旗帜系御用禁物,若果系太监,在内廷供使,自知礼法,何敢违制妄用?至其出差携带女乐,尤属不成体制!似此显然招摇煽惑,骇人听闻,所关非浅。……或系假冒使差,或系捏词私出,真伪不辨……"

其实,他也用不着细看,只要有些奏折,便好传旨,责令丁宝桢截拿审办。他想,首先不能让慈禧太后知道。他把这份奏折抽下来,匆匆把它夹在手边的一本书页里。其次是尽快给丁宝桢下旨,要他以迅雷不及掩耳的速度,就地将安德海处死。这就必须和慈安太后商量如何下旨。可偏偏在这个时候见不到太后,他急得双脚直跺。随即吩咐身边太监召心腹太监明善。明善知道载淳的心思,是想找个理由除掉慈禧太后身边的这一祸患,但不能明说,就找了这个应当处死安德海的根据来试探皇帝的心理。

小皇帝听到明善这样说,脸上现出了为难的表情,说:"安德海可是慈禧太后的红人,万一太后翻脸,这事可不好收场。"

明善明白了皇帝找他来的意思,是要他给出个两全齐美的主意,就试探着说:"慈安太后不是可以出面吗?"

明善把"出面"二字加重了语气,一是说慈安太后出面,不用让慈禧太后知道同样可以宣旨。再就是说万一出了事,慈安太后出面,也还可以从中调解。

小皇帝听明善所说与自己所想正好相合,便回到寝宫,等着时辰一到,便去慈安太后处拟就密旨,派人传旨给丁宝桢。

安德海在德州的一举一动都很快报告到丁宝桢那里。但他没有轻举妄动。一方面,他要等皇帝的旨意,另一方面,他要等安德海自己作践到一定程度,留下了证据,再动手也不迟。

八月的一天深夜,山东巡抚的府衙灯火通明。巡抚丁宝桢和下属正焦急地等待着京城的消息。当衙内自鸣钟敲响十二下时,门差报道:"京城派专人赶送的军机处复旨传到。"丁宝桢闻读,当即率领府内众官员接旨。谕旨称:"太监安德海,违背祖制,擅自出都,若不从严查办,何以肃宫禁而儆效尤?着直隶、山东、江苏各督抚速派干员,严密拿捕,拿到即就地正法,勿庸再行请旨。"丁宝桢接下公文,如释重负,连声称道:"圣上明鉴,圣上明鉴!"

丁宝桢立即对身边的总兵王心安说:"王大人,照计划行事吧。"

王心安会意地点点头,开始了逮捕安德海的行动。

从济南出发,王心安来到德州。他与德州知府一起走上了安德海的官船。

安德海正和"谋士"们商量如何尽快从水路转入旱路。对王心安他们进船,只装作没有看见。

王心安满脸堆笑,对安德海说:“山东巡抚丁宝桢大人已在济南恭候您多时了。他吩咐小官接安二爷到府上一叙。”

安德海眼皮子都没抬一下,爱搭不理地说:“你没见二爷正忙着吗?有什么话回头再说吧。”

王心安没有生气,他继续点头哈腰地说:“丁大人吩咐下官转告二爷,他要与您商议怎样尽快上路的事。”

济南巡抚衙门里,丁宝桢一直等着王心安回来。这一天,有人报告,王心安大人回来了。

王心安进得门来,对丁宝桢恭敬地施礼,并说:“心安给大人交差。”

丁宝桢伸手把他扶起,二人携手步入殿堂。

丁宝桢迫不及待地问:“人呢?”

王心安不等落座,就回道:“在辕门外候着呢。”

辕门外,安德海三人依旧被奉为上宾,参将把他们招待得极为周到。安德海一行求财心切,丝毫未曾意识到,这当儿,他们的行动已经受到了限制。突然,丁宝桢传令提审,安德海万分惊讶,不过,他立刻又冷静下来。他想,丁宝桢虽然一向为官耿正,但谅你也不敢把我安二爷怎么样,你总得考虑在慈禧太后面前交差吧,你难道连自己的前程都不顾吗?所以他稳住精神。不慌不忙,微晃两膀,有意表现出闲庭信步的仪容,迈着悠悠的方步走上大堂。

丁宝桢略略打量了他一下,用鼻子“哼”了一声:“呕——你就是安德海吗?”

“慈禧太后身边的总管太监!”安德海语气里颇像对一个毫不知他底细的人,颇为自得地说。

“哦! 太监,太监为什么不在宫里当差,出京来干什么?”

安德海伶牙俐齿地念叨了那两面旗子上的八个字:“奉旨钦差,采办龙袍。”

“采办龙袍? 是给两宫太后采办的,还是给皇上采办的?”

“都有。”安德海振振有词地说:“皇上的大婚盛典,正在筹办。平常人家办喜事,全家老小都得添一两件新衣服,何况是皇上大喜的日子?”

丁宝桢点头:“说的有理,不过,我倒不明白,你是奉谁的旨?”

“是奉慈禧皇太后的懿旨。”

“既然是懿旨,为什么没有明发上谕?”

“这个——丁大人不知道,我也不知道。”安德海言语中带了几分讥笑地答道:“那得去问军机。”

丁宝桢明白他的意思,这是在卖自己的牌子,抬高自己的身价,说明自己是慈禧太后身边的贴心人,但并不想点破他,只是笑着说:“我是外官,不懂京里的规矩。不过,你口说你是钦差,就是钦差吗? 有什么凭据? 我做外官的时间,比你的年龄都大,我就没见过一个没有凭据的钦差出京。今天,你凭口说你是钦差,我也凭口说你不是钦差,你看怎么办呢?”

既然是奉旨办差,为什么没有谕旨及传牌勘合等公文? 为什么违例携带妇女、妄用禁物,并且一路招摇,震惊地方? 这一连串的质问,问得安得海形色惶恐,哑口无言,他耷拉着脑袋,自称该死。直到这时,安得海才感到形势不妙。在审讯过程中,丁宝桢还从安得海的贴身衣包中搜出干预地方公事的纸片二张,并在他的随身衣箱中发现龙袍一领,翡翠朝珠一挂,这些东西全都作为安得海的罪证被收存起来。审讯完毕,丁宝桢即将安得海等人收监候旨。

丁宝桢在将安得海等人逮捕收监后,本打算在接到朝廷的命令后,再对安得海发落。可是就在这期间,安得海见处置自己的朝旨未到,气势反而又嚣张起来。他想,自己毕竟是慈禧皇太后身边的亲信太监,并立有功劳,因此不会忍心看着自己的忠实奴才被杀的,定会想办法解救他。正由于他还抱有这种幻想,因此,即使在被押期间,他仍敢口出狂言,说丁宝桢等人是自找罪受。在安得海的威胁下,官吏们有些紧张害怕。此刻,丁宝桢考虑到朝廷完全有可能对此案作出与自己想法不同的处理意见,那样的话,对自己则是非常不利的。

为了防止夜长梦多，出现变故，除奸不成，反留后患，丁宝桢便想破釜沉舟，先斩后奏，当然，这样做要冒很大风险。毕竟安得海不是一般的太监。此刻，丁宝桢的家属和手下官员都为他捏着一把汗，他们不同意这样冒险。泰安县知县保毓福甚至跪在丁宝桢面前，力劝丁宝桢三思而后行，说此事重大，无论如何，也要等到朝廷旨意下达之后再行决定。就在这关键时刻，朝旨到了。八月初六日夜间亥时，信差将关于处理安得海的密谕送到了济南。当丁宝桢看完可将安得海"就地正法"的密谕后，心中悬着的石头终于落地。密谕寄到的第二天，也就是八月初七日，丁宝桢派兼署臬司的潘霨及抚标中军参将绪承二人，督同府县官员将安德海绑到刑场，斩首示众。这样，慈禧太后非常宠爱的这个小太监，终因恃宠骄横，违反祖制，命丧泉城，结束了短暂的一生。

安得海被诛，满朝文武绝大多数，尤其那些平日对安得海恨之入骨，或经常被他所刁难的官员、王公大臣无不拍手称快。但兔死狐悲，也有相当一部分人对他的死表现出了"悲伤"，其中就有慈禧太后。据说慈禧太后在事发后不久曾对她的另一个宠监李莲英语重心长地说："小李子，他们今天砍了安得海的头，说不定哪天还要干什么，咱儿娘儿可得提防着点儿。"

丁宝桢杀了一个安得海，但并未解决太监给晚清社会带来的祸患，也不可能根治太监这一毒瘤。所以，安得海被诛杀后，李莲英得到了他早就眼热的大总管职位，在慈禧太后庇护、宠信下，其权势和地位远远超过了安得海。只不过李莲英、小德张等人接受了安得海的教训，比他更阴险狡猾。

善纳人言，谋臣尽智

中国历代的统治者都极其注意收罗人才，能否收罗住人才，在其有无德行，但能否认识人才，却在于其智识了。所以，得人在其德，知人在其智。仅能得人而不能识人，则所得皆庸才；只能识人而不能得人，则人才皆为他人所用。所以，得人与知人是不可分割的整体。但在用人上面，却以知人为首。无其才而使当其任，必遭摧折；有其才而不使当其任，则必不能久居。无其德而使居其位，则必败亡；有其德而不使居其位，则必远遁。若在征战之事、权力之争中，一旦知人有误，必有大祸，这样的例子，也就不必再举了。

楚、汉相争时期，刘邦曾被困在荥阳，他为了争取各方的支持，让郦食其为他出谋划策,计谋一出,立刻遭到了张良的坚决反对。他是从社会发展、形势变迁和人事转化三方面来分析和确定当时的策略的。可以说,刘邦之所以能够胜利,全在于张良的这一分析和预测,否则,必败于项羽之手。今天看来,这场在政治预测方面的交战犹有惊心动魄之势。

张良常有病在身,从来没有单独带领过军队,而是作为出谋划策的大臣,经常跟随汉王。汉高祖三年(公元前 204 年),项王把汉王重重包围在荥阳城里,汉王忧心如焚,与郦食其商议怎样去削弱楚国的力量。

郦食其说:"过去商汤讨伐夏桀时,封夏桀的后代于杞;周武王诛杀殷纣王时,封殷纣王的后代于宋。现今秦朝残虐无道,用杀伐灭亡了六国,使六国后代连立足的地方都没有。陛下您如果重新拥立六国的后代为王,这些人必然会争着拥戴陛下您的大德大义,情愿作为您的臣子和姬妾。大德大义风行于各诸侯王那里,您就可以西南称霸,楚国也必定整肃衣冠,毕恭毕敬来朝谒您。"

汉王说:"很好。赶快催促刻六国王印,先生出发分封时就可以带印前往了。"郦食其刚走出门,就和张良撞了个正着。刘邦一边饮酒,一边把郦食其的谋策告诉张良说:"子房,以此谋削弱楚国的力量,你看如何?"张良很激动地说:"以此计往,陛下大势将去也!"刘邦问:"此话怎讲?"

张良说:"我请借您面前的筷子,为您指画形势。过去商汤和武王讨伐夏桀王、殷纣王而封他们的后代,是有把握置桀王、纣王于死命,现在陛下您有把握置项羽于死命吗?这是不能采用这个计谋的第一个原因。周武王进入殷朝,标榜商容的里门,到箕子门前抚车轼示敬意,修封比干的坟墓,现在陛下您能做到吗?这是不能采用这个计谋的第二个原因。把殷纣王积粟之仓钜挢里的粮食都发散出去,把殷纣王储财之所鹿台的财物都分发出去,用以接济贫穷的人,现今陛下您能吗?这是不能采用这个计策的第三个原因。殷朝的战事一结束,就停罢军用的车辆改作乘人之用,把刀枪剑戟都倒着装载,表示不再用了,现今陛下您能这样做吗?这是不能采用这个计策的第四个原因。把军马散放在华山的南边,表示没有什么用处了,如今陛下您能这样吗?这是不能采用这个计策的第五个原因。把运输军需用的牛马都放牧在桃林塞的原野上,表示天下不再有运输与积聚,现在陛下您能这样做吗?这是不能采用这个计策的第六个原因。而且天下的游说之士,离开自己的父母,抛弃了祖坟边的热土,离开有交情的老朋友,跟随陛下您,只是日夜盼望能得到很小一块土地。

今天去拥立六国的后代,没有土地去封赏有功劳的人,游说之士各自回去给自己的主公干事去了,跟自己的家人团聚,与老朋友会面,谁还跟陛下您去夺取天下呀?这是不能采用这个计策的第七个原因。楚国不强还倒罢了,强则六国必屈服跟从楚国了,陛下您去哪里寻找向您称臣的六国后代呢?这是不能采用这个计策的第八个原因。如果您用这个计谋,陛下的事业就完了。”

刘邦听了,气得骂道:“这小子,差点坏了我的事业。”下令催促销毁六国的王印。

张良的这番话实在是太厉害了,前半部分倒也寻常,后半部分却振聋发聩。幸亏刘邦能幡然醒悟,否则如果不听张良之言或是晚听张良之言,别说打败项羽,建立汉朝,恐怕自己都死无葬身之地了。

张良的政治预测可谓是极其正确的,就在他说了这番话不久,占据齐地的韩信就派使者来见刘邦,要求封他为齐地的假王。刘邦一听,勃然大怒,觉得韩信不赶快来救援自己,还趁火打劫,要挟封王。但后来听了张良的劝说,竟封他为真齐王,从而稳住了韩信,打败了项羽。如果按郦食其的计策封了齐国的后代,那韩信早就背叛了刘邦。由此可见,建立新朝的成败,有一大部分是捏在张良这位政治预测家的手里的。由此说来,张良岂止是“运筹帷幄,决胜千里”,说他是一位独具慧眼的政治奇才,也不过分!

早在此事之前,刘邦便接受了秦王子婴的投降,以胜利者的姿态将军队浩浩荡荡地开进了秦王朝的都城咸阳。进入咸阳城后,沛公的部下分头占领了秦王朝原来的府库。面对着闪闪发光的金银绸缎,哪个不心动目摇?他们跟随沛公浴血奋战,不就是为了功名利禄么?于是,众人你争我抢,抢占起财物来。顷刻间,到处都是一片繁忙,那种半路上得了横财的惊喜映照在每个将士的脸上。

一片忙乱之中,萧何悄然带着一批人进入丞相府。但是,他没有拿那些金银细软,而是把秦廷的法律典籍等细心整理,一一运回大营之中。他心目中想的是如何在将来辅助沛公管理好天下,没有这些典籍簿册怎么行?

沛公陶醉了。

却说张良、郦食其、樊哙、周勃、曹参等人在各处忙完之后,却不见了沛公的影子,众人放心不下,只得分头去找。

樊哙是个粗中有细的人,他想了想,直奔宫中而去。樊哙看到刘邦沉湎于秦宫的豪华享受之中,心中十分着急,他问刘邦:“你是想得到天下呢?还是只想当个富翁?”刘邦回答说:“我当然想得天下。”樊哙说:“我跟随你进入秦宫,看到壮丽的宫殿、豪华的装饰以及数不清的黄金珍宝、钟鼓乐队和成千的后宫美女,这些都是造成灭亡的祸根。请你远离这些亡国之物,将军队带回灞上驻扎,千万不能住在秦宫中。”刘邦哪里舍得离开这个安乐窝?

樊哙见劝不动刘邦,气得一甩手,头也不回往外就走,在寝宫门口碰到了赶得气喘吁吁的张良,他脚步一收,喊道:“子房你回来得好,快去把刘三叫醒吧!”

张良见樊哙满脸的不高兴,情知他闯宫碰了壁。他定了定神,让守在寝宫门边的亲兵去通报。少顷,亲兵出来恭请,张良这才慢步而入,见刘邦已在王座上依屏而坐,边上有两女在侍候。

张良恭恭敬敬行了臣礼,刘邦见此很是高兴,先问了问他去访“四皓”的情况,又谈了谈秦宫辉宏的建筑。张良才问道:“听说沛公得到了始皇帝的传国玉玺,良愿一睹为幸!”刘邦连忙找到随身的囊袋,将玉玺及发兵之虎符、徽调之竹节,一并拿出来给他鉴赏。张良双手接过来,双目凝视着这件宝物,心里感慨万千,“沛公,”张良激动地说,“始皇视为命根的宝物,今日喜到沛公手中,不知能在您这放多久?”

“放多久?难道要得而复失?”刘邦闻说吃了一惊,推开女娥,直身长跪反问起来。

张良笑而不答,看看宫娥,随后又抬眼看着屋梁下垂吊的烨烨泛光的夜明珠发愣。刘邦一下子恍然大悟,起身收好玉玺、虎符等,拉着张良就走,准备还军灞上,以待项羽进城后,再见机行事。

唐太宗说:“民犹水,君犹舟。水能载舟,亦能覆舟。”形象地指出了民心稳定是统治者得以统治天下的基础。刘邦的确具有做帝王的天资和气质。他虽率先入关中,但并不为秦宫殿的豪华陈设所困扰,意识到现在还不是享乐的时候,当务之急是得人心,并以此作为争夺天下的资本。

于是,刘邦还军灞上后,立即召集关中各县的文志子弟,向他们宣布说:“秦朝的法律太苛刻了,乡亲们长期身受其害,苦不堪言。议论一下国政,就给加上‘诽谤朝廷’的罪名,满门抄斩;几个人聚在一块儿说话,也要绑赴市曹处斩,真是残酷至极。我受楚怀王委派,到这里是为给大家解除痛苦的。义兵出发前,怀王与众将约定:谁先进入关中,就封谁为关中王。我先到咸阳,自然应该由我治理关中。现在,我就以关中王的名义,与父老们约法三章:杀人的偿命,伤人和盗窃财物的按情节论罪。秦朝原来的严刑酷律,全部予以废除。”

大家都屏息静气地听着,一些人的脸上仍露出狐疑的神色。刘邦补充说:“秦朝原来的地方官吏,全部可以继续留任,士农工商,照旧从事自己的本业。”刘邦还再三重申道:“父老乡亲们,你们尽管放心好了,你们只需过自己安定的生活。我等来到此地,决不打扰百姓的生活。若有违者,一律——杀!现在,暴虐的秦朝已经被推翻了,百姓们可以自耕自足,安居乐业地过好日子了。我们将把军队撤到灞上去,等候各路诸侯的到来,到那时候再为咱老百姓制定一个官民共守的具体规约。”这就是后人相传的著名的刘邦“约法三章”。

刘邦的这一措施,完全是以一个关中王的身份,为保持其领地内政治秩序的稳定,为争取这一地区广大民众的支持与拥护,发布的第一号与民更始的通告。他以救民于水火、解苍生于倒悬的救世主的姿态,首先废除了秦暴政最重要的工具——秦律,用简单而又明确的三章来取代它,抓住了民众当时最害怕自己生命财产得不到保障的心理,从根本上打消了原秦地官民对他和他的军队的顾虑,赢得了他们的衷心拥戴和支持。这是刘邦进入关中地区后,为自己今后的政治前途打的第一场漂亮的政治仗。

当然,此“约法三章”出自张良、萧何等贤臣良相共同商议的结果,但更重要的是刘邦从谏如流,不负众望,他对众将相的指点心领神会,并领略到了得人心者得天下的真理。

与其说刘邦善纳人言,不如说谋臣尽智。刘邦这个皇帝是诸多良秀之将才一把一把推起来的。

兑卦第五十八：与民同乐，四海一家

【爻词精义】

⊙和谐的快乐是蛮好的 ⊙诚信产生的喜悦是吉利的 ⊙强颜欢笑不好 ⊙高兴的时候要动动脑子 ⊙取悦别人被识破可就惨了 ⊙取悦别人要主动点

经文义解

【题解】

《兑》，说也。一阴升于二阳之上，说之见于外也。其为泽象，坎水云其下流之象。《序卦传》说："入而后说之，故受之以《兑》；兑者，说也。"

轻歌悦耳，美景悦目，是人情之所"欣悦"之事。《兑》卦所阐释者，乃"欣悦"之道。强调以"刚中柔外"为悦，即刚为柔本、悦不失正。使人欣悦、欢乐，可促使人际关系和谐，使人民欣悦、欢乐，就能诚心诚意服从领导，不辞辛劳，不畏牺牲。这是顺天应人的道理，但动机必须纯正，正当有利，明辨是非，光明磊落，内刚外柔，坚持原则，诚信为本。

【原文】

䷹ 兑[①]：亨，利贞。

初九 和兑吉。

九二 孚兑吉。悔亡。

六三 来兑凶。[②]

九四 商兑未宁，介疾有喜。[③]

九五 孚于剥，有厉。[④]

上六　引兑[⑤]。

【注释】

①兑:卦名。下兑上兑,象征欣悦。《周易正义》:"兑,说也。"说,通"悦"。②来兑:前来谄媚取悦。③商:计议,讨论。介:隔绝。疾:患,指谄媚求悦之患。④剥:指损伤正道。⑤引:引导,引诱。

【译文】

兑卦　象征欢悦。亨能顺利,利卦。

初九　和颜悦色地待人接物,非常吉祥。

九二　心怀诚信,别人喜悦,十分吉祥,危难困窘将自行消除。

六三　前来献媚以求欢悦,定有凶险。

九四　和睦欢娱时,保持警惕;一旦不可相悦,就要分离。

九五　施诚取信于损害正道者,则会有危险。

上六　引诱他人与自己一起欢悦。

【释义】

䷹　兑:亨,利贞。

[解读]　愉悦,通畅;执于正道而使人愉悦,才会有利。

[象释]　上、下卦都是"兑"即泽,两个泽连在一起,泽水相连流通,滋润万物,所以其象为"亨";"兑"的一阴爻上升到了二阳爻之上,有愉悦之情由内及外溢于言表之象。

[义理]　凡事以使人愉悦为先;领袖恩泽于民众,民众的心情愉悦,就会不辞劳苦、追随领袖。

初九　和兑吉。

[解读]　和谐相处,使人喜悦,吉利。

[象释]　"初九"阳爻阳位,位虽低下而其性刚毅,与"九四"同阳不应,有光明正大、随遇而安、与人和谐相处之象。

[义理]　即使地位低下,也不应向别人奉承谄媚,恬淡清静,与周围的人和谐相处,融融乐乐。但是,不能因为保持和谐的关系而与别人同流合污。

九二　孚兑吉。悔亡。

[解读]　以诚信赢得别人的喜悦,吉利,即使有危厄也会消除。

［象释］ “九二”阳爻居阴位，又与“六三”阴柔相比邻，因而有“悔”。但是，“九二”处在下卦的中位，内心诚信，故其“悔”消亡。

［义理］ 以诚待人产生的喜悦，能经受住考验，当遇到阴险小人时，也应以诚相待来感化对方。

六三 来兑凶。

［解读］ 故意讨人欢心，必然凶险。

［象释］ “六三”阴爻阳位，不中不正，与初九、九二同处下卦，因为上无应援，只好向下取悦于两阳，有专事媚悦之象。

［义理］ 不择手段地讨人欢悦，有害无益。

九四 商兑未宁，介疾有喜。

［解读］ 与人相悦时，务须保持警惕；一旦发现不可相悦，便迅即分离。

［象释］ “九四”阳爻居阴位，位不正，又比于阴柔的“六三”，不免与之相悦；“九四”又有阳刚的一面，当发现“六三”之悦不可靠时，即弃之而与刚毅中正的“九五”相悦。

［义理］ 当发现不可与其相悦时，应断然分离。

九五 孚于剥，有厉。

［解读］ 对阴邪小人的巧言信以为真，必有危险。

［象释］ “九五”以阳居阳，处上卦之中，刚毅而中正，因在君位，有被亲近的“上六”蛊惑之险。

［义理］ 处于领袖地位的人，一旦被阴邪小人用谄媚取悦的手段迷惑，则权政倾覆，国家破碎的局面便会旋踵即至。

上六 引兑。

［解读］ 引诱别人愉悦。

［象释］ “上六”以阴居阴，处兑卦之极，象征以十分隐蔽的手段取悦于人，最大目标当然是诱惑“九五”。

［义理］ 对于那种不择手段取悦于人的危险，必须时刻警惕戒惧，尤其身居高位，大权在握之人，更须提高警惕。

案例解易

伟大的阿育王

阿育王是古代印度摩揭陀国孔雀王朝的第三代国王,又被称为“无忧王”,他的祖父,就是孔雀王朝的建立者旃陀罗笈多。

公元前325年,马其顿王亚历山大从印度河流域撤走,在旁遮普设立了总督,留下了一支军队。这时,旃陀罗笈多率领当地人民揭竿而起,组织了一支军队,赶走了马其顿军队。随后,他又推翻了难陀王朝,建了新的王朝。由于他出身在一个养孔雀的家族,因此,后来人们把旃陀罗笈多建立的王朝叫“孔雀王朝”。

阿育王的父亲是帝国的第二代国王宾头沙罗。阿育王只是宾头沙罗王众多王子中的一个。他从小就特别崇敬佛教始祖释迦牟尼,喜欢听佛祖如何经过许多肉体和内心的痛苦终于成佛的故事。他对他的兄弟们说:佛教可以教人消灭个人欲望,使人安分守己,这对治理国家很有用处。

公元前273年,宾头沙罗王病逝。不久,为了夺取王位,王子和公主们进行了残酷的内战,其中最为激烈的是阿育王和长兄之间的战争。在这场争夺王位的斗争中,阿育王曾经谋杀的兄弟姐妹有99人。最后,阿育王夺取了王位,但直到称王后的第4年,阿育王才举行正式的登基典礼(灌顶信仰式)。

阿育王即位后,就追随祖父旃陀罗笈多的事业,开始向外扩张。他曾征服过湿婆萨国,但最大规模的扩张是对羯陵伽的远征。羯陵伽是孟加拉湾沿岸的一个强国,拥有步兵6万,骑兵1万,战象几百头。这个国家不仅在军事上很强大,而且由于海外贸易发达,在经济上也很富庶,这就引起了阿育王的注目。在他举行登基典礼后的第八年(约公元前262年)开始向羯陵伽大举进犯。最后羯陵伽国被他征服,被俘虏的羯陵伽人有15万人,被杀的有10万人。

羯陵伽战争对阿育王影响极大。在羯陵伽战争结束不久,阿育王同佛教高僧优波毯多进行了多次的长谈。最后,在他的感召下,皈依了佛教,成了一名虔诚的教徒。

成为教徒后,阿育王对残酷的战争给人民所造成的灾难感到十分后悔。他曾经发布过一个敕令,在敕令中他说:他对羯陵伽人民在战争中所遭受的苦难,“感到深切的忧虑和悔恨。”后来他又一次向全国的人民宣布:“战鼓的响声”沉寂了,代替它的将是“法的声音”。今后代替暴力统治和侵略的将是不竭余力的宣扬佛法,从此以后,他将不再向邻国派遣军队,而是宣扬佛法的高僧。

阿育王所说的“法”,就是以佛教的伦理道德观为基础,强调仁慈的实践和虔诚的思想。他认为,对于每一个人来讲,信仰佛法,重要的在于行动。一个人能否向善,不是看他参加了多少次佛教的仪式,而是看他在每一件事情上是否能按照佛法去做。

阿育王希望每一个人都能以家庭作为人生的基点,首先在家庭中体现他所说的那些道德。主要是要服从父亲,尊崇老师和长辈;对亲朋好友要慷慨和友好;对待仆人和贫苦的人要乐善好施;对待动物要仁慈,不能滥杀。

阿育王首先以身作则。他宣布在全国废除斗兽之类的血腥娱乐,不允许用动物做杀生祭礼,在宫庭里对王公大臣们喜欢的狩猎游戏也加以限制。

阿育王不久又宣布佛教为印度的国教,下令在王宫和印度各地树立石柱,开凿石壁,将他的诏令刊刻在上面。他还召集了全国的一大批佛教高僧,编纂整理佛教经典,在各地修建了许多佛教寺院和佛塔。

为了弘扬佛法,阿育王派出了包括王子和公主在内的大批使者和僧侣,到邻近的国家和地区去传教。印度公主在去锡兰(今天的斯里兰卡)传教时,不仅带去了许多僧侣和佛典,还带去了一枝神圣的菩提树的树枝,并亲自种植在锡兰,这棵菩提树在锡兰一直生长到今天。

经过一番宣传和使节往来,佛教不仅传遍了锡兰,而且很快传到了埃及、叙利亚、缅甸、中国和世界各地。

除了宣传佛教,阿育王还为老百姓做了许多的好事。如扩大灌溉工程,修筑道路,建立医院等等。在阿育王在位的40多年里,在国内外都享有很高的声誉。在印度和其它一些国家的历史著作里,他被称为“伟大的阿育王”。印度的孔雀王朝也成了印度历史上第一个强大的统一帝国。就连我国的宁波,还曾经有过阿育王寺,说明阿育王在中国也是有影响的。

佛教的创始当然应该归功于释迦牟尼,但它的大规模的传播,则要归功于阿育王。

涣卦第五十九：拯救涣散，匪夷所思

【爻词精义】

⊙拯救涣散当如奔马之迅捷 ⊙要抓关键问题 ⊙对亲族也应分别对待 ⊙将群众分而治之是正确的 ⊙瓦解敌人要下大功夫 ⊙离散政策要抓根本

经文义解

【题解】

《涣》，离散也。下坎上巽，风行水上，离披解散之象。《序卦传》说："说而后散之，故受之以《涣》；涣者离也。"

《涣》卦所谓"涣散"，并非立义于"散乱"，而是兼从对立的角度揭示"散"与"聚"互为依存的关系。在富裕宽松的条件下，在丰盛安逸的环境中，人心容易涣散，以致离心离德，重私利而忘公益，使风气败坏，破坏团结，必须及时拯救。因此，在初度显露涣散迹象时，就必须以强有力的措施和对策，及时挽救。首先应顺乎民情，先求安定；并且消除私心，消灭派系，抑止私欲，革除弊端，为大众造福。惟有牺牲小我，完成大我，才能促成大团结，重新获得安定团结。

【原文】

䷺ 涣[①]：亨，王假有庙，利涉大川，利贞。

初六 用拯马壮，吉。[②]

九二 涣奔其机，悔亡。[③]

六三 涣其躬，无悔。[④]

六四 涣其群，元吉。涣有丘，匪夷所思。[⑤]

九五 涣汗其大号，涣王居，无咎。[⑥]

上九　涣其血，去逖出，无咎。⑦

【注释】

①涣：卦名。下坎上巽，象征大水流散。②用拯马壮：用壮马拯救。③机：几，几案，供祭祀之用。④躬：身。⑤群：众人。丘：山陵。匪夷所思：不是平常所能想的。匪，非；夷，平，平常。⑥大号：王命。居：占有。⑦血去：忧虑过去。血，通“恤”，忧虑。逖：即惕，惊惧。

【译文】

涣卦　象征大水流散。进行祭祀大典，君王亲自去宗庙祭祀祖先，宜于涉越大江大河，利卦。

初六　乘强壮之马去救济患难，极为吉祥。

九二　涣散局面来临时，如能有个安全场所，危难困窘自会消除。

六三　清除私欲，不会遭逢困厄。

六四　解散私党，促成空前的团结，可不是常人所能想到的。

九五　像发汗一样出而不复地颁布君王的诏命，并疏散君王聚敛的财富以救助天下万民，必无灾祸。

上九　人心涣散，发生流血事件，远远避开，必无灾祸。

【释义】

䷺　涣：亨，王假有庙，利涉大川，利贞。

［解读］　人心涣散时，也有亨通，因为君王到宗庙去祈祷，既使民众看到君王希望上下团结的诚意，又获得了祖宗神灵的保佑；利于去冒涉大川那样的险，但必须坚守正道。

［象释］　下卦“坎”是水，上卦“巽”是风、是木。风吹水面而使之破裂、水波离散，因而卦名为“涣”；水上有木，象征有利于渡河。

［义理］　在人心涣散时，领导者有责任将民众的离乱思想加以稳定和引导，使之形成一股向心力、凝聚力；有了凝聚力，正义的事业也就能够成功。

初六　用拯马壮，吉。

［解读］　骑上健壮的马去救济患难，吉祥。

［象释］　“初六”以阴居阳，其位不正，是涣的开始；而且“初六”柔弱，与“六四”又同阴不应，无力拯救涣散的局面，幸而与“九二”相邻相亲，“九二”有能力拯救“初六”。

[义理] 在开始涣散时,就应该积极采取措施,努力来挽救。

九二 涣奔其机,悔亡。

[解读] 涣散之际,倘能有个安全场所,悔恨也就消除了。

[象释] “九二”以阳居阴,其位不正,又处在下卦“坎”即险的中间,本来应有悔恨之事,但是“九二”与“初六”阴阳亲比,相依相济,“九二”有此社会基础,稍有安全之感。

[义理] 当涣散的局面来临时,最好的办法是迅速寻找一个安全的地方,借以自保。

六三 涣其躬,无悔。

[解读] 清除私欲,如同清洗掉身上的污垢一样,不会有什么后悔。

[象释] “六三”以阴居阳,不中不正,有自私之心;但是,“六三”所居阳位,且在“坎”之上部,与“上九”相应,因而又有涣散私心救济时弊的志向。

[义理] 挽救涣散的局面,必须去掉自身的私欲。

六四 涣其群,元吉。涣有丘,匪夷所思。

[解读] 解散私党便能促成如同山丘那样为常人难以想象的大团结。

[象释] “六四”阴爻阴位得正,上与“九五”接近,象征君王身边担当拯救涣散的重任之人;下与“初六”同阴不应,象征下无私党。

[义理] 挽救涣散,必须解散掉那些因私利而结成团伙的派系,将割据分治的局面归于一统。

九五 涣汗其大号,涣王居,无咎。

[解读] 君王发出的命令要家人出汗那样不可收回;君王积聚的财富,要及时散发给人民,这样做不会有什么祸患。

[象释] “九五”以阳居阳,处上卦的中位,象征君王刚毅中正,在非常时期有挽救危局的雄才大略。

[义理] 在人心涣散的情况下,政府颁布的法令要有权威性,还应将平时聚敛的财富发散给贫困的民众,尽可能多地为公众造福。

上九 涣其血,去逖出,无咎。

[解读] 由于人心涣散而发生流血事件时,只要远远地避开,就不会有什么危难。

[象释] “上九”已是涣散的极点,因而有流血的可能;但是,“上九”距离下卦“坎”即险最远,因而又有可以避免灾害之象。

[义理] 当涣散已经到达顶巅,外在势力随时都可能伤害你时,应迅速采取措施,远离危险之地。

案例解易

末代辽皇盛而衰

天祚帝耶律延禧,是辽国的最后一个皇帝。继位之后,他放浪曲蘖,畋猎不辍,朝政大事全误于矢鸣马嘶与禽兽哀号声中。又由于委任非人,喜好阿谀,以致朝中奸臣倍得宠信,贪赃枉法,结党营私,更使朝政一片污浊。同时统治阶级内部却又是尔虞我诈、勾心斗角,终归自戕国本,国势日衰。待金日盛攻辽,天祚帝见辽军溃败竟欣然议和,称金为兄。一个昏庸腐化,卑躬屈膝的违命之皇就这样最终断送了辽朝江山。

昏庸无能实乃本性

辽天祚帝耶律延禧(1075~1128),道宗耶律洪基之孙,昭怀太子濬之子,小字阿果,母萧氏。年6岁,即被封为梁王,3年之后被封为燕国王。辽大安七年(1091),总北南院枢密使事,加尚书令,为天下兵马大元帅,手握节钺,权势炙手可热。辽寿昌七年(1101)正月,道宗崩殂,耶律延禧以皇太孙的身份继登皇位,改元乾统,群臣上尊号为天祚皇帝。

耶律延禧本是皇孙,道宗撒手尘寰之时,本该由他的父亲继位,为什么他竟然继位为帝呢?说起来,这里还有一段曲折的历史。原来道宗朝内有两个奸臣,即契丹人耶律乙辛、汉人张孝杰,二人朋比为奸,专擅朝政。由于道宗晚年昏聩,乙辛便有了篡权夺位之念,但是道宗正宫宣懿皇后贤淑端庄,太子濬知书达礼,且又参预朝政,是他篡权的一大障碍,因此必欲除之而后快。宣懿皇后萧氏不但姿容冠绝,而且雅好音乐,能自制歌词,尤善琵琶。伶官赵惟一也解音律,常侍萧氏左右,耶律乙辛授意宫娥单登和教坊朱顶鹤诬告皇后与赵惟一私通,并伪造了

《十香词》为证。《十香词》是淫秽不堪入目的香闺情诗,耶律乙辛持词上闻,道宗大怒,命乙辛与张孝杰二人查勘。这本来就是他们二人布置的圈套,自然不费力气,便将此案坐实。结果赵惟一族诛,皇后被赐自尽。皇后既死,宫阃无主,乙辛又极力称誉他的同党、驸马萧霞抹之妹坦思可主后宫,道宗言听计从,马上选入掖庭,立为皇后。但实在是天不作美,坦思入宫数年,没有生儿育女,为承欢固宠,便向道宗进言自己胞妹斡特懒有育子之兆,请求纳入宫中。其时斡特懒已嫁那耶律乙辛之子绥也,耶律乙辛为通过后族操纵宫廷,便撺掇儿子、儿媳离异,然后送儿媳入了宫中。

耶律乙辛既害死皇后,又想斩草除根,一并害死太子,太子濬也觉察出了他的阴谋,愤愤扬言:"他日不杀耶律乙辛,誓不为人!"耶律乙辛的党羽、副点检萧十三献计说:"今太子犹在,臣民属心。大王素无根柢之助,复有诬皇后之怨,若太子立、王置身何地?宜熟计之。"辽大康三年(1077)五月,乙辛与同伙萧特里特构陷太子,指使右护卫太保耶律查刺诬告都宫使耶律撒拉、知院萧速撒、护卫萧忽古阴谋废道宗而立太子,道宗派人查问,没有凭证。乙辛为售其奸,又指使牌印郎君萧讹都刺虚词自道,说查刺所告是实,谎称自己也参与了此事,若知而不言,恐事发连坐。接二连三的告发,道宗真是不信也得信。于是,系太子于囹圄之中,派耶律燕哥主持审讯。太子具陈冤枉说:"我是储君,尚有何求,请你为我辩白。"谁知燕哥是乙辛之党,报告道宗说太子已经供认。道宗一怒之下,废太子为庶人,徙往上京(即临潢府,今内蒙古巴林左旗南波罗城)拘禁。乙辛派人将他害死,时年20岁,其妻也死于非命,遗孤只有耶律延禧一人。皇嗣既殁,乙辛又建议立宋魏国王和鲁斡之子淳为皇储。君臣震栗,莫敢与争,只有大臣萧兀纳、萧陶隗(wěi,音伟)进谏说:"舍弃嫡系不立,是把国家交给别人了。"道宗仍犹豫不决。辽大康五年(1079)道宗出猎,乙辛请求把皇孙耶律延禧留下,萧兀纳洞察其奸,又上奏说:"窃闻车驾出游,将留皇孙,苟保护非人,恐有他变。果留,臣请侍左右。"道宗这时才怀疑乙辛心术不正,命令皇孙从行,延禧才得以保全性命。

大康五年(1079),直到耶律乙辛被罢官出朝之后,洪基才慢慢对延禧恢复了好感。次年三月,把他立为梁王,加封太尉,兼中书令,不久又专门设置了6个旗鼓拽刺护卫他。此时,洪基逐渐明白了耶律濬的冤屈,悔恨莫及,将他追封为昭怀太子,其尸骨也以天子之礼改葬于玉峰山,并把对儿子的一腔歉疚之情转化成了对延禧的疼爱,大康九年(1083),进封延禧为燕国王。

在不自觉中,延禧把祖父身上种种恶习均学到了手上,而对祖父要求他学习的内容却听不见。洪基命知制诰王师儒、牌印郎君耶律固辅导延禧,他命萧兀纳当延禧的师傅。萧兀纳对延禧的坏作风提出了严肃的批评,向他讲述治国勤政的道理,而延禧非但听不进去,反而对萧兀纳产生了强烈的反感情绪。洪基还亲自拿出辽太祖、太宗用过的铠仗给延禧看,嘱咐他记住祖宗征伐创业的艰难,煞费苦心地想把延禧教育成一个贤德君主,但正是他这个宝贝孙子像闹儿戏一样轻易地断送了他祖先的江山。

辽寿昌七年(1101)耶律延禧在历经劫难即位时,耶律乙辛已因谋反伏诛,张孝杰也已因罪贬谪,旋登鬼箓。天祚帝在为祖母、父亲昭雪之后,乙辛、张孝杰都被剖棺戮尸,党羽也都诛杀殆尽,“诏为耶律乙辛所诬陷者,复其官爵,籍没者出之,流放者还之”。一时朝政还颇有点清明气象。

但是,这种局面并没有维持多久。天祚帝本是不稂(láng,音狼)不莠(yǒu,音友)之人,而非励精图治之君,他之所以清降奸党,只是为了报祖母、父母之仇,日子既久,便露出了本来面目。这道命令还未完全落实,他又搞起了迫害忠臣的行径,把曾经对自己犯颜劝诫过的萧兀纳赶出朝廷去担任辽光军节度使。剥夺了萧兀纳太傅的称号,降职为宁边州刺史,叫他到西南一个偏僻的小州去了。

延禧对萧兀纳恩将仇报,而对曾经杀害父母的耶律乙辛的党徒却仇将恩报,极其宽容。他虽然诏令将奸党分子全部诛杀,其子孙流放于边疆,但主要党徒依然逍遥法外。阿思、得里底为搪塞延禧,便不治活人治死人,挖开耶律乙辛、张孝杰等人的坟墓,剖棺戮尸,把家属没为奴隶。延禧觉得治奸党已经大功告成了。

自从萧兀纳被贬之后,朝廷诸臣全都摸准了延禧的脾气,知道他讨厌直言,喜欢阿谀,一些新奸臣纷纷冒出头来,为首的是萧奉先、萧得里底、李处温等人。这伙人狼狈为奸,都深得延禧的宠信,他们贪赃枉法,结党营私,把朝政搞得乌烟瘴气,漆黑一团。

延禧上台以后,对国家大事漫不经心,他连父亲耶律濬的遗骨埋在什么地方都不知道。为了寻求点寄托,他也像祖父耶律洪基一样如醉如痴地信奉佛教,他发疯地去打猎,试图从追兔逐鹿中获得强烈的刺激,摆脱无聊的彷徨。他刚刚即位,祖父还在殡葬的时候,有人对他说:“巡幸打猎乃是国家大事,即使在为大行皇帝服丧期间,也不可荒废。”他便即刻取消了围场之禁,纵马到围猎场上大开杀戒去了。至此,一切朝政大事全都在矢鸣马嘶、禽兽哀号声中淹没得无影无踪了。

辽朝统治危机四伏,统治集团内部争权夺势,相互倾轧,府库亏空,民生凋敝,饿殍盈野。社会矛盾空前激化,人民起义此伏彼起,延禧刚即位的乾统二年(1102 年),就有赵钟哥为首的一股起义军打进上京的皇宫,劫走宫女、御物等,连留守马人望都被打伤。此后,延禧为恐吓百姓,便用极其残酷的刑罚惩治起义人民。

与金结衅　战败求和未果

正当辽朝日趋衰落之际,女真族在东北迅速崛起,终于为辽朝的灭亡敲响了丧钟。女真族是一个古老的民族,世代居住在长白山和黑龙江流域,五代时始称女真,契丹族建国后,女真族从此处在契丹的统治之下。居住在辽阳一带的女真族,编入辽的户籍,称为昌苏馆女真或熟女真;居住在松花江以北、宁江以东地区的女真人,虽也处在辽的统治之下,但未编入辽的户籍,因而被称为生女真,灭亡辽国的便是生女真。又因避辽兴宗耶律宗真之讳,改称女直。女真族兴起之初,辽朝贵族大肆骚扰,女真人莫不恨之入骨。原来女真东北与五国部为邻,五国部东邻大海,出名鹰,自海东飞来,因名之曰海东青。这种鹰小而俊健,能擒鹅鹜,爪白者尤为珍贵,契丹贵族人人酷爱,责令女真岁岁进贡,使者络绎于途。但女真人要捕海东青,须向五国部借道,双方常因此而大动干戈,女真人不胜其扰。迨到天祚嗣位,头会箕敛,责贡尤苛,而辽朝使节所到之处,恣意勒索财物,稍有违抗,便杖责首领,甚至无故诛杀。女真地区的土产人参、貂皮、生金、名马、麻布等,除向辽进贡外,契丹贵族还到榷场中低价强购,而且动辄拘留女真人,谓之"打女真",女真人莫不怨恨詈骂。更使女真人不能忍受的是,辽朝每次遣银牌天使至女真,都要女真族美女荐枕侍席。"女真旧例,率输中下之户作待国使处,未出适女待之,或有盛色而适人者,逼而取之,甚至贵阀阅高者,亦恣其丑污,屏息不敢言。"上至女真贵族阀阅,下至编氓庶民,不论已嫁未嫁,稍有姿色者,都得供契丹人蹂躏,这无疑是整个女真民族的奇耻大辱。女真族人民实在是忍无可忍,所以操刀挺戈,反抗暴政,就成为他们一致的愿望。

辽天庆二年(1112)春天,天祚率领群臣,浩浩荡荡来到混同江(松花江自哈尔滨市往北至同江县一段,黑龙江自同江县往北直入海一段,称混同江)畔钓鱼,并举行头鱼宴。按照惯例,界外生女真各族酋长在千里之内者皆来赴会,阿骨打也在其中。酒酣耳热之际,天祚帝命诸酋长依次歌舞为乐,诸酋长不敢违拗，一一遵命，只有阿骨打傲慢不羁，不肯应命。天祚帝再三谕意，仍不肯从，便密对枢密使萧奉先说："阿骨打意气不凡，跋扈难制，他日必贻后患，不如借事诛杀。"萧奉先反对说："粗人不知礼仪，如果没有大过而将他杀掉，恐怕女真族的其他酋长于心不服，心里不向辽国。这只是个小小的酋长，即使有什么异志，又能起什么作用呢？"天祚帝觉得萧奉先说得也对，就没有再坚持要杀完颜阿骨打。

谁知道这完颜阿骨打竟真是个胸有大志的人。经此事后，完颜阿骨打也有了戒心，于当年九月就起兵，先吞并近旁的其他女真部族，接着就进攻辽国，终于在天祚帝天庆七年建立起了金王朝。

天庆四年(1114)九月，阿骨打领导的女真人反辽战争开始。其间多次大败辽军。天庆五年(1115)，阿骨打接受了从辽朝投降过去的汉族知识分子杨朴的建议，称帝建国，国号为大金，紧接着又攻占了辽朝东北重镇黄龙府(今吉林农安)。这期间，延禧还在忙着打猎呢。

十一月，延禧得知黄庞府失陷的消息后，惊恐万分，连忙下诏亲征。结果，不仅未能打败金军，而且后院起火，御营副都统耶律章奴政变，境内人民起义。天庆七年(1117)，延禧命耶律淳为都元帅去招兵买马，组成所谓"怨军"伐金，不想怨军却又溃不成军。

延禧在中京听到耶律淳大败的消息，吓得昼夜忧惧，偷偷命令内库三局打点珠玉珍玩、金银细软，收拾成500余只包袱，还抽调了2 000匹骏马养在飞龙院中备用。正当延禧准备逃命的时候，阿骨打遣使来议和，延禧忽然又得意洋洋地觉着自己威德可加。

阿骨打自举兵反辽，攻城掠池，从未失利，戎马之暇，又想到了改元一事。他虽于辽天庆五年(1115)在其弟吴乞买等人拥戴下即了帝位，并且认为"辽以宾铁为号，取其坚也。宾铁虽坚，终亦变坏，惟金不坏不变，金之色白，完颜部色尚白。"因而定国号为金，改元收国，但无大国册封，终有僭伪草窃之嫌。谋士杨朴善于察言观色，建言说："自古英雄开国受禅，必先求大国封册。"当时宋朝虽为大国，但相距悬远，接触不多，不便相求；夏国建国虽早，但僻处西北一隅，又是蕞尔小国，自然也不在话下，剩下的就只有辽国了。金收国三年(1117)八月，阿骨打建号大圣皇帝，改元天辅，遣人向天祚帝求封册，提出了十条要求，主要内容是：尊阿骨打为大圣大明皇帝，国号大金；辽称金为兄；生辰、正旦互遣使节，以示两国平等；岁输银、绢25万两匹，分南宋给辽的岁赐之半；割辽东、长春两路给女真；送还女真叛人阿鹘产、赵三大王。天祚帝交付群臣讨论，萧奉先认为，只要答应了金人所提条件,就可弭兵止戈,天下太平,便派萧习泥烈、杨勉为正副封册使,封阿骨打为东怀国至圣至明皇帝。杨朴认为,册文未用大金二字,显系不尊重金国,而东怀国是小邦怀德之意,语涉轻侮,又不称金为兄,命萧尼泥烈等回去改易册文。萧习泥烈却不识时务,喋喋不休,多方辩解。阿骨打大怒,欲杀萧习泥烈等,赖粘罕说情,每人笞打一百余板,拘系不遣,直到翌年三月,才放萧习泥烈回辽。临行,阿骨打对他说:"册文骂我,我都不晓。徽号、国号、玉辂(lù,音路)、御宝我都有之,须称我大金国皇帝兄即已,能从我,今秋可至军前;不然,我提兵取上京矣。"

延禧满以为和议一办成,就可以高枕无忧了,从此有人提起女真的事他就发火。

萧奉先知道天祚帝恶闻女真之事,隐匿不报,和议自然没有结果。阿骨打怒对群臣说:"辽人屡败,才遣使求和,而今多饰虚词以为缓兵之计,当议进兵讨伐。"下令威州路(今辽宁开原老城镇)统军司治军旅、修器械,准备出师;又令阇母国王以兵会于浑河(今辽宁浑河)。可笑的是,金军摩拳擦掌,以求一逞,天祚帝却浑然不觉,似乎强敌的威胁并不存在,仍然畋猎不休,他每天除了不停地打猎之外,就是和内库都点检刘彦良的老婆云奇在宫中寻欢作乐。阿骨打于辽天庆十年(1120)五月,亲攻辽上京,天祚帝狩猎未回,只派3 000军队御敌,这无异以卵击石,一瞬即为金军击溃,上京留守挞不野等投降,天祚帝逃至西京。辽国祖先陵寝都在上京,宫阙壮丽,辉煌无比,金国先是纵火,将房屋付之一炬,然后逐一发掘陵寝,寻找金银珠玉。可怜辽国苦心孤诣经营了300年的上京城,竟成了一片焦土瓦砾。

朝政纷争　自戕国本

辽自金人侵犯以来,国土沦丧,天下郡县所失几半;生灵涂炭,百姓携妇将雏辗转沟壑。辽国朝野本应精诚团结,一致对敌,但统治阶级内部你死我活的权力之争,又给了金人以可乘之机。原来天祚帝共有6子,其中以晋王敖卢斡最贤。晋王之母文妃贤淑端庄、擅长诗词,她眼见女真侵逼,国事蜩螗,天祚帝昏庸,斥逐忠良,不禁忧心如焚,以诗讽谏说:"勿嗟塞上兮暗红尘,勿伤多难兮畏夷人,不如塞奸邪之路兮,选取贤臣。直须卧薪尝胆兮,激壮士之捐身、可以朝清漠北兮,夕枕燕云。"这首诗感怆时事,婉转浏亮,忧国忧民之心,溢于言表。又写诗讥讽丞相说:"丞相来朝兮佩剑鸣,千官侧目兮寂无声。养成外患兮嗟何及!祸尽忠臣兮罚不明。亲戚并居兮藩屏住,私门潜畜兮爪牙兵。可怜往代兮秦天子,犹向宫中兮望太平。”这首诗直刺丞相气焰熏灼,威吓百僚,潜蓄爪牙,图谋不轨。如此尖锐的讥讽怎能不令天祚帝及诸达官恼怒忌恨?文妃有姊妹3人,姊嫁耶律挞曷里,妹嫁耶律余睹,都是朝中大臣。秦王、鲁王之母是元妃萧氏,手握军权的北院枢密使萧奉先,就是元妃亲兄。萧奉先早想立亲甥秦王为皇嗣,但碍于晋王年长而贤,国人属望,无法可施。一日,耶律挞曷里妻过耶律余睹家,萧奉先瞅准了机会,派人告发驸马萧昱及余睹等谋立晋王,天祚帝不问究竟,即将萧昱、耶律挞曷里斩首,文妃赐死,晋王未预其事,不加追究。时“余睹在军中,闻之大惧,即率千余骑叛入金。”天祚帝派知溪王府事萧遐买、北府宰相萧德恭等前往追赶,诸将行至半途,相议说:“主上信箫奉先之言,而萧奉先却鄙视我辈。余睹系宗室豪俊,不肯屈居萧奉先之下,因而遭忌。今日若擒余睹,明日我们的结局都和余睹一样,不如纵之不追。”他们放跑了余睹,回来报告说追赶不及。萧奉先恐诸将日后效法余睹,便滥加萧遐买等赏爵,以收买人心。

金保大二年(1122),金军攻下中京,又占领泽州(今河北平泉南察汉城),天祚帝慌忙由燕京逃出居庸关(今北京市昌平西北云台),来到鸳鸯泊(今河北张北县西安固里淖),刚刚扎营,斥堠又报金人以耶律余睹为先锋杀奔而来,天祚帝顿时吓得六神无主,面如土色。萧奉先献计说:“余睹是帝王宗室,岂有亡辽之心?此次前来不过是为了拥立他的外甥晋王当皇帝而已。陛下若为社稷着想,何惜一子?倘能杀死晋王,余睹奸计不售,必然偃旗息鼓,返旆撤军。”天祚帝求活心切,又采纳了萧奉先的建议,但是敖卢斡深得人心,不忍无罪加诛,便命人缢杀。有人劝敖卢斡逃跑,敖卢斡说:“安忍为蕞尔之躯,而失臣子之大节。”遂就死。三军听说晋王无罪被杀,无不流涕,人心更加解体。余睹并不因晋王已死而罢手,带领金兵直攻天祚帝行在,天祚帝率五千骑兵逃往云中,一路上仓仓皇皇,如同丧家之犬,连传国玉玺都丢到了桑干河里。金兵穷追不舍,又攻陷云中,守将萧查剌率军民开门迎降,天祚帝"计不知所出,乘轻骑入夹山(今内蒙萨拉齐西北)"。他一路播迁,风尘仆仆,直到这时才知萧奉先是个奸臣,自己用人不明,才落到这步田地,大怒说:"你父子误国,一至于此,现在杀掉你,又于事无补。你平日积怨甚多,人心汹汹,都想杀你报怨,可速速投奔别处,不要再连累我。"萧奉先无言以对,下马痛哭,再拜而去。行未数里,部下哗变,绑了萧奉先父子送往金军营中。金人杀了萧奉先长子,押着萧奉先及其次子送给金主阿骨打发落,半途中又被辽军夺回,送往天祚帝处一并处死。萧奉先这个祸国殃民的奸佞,终于自食其果受到了应得的惩罚。

天祚帝自奔夹山,此时他已无力感召全国上下,所以下令无用,只有镇守燕京的耶律淳颇得人心,辅佐耶律淳的李处温与族弟处能、儿子李奭(shì,音式)、都统萧干以及耶律大石、左企弓、曹勇义、虞仲文等主张废天祚帝而立燕王,计议已定,在觐见燕王时,才告诉了丞相张琳。张琳摇摇头说:"摄政尚可,废立则不可行。"李处温说:"天心人意已定,岂可更改,请你立班朝见。"百官鹄立殿下,独张琳面有难色。既而燕王出阙,李奭手持皇帝穿的赭袍披于其身,喝令百官拜舞山呼。耶律淳事先并不知情,骤见黄袍加身,惊惧不已,再三辞谢,李处温等不允,只得即位,自称天锡皇帝,立妻萧氏为德妃,改元建福,降天祚帝为湘阴王,怨军改称常胜军。李处温等人积极劝进,本为飞黄腾达,这次都如愿以偿,燕王一一封赐官爵。当时天锡帝拥有燕、云、平等州及上京、辽西六路,天祚帝势力范围只有沙漠以北及西南、西北两路和边境地区的游牧民族而已。

燕王淳虽然即了帝位,但势单力薄,既不敢与天祚帝比肩,也不足与宋金抗衡。为了争取与国,便遣使至宋,请求免去岁币,两国结为盟好。宋徽宗以天祚帝尚在夹山,燕王不得擅立为由,拒由不纳;又派人奉表于金,乞求作为其附庸,金人则迁延不肯复命。天锡帝自辽天庆二年(1112)三月即位,即处于夹缝之中,忧心忡忡,心神交瘁,到了六月,便身染重疴,辗转病榻。听说天祚帝自夹山传檄至天德军(今内蒙呼和浩特市东)、朔(今山西朔县)、武(今山西五寨县)、应(今山西应县)等州,已聚集北方游牧民族精兵八万,定于八月进入燕京,立即召集南北面大臣商议对策。李处温、萧干等人认为应当"迎秦拒湘"。所谓湘,即被燕王降为湘阴王的天祚帝,所谓秦,即天祚帝次子秦王。他们认为,如果把秦王迎入燕京,天祚父子之间自然不会兵戎相见,燕京庶可保全。但是他们忘了,天祚帝既能因金人进攻而杀死亲子晋王,又岂会因为秦王在燕京而裹足不前?南面诸行都部署耶律宁反对说:“天祚如能复兴,则是气数未尽,岂能拒之?况且迎子而拒父,亦断无此理。”李处温以为妖言惑众,打算将他斩首,耶律淳倚枕长叹说:“这是忠臣之言,焉能杀他?天祚果真要来,我有死而已,还有什么面目相见?”其时北宋以童贯为宣抚使、蔡攸为副,领兵15万复燕云故地,童贯遣种师道率兵数万压辽境问罪。燕王遣耶律大石迎战,宋兵败退雄州(今河北雄县)。李处温之子奭素与宋将赵良嗣友善,密以帛书相赠答,打算兵败之后逃往宋朝。燕王病重时曾授李处温以都元帅之职,欲以身后事相托,但李处温看到燕王病体支离,不久于世,这个刚刚建国的小王朝犹如爝火萤光,国祚将尽,不肯再为燕王效忠。萧干与耶律大石以天锡帝名义召宰相侍疾,独李处温托疾不至,暗地里却聚集勇士,谎称奉密旨防他变。6月24日,耶律淳一病不起,身后无嗣,萧干拥契丹兵数千,宣言当立王妃萧氏为太后,权主军国事,立天祚次子秦王为帝,萧妃遂于柩前称制,改元德兴,众臣唯唯听命。

萧妃称制时,百官都来称贺,只有李处温一人未到。萧妃因为刚刚即位,四方多难,不便诛杀大臣,只追回李处温都元帅兵符。不久,有人上书告发他父子南面潜通童贯,阴谋挟持萧后纳土归宋;又北通于金,打算开门内应。萧后当面诘问,李处温分辩说:“我父子对燕王有策立之功,应当数世宽宥,不当因谗获罪。”萧后大怒说:“你父子误燕王、秦王,何功之有?”立即赐死,其子奭亦是巨恶元憝(duì,音对),凌迟处斩。籍没其家,得钱十万余贯,金银珠玉不计其数,都是当宰相以来搜刮的财产。

萧后虽为一国之主,但无术补天,挽救颓局。常胜军郭药师所部多为汉人,一向受到猜忌,忿而降宋。易州(今河北易县)守将高凤也向宋朝输诚纳款。萧后眼见社稷危殆,只得遣使向宋奉表称藩,但宋军不予理睬,直薄燕京城下谕降。多亏萧干拼死打败宋军,直追到涿水以北,局势才转危为安。谁知一波未平,一波又起,金兵于十一月占领奉圣州(今河北涿鹿),兵锋直指燕京。萧后五次上表于金,求立秦王,金人不许,只得硬着头皮坚守居庸关。阿骨打斩关夺隘,连下居庸关和燕京。萧后既已见拒于宋金二国,无计可施,便从古北口(今北京市密云东北)逃往天德军见天祚帝。天祚帝对燕王淳一腔怒气正无处发泄,忽见萧后自投罗网,不由分说便将她处死,然后下诏降已经作古的耶律淳为庶人。

此时，辽国统治阶级内部的纷争自残已经使国势危若累卵，天祚帝不想抵抗，只想逃跑，辽国已是日暮途穷，毫无希望了。

和辽国相反，金国则是上下一体，君臣和睦，显出一片蓬勃兴旺景象，旌旗所指，往往奏凯；大军所至，马到成功，接二连三攻陷了辽国东京、黄龙府（今吉林农安）等五十余城，占有辽东、长春两路，辽国在边地二十余城所储粮草，陈陈相因，堆积如山，也都为金人所得。

亡命皇如丧家犬

自从耶律余睹降金之后，金国完全清楚了延禧的虚实，耶律余睹又反戈一击，成了引导金兵攻辽的先锋。从此，金兵南下西进，似风卷残云一般把延禧赶得四处逃命。

保大二年（1122）正月，金兵以耶律余睹为先锋攻占辽的中京大定府。刚刚从中京逃到燕京的延禧得到这个战报极为恐惧，连忙留下宰相张琳、李处温等人与耶律淳同守燕京，自己仓皇向西京大同府（今山西大同）跑去。延禧的脚刚刚迈进西京，萧查剌就开门投降了金兵。金兵在延禧屁股后面紧追不舍，延禧被赶得屁滚尿流，一片狼狈，随身带的金银财宝，甚至连跑不动的小女儿全都撇下不顾了，多亏他那日行三五百里的骏马帮忙，他才没被金兵追上。

保大二年（1122）五月，西夏国王李乾顺派人请延禧前往西夏，延禧答应，中军都统耶律敌烈等人苦谏，延禧不听，径直渡过黄河，驻扎到了金肃军（内蒙古伊克昭盟准格尔旗西北）以北，先遣使封李乾顺为夏国皇帝。后来，延禧听说金人已寄给李乾顺书信，以割给辽的土地为条件令他捉住延禧，吓得不敢再去，十月就又渡河返回，住到突吕不部中。保天四年（1124）正月，延禧向东到了耶律马哥军中，突遇金兵来袭，他弃营北逃，耶律马哥被俘。谟葛失派人来迎，献上几只马、驼、羊，已有好几天没吃上东西的延禧等人才算有了果腹之物。数日过去，羊又吃光了，没奈何，只好脱下衣服向沿途百姓换吃的。好不容易走到乌古敌烈部才安定下来。这时，耶律大石也从金兵营中逃归，还带来 7 000 人马，这支队伍的出现仿佛给延禧注射了一齐强心针，同时谟葛失的部族也愿受他调遣，他以为这是“天助中兴”，再次头脑发昏地要出兵收复燕、云。

延禧强率诸军从夹山出兵，南下武州（山西王寨），在奄曷下水（山西大同西北）与金兵相遇，诸军大溃。延禧再次逃回夹山，士兵丢了个精光，将领们也纷纷投降金兵去了。这时，宋徽宗派出一个番僧拿着御笔绢书来找延禧，说是宋徽宗想接迎延禧去宋朝，延禧大喜，当即答应前往，他仔细想想，觉着宋朝自身难保，就打消了去宋的念头，逃到山阴。

在山阴，跟着延禧身边的总共不到 4 000 户，步骑兵万余人，而他仍然不想想自己是在流亡的困境之中，濒临末日，依旧荒淫恣纵，毫不收敛。他的后妃早已成为金兵的俘虏，这时他于是就霸占了突不吕部人讹哥的妻子，把讹哥封为本部节度使。种种无耻行径引起了从行诸人的愤慨，有人策划举兵造反，被护卫军太保萧术者镇压。

金保大五年(1123)四月，金将斡鲁袭天祚于阴山(今内蒙中部东西走向的大山)，在居庸关俘获耶律大石，将至青冢(今内蒙呼和浩特市南昭君坟侧)，遇泥泞不能前进，金兵以绳索缚绑大石为向导，直趋天祚帝大营。天祚帝已逃往应州，其子秦王、许王及诸妃并从臣皆为金人所俘，损失辎重万余乘，只有太保特母哥簇拥天祚次子梁王雅里及长女特里见天祚帝。天祚帝听说金兵押解辎重东行，便于半路邀击，又被打败，无奈之中使人持急纽金印诈降。金人哈以石重贵(五代时后晋出帝)北迁故事，天祚帝则请求列为附庸，金人不许。而后天祚帝又渡过黄河，向西夏进发。耶律敌烈乃夜劫梁王雅里北奔，行至沙岭(今河北宣化西)，拥立为帝，改元神历，但为时不久，雅里便染疾不起。金人谍知天祚帝西逃，便通知夏国，如执天祚帝送金，当割下寨以北，阴山以南的辽地相报。西夏在权衡了利弊得失后，答复金国说，愿以事辽之礼称藩于金，且遣使往受其地。其时阿骨打已病殁军中，由其弟吴乞买继位，即历史上的金太宗。

西夏既已臣服于金，天祚帝当然不能前往，便又渡过黄河东去，俨若釜底游魂，漂泊无依。半路上遇见了从营中逃出的耶律大石，天祚责问他说："有我在，你怎么敢立耶律淳?"大石回答说："陛下以全国之势，不能拒敌、弃国远遁，使黎民涂炭。即立十淳，皆太祖子孙，岂不胜乞命于他人耶?"天祚帝语塞，只好作罢。天祚帝与大石合兵，恰巧辽的属国阴山室韦鞑靼失部也遣使来迎，天祚帝说这是天意助他复国，打算再次出兵收复燕云失地。大石进谏说："向以全师不谋战备，以至举国汉地皆为金人所有。今国势微弱至此而力求战，非得计也。当养兵待时而动，不可轻举。"大石对形势的分析切中腠理，无奈何天祚帝复国心切，屏而不纳。大石知辽国气数已尽，不甘心与天祚帝同归于亡，遂杀掉北院枢密使萧乙薛、坡里括等，自立为王，置北南面官属，率部西去，重建辽朝，史称西辽，后来为蒙古人所灭。

金天会二年(1124)冬，天祚帝不顾群臣谏阻，率兵自夹山出击，占领了天德、东胜(今内蒙古托克托县)等州,但在武州猝遇金兵,原来金兵知天祚帝必于此地经过,已设伏等候多时,故顷刻之间痛遭惨败。亡国逃命的皇帝如丧家之犬一样四处奔窜,且处处被打。

俘沦金国囚 降封海滨王

保大五年(1125)正月,党项族酋长小斛禄遣人请延禧前往,延禧就经过沙漠西行,途中忽然与金兵遭遇,延禧徒步逃出,随从拿出珠帽让他戴上,他怕被金兵认出,不敢戴,又乘上张仁贵的马才得以逃脱,跟着他的只有萧术者等十几个卫士了。过天德军之后,好容易在路边见到一户人家,延禧想打尖住个宿,不想百姓认出,跪在延禧面前痛哭失声,延禧见他如此忠心,很受感动,悲从中来,封他为节度使。在这户人家住了几天,延禧又上路了。哪知道他们在雪地上留下的踪迹恰好给尾追的金兵提供了线索。二月,当延禧逃到应州新城东60里的地方时,被金将完颜娄室擒俘。

八月,金太宗吴乞买降封延禧为海滨王,押送到长白山东筑室居住。延禧被囚禁了一年之后病死,终年54岁。葬乾陵旁。

至此,立国达219年(919~1125)的辽朝灭亡。除了在西方即位的耶律大石以外,耶律氏在内地已经没有任何统治的据点了。

辽天祚帝继承先祖大业,未能励精图治。相反他却放浪曲糵(niè,音聂。酒),畋猎不辍,弄得政事俱废,加上"嬖(bì,音避)幸用事,委任非人","既丁末运,又觖(jué,音抉。失去)人望,崇信奸回,自椓(zuó,音啄。打击)国本,天下离心",导致宋金兴师讨伐,终于断送了辽朝江山。

胡儿受宠,渔阳鼙鼓

"安史之乱"长达八年。所有的"贞观之治"、"开元盛世"都在一个胡儿惊天动地的号角声中灰飞烟灭……养虎遗患,玄宗自引虎狼进门,终遭其噬……一个胡儿,改写了大唐盛世,而中国却再没有出现第二个"大唐盛世"。从某种意义上说,安禄山毁掉了中国的繁荣。

塞北胡儿

安禄山,祖籍营州柳城,胡人,他尚在母亲怀中时父亲为突厥人所杀。

开元二十四年(736),安禄山奉命进攻奚、契丹军。他恃勇冒进,不料奚、契丹摸清了安禄山作战的规律,集中兵力将其击败,致使唐军损失惨重。张守珪按军法奏请将他斩首,临行刑时,安禄山大呼:“大夫(指张守珪)不想消灭奚和契丹吗?那为什么还要杀安禄山?”张守珪十分爱惜手下的将领,听了安禄山的呼喊,不忍再杀他,但皇帝已经批准了他的奏请,又不能不杀,这让他十分为难。后来他干脆将安禄山押送京师,让皇帝自己看着办吧,或许能够使安禄山获得一条生路。果然唐玄宗见了安禄山后,十分喜爱他的骁勇,想要赦免他。当时的宰相张九龄不同意,极力主张杀掉安禄山,他对唐玄宗说:“安禄山违反军规,招致兵败,按律不能不杀。”还说:“我看安禄山相貌奇特,带有犯上作乱的样,不杀掉他必成后患。”然而唐玄宗固执己见,最终安禄山被免一死,只是罢了官职,让其戴罪立功。安禄山死里逃生,而这对安禄山来说太重要了。此时如果一刀下去,岂有后来的大兵变、大战乱?

安禄山满腹心机,性情乖巧,善于讨好,因而得到许多人的称赞。他从各方面了解朝中官员们的情况,因人而异,投其所好,采取各种办法满足他们的要求,以求得他们能在朝中为自己说好话。

时逢朝廷派御史中丞张利贞为探访史探访河北,此人有两大爱好,银子和美女。安禄山听说他来了,顿时决定借他张利贞开始往上爬。

张利贞刚到河北,安禄山亲自去拜访他,“张御史,你为了朝廷大业不辞辛劳,这种精神让下官感动不已。为表敬意,特备薄礼,祈望张御史笑纳。”

安禄山一招手,便走过了三个美女,乃汉族、契丹、匈奴中的绝色女子,每人手上都托着白花花的银子。张利贞一见,两眼放光,口水都流下来了:“安大人,何必多礼,兄弟同为朝廷命官,怎能徇私情呢?这些还是请你带回去吧。我可不敢收这样厚礼。”

“张御史,听说皇上派你来探访河北有无朝廷可提拔之才。小弟不才,想托张大人在圣上面前替兄弟我美言几句,兄弟就不胜感激了。所以这点礼还是请你收下。”安禄山道。

“好说,好说。依我看,安兄一表人才,将来必是国之栋梁,早就听说你屡建战功,尤其会抓俘虏。所以,安大人就是不来,我回去后也会向皇上举荐的。既然你一片热情,我就收下了。来人啊,将人带到后面去。”张利贞道。

安禄山还将张利贞的左右人员也用重金收买,于是张利贞回朝后,在玄宗面前对安禄山大加赞扬,唐玄宗知道他的为人,对他的话不大相信,又问他的左右人员,都说安禄山如何如何有才干,将来必是顶天立地的栋梁。玄宗于是下诏:

提拔安禄山为营州都督、平卢军使、顺化州刺史。

天宝元年，唐朝将平卢升格为节度，以安禄山为节度使、柳城太守，同时任两藩、渤海、黑水四府经略使。在讨好朝中诸臣的同时候，安禄山当然更要百般讨好当朝的皇帝。据说，安禄山十分肥胖，腹垂过膝，自称腹重300斤。他进京朝见皇帝时，中途必须换一次马，否则马就要被压坏。驿站为安禄山准备坐骑时，要用五石土装试过，能驮得起的，方可乘用。因为安禄山的肚子太大，人们要在马鞍前边再加一个小鞍，以承担他的肚子。有一次唐玄宗指着安禄山的大肚子开玩笑说："此胡腹中何所有？其大乃尔！"安禄山立即回奏道："更无余物，正有忠心耳！"玄宗听了十分高兴，龙颜大悦。安禄山十分肥胖，行动却十分敏捷。为了讨唐玄宗喜欢，在参加宴会时常跳"胡旋舞"，据说是旋飞自如，"其疾如风"，让人惊讶不已。安禄山经常对唐玄宗说："臣蕃戎贱臣，受主宠荣过甚，臣无异才为陛下用，愿以此身为陛下死。"唐玄宗听了自然十分满意。一次，唐玄宗叫安禄山拜见太子李亨。安禄山见了李亨却不下拜。宗玄宗问他为什么不拜见，安禄山说："我是胡人，不熟悉朝中的礼仪，不知道太子是什么官。"唐玄宗笑着说："朕千秋万岁之后，代朕而为天子的就是太子，岂能用官爵来论？"安禄山赶紧说："以臣之愚，认为臣等应当尽忠报效的除陛下外，不知还有他人，所以冒犯了太子。"其实安禄山此时全然是在装傻，他并非不知太子是什么。他不但知道太子，还知道唐玄宗并不怎么满意这位太子，处处对太子李亨加以制约，使他没有任何政治势力，在这种背景下他认为冒犯太子不会对自己造成什么危害，或许还可以表现出对唐玄宗的忠心，所以他故意做出一副愚不可及的样子。果然，唐玄宗不仅没责备他，还对太子说："此人质朴诚实，很是可爱啊！"安禄山对太子可以表示不敬，对唐玄宗无比宠爱的杨玉环，他就不这样做了。他知道杨玉环宠冠六宫，令唐玄宗无比迷恋，对唐玄宗的影响也十分大，所以他先是请求做杨玉环的养儿，这样一来，他就在认杨玉环为养母的同时，也就以唐玄宗为养父了。虽然他的年龄比杨玉环大得多，为了其中的政治利益，也就顾不了那么多了。然后，他又故意在拜见唐玄宗和杨玉环的时候，先拜杨玉环，再拜唐玄宗。

"噫，奇怪了，你为什么先拜贵妃后拜我呢？有什么讲究吗？"玄宗怪道。

"义父有所不知。在我们胡人，都认母亲为大，因为她生我身，父亲次之。如果在朝廷上，那一定要先叩见皇上了。这就是区别。"安禄山答道。身为唐王朝得宠将领的安禄山不是不懂唐王朝的礼仪，他用少数民族的风俗来替代，完全是为了通过讨好杨玉环来赢得唐玄宗的欢心。两次拜见，两种态度，一个目的，都收到了预期的效果,安禄山的狡猾由此可见一斑。

一个少妇,养了一个年纪与她相当的壮汉做干儿子,在外人看来,简直是不可思议的事,尤其又是天下第一受宠的杨玉环所为,更让人吃惊不小。但在宫中人的眼中,却见怪不怪,因为他们看到这样的事太多了,宫里还有比这更加荒唐可笑的事呢!

安禄山"洗三"那天,唐玄宗了为表示对贵妃的宠幸,也是为了对安禄山表示恩宠,在宫中张灯结彩,邀文武百官前去观赏。仪式极其隆重,贵妃娘娘亲手用各种绸缎将安禄山里三层外三层地裹成了个大粽子一般,俨然把他看成是一个刚出生 3 天的婴儿。只是安禄山大腹便便,足足有 350 斤重,叫贵妃娘娘为难的是怎样才能将他抱起来,无奈,只好命几十名宫女用一台大轿抬着,在宫里前后游行,贵妃娘娘跟在后笑个不停。

安禄山为了讨好杨贵妃,可以说是用尽了一切办法,他要让贵妃时时刻刻都记着他。他知道杨贵妃喜欢洗温泉,便为她大加装修,从范阳运来石龙、石鱼、石凫、石雁、石莲花,把华清池弄得富丽堂皇,雕刻精美,巧夺天工。所以贵妃在沐浴时,一见到这些东西就对他有好感,就想起她的干儿子来。他每次从范阳来朝觐时,骆驼队长而又长,不仅带来细马奴婢、珠宝、玉石,还为贵妃特意带来她所喜欢的媚玉箫管,用意很清楚,让贵妃吹着它,也想着他。

唐玄宗见安禄山对干娘这么孝顺,心里十分高兴,他不知道安禄山是投其所好,知道玄宗对贵妃恩宠有加,便对贵妃大加尽心服侍,这比对玄宗尽孝心还有效。玄宗不仅要独占杨贵妃,还要别的人对杨贵妃也嫉妒,以之为天人,这样才能显出他的优势,以满足他那男人的虚荣心。他为保证安禄山的安全,特赐安禄山一面金牌,专门用在别人劝酒时可以拒饮,以防中毒,可见安禄山如何受到重视。

安禄山通过各种方式换取唐玄宗的信任,唐玄宗对安禄山则关怀备至,对其衣、食、住、行方面,给予厚待。安禄山在朝时,唐玄宗食有珍品,必不忘安禄山,众大臣无人能有这种荣耀。本来安禄山在长安有一处府第,唐玄宗嫌它简陋,另选地方,从御库里拿出钱,为他修建新的住宅。唐玄宗要求新建的房室"穷极华丽,不限财物"。后来建成的安禄山府第果然极其富丽堂皇,连厨房内的器皿也以金银制作,豪华不亚于皇宫。正式落成的那天,安禄山大摆宴席,要百官都来赴宴。宰相原来想要陪唐玄宗鞠击的,也取消了那边的游戏,前来赴宴。在生活上给予特殊关照的同时,唐玄宗还从政治上抬高安禄山的声望。有一次在兴庆宫勤政楼设宴群臣，百官列坐楼下，唐玄宗独为安禄山在御座的东间特设金鸡屏障，安排了一个坐席，还命卷起垂帘以示荣宠。太子李享对这种情形实在看不下去，向唐玄宗进说："自古正殿，无人臣坐之礼，陛下宠之太甚，必将骄也。"对此唐玄宗充耳不闻。唐玄宗是一个自以为十分聪明的人，他之所以把安禄山捧得这么高，完全是出于他的统治的需要。他惯于在大臣将领中间搞平衡，让他们相互牵制，彼此削弱力量，借以驾驭群臣。安禄山的拙劣的奉承，安禄山的谎报军情，他不是一点不知道，但他觉得安禄山头脑简单，并且忠于自己，何不借这个胡儿来对外抵御奚、契丹，对内威慑群臣，作为一个得力工具用。如果说唐玄宗失算的话，恐怕是失算在过分相信自己的手腕，低看了安禄山的野心。有记载说，一次安禄山在夜宴时，喝得烂醉如泥，呼呼大睡，现出了异象。有人去报告唐玄宗，说看见安禄山变成了一龙首黑猪。唐玄宗并不在意，笑着说："猪龙也，无能为者。"这事听起来虽然荒诞不经，但从这传说中却透露出唐玄宗不便告人的内心秘密，他一直认为安禄山无什么能量，一个边地胡儿能掀起什么大浪？给他再多的恩宠，只能是使他更感激自己，效忠自己，绝构不成对自己统治的威胁。通过给"无能"的安禄山加官晋爵，抬高他的地位，还可以打击那些权力过大的朝中重臣。唐玄宗想得很妙，然而他没想到，他喂养的不是一只笨猪，而是一只贪婪的虎。天宝九年(750)，安禄山被赐封东平郡王，这是唐王朝极少给予将帅的最高荣誉。到天宝十年，安禄山又居然一人担任了三镇(范阳、平卢、河东)节度使，又兼河北道采访处置使，其管辖范围内的一切事务，如刑赏、财赋、乃至官吏的任免，皆由他垄断专制，其势力迅速增长，成为独霸一方的人物。虽然如此，安禄山此刻还不敢有何叛逆的意图，因为他的政治野心还没有完全膨胀起来，对唐王朝还不敢轻视 。

安禄山因受到唐玄宗的无比恩宠，慢慢地就不把朝中大臣放在眼里了，一反未发迹时那种毕恭毕敬的样子，目空一切，对人傲慢无礼。

时逢李林甫为相，大权在握，他对一些不懂武艺为何物的文臣们，还因为屡立战功而加官晋爵颇感不满，他们当官后不思进取，整天勾心斗角，而且时不时在玄宗面前说自己一些坏话，便上奏折，请皇上对那些镇守边防的将领要大加提拔。正好河北黜陟使席豫被安禄山贿赂，在玄宗面前又推举安禄山，于是，玄宗对安禄山更加宠幸有加，封他为御史大夫，封其妻为夫人。

李林甫见安禄山很是得意，自以为是皇帝的大红人而想和李林甫同起平坐，而当朝所有官员没有这样大胆的,唯独安禄山例外,和李林甫称兄道弟,所以,李林甫想找个机会让他清醒清醒。

一日,李林甫约安禄山和另外一个也是御史大夫的王鉷同去李府。那王鉷一见李宰相,身子骨马上矮了一尺,浑身发抖,一句话也讲不出来。安禄山见状,也猛然惊觉,已是汗流浃背,从此对李林甫敬之若神,并且称之为“十郎”,以示尊重。每当他在京城刺探情报的刘骆谷回来向他汇报时,安一定首先问:“十郎近来怎么样?对我有什么评价?”如有好语则平安无事,如稍有马虎,安禄山必定要说:“看来我离死期不远了。”安禄山惧怕李林甫之状,溢于言表。

由于李林甫手段高明,对安禄山恩威并重,既不断扶植他,又严密控制他,让他不敢胡作非为,轻举妄动,所以还不至于出大问题。但依靠不正的心术治人的人,最终的结果往往与他当初的愿望相背。安禄山因李林甫比自己狡猾阴险,手段高明,而不得不俯首帖耳,甘受其支使,可这违心的举动能长久持续下去吗?一旦李林甫失势或死去,安禄山如同解除了绳索,能够安分吗?

窥视

唐玄宗对安禄山的一味恩宠,造成了安禄山权势极盛的局面。

安禄山开始积蓄力量,以谋天下。他在范阳城北又筑起了一座城,号为雄武城,养兵积粮,将各少数民族的士兵、马匹、粮食都大量收归,又招募了一些有识之士如张通儒、李廷坚、平冽、李史鱼、独孤问俗为谋士,以阿史那承庆、安太清、安守忠、李归仁、孙孝哲、蔡希德、牛廷玠、向润客、高邈、李钦凑、李立节、崔干祐、尹子奇、何千年、武令徇、能元皓、田承嗣、田乾真为将领。他设计骗杀了契丹的很多酋长,将首级挂在城门上示威,借以服众。

对此唐玄宗后来也有所察觉,只是安禄山羽翼已丰,他即使想改变,也觉得心有余而力不足了。权臣弄权,强将握兵,李家天子实际上已被架空。这时的唐玄宗已年届古稀,初即天子位时的豪情与才智已荡然无存了,他只能以一种虚假的幻想来安慰自己:自己用恩宠喂养起来的人,不会与自己为难。只需能平安度过晚年,以后的事随它去吧。然而,事态的发展不是以人的意志为转移的,养虎为患,虎大伤人,这是无法回避的结果。

促使安禄山举起叛旗的,除其自身力量的不断壮大外,还有接替李林甫相位的杨国忠的作用。天宝十一年十一月,李林甫在临潼因病死去。依靠杨玉环飞黄腾达的杨国忠当上了宰相。杨国忠志大才疏,专横霸道,一副暴发户的模样。

他结党营私,清除异己,“顺杨者昌,逆杨者亡”,形成自己庞大的势力网。对于安禄山,杨国忠最初也是想收为己用的,极力拉拢过。但是杨国忠的威望和手腕无法与李林甫相比,所以安禄山可以因害怕李林甫而为其所用,却不会臣服于平庸骄横的杨国忠。

安禄山从长安回到范阳以后,叛乱的决心已定,进入紧急部署阶段。

天宝十四年(755)二月,安禄山派副将何千年入朝,奏请以番将32人代替汉将。执迷不悟的唐玄宗立刻派内侍监袁思艺叫中书省起草命令,填写告身。当时杨国忠和韦见素都在中书省,杨国忠见韦见素满脸忧愁的样子,就问道:“你愁什么?”韦见素说:“安禄山之心,路人皆知。现在又要用番将代替汉将,证明他很快就要作乱了,你我处在这个地位,能不愁吗?”杨国忠沉默了很长时间,才说:“凡事都由皇上作主,我们又能做什么呢?”次日,两位宰相一同去见唐玄宗。他们还没有来得及开口,唐玄宗直截了当的问道:“你们是不是有怀疑安禄山的意思啊?”韦见素再三陈述安禄山谋反,可玄宗只是板着脸,不置一词。

同年三月,唐玄宗派给事中裴士淹宣慰河北,意在侦察安禄山举动。

四月,安禄山为了麻痹唐玄宗,上奏打败奚、契丹。

与此同时,杨国忠加紧搜求安禄山谋反的罪证。他派门客蹇昂、何盈做暗探,严密监视禄山在长安的私宅。并矫称唐玄宗圣旨,命京北尹派人包围安禄山住宅,进行搜查,拘捕了安禄山的门客李起(一作李超)、安岱、李方来等,送御史台秘密处死。然而在军事上,杨国忠没有采取任何有效措施,以制止或防御安禄山的谋叛。

当时安禄山的儿子安庆宗尚荣义郡主,住在京师,便将朝廷中发生的事密报其父。安禄山闻听大怒,叫严庄上表申辩,且指斥杨国忠罪状20余事。唐玄宗惧怕安禄山立即生变,只得将责任归咎于京兆尹,又作了一次让步。

同年六月,安禄山的儿子安庆宗与荣义郡主成婚,唐玄宗亲手写诏书命安禄山入京观礼。安禄山推托有病不来。

七月,安禄山表请献马3 000匹,每匹马派两名士兵护送,并派番将22人带队。突袭京师的险恶用心已昭然若揭。也就在这个时候,辅璆琳受贿之事被人告发,唐玄宗借祭龙堂,派他去准备供品,用“不虔诚”的罪名叫左右把他乱棍打死,这才意识到安禄山确有叛乱之心。

面对安禄山的请求,唐玄宗采纳了河南尹达奚珣的建议,亲自起草诏书,大意说献马宜等冬天,由朝廷调拨马夫,不必派本军将座护送。最后还对安禄山说："朕新给你建筑了一个温泉池子，十月份在华清宫等着你。"宦官冯神威到范阳宣读圣旨时，安禄山在床上只微微抬起一点身子，冷淡地说："圣人安好?"又说："马不献也行，我十月份一定到京城!"说完，马上叫左右领冯神威去馆舍，并派武士严加看守，冯神威吓得要死。几天后，安禄山叫他回去，连回表都没有写。冯神威回到长安，哭着对唐玄宗说："臣差点见不到陛下!"

同年十月，麻木不仁的唐玄宗还没有意识到大难临头，照例携杨贵妃到华清宫去避寒。

安禄山叛乱的蓄谋已久，进行了周密的战略部署。首先，隐蔽造反意图，扬言奉旨诛杀杨国忠。长时间以来，安禄山独与亲信严庄、高尚、阿史那承庆 3 人密谋，其他将领浑然不觉，至少不知道真正意图。天宝十四年(755)八、九、十月份，屡飨士卒，秣马厉兵。直至起兵前几日，安禄山才召集诸将说明起兵事宜，研究从范阳至洛阳的山川地形及进军路线。对众将说："奉事官胡逸从京城赶回，带来密旨，命我带兵入朝，平定祸乱，大家不要奇怪。"所谓平祸乱，指的就是诛灭宰相杨国忠。伪造密旨，打出诛杀杨国忠的旗号，是安禄山突然发动叛乱的一个策略。

其次，加强后方留守，保障主力南下。安禄山特命范阳节度副使贾循守范阳，平卢节度副使吕知诲守平卢，别将高秀岩守大同。这些地方均是安禄山的根据地，是大部分将士的家乡所在地，后方不稳，必然会动摇军心。

第三，采用"声西击东"的战术。起兵之前，安禄山派遣将军何千年、高邈等率轻骑二十名，声言献射生手，乘驿赶太原，预定起兵后次日到达，劫持北京(太原)副留守。目的是造成假象：似乎安禄山要向西进取太原，然后沿唐高祖李渊当年走过的路线，夺取关中。为范阳起兵并南下夺取洛阳而施放烟幕弹。这是颇具战略意义的一着。

叛乱

在做好充分准备的前提下，安禄山调集主力队伍，正式发动了叛乱。天宝十四载(755)十月初八，安禄山所属队伍及同罗、奚、契丹、室韦等部族兵全部调集，共 15 万人，号称 20 万。初九早晨，安禄山在蓟城南进行了大规模的阅兵式，打出讨伐杨国忠的旗号，引兵南下。

安禄山起兵时，燕地的一位老者拦住他的马，进谏道："安大人这样做不知要有多少的黎民百姓受战火之苦，你还是收兵休战吧!"

安禄山道："老人家，我们的国家现在已经到了危及存亡的时刻，我们作为一个臣民，岂能坐视其亡而无动于衷。所以，我起兵也是为了百姓的安危着想，您还是回去吧。"

随后下令："以后如果还有人如这老头一样泄我军士气者，一律诛杀三族！"

安禄山谋反历时十几年了，凡投降的藩夷都给以恩惠，凡愿意者可留在他的军队中，安禄山懂得他们的语言，经常来安慰他们，所以士兵们打仗时勇往直前。其中，以高邈最有计谋，劝安禄山收李光弼，安不听。何千年也劝安禄山命高秀岩率兵三万人从振武出发，下朔方，夺取盐、夏、鄜、坊，让李归仁，张通儒率兵两万人取道云中，取太原，劝安禄山自己率领五万人马向东打到淄、青。可惜，这些计策都没被安禄山采纳。

安禄山发动兵变的消息，经过 7 天才到达临潼。唐玄宗接到急报，开始时居然不愿相信，希望是与安禄山做对的人假传的。可是事实是残酷无情的，顿时朝廷一片恐慌。只有杨国忠洋洋得意，他认为自己高明，也庆幸自己的对头终于被扳倒了。他不对形势深入分析，就轻率地对唐玄宗夸口说："如今真正想反叛的只有安禄山一个人，将士们都是被逼迫的。不出十天半个月，安禄山的首级一定会被送来。"唐玄宗当然希望叛乱早日结束，所以也同意杨国忠的分析。

十六日(辛未)，唐玄宗在华清宫召见安西节度使封常清，商讨应敌方案。见唐玄宗一副忧愁的样子，封常清夸口说："安禄山率领十万凶徒，直犯中原。因为长期太平，老百姓没有见过战争，所以都望风怕贼。请派我走马到东京，开府库，募骁勇，挑马鞭渡黄河，很快就能把逆贼的首级拿来挂在宫门下！"唐玄宗听了很高兴，立刻任命封常清为范阳、平卢节度使。封常清当天就乘驿赴东京洛阳，招募队伍，作守御准备。如果说杨国忠是根本不懂军事，一派狂言，封常清却是颇有战功的重要将领，也如此轻狂，只能显示出唐王朝既对这场兵变缺乏必要的了解，又对其重视不够，以如此的精神状态去迎敌，没有不失败的。果然，封常清奉旨带领匆忙中募集的 6 万人赶赴东京洛阳后，与安禄山第一次交手，就大败而逃。再战，又败，洛阳落入安禄山之手。安禄山从起兵到占领洛阳仅用了短短的 34 天时间。这中间几乎没遇到什么大的抵抗。唐王朝的官兵久不闻战争的号角了，已没有什么战斗力，遇到剽悍的胡骑，或逃之夭夭，或一触即溃，令安禄山一路望风披靡，如入无人之境。形势到了如此险恶的地步，大出唐玄宗所料。他急忙调兵遣将，从几路安排兵马迎击安禄山。关键时刻唐玄宗启用了西北军镇的两位著名将领郭子仪和李光弼，他们富于韬略，作战经验丰富，智勇双全，后来成为唐王朝平定安史之乱的主要军事指挥者。郭子仪与李光弼统帅北路唐军东下河北，袭击安禄山的后路，封常清退到潼关，与前来增援的高仙芝据守潼关作为东路，阻止安禄山的攻势。经过最初的溃败，唐军开始稳住阵脚，并在局部地区开始了战略进攻。

在安禄山的叛军蹂躏中原大地时，当地官民自发地组织起来，对安禄山叛军进行了艰苦而顽强的抗击，其中影响最大的是河北地区常山颜杲卿与平原颜真卿兄弟所领导的。常山太守颜杲卿在安禄山的军队到达时，迫于形势，不得已假降了安禄山。安禄山让颜杲卿仍守常山，并赐给他金紫鱼袋，以笼络其心。颜杲卿将金紫鱼袋佩在官服上，对常山长史袁履谦说："你知道我为什么带它吗？"袁履谦心领神会，两人都下决心。郭子仪领兵由北面进击安禄山叛军时，颜杲卿趁机响应。他利用计谋擒获了安禄山的大将高邈、何千年。又派人四处宣传唐王朝大军将至，及早反者有赏，否则诛之不赦。于是，河北诸郡纷纷行动，有十几郡回归朝廷，安禄山能控制的仅剩五六个郡。颜杲卿在常山的举动，使安禄山惶恐不安，它直接动摇了安禄山的后方根据地，使其老巢有被南颠覆的危险。面对局势的这一严重变化，他本来正率兵攻打潼关，也不得不撤兵而还，全力消除常山这一心腹之患。在数倍于己的叛军的攻打下，颜杲卿苦战数日，最后城破被俘。

平原太守颜真卿是唐代著名书法家。他早就对安禄山的野心有所察觉，因而在平原加固城防，招募壮丁，屯集粮食，以备事变。当安禄山起兵时，平原郡已具备了顽强抵抗的能力，成为河北抗击叛军的一面旗帜。河北各地分散的抵抗力量，纷纷聚集到颜真卿的大旗下，共他为盟主。谁能想到，一介书生颜真卿，这时竟成了沦陷区抵抗安禄山叛军的中流砥柱。

沈阳、陕郡沦陷之后，战场形势发生了微妙的变化。天宝十五年(756)六月以前，近半年里，唐军和叛军处于暂时对峙局面。天宝十五载正月初一，安禄山在洛阳登上皇帝宝座，自称"雄武皇帝"，国号"大燕"改元"圣武"。很显然，夺取天下是安禄山反叛的真实目的。实现了个人的政治野心，安禄山在思想上开始懈怠，整日深居于雄伟宫阙，沉溺于酒乐歌舞，往昔勇猛进击的锐气逐渐消失。属下将士也都忙于烧杀掠夺，把获得的子女、金帛、宝货统统运往范阳，内部纷争与不和也随之出现。从战略形势上看，安禄山已由进攻转入保守，集中精力巩固河南、河北地区，只派小股力量抄掠潼关。这就使唐廷获得喘息的机会，以加强东线的防御力量。

郭子仪领朔方节度使，率军进驻振武军(今内蒙古和林格尔西北)，击败安禄山大同军使高秀岩，乘胜攻克静边军（今山西右玉），继而夺取马邑（今山西朔县东北），打开了战略要地东陉关（今山西代县东）。

与河北各地军民自发的抗击叛军的战斗遥相呼应，李光弼带兵进入河北战场。当时留守河北的叛军主将是史思明，安史之乱的第二号魁首。双方在常山进行了一场大战。李光弼先以守为攻，令弓箭手给敌人以重创后，再主动出击，挫败了史思明。初战告捷，大大鼓舞了唐军的士气，也激励了各地抵抗力量。后来，郭子仪、李光弼又与史思明大战于嘉山，大获全胜，斩首4万级，俘获千余人。史思明在溃逃中狼狈地跌下马来，披发赤足，拖着断枪，直至傍晚才逃归军营。此仗大大动摇了叛军的军心，人人自危。安禄山向前攻不下潼关，向后的退路又被切断，进退两难。惊慌失措的他大骂自己的谋臣，怨他们叫自己起兵，以至落到今天的境地。他甚至想放弃洛阳，回到自己的老巢范阳，另谋出路。

几天后，田乾真从潼关来劝安禄山："自古开国兴业，凡成其大事者，哪一个不是在战斗中有胜有负，胜负乃兵家之常事，哪有一次战斗就成功了的事。现在四方敌兵虽多，但都不是我们的对手。即使这次大事不成功，我们还有兵力数万人，还可以横行天下，至少可以做一个长久的十年计划。而高尚、严庄等为我们开国的元勋，陛下还要赶他们走呢？这样一来，您不是更加危险了吗？"

安禄山道："阿浩，除了你外，谁还能让我醒悟呢？"

在广大支持唐王朝的军民的努力下，全国的形势迅速向着有利于唐王朝的方面转化，一场大兵变有可能被逐步扑灭，胜利的前景已经出现。然而，历史有时要出现反复，有利的形势会骤然向不利转变，尤其是唐王朝的决策者出现严重失误时，更为安禄山提供了再度猖狂的机会，使千万军民浴血奋战得来的大好形势付诸东流。

洛阳的失陷，使唐王朝的一些官员从盲目轻敌的状态中清醒过来，开始分析形势，制定策略。封常清、高仙芝退守潼关后，采取闭关固守的策略，以此阻挡安禄山的进攻，保卫京师的安全。从此时的情况看，据守潼关的唐军战斗力无法与安禄山的叛军相比。唐军中的绝大多数军士是战事发生后临时从京师招募来的市井游手好闲之徒，如封常清给唐玄宗的奏章中所言："臣所将之兵，皆是乌合之众，素未训习。"而攻打潼关的却是安禄山的精锐主力，所向披靡，士气正旺。因而唐军据险固守是正确的。而唐玄宗却不同意固守，他希望立刻就看到安禄山的灭亡。他既不了解前线的真实情况，又不听取主要将领的意见，一意孤行。听信谗言，杀了大将封常清、高仙芝，让在长安家中瘫痪卧床有十个月之久的河西、陇右节度使哥舒翰去坐镇潼关。

到达潼关后，哥舒翰抓了军队的整顿，增强了部队的战斗力，并继续采取只守不出的战略方针。正月十一日，安禄山派遣儿安庆绪攻打潼关，哥舒翰打退了进攻，但没有轻敌而出关追击。敌将崔乾祐驻军陕城，田乾真进兵关下，或骚扰，或挑衅，哥舒翰不予理睬，决不主动出击。安禄山为此苦恼以至忧惧，一筹莫展。

然而唐玄宗根本听不进哥舒翰的意见，三番五次派人催促其率兵出关，使得往来西安与潼关的使者，“项背相望”，络绎不绝。哥舒翰见皇命难违，大哭一场后率军出关。本来处于守势的唐军，现在被迫改为攻势，失去了“一夫当关，万夫莫开”的潼关天险的依托。相反，叛军却早已据险已待，只等唐军自投罗网。天宝十五年(756 年)六月初八，哥舒翰挥军与敌交战。早已“伏兵于险”的叛军居高临下，前后夹击唐军，战斗异常残酷。号称 20 万的潼关唐军最后被彻底击溃，瓦解殆尽。潼关遂告失守。哥舒翰被人绑于马上，送到安禄山处去了。这一仗，使整个战局急转直下，原先的大好局面被葬送了，在河北叛军内线作战的郭子仪、李光弼只得引兵而退，长安已成为叛军的囊中之物。安禄山犹如绝处逢生，喜出望外，叛军士气大振。

潼关失守，对唐玄宗是一个沉重的打击，由于惧怕，他产生了逃跑的念头。

六月十日，唐玄宗在兴庆宫里，召见宰相杨国忠，紧急商议。杨国忠“首倡幸蜀之策”，打算向四川方向逃跑。唐玄宗早已心慌意乱，也没有别的高招，只好同意。安禄山起兵叛乱，打出诛杀杨国忠的旗号，对此，杨国忠不能不考虑自己的退路。杨国忠发迹于四川，又曾身领剑南节度使，在四川有相当的势力。如果唐玄宗逃往蜀中，对巩固他的地位十分有利，甚至可以“挟天子以令天下”。所以他赶紧派心腹崔园前往四川增修城池，建置馆宇，储备什器以供急需。四川物产富饶，周围有崇山险关可据，对于丧失信心的唐玄宗而言，也是一个比较安全可靠的去处。

为了掩人耳目，唐玄宗于六月十二日亲御勤政楼。上朝的大臣寥寥无几，朝堂上冷清凄凉。唐玄宗宣称要领兵“亲征”，任命京兆尹魏方进做御史大夫兼置顿使；京兆少尹崔光远升任京兆尹，担任西京留守；命宦官边令诚掌管宫闱钥匙。并谎称剑南节度大使颍王李璬将赴镇上任，令岭南道作迎接的准备。当天，唐玄宗从兴庆宫搬到未央宫。晚上，特命龙武大将军陈玄礼整顿禁军，厚赐钱帛，挑选了良马九百余匹，以供保驾之用。

六月十三日(乙未)黎明，唐玄宗和杨贵妃姐妹、皇太子、亲王、妃嫔、皇孙、杨国忠、韦见素、高力士、魏方进、陈玄礼以及亲近宦官、宫人等，诡秘地离开未央宫，西出延秋门，向咸阳方向逃去。其他皇亲国戚、王公大臣，都被丢弃了。行至左藏库时，杨国忠建议派人焚烧，唐玄宗伤感地说；“叛贼抢不到这些东西，必定要搜刮老百姓。不如留给他们，不要再给我的赤子们加重困难了。”

天亮时分，唐玄宗带领的逃亡队伍匆匆过了渭水上的便桥。杨国忠下令毁桥断路，唐玄宗知道后，气愤地说：“百姓们也要避贼求生，为什么要断绝他们的生活呢！”特别命令高力士留下，监督灭火，然后再赶路。

到天大亮，许多人还不知道皇帝已经跑了。有的官员依照惯例一早去上朝，进了宫门，仍见“三卫立仗俨然”，还能听见计时用的滴漏器静静的滴漏声。到后来知道皇帝已出走了，也还弄不清逃往何方。一国之君，在大敌当前的时刻，扔下臣民，自己逃命去了。

长安城中顿时大乱，吏民争相掳掠以备逃难时的川资，甚至有人放火烧了左藏库。幸好崔光远、边令域带人弹压，连杀十数人方才镇住了局面。崔光远看叛军将至，为了使长安城少受些劫难，就派自己的儿子出城迎降。安禄山进城之后，烧杀掳掠，大肆捕杀皇室成员。长安城外逃难人群绵延几百里，归泣子号，惨不忍闻。

一边是安禄山兵入长安，狂欢庆贺，一边是唐玄宗急急西逃，流离颠沛，这就是历史对唐玄宗主观、轻率的错误决策的严厉惩罚。奔波途中，大唐皇帝也尝到了饿肚子的滋味。行至咸阳，竟无人管饭，杨国忠只好亲自跑到街上买了胡饼，装在衣袖里送给唐玄宗吃。

赴川路上，玄宗遇上一老者率村民进奉饭食，虽则皆粗砺之物，但这些饿极了的锦衣玉食者都甘之如饴，手抓饭食，狼吞虎咽。老者对皇帝进言说：“万岁初登基时，以宋璟为相，宋为人耿直，敢于直谏，又治国有方，其时国泰民安。开元后期至天宝年间，万岁您承平日久，喜听阿谀之词，使一些宵小窃居高位，致国运衰颓至此。万望陛下三思之。”唐玄宗深受感动，一再安慰他，老人摇头叹息着走开了。不久，尚食官送来御膳，唐玄宗叫跟随的官员先吃，然后他再吃，并令禁军士卒分散到各个村落去找吃的。

天宝十五年六月十三日，约摸夜半时分，到边金城（今陕西兴平）。随从队伍里很多人不见了，连内侍监袁思艺也不知去向。当地县令、百姓早已逃往他乡。好在百姓的饮食器皿尚在，大家好歹还能填饱肚子。晚上睡觉时，驿中馆舍没有灯烛，只得长幼贵贱不分，摸黑混在一起。唐玄宗与六宫、皇子也是靠着月光进入户庭,凑合了一宵 。

十四日(丙申)中午,行至兴平县西郊的马嵬驿。随从护驾的禁军将士疲惫不堪,饥饿难耐,遂萌生出强烈的不满和愤怒情绪。禁军首领龙武大将军陈玄礼,早就看不惯飞扬跋扈的杨国忠,因为他的乱政误国,君臣们播迁流离,落到如此地步,所以早就有了杀杨国忠的念头。陈玄礼召集众将领,慷慨激昂地说:"如今天下分崩离析,皇上震荡,难道不是由于杨国忠盘剥百姓、朝野怨愤所造成的吗?如果咱们不除掉他以谢天下,怎能平四海之愤呢?"大家反应非常强烈,异口同声地答道:"我们早就想这样干了。事情如果成功,就是死也心甘情愿!"恰在这个时候,有二十多个吐蕃使者,因饥不得食,正围住杨国忠的坐骑诉苦。杨国忠还没有来得及答话,愤怒的禁军将士们大声叫喊:"杨国忠与吐蕃谋反!"有人一箭射中杨国忠的马鞍,杨国忠滚落下马,窜进马嵬驿西门内,军士们蜂拥而入,将杨国忠乱刀砍死,并用枪挑着他的脑袋挂在驿门外示众。随后又杀了杨国忠的儿子户部侍郎杨暄及韩国夫人等。当时杨暄听说兵变,吓得从马上掉下来,身中百余箭。宰相韦见素听说兵变出来查看,为乱兵围住打得头破血流,幸而有人认出了他,高喊:"莫伤韦贤相。"众人才住手。

唐玄宗听说后,知道问题的严重,急忙出来安抚士兵,对他们杀杨国忠的行动不加怪罪,要士兵们收兵归队。不料,众士兵仍然聚集着不肯离去,唐玄宗命高力士去问原因,禁军首领龙武大将军陈玄礼回答:"国忠谋反,贵妃不宜供奉,愿陛下割恩正法。"众人的锋芒直指杨玉环。也许在众人看来杨国忠的专权与杨玉环有一定的关系,杀了杨国忠,也不能放过杨玉环。对杨国忠的死,唐玄宗可能并不怎么心痛,杨国忠只是他的一个工具,况且到那时这一工具已没有大用场了,甚至有些碍事,他死了要是能平息众怒,倒是一件好事。然而杨玉环却不同,她是趋于穷途末路的唐玄宗的精神寄托,是他的感情深厚、不可分离的生活伴侣。在剩下的岁月里,除了杨玉环的陪伴,他还能有什么呢?他不能放弃她。可面对着刀枪出鞘、剑拔弩张、怒气冲冲的士兵,他能保得住杨玉环吗?唐玄宗为杨玉环辩解说:"贵妃常居深宫,安知国忠谋反?"对他忠心耿耿的高力士却一针见血地指出:"贵妃诚无罪,然将士已杀国忠,而贵妃在陛下左右,岂敢自安!愿陛下审思之,将士安则陛下安矣。"

唐玄宗没有办法,也只好低首屈服于自己的将士。他悲伤地与杨贵妃作了最后诀别。"君王掩面救不得,回看血泪相和流。"杨贵妃泣涕呜咽,语不胜情,对唐玄宗说:"请陛下多保重!妾的确辜负国恩,死也不恨!只求让妾死在佛祖

面前!”唐玄宗不忍回头,低声哽咽着说:“愿妃子善地投生!”遂命高力士带去处置。高力士把杨贵妃领到佛堂前的梨树下,叫两名身强力壮的小宦官用罗巾将她缢死。是时,杨贵妃年仅38岁。据说,当时恰有进贡南方荔枝的快骑到达。唐玄宗长号叹息,命高力士拿去祭贵妃。

杨贵妃一死,陈玄礼解胄释甲,向唐玄宗请罪,六军将士暂告平息。

马嵬之变株连而死的,还有杨国忠的其他家人与亲属。杨国忠被杀时,其妻裴柔、幼子杨晞,及虢国夫人、儿子裴徽和一女,已先行至陈仓(今陕西宝鸡市),遭到陈仓县令薛景仙的追捕。他们逃入竹林,虢国夫人看官军追了上来,先拔剑杀死裴徽,又把女儿刺死。裴柔喊道:“娘子为什么不给我方便!”虢国夫人又把她和她的女儿杀了。杨晞跑得虽快,但还是被官军追上杀了。虢国夫人自刎,没有死,被捕进了监狱。她并不知道发生兵变,问狱吏:“是官兵?还是强盗呢?”狱吏回答得很幽默:“都是!”虢国夫人一听这话,血卡喉咙,一命呜呼!薛景仙命令把这些人胡乱埋在东城外十几步道北的杨树下。杨国忠的二儿子杨昢,被安禄山叛军杀死;三儿子杨晓,逃到汉中郡,被汉中王李瑀打死。杨国忠的亲信翰林学士张渐、窦华和吏部郎中郑昂,后来都被朝廷处斩。另一个亲信中书舍人宋昱,舍不得家产,偷偷回到长安,也被乱兵杀死。

杨玉环的被杀,显示着唐玄宗皇权威严的动摇。果然,第二天他们刚起程,又发生了“遮道请留”事件。数千百姓拦住唐玄宗的去路,表示对他弃京西逃,不积极组织领导抵御叛军的不满。唐玄宗羞愧难言,悄然离去,留下太子李亨宣慰百姓。众百姓又请求太子李亨留下领导抗敌,李亨先是假作不同意,后才顺势留下,让人禀告已走的唐玄宗。唐玄宗听后无可奈何地长叹一声,忍痛拨了2 000人马给太子李亨。太子李亨便与唐玄宗分道扬镳了。之后,李亨选择了北上的路线,挑起了领导全国抗击叛军的重任。由这时起,唐玄宗的权力基本上丧失殆尽了,而领导平定安史之乱的最高指挥者实际上已是李亨。

太子李亨与自己的父亲早有隔阂。唐玄宗一直利用李林甫、杨国忠等人压制打击李亨，不断清除李亨的亲信，从各方面严密控制他。李亨心存不满而又无能为力。此次可说是天赐良机。西逃途中，唐玄宗众叛亲离，随从的将士也颇有怨言，他正好借机摆脱唐玄宗的控制，发展自己的政治势力。另外，当时的民心迫切希望朝廷重振士气，光复社稷，不满最高统治者的消极逃跑，这就使李亨的所作所为顺从了民意，适应了历史的需要。李亨带领为了数不多的军士一路北上，到达平凉后稍作停留。但平凉比较偏僻，不宜作为平定叛乱的指挥中心。经过慎重考虑，最后选择朔方节度使的治所灵武作为大本营。灵武兵食完富，而且地理位置十分优越，从北面可以召集边塞的守军，从西面可以调发河西、陇右的劲兵，往南可下关中，往东则可入河北、定中原，这是一个军事上能积蓄力量、进行战略反攻的理想基地。这年七月十三日，在众大臣将领的力劝下，李亨于灵武称帝即位，是为肃宗。并遥尊玄宗为"上皇天帝"，改元至德元年。唐玄宗见事已至此，无法挽回，便强露笑颜说："吾儿应天顺人，吾复何忧！"只得退出天子之位。肃宗政权建立之初，条件十分艰苦，兵少将寡，然而其影响却十分大，为众望所归。李亨以皇帝的命令从四处调集人马，郭子仪、李光弼也遵命率5万人马赶赴灵武，军威才开始兴盛。为了广揽人才，肃宗又派人到河南颍阳把正在隐居的李泌召来。李泌与李亨感情甚厚，李亨一直称他为先生。李泌来后成为肃宗政权中的重要人物。他头脑冷静，分析问题精辟，富于韬略。他为肃宗分析整个战局的形势时指出，当时是敌强我弱，但由于叛军的种种致命弱点，这种情况很快会发生变化。唐军应以消耗敌军有力生量为主要作战方针，逐步促成双方实力对比的转化。在适当时机，出击敌军的后路，攻占其巢穴范阳，动摇其军心，让它全军溃散，彻底灭亡。鉴于当时的力量对比，不要急于收复长安和洛阳，因为即使勉强攻占，敌军若力量还在，也会得而复失。李泌的这一战略方针是十分正确的，也是彻底解决这场兵变的有效措施，不过肃宗更多考虑收复长安、洛阳的政治意义，没有采纳这一正确主张，这让唐军又不得不付出沉重代价，洛阳也确如李泌所言，经历了得而复失的过程。

安禄山称帝后，叛军内部的矛盾也日益激化了。安禄山老了以后，眼也盲了，硕大的腹部更加行动不便，身上长满了疮，脾气也越来越暴躁了，连他最心腹的阉人李猪儿及严庄经常平白无故地被打一顿，两个人对安禄山更加怨恨。同时，安庆绪怕安禄山以安庆思代替他为太子，所以和严庄等一拍即合，谋划杀死安禄山。至德二年(757)正月初五夜，李猪儿持刀进入安禄山帐下，照熟睡中的安禄山就砍,安禄山曾对唐玄宗说装着忠心的大肚子连挨数刀,血流遍地。他原来床头备有佩刀,但早被李猪儿给拿走了。两眼一抹黑的安禄山摸了半天摸不到,他终于明白了杀自己的是谁。他绝望地大叫道:“必家贼也!”一会儿,他的肠子流出来,淌了一地,一命呜呼。严庄等人便在床下挖了数尺深的一个坑,用毡把他裹起来偷偷埋了。

安庆绪等向外传安禄山暴疾而亡,立庆绪为太子且传位于庆绪。庆绪改元载初,尊安禄山为太上皇。

平叛成功

至德二年(757)九月,肃宗的儿子广平王俶与郭子仪领军至长安城西,背倚终南山布阵,阵营连绵 30 里。长安叛军出兵十万,相对而阵,一场生死决战开始了。

战斗十分激烈。最初唐军形势不妙,阵脚出现混乱,大将李嗣业见状大呼:“今日不以身饵贼,包无子遗矣。”并立刻脱下战袍,赤膊上阵,手执大刀,立于阵前,奋力杀敌,唐军阵脚才被稳住。都知兵马使王难得被敌兵射中眉骨,眼皮垂下来挡住了眼睛,他用手拔下箭头,撕下眼皮,带着满脸的血继续奋战。将领的奋不顾身,极大鼓舞了唐军的士气,个个争先,所向披靡。最后敌军大败,死伤六万多人。叛军大将安守忠等丢弃长安而逃。两天后,广平王俶整军入长安,京城百姓男女老幼近百万,夹道欢呼,泪流满面地说:“不图今日复见官军。”

安庆绪听说长安失守,心慌意乱,急命严庄为帅起兵 15 万与唐兵再战。郭子仪在回纥兵帮助下击溃严庄军,光复洛阳。十月壬戌日,广平王率同郭子仪进驻洛阳。

安庆绪溃败后,以皇位为饵求救于史思明。史思明带兵 30 万解邺郡之围,由于唐军几十万没有统一指挥,宦官监军鱼朝恩干涉战事,军需不足等原因,唐军大败。战后,史思明杀庆绪,成为唐王朝主要对手。故此次叛乱称“安史之乱”。

滏水之战又改变了整个战局的形势,叛军的气焰再度嚣张。郭子仪因宦官鱼朝恩的诋毁,被夺去了兵权,解甲退出沙场,唐军失去了一位杰出的统帅。时隔不久,唐军又被迫放弃洛阳,洛阳再次落入叛军之手。唐军再次处于劣势。好在后来史思明集团起了内讧,父子之间矛盾激化,史思明之子史朝义买通史思明的心腹将领,趁夜将其杀死,自己取而代之。这次内讧使叛军内部四分五裂,实力大为削弱。战争中的双方在力量上相对平衡，进入了长期的相持状态。

肃宗宝应元年(762)四月，唐玄宗去世。13 天后肃宗也撒手归西。在平定由安禄山掀起的这场大动乱中费尽心机的父子二人，竟谁也没能看到叛乱的最终平定。他们肯定是抱着无限的遗憾和不安离开这个人世的。肃宗的儿子广平王俶即位，是为代宗。宝应元年十月，代宗发兵三路合攻盘踞洛阳的史朝义。唐军大将仆固怀恩、李抱玉、李光弼与史朝义在洛阳附近数次对阵，几番恶战，史朝义大败而逃，直奔莫州(今湖北任丘)。唐军紧追不舍，直抵莫州城下。宝应二年(763)一月，莫州守将田承嗣用调虎离山计，骗史朝义到范阳去调兵。史朝义刚出城，他就举城投降了。史朝义逃窜范阳，范阳的守将也投降了唐军，闭门不让其入。再逃别地，仍无处可让其立足。最后走投无路的史朝义只得在树林中自缢而死。至此，一场大叛乱算是彻底被平息了。历时 7 年零 3 个月。经此一场动乱，唐王朝元气大伤。迟迟到来的胜利已挽救不了其江河日下的命运，“夕阳无限好，只是近黄昏”。

在安禄山发动这场兵变中，受害最重的是广大百姓，他们饱受蹂躏，有多少人家破人亡。因而战乱的平定也让他们感到无比喜悦。诗人杜甫的诗《闻官军收河南河北》相当真实地反映了当时人们的普遍心情。“剑外忽传收蓟北，初闻涕泪满衣裳。却看妻子愁何在，漫卷诗书喜欲狂。白日放歌须纵酒，青春作伴好还乡。即从巴峡穿巫峡，便下襄阳向洛阳。”广大百姓在胜利的欢喜中也包含了多少血与泪的悲惨回忆。

“忆昔开元全盛日，
小邑犹藏万家室。
稻米流脂粟米白，
公私仓廪俱丰实。
……”

唐王朝，威风不再，一个放羊胡儿，改变了大唐王朝的繁荣史。安禄山一个祸国殃民的军阀，一个有雄略却遗臭万年的枭雄。

节卦第六十：节制有度，过犹不及

【爻词精义】

⊙待在小圈子里好 ⊙连自家屋子都不敢出不妙 ⊙没能节制当知悔恨 ⊙节制自己要安稳妥善 ⊙自律的人受人尊重 ⊙即使痛苦也得自律

经文义解

【题解】

《节》卦阐释节制的原则。节制是美德，但盲目节制，就有危险；欲望无穷，难以满足，必须节制，使之不越常规。节制过度与不及，都将造成伤害，必须恰如其分。来知德将"甘节"誉为"节之尽善尽美"，"立法于今，而可以垂范于后也。"

【原文】

䷻ 节[①]：亨，苦节不可贞。[②]

初九 不出户庭，无咎。[③]

九二 不出门庭，凶。

六三 不节若，则嗟若，无咎。

六四 安节亨。[④]

九五 甘节吉，往有尚。[⑤]

上六 苦节，贞凶，悔亡。

【注释】

①节：卦名。下兑上坎，象征节俭。②亨：通"享"，祭祀。③户庭：内院。④

安节:安于节俭。⑤甘节:即甘于节俭,以节俭为乐。甘,甘美,快乐。

【译文】

节卦　象征节省。但也不必过分节省。

初九　脚不踏出前院,没有灾祸。

九二　脚不踏出前院,必有凶险。

六三　不能把握节俭尺度,而能悔过,就不会有过失。

六四　安守于节俭,亨通顺利。

九五　以节俭为乐事,可获吉祥,有所行动必将得到奖励。

上六　以节俭为苦事而过分节俭,必有凶险,但若能觉悟,困窘会自行消解。

【释义】

䷻　节:亨,苦节不可贞。

[解读]　节制可以亨通。但节制应适当。

[象释]　下卦“兑”是泽,上卦“坎”是水;水往泽中流,必须有所节制,不加节制会泛滥成灾,过分节制又会造成泽的干涸,因上、下卦之间的关系含有节制之义,故卦名为“节”。本卦包含有三阳三阴,上、下卦都是以阳居中,象征节制适度而能亨通。

[义理]　节制是人们对自我行为的控制。节制得当,不仅可以确保社会秩序的安定,也可以使自己诸事顺遂。但是,过度的节制会成为人们的负担和痛苦。

初九　不出户庭,无咎。

[解读]　不走出庭院,不会有灾难。

[象释]　“初九”阳爻阳位,与“六四”阴阳相应,有走出下卦“兑”而与上卦“六四”相应的能力和意愿。然而,“初九”为得位的节制之始,知道上升的时机尚未来临,因而自我节制,安然若素。

[义理]　自我节制,首先是对前进道路通塞与否的认识,然后才是当节则节的把握。

九二　不出门庭,凶。

[解读]　过分节制而不敢迈出家门,凶险。

[象释]　“九二”阳刚居中,可以外出,却因为阳爻居阴位,与“九五”同阳不

应而仍自我节制，以致丧失时机。

［义理］ 自我节制包含通则行的一面，倘若前途通畅却自我节制，有害无益。

六三 不节若，则嗟若，无咎。

［解读］ 不能把握节制尺度，而能嗟叹自悔，就不会再发生过失。

［象释］ “六三”以阴居阳，不中不正，不能自我节制；但是“六三”柔顺而处于“兑”即悦之上位，尚有自我懊悔之心。

［义理］ 应当节制而不能节制，必然造成不良后果；但是，只要有悔过之心，则“沉舟侧畔千帆过，病树前头万木春”。

六四 安节亨。

［解读］ 安然地节制自己，遇事亨通。

［象释］ “六四”以阴居阳，能合乎正道地顺从“九五”至尊；“六四”又居于上卦“坎”即水的下部，有向下流淌顺乎自然之象。

［义理］ 依从上级的意图或思想，节制自己的行为，就不会有什么障碍或麻烦。

九五 甘节吉，往有尚。

［解读］ 愉快地节制，一定吉祥，能创建受人敬重的业绩。

［象释］ “九五”阳爻居于君位，象征以刚毅中正君临天下，所以举国上下都能心甘情愿受其节制。

［义理］ 居于最高地位的人，如果能节制自己，那么，上下都会心悦诚服地受其节制。万众一心，何事不成？

上六 苦节，贞凶，悔亡。

［解读］ 过分的节制会给自己带来痛苦，坚持下去还会有凶险；及时觉悟，则能避免凶险。

［象释］ “上六”是节制的极端，因而有“苦节”之语；然苦极则思悔，“上六”以阴居阴，位正，故又有“悔亡”之象。

［义理］ 过度地节制自己，久则生悔。

案例解易

襄公之仁,霸业凋敝

宋襄公也是历史上有名的春秋五霸之一。然而其迂腐的"仁义"之道,却也成为葬送其江山社稷,乃至送命的祸根……历史不再重演,历史还在继续。

主"仁义"治国

宋襄公,春秋时宋国国君。孟子说过"仁者无敌",然而这句儒家的经典也未必正确。春秋时极为"仁义"的宋襄公,却因"仁义"二字吃了败仗,丢了霸业。

春秋初年,天子直辖的"王畿",在戎狄不断袭扰和诸侯不断蚕食下,大大缩小了。同时,天子控制诸侯的权力和直接拥有的军事实力,也日益丧失。

随着王权的沦落,诸侯对天子的朝聘、贡物大大减少,王室财政越来越拮据,不得不仰赖诸侯的资助。经济上如此,政治上也往往受诸侯的摆布。天子共主的地位,此时已名存实亡,社会进入了一个动乱的时代。郑庄公始霸中衰,先后又崛起了齐、晋、秦、楚等较强的诸侯国,他们励精图治,努力发展自己的势力,积极从事霸业活动。

当时,齐国国君齐桓公在管仲辅佐下,在经济、内政、军事上进行了一系列改革,实力逐渐雄厚起来,占据了中原诸侯的霸主地位。

这时,在今河南省东部地区有一个宋国,当时宋国当政的国君是宋桓公,因慑于齐国的强盛,加入了以齐桓公为首的联盟。

宋桓公有两个儿子,长子叫兹甫,很迂腐,次子叫目夷,聪明伶俐,很受宋桓公的钟爱。可按当时的制度,长子兹甫应立为太子。兹甫明知父亲更喜欢弟弟目夷,便对桓公说:"目夷比我有能耐,请父亲立他为太子,让我辅佐他就行了。"这正合宋桓公的心意,当下就同意了。不料,目夷却推辞道:"立我为太子,让哥哥在我下面称臣,这是不合古义的,如非这样的话,那我只好离开这儿了。"宋桓公本来以为目夷只是说说而已,也就没有改变主意。公子目夷见父亲仍坚持原来的想法，便起身避往卫国，迂腐的兹甫看到情况弄成这个局面，也跟着离开了宋国。

过了一些日子，宋桓公病倒了，便派人召来兹甫，只好立兹甫为太子。目夷见状，也随后回到了宋国。

又过了一段时间，宋桓公病死。

公元前650年，兹甫即位，这就是我们要说的宋襄公。襄公即位以后，任公子目夷为左师，执掌国政。

宋襄公之前，宋国对外30年没有武事，国家安然无事，这样就给宋襄公治国打下了良好的基础。因此，宋襄公即位初年，在左师目夷辅佐下，国内治理的颇有起色，就连齐桓公也很钦佩。因此，在齐桓公晚年，把自己的儿子公子昭托付给宋襄公，叫宋襄公日后帮助立公子昭为齐国国君。

为什么齐桓公有此举动呢？

原来，齐桓公在政治上是一位很有作为的政治家，但在生活上却奢侈好色。他有3个正夫人，可都没有生儿子，齐桓公又有不少妾，其中受宠幸的就有六人，且都生有儿子。没有嫡子，这几个儿子都有资格继承君位。而齐桓公最偏爱郑姬生的公子昭。因此，在他临死的那一年与左师管仲商议，立了公子昭为太子。这样一来，其他几位当然不服。当时有个叫易牙的，是一个阴险毒辣的人，他做得一手好菜，很受卫姬的青睐。一次，易牙从阉人竖貂那里听说齐桓公有吃人肉的念头，便把自己的儿子杀了烹给齐桓公吃，大大感动了齐桓公。于是，易牙与卫姬趁机蛊惑改立太子，在他们的说合下，齐桓公糊里糊涂地就答应了。

齐桓公死后，卫姬与易牙等人便起兵作乱，把公子无亏推上了君位，并派兵捉拿公子昭。

公子昭见无亏抢走了君位，急忙逃到了宋国，哭着请求宋襄公给他作主。

宋国是一个比较小的国家，不管从人力还是从物力上都不能与其他国家抗衡。可宋襄公见齐桓公死了，称霸之心便油然而生。恰好公子昭来投奔，他自认为机会难得。第二年，宋襄公以齐桓公霸业的继承者自居，通知各国诸侯，要求大家共同护送公子昭回齐国即位。大部分诸侯没有理睬他的号召，只有几个小国带来了一些兵。当时，齐国政权不稳，一些贵族看到宋国举兵犯疆，当下乱了阵脚，连忙杀了无亏，把公子昭迎回齐国即位，是为齐孝公。

宋襄公本来准备大打出手，没想到一战即胜，于是昏昏然起来，俨然成了真正的霸主，不自量力地要起了霸主的威风。

在今山东滕县一带，当时有个滕国，对宋襄公很不以为然。他知道后，非常恼怒，竟派人把滕国君抓了起来，大施淫威，妄图以此震慑其他诸国。

公元前 641 年春，宋襄公又约了几个小国在曹都陶丘会盟，鄫国国君迟到了一会儿，宋襄公以为不给他面子，硬是把他抓了起来当做牺牲，杀了去祭祀社神。

左师目夷对宋襄公这种愚蠢而残忍的做法很不赞成，指责宋襄公道："现在都到了什么时候了，怎么还能用人作牺牲。没有几天就凌辱了两个国家的君主，这怎么能号召诸侯，建立霸业。长此下去，恐怕性命都难保哩！"宋襄公听后并不以为然，依旧是滥施淫威，大动干戈，称霸之心越来越烈。

各国诸侯看到宋襄公这样残暴，思念齐桓公对诸侯的礼遇，在陈国的倡议下，公元前 641 年冬，鲁、陈、蔡、楚、郑、齐几国在齐国集会，表面上是对齐桓公的怀念，实际上是结成一个与宋国对立的集团，向蠢笨的宋襄公示威。

这时，宋襄公觉察到了诸侯国对他的不满，可又不甘心放下称霸之心，便想出借齐、楚威势来压服中原诸国的计策来。

当时，齐、楚是大国，齐国内部刚刚稳定，顾不上对外扩张，再说齐孝公又是宋襄公推上君位的，当然听从宋襄公的调动，只有楚国雄踞江淮，虎视中原。宋襄公想："如楚国能同意参加由我领导的会盟，我的威望便可迅速提高，霸业可成。"于是派使臣去见楚成王，请其到鹿上来与宋、齐结盟，这时的楚成王也另有打算，满口答应。宋襄公真是喜出望外，做起了狐假虎威的好梦来了。

公元前 639 年春，宋、齐、楚在鹿上商议会盟之事。回国后宋襄公得意地对公子目夷说：

"楚国已同意我的安排啦！"

目夷机警地告诉他：

"楚国一向出尔反尔，切莫轻信别人呀。"

"我以忠信对别人，难道别人忍心骗我吗？"

目夷见劝而无用，长叹道：

"小国争盟，必招大祸，宋国亡矣！"

这年秋天，宋襄公动身赴盟，目夷再次提醒他说："楚国一向反复无常，您还是带一些兵马去吧。”宋襄公很不高兴。目夷又坚持说道:“你乘车去,我带领后车埋伏在3里之外,以防万一。”宋襄公此时称霸心切,哪里还听得进去,断然拒绝了他的进谏。目夷见再三劝阻也无济于事,只好空手跟他前去。

果然不出所料,正当宋襄公在盟会上想当盟主的时候,只见楚成王脱去长袍露出全身铠甲,拔出腰间的小旗连连挥动,跟随楚王的人纷纷脱去外衣,手执兵刃,一下子涌现出来,各国诸侯吓得魂不附体。楚国鹿上之盟时表示的诺言,本是要弄宋襄公。自楚国北进中原受阻于齐后,心中总是不甘,当齐之霸业衰落之后,早想趁机向中原扩张。这次,趁宋襄公会盟,正可乘机发展势力,控制中原诸侯。当即,扣留了宋襄公,准备乘势攻宋。

这时,宋襄公才醒悟过来,急忙对目夷说:“你赶快回国吧,宋国是你的了。我因没有听您的话,才落了个这样的下场。”公子目夷趁混乱中逃回宋国,聚兵卒,设守备,军队和民众进行了顽强的抵抗,楚军才没有攻下宋国。楚王在无奈的情况下,派使者威胁宋国人说:“如果不赶快把宋国献出,就杀死你们的国君!”宋人答道:“随你们的便,我国已有新君了!”楚成王见不能得宋,便想拉拢鲁国侧足中原,于是把宋襄公送给鲁国,鲁僖公趁机出面说情,楚成王为了树立自己的威信,才放回了宋襄公。

宋襄公被释后,羞愧极了,觉得无颜再回宋国,便跑到了卫国以观风声。公子目夷来到卫地对宋襄公好一番劝让,迎他回国。开始时,宋襄公还不好意思,到后来,抑制不住内心的欲望,还是回去了。

宋襄公本打算通过这次会盟,能够步步登上霸主之位,不料却成了囚徒,这正是历史对他最大的嘲弄。

笑里暗藏刀

宋襄公复位后,一改前“非”,觉得宋国势力太小,靠武力不能登上霸主的地位,便又假惺惺地用“仁义”感召诸侯,妄图用自己的笑脸掩藏内心的杀机。但是,杀机是隐藏不住的。

不久,宋襄公听说郑国最积极支持楚国,便想寻机惩罚郑国,出出内心的怨气。就在第二年,郑国君亲自去朝见楚成王,宋襄公认为时机到了,便准备举兵伐郑。公子子鱼对宋襄公说:“我们宋国原是殷商后代,当初殷商无道,失了天下。您现在又想做天下的霸主,能够办到吗?这次伐郑,必然会引起楚国的干涉。我们的盔甲不如楚国的坚硬,兵器不如楚国的锐利,军队不如楚国的强大。如果和楚军交战,您靠什么来取胜楚呢?”宋襄公说:“楚军虽然兵甲有余,可是仁义不足。寡人虽然兵甲不足,可是仁义有余。过去周武王只有三千虎贲军,却能战胜商纣王的几十万军队,靠的就是仁义啊!”他坚持要和楚军作战,并命人做了一面大旗,旗上绣着“仁义”两个大字。公子子鱼暗暗叫苦,说道:“和敌人作战而侈谈仁义,我不知道主公的仁义在哪里啊! 宋国就要倒霉了,到时候能够不亡国就算万幸了!”

事情果然不出公子子鱼所料,楚成王一见宋襄公亲自带兵征伐郑国,立即率领大队人马伐宋以救郑。宋襄公一看,慌了手脚,只得领兵连夜往回赶,等宋军在泓水扎好营盘,楚国兵马也开到了对岸,开始渡河。公子目夷见状对宋襄公说:“楚军人多,我军人少,请趁他们渡河的时候发兵进攻,扼于险中,准可取胜。”可根本不懂用兵打仗的宋襄公固执地说:“干什么都得讲点仁义,趁别人之危,我们还叫什么仁义之师呢?!”拒绝出兵。就这样,宋军眼睁睁地看着楚军全部渡过泓水。这时,目夷焦急地对宋襄公说:“乘楚军刚渡过河,还没有列好阵,抓住战机,出其不意,打他个措手不及,还可取胜。”听罢目夷的一番话,宋襄公板起面孔,振振有词地说:“人家还没有布好阵,就是打胜了也不光彩,我们是讲仁义的,不能干这种事!”在大国雄兵压境、生死存亡的紧要关头,不审时势的宋襄公还侈谈“仁义”,真可谓迂腐之至,不可救药。

直到楚军摆好战阵,襄公才下令出击。可是已经晚了,楚军以排山倒海之势攻杀过来,小小的宋国军队,哪是楚军的对手,顿时瓦解。这时,公子目夷等人急忙护守着宋襄公左冲右突,边战边退,慌忙中宋襄公的大腿被射中一箭,身上多处受伤,只得忍着伤痛,逃出重围。回头看去,兵车已损失了十之八九,将士们伤的伤、亡的亡,“仁义”之师损失惨重。

回到都城,宋襄公又气又恨,可心里还不服气,躺在床上还为自己辩解,喃喃地对众臣说:“君子作战,不伤害已经受伤的士兵,不俘虏上了年龄的士兵,不乘危取胜。我虽然在战场上失败了,但在道德上取胜了!”将士们听了暗觉好笑,心想:“我们平时打仗,靠拼命才能打败敌人,这次主公靠‘仁义’打仗,害得我们差点丧命。”暗自咒骂宋襄公是蠢猪。

宋襄公这一番迂腐的说教,受到公子子鱼很不客气地批驳:“强敌在前,我有险可凭,敌人又未准备好,正是天赐良机。在敌军中的人,都是敌人,不管他是老兵还是伤兵,都是我们的敌手。若爱他们,干脆投降好了,又何必要兴师动众呢!"说得宋襄公无言可答。

第二年夏天,宋襄公连气带伤,终于挟着"仁义"之心死去了。他的霸业象昙花一样很快就凋谢了,他的"仁义之师"也成为历史的笑柄!

矫枉过正,刑彭越

刘邦称帝后,在新封的王中,其中楚王韩信、梁王彭越、淮南王英布对他威胁最大。而韩信作为刘邦最为忌惮的异姓诸侯王,在最后的关头犯了重大错误,确实想谋反,被吕后设计逮捕诛杀,这种下场并不让人奇怪。而像韩信这样的一些过去战功卓著的旧勋臣之所以想谋反,并非是由于刘邦做了皇帝后与他们过不去、胸怀装不下他们,而是因为他们当初反秦、攻击西楚霸王项羽的目的在于自立为王,平分天下,并不想在统一的体制内受人管制。战争胜利后,皇帝只能由刘邦一人来做,而且这皇位还是世袭制,一旦姓刘的坐上便自此不变,别人连想也不能再想,他们成了下臣,这种心理,当然很难理顺。

与韩信齐名的另外还有一个异姓诸侯王,他就是梁王彭越。彭越也是一位有勇有谋的主。他起义后由于项羽没有封给自己领地心存不满,最后投向了刘邦,并在刘邦与项羽争雄的过程中起到了很大的作用。他在背后经常骚扰项羽,使项羽不能安心地完成歼灭刘邦的战略部署,却使刘邦一次次地赢得了喘息的机会。所以,刘邦一旦夺得天下,肯定要大大地加封他。然而彭越和韩信心理一样,这种主儿劳苦功高,辛辛苦苦打下了江山,皇帝却让刘邦一个人去坐,心里也就老大的摆不平。刘邦做皇帝,木已成舟,也只能顺水推舟了,心里的疙瘩却总也消不去。

但自从韩信被废为淮阴侯,以及韩王信投奔匈奴后,彭越也产生了警觉心,对刘邦不再完全信任。

陈豨造反时,刘邦曾积极向各诸侯王作关系,但是除了自己的儿子齐王刘肥,加上齐国宰相又是刘邦死忠派的曹参,曾派出了大量军力响应皇军外,其余诸侯皆反应冷淡,这让刘邦非常不满。

彭越最初以年老多病为借口，只派遣部将率兵前去邯郸会师。然而刘邦这时最寄望彭越能给他支持，所以非常生气地派使节到梁王府埋怨了一番。

刘邦是何样的人，对这些王侯肚里的肠子几道弯儿还能看不出来？为了使专制独裁的江山千秋万代不改姓、不变色，他不但要对一些“淘气鬼”式的下臣加以管教，还要严加注意这些封于各地的能征善战的潜在危险人物。

像韩信这样的第一大将都能除，而时下亲信将领陈豨又造他的反，对彭越这种冷淡反应当然有所警觉，所以派使者去谴责彭越是可想而知的。

彭越见到刘邦如此对待自己，心中非常害怕，就准备亲自去刘邦处请罪。他的部将扈辄劝他说：“大王刚开始的时候不去，现在皇上一责备你才去，这分明是表明你并没有病，而是在装病。这样做就是对皇上的不忠。如果你去，一定会被皇上抓住的，如今最正确的选择，莫过于起兵造反了。”

彭越只听从扈辄的一半意见，继续称病，没有起兵造反。正在这个时候，彭越手下的一个太仆犯了过错，彭越非常愤怒，打算杀了他。这位太仆急忙逃跑，到了刘邦跟前，告彭越与扈辄谋反。刘邦对大将们的怀疑心又一次占了上风，何况前次彭越不亲自随自己攻打邯郸，再加上接连几个异姓王都是因为谋反被诛被讨，刘邦的心中顿感凄凉，不由对这些异姓王都失去了信心，立即派人去袭捕彭越。由于彭越并无反意，所以，他毫无防备，很快就被捕送往洛阳了。

同样的告状方式，都是因为得罪了下人，但不同的情况，当初韩信确有反意，而且正在组织准备，而彭越则没有反意，只是装病而已，但面临的处境可能要一样了。因为刘邦已对异姓王失去信心，况且正好借这个机会铲除异姓王。另外，还有一只可怕的“母老虎”吕后在背后乱捅。

由于扈辄教唆造反，彭越未治以罪，便均以造反罪将两人交付有司审判。刘邦下令判扈辄死罪，彭越知情不报，废为庶人，并流放到蜀国的青衣县。

彭越自觉无罪，见到吕后之后要其为自己求情。但吕后是什么人，口头答应的好，见到刘邦却是另外一套。她说：“彭越是一名壮士，可以由盗贼到诸侯王，有其过人的能力，流放到蜀国，只会让他有报复的机会，不如诛杀之，以绝后患！”

于是重行审判彭越，并暗中教唆彭越之舍人假造证据，证明彭越造反，最后由廷尉王恬开奏请诛杀彭越。彭越家属全部遭受逮捕，并在三月同处死刑。

为此，刘邦还下令：“有敢收彭越尸身者，逮捕治罪。”

如果说诛杀韩信是有真凭实据，并无冤屈的话，而诛杀彭越，刘邦显然已犯了扩大化的错误，显得过分猜疑了。正是由于他对异姓诸王失去了信心，失去了信任，这才犯了枉加人罪的过失。在这种过失的促动下，刘邦在韩信与彭越这两件事的表现用意已经非常明显，那就是要下辣手把这些异姓王们一一除去。然而在做这一切的时候，他的行动却做得非常巧妙。他不是通过自己的手去亲自做，而是顺水推舟通过吕后的手去做。按说，彭越死得真冤枉，他并没有反心，所以部将们的劝说并不能使他有谋反的举动，刘邦才能不费力地就把他逮捕了，刘邦也因而没有叛他的死罪，只是剥夺了他的王位。但是吕后的出现却使这一结果出现了意想不到的变化，由于吕后的野心已经昭现，她的儿子与赵王如意有争夺太子的趋势，所以此时的吕后急需要做一些惊天动地的大事来确立在群臣心目中的地位，而计杀韩信和彭越则是最大的功劳，还有什么能比杀掉这两个诸侯王更能显示自己手段的呢？像韩信和彭越这样两位开国元勋、大将死在妇人手下，真是英雄可悲。

彭越之死，令与之有恩人之交的栾布非常气愤。当时他正在齐国出差，闻之，迅速赶往洛阳，准备以死向刘邦进谏。

他先去买祭品祭拜了彭越的首级，被守吏逮到刘邦跟前。刘邦当然很是愤怒，喝骂栾布道："你这是和彭越共同谋反的吧！我禁止任何人替彭越收尸，你却敢去祭祀，明明是造反的同伙，立刻给我烹杀了！"

面对汤镬，栾布目视刘邦，视死如归，大声表示：

"我还有话要说，请允许说完再死！"

刘邦允道："尽管说吧！"

栾布说："当时陛下困于彭城，败于荥阳、成皋间，项王所以无法西向进逼，以彭王居于梁地，和汉军共同干扰楚军。当是之时，彭王若心向楚则汉破，心向汉则楚破，具有举足轻重的地位啊！而且垓下之战，如果不是彭王出兵助汉，项王也不会那么容易被打败的。天下已定，彭王以功劳晋封为诸侯，亦欲以此传万代，为陛下之屏藩。如今陛下只为了曾征兵于梁，而彭王因病不行，便怀疑彭王造反。没有确实反叛证据，却硬以小事诛灭之，臣恐今后功臣将人人自危，对陛下也不再有信心了。今彭王已死，臣生受其恩，义当追随地下，请立刻将我烹杀吧！"

刘邦恰恰懂得士不惧死，何须以死惧之的道理，见栾布如此谴责他，反而将他免死，再次释放了他。这是因为，栾布的指责听起来不无道理，他感到了自己过激和扩大的一面。枉杀了彭越，已经引起栾布这样下臣的寒心，何况那些立有战功的人呢？此时再杀了栾布，不仅证明了自己的残忍无道，还会招致更多人的不平。而赦免栾布这样的忠义之士，还可弥补一下枉杀的疚歉。

彭越既死，刘邦以梁国位处中原重心，不宜势力太大，乃将其土地分裂为二，东北仍为梁国，由皇子刘恢出任梁王，西南为淮阳国，由皇子刘友出任淮阳王。

尽管刘邦知道，对彭越的诛杀有可能是错误的，但他的政治警觉却并不会因此而对异姓诸王有所懈怠。因为枉杀和该杀本是两种不同的结果。但过激的错误也给他以警醒，使他的防范和怀疑进行得更有据、更慎重些。当然，他也有自己的可推托之处：一开始，他就没有诛杀韩信的意图，但韩信毕竟谋反，又碰上了皇后，只能咎由自取；一开始，他也同样没有诛杀彭越的打算，本想削夺王位让其为民，哪知又为皇后所见，不仅求情未准，反而转成杀祸。但无论怎么说，诛除了两个势力最大的王，天下毕竟少了不虞之忧。

中孚卦第六十一：笃守诚信，感天动地

【爻词精义】

⊙即使诚信也应备患 ⊙心诚换真情 ⊙敌人来了该咋地就咋地 ⊙对方离你而去，不是诚信惹的祸 ⊙相互诚信灾祸何来 ⊙对方音信全无大事不妙

经文义解

【题解】

“孚”，信也。本卦二阴在内，四阳在外，二五阳刚皆得中，中虚外实，皆孚顺之象。《序卦传》说：“节而信之，故受之以《中孚》。”

《中孚》卦的中心思想，在于阐明“中心诚信”的意义和原则。孔子曾经反复以“信”德施教，《论语》二十篇屡屡强调这一宗旨，如“敬事而信”（《学而》），“主忠信，徙义崇德也”（《颜渊》），“人而无信，不知其可也”（《为政》）。诚信是人立身处世的根本。

【原文】

䷼ 中孚[1]：豚鱼吉。利涉大川，利贞。[2]

初九 虞吉，有它不燕。[3]

九二 鸣鹤在阴，其子和之；我有好爵，吾与尔靡之。[4]

六三 得敌，或鼓或罢，或泣或歌。[5]

六四 月几望，马匹亡，无咎。[6]

九五 有孚挛如，无咎。[7]

上九 翰音登于天，贞凶。[8]

【注释】

①中孚:卦名。下兑上巽,象征内心诚信。②豚鱼:豚和鱼。豚,小猪,此指祭品。③虞:安。它:别的,指事端。燕:通“晏”,安。④阴:通“荫”。和:应和。好爵:美酒。爵,酒器,借指酒。尔:你。靡:共享。⑤得敌:遭遇强劲的对手。敌,对手。或:有的。罢:通“疲”。⑥亡:丧失。⑦挛如:拘系的样子。⑧翰音:鸡鸣之声。翰,古代祭祀宗庙,依礼,祭品中必有鸡,称翰。

【译文】

中孚卦　象征内心诚实。心怀诚信,可获吉祥。利于涉越大江大河,利卦。

初九　安守诚信之德就可获吉祥,但是假若另有他求则不会安宁。

九二　鹤在树荫之下鸣叫,小鹤应声随和;我有美酒一杯,愿和你共享其乐。

六三　打败了强大的敌手,有人击鼓奋进,有人疲惫不前,有人悲愤啜泣,有人慷慨高歌。

六四　月儿将圆时,走失一匹好马,没有什么灾祸。

九五　胸怀诚信,与人携手并肩,没有灾祸。

上九　鸡鸣之声响彻天空,必有凶险。

【释义】

䷼　中孚:豚鱼吉。利涉大川,利贞。

[解读]　心中诚信可感鬼神,涉大川时也会风平浪静,因为纯正总会使人受益。

[象释]　本卦上下各有两阳,中间则为两阴,为中心空虚亦即虚心之象。上下两卦分而视之,“九二”、“九五”均为阳爻居中,为中心充实之相。上卦“巽”是风是木,下挂“兑”是泽是悦;木浮泽上,故有利涉大川之言;和风吹着静止的湖面,因而又寓有感动之义。

[义理]　诚信能够感动一切。诚信之人,无论做什么事情,都能如愿以偿,无论遇到什么困难都能克服。

初九　虞吉,有它不燕。

[解读]　安于诚信则吉;一旦另有他求就不得安宁。

[象释]　“初九”为诚信之初,它所考虑的是对方能否信赖;对方“六四”既与之阴阳相应,就不可迟疑,疑则“不燕。”

[义理] 初次交往的人,必须慎重地加以揣度,观察,这是信而不疑的基础;一旦相信,就应当坚信而不可再存疑虑。

九二 鸣鹤在阴,其子和之;我有好爵,吾与尔靡之。

[解读] 鸣叫的鹤儿在树荫下,小鹤应声和鸣;我有一杯美酒,愿与你一起畅饮。

[象释] "九二"与"九五"在内外卦得中,均为阳刚充实,虽然分别处在内外卦中,仍能互相呼应。"九二"所居之位低于"九五",且在"六三"、"六四"覆盖之下,故谓"在阴";下卦之中,故"有好爵"。

[义理] 至诚相交,便能同气相应,同类相召,互相感应。

六三 得敌,或鼓或罢,或泣或歌。

[解读] 战胜了敌寇,有的人击鼓庆贺,有的人倒地休息,有的人悲泣,有的人高歌。

[象释] "六三"以阴居阳,位不当,虽然与"上九"阴阳相应,却举止失措,难以和谐协调。

[义理] 诚信必须出内心,坚定纯正,否则不仅难以取信于人,而且会乱了自己的方寸。

六四 月几望,马匹亡,无咎。

[解读] 月儿即将圆满,良马走失,没有任何失误。

[象释] "六四"阴爻阴位,得正,是最接近君位的忠良大臣,故以"月几望"力喻;本来遇"初九"相应,如同两匹马匹配,然而"六四"在"初九"与"九五"的选择中,做出了取上绝下的抉择。

[义理] 诚信亦须选择对象,应该与平庸无能的人断绝关系,而追随于伟大人物的左右。

九五 有孚挛如,无咎。

[解读] 彼此诚信,成为携手并肩的朋友,没有任何失误。

[象释] "九五"以阳居阳,处上卦之中位,刚毅中正,与"九三"同气相应,遥相应和;"九五"不仅是上卦的主爻,也是整个卦的主爻,象征君王以诚信感召天下至诚君子。

[义理] 处在领袖地位的人,应该更加懂得诚信的功能,惟其诚信方能感召天下贤能之士,与其共度危难,同创伟业。

上九 翰音登于天,贞凶。

[解读] 雄鸡司晨,声音高亢,难免凶险。

[象释] "上九"是诚信的极端,不免自信过度;而阳居于阴位,又象征处于极端的诚信已经不纯正了,如雄鸡一般,声虽高登于天而实体仍在地面,以致司晨有信却名实不相符。

[义理] 诚信须来自本心,不可对诚信过于自信,更不可孤高自赏。过于自信,便会名实相怨;孤高自赏,就会失去同人。

案例解易

君子一言,驷马难追

从前,当周公的儿子伯禽受封为鲁国国王时,周公曾告诫他:"我身为宰相,碰到有人来访时,即使是正在进餐也得赶紧中断,尽量不要对客人太失礼。尽管如此,仍然担心有不周到的地方,或是疏忽了优秀的人才。现在你到鲁国去,虽然身为一国之君,也绝不能有任何骄傲失礼的地方。"这种谦虚的态度对于一个领导者来说十分重要。

有一次,唐太宗告诉众臣:"有人说当了皇帝就可以得到最崇高的地位,没有任何畏惧。事实上,我却是常怀着畏惧之心,倾听臣下的批评与建议,一向以谦虚的态度处理政事。倘若因为自己是一国之君,就不肯谦恭而以自大的态度来对待臣下,那么一旦行事偏离正道时,恐怕就再没有能够指正过失的人了。"

"当我想说一句话,做一件事的时候,必定先想一想如此一来是否顺了天意?同时也要自问有没有违反了臣民的意向。为什么呢?因为天子是那样高高在上,对底下的事一目了然,而臣民们对君王的一举一动十分注意,所以我不仅要以谦虚的态度待人,更要时时反省自己的一言一行是否顺应天意与民心。"

旁边的魏征接着说："古人说过'靡不有初，鲜克有终'。有好的开始并不一定能有好的结束，但愿陛下常怀畏惧之心，畏惧上天及人民，且谦虚待人，严格地自我反省，如此一来，吾国必能长保社稷，而无倾覆之虞了。"谦虚的态度，也是唐太宗受后世景仰的原因之一。

唐太宗说过："与人交谈实在是一件十分困难的事情，即使是一般百姓，在与人交谈时若稍微得罪对方，对方因而牢记在心，便会遭到报复。更何况是万乘国君，在和臣下交谈时绝不容许有一点失言。因为即使是微不足道的失言，也有可能导致极重大的影响，这种影响是庶民的失言所万万及不上的，我心中一直牢记着这一点。"他还说："昔日，隋炀帝第一次进入甘泉宫时，对宫中的庭园十分中意，但是认为有一美中不足之处，即庭园中看不到萤火虫。于是隋炀帝下令捉一些萤火虫来代替灯火。负责的官吏赶紧动员数千人去捕捉萤火虫，最后捕捉了五百车的萤火虫。连这样的一件小事都能演变到这种田地，又何况是天下大事，更不知道要受到多大的影响呢。为人君王的又怎能不谨言慎行呢？"

精诚所至，金石为开

宋高宗皇后邢氏去世，高宗想立吴氏为皇，便跟母后韦太后谈起此事，韦太后虽然没有说什么，但从表情上看，便知韦太后不赞同立吴氏为皇后。

韦太后为什么不赞同立吴氏为后呢？原来吴氏刚入宫时，和韦太后一起侍奉在徽宗左右，那时，韦氏自恃地位比吴氏高，年纪也比吴氏大，看不起吴氏，对吴氏横挑鼻子竖挑眼，特别傲慢无礼。韦太后回朝后，常常想起自己从前不友好地对待吴氏的情景，对吴氏格外小心，生怕对自己不利。所以，听说要立吴氏为皇后，便表现出不悦的神情。

没过多久，高宗又一次对韦太后说："我的贵妃，功高德重，有恩于我，多年服侍在我身边，体贴入微，没有看出什么不好。现在大臣们纷纷劝我立她为后，我也感到没有什么不妥，只是不知母亲意下如何，所以，特来向母后请示。"

韦太后心里不高兴，但大臣劝说，皇儿有意，自己能说什么呢？于是，毫无表情地说道："这件事，还是皇儿自己定夺吧！"

高宗见太后不表态，只得把这事搁置起来。

吴贵妃十分贤德,听说韦太后对自己有成见,也不计较,她想,我是儿媳,应尽可能地去做一个儿媳对婆婆应尽的义务,去做一个贵妃所应该做的事,只有这样,才能使婆媳关系融洽。

于是,她经常去看韦太后,向韦太后问安,总是从宫中供奉自己的物品中挑出最好的,送给韦太后,韦太后患病,她几天几夜不合眼,服侍在太后的身边,煎药端汤,真诚对待太后。

韦太后见吴氏并不计较从前之事,对自己还这么好,心里十分感动,她边流着泪,边拉着吴氏的手说:“你不记着我对你的不好,这样忠心地服侍我,真是难得的好人啊!”

吴贵妃听了,安慰韦太后说:“您老人家不要想这么多,养好病比什么都要紧。”

过了一些日子,大臣等人连呈劝表,请求高宗立吴氏为后,韦太后也一改从前的想法,极力劝说高宗立吴贵妃为后。

高宗见时机已到,就在朝廷上向众臣宣布:“朕奉皇太后之命,立贵妃吴氏为后。”

这样,吴氏名正言顺地做了皇后。高宗还对吴皇后的祖宗三代加以追封,吴氏的亲属中,有好多人被授以官职。

人们常说“精诚所至,金石为开”,吴氏用自己的爱心、真心、耐心、恒心去不息地奋斗,用实际行动去说服韦太后,感化韦太后,得到了她的理解和信任,自己最终也得到极好的回报。

小过卦第六十二：既有原则，又要灵活

【爻词精义】

⊙太离谱了不好 ⊙有限度没过失 ⊙达不成预期效果不好 ⊙别认死理，小心尝试 ⊙时机不成熟就别妄动 ⊙强行打破常规很危险

经文义解

【题解】

《小过》卦的中心思想，在于阐释“过”与“敛”的道理。信心十足，必然会有行动，行动有时难免过度，但过度与收敛的分际，必须明辨。在消极方面，对自己要求稍为过度，有益无害。然而，在积极方面，则不宜过度，好高骛远，自不量力，甚至招致杀身之祸。因而，过与敛、刚与柔，相应时机，适当节制，变通运用，即或是正义，也不可过度固执，以致处置过当，反而造成伤害。过度不足以成大事，极端过度，将为自己招致灾祸。古人云：无过无不及，可谓识时务者，为俊杰也。

【原文】

䷽ 小过[1]：亨，利贞。可小事，不可大事。飞鸟遗之音，不宜上，宜下，大吉。[2]

初六 飞鸟以凶。[3]

六二 过其祖，遇其妣。不及其君，遇其臣，无咎。[4]

九三 弗过防之，从或戕之，凶。[5]

九四 无咎，弗过遇之，往厉必戒，勿用永贞。[6]

六五 密云不雨，自我西郊，公弋取彼在穴。[7]

上六　弗遇过之,飞鸟离之,凶,是谓灾眚。⑧

【注释】

①小过:卦名。下艮上震,象征小有过错。②飞鸟遗之音:鸟飞去以后,其鸣遗音犹存。③以:与,带来。凶:凶兆。④过:越过。祖:祖父。妣:祖母。⑤从或戕之:放纵自己会有被人杀害的危险。从,即纵;戕,害。⑥弗过遇之:不要过分求进而强求遇合。⑦公弋取彼在穴:王公射鸟,在穴中找到了鸟。弋,带丝绳的箭,射中猎物可以拉回。⑧离:网罗;这里用作动词,捕。

【译文】

小过卦　象征小有过错。亨通顺利,利卦。能够做寻常小事,不可行军国大事;飞鸟过去之后,其悲鸣遗音不绝,此时不宜往上强飞,而宜于在下安栖,如此,大吉大利。

初六　飞鸟带来危险兆头。

六二　逾越祖父,而和祖母相见;不到君王那里,而与臣下接触,没有灾祸。

九三　不肯严加防范,就会有被人杀害的危险,定有凶险。

九四　没有灾祸,不过分求进而强和他人遇合。有所行动便有危险,必须加以警惕。占问长久之事,筮得此爻不宜施行。

六五　浓云密布却不下雨,云气从自己城池的西郊升起,君王动武,在一个洞穴里边寻找到他。

上六　不要过分求进勉强与他人遇合,这样就像飞鸟容易被射中、捕获,非常凶险,这就叫做灾祸。

【释义】

䷽　小过:亨,利贞。可小事,不可大事。飞鸟遗之音,不宜上,宜下,大吉。

[解读]　小的过度,可以亨通,有利于正道;但是,小事可以有小的过度,大事不可以有小的过度。飞鸟过去之后,其悲鸣遗音不绝,此时不宜强飞而应安栖,才得吉利。

[象释]　下卦"艮"是山,上卦"震"是雷,山上响雷,威而不猛,故谓"小过"。二阳爻处在四阴爻中间,阴爻须通过二阳爻才能会合;因为上、下卦均有阴爻处中,而二阳爻九三不中,"九四"不正,所以有小事可通而大事不可通之论。又,二阳爻处在中间,上、下各有二阴爻,其形如飞鸟,所以又有飞鸟遗音

之喻。

［义理］ 小的过度能够亨通而利于正，如态度稍过于恭敬，服丧稍过于哀伤，家用稍过于俭约，均可获得良好的效果；至于国家大事，则容易差之毫厘而失之千里，切不可稍有过度。

初六 飞鸟以凶。

［解读］ 飞鸟好高骛远，凶险。

［象释］ “初六”在下卦“艮”即止的下部，应当栖息之时；且其形处在翅的末梢，柔弱无力，却因为与“九四”相应而一意上攀，有好高骛远却力不从心之象。

［义理］ 凡事皆宜量力而行，好高骛远、一意孤行，难免遇厄致险。

六二 过其祖，遇其妣。不及其君，遇其臣，无咎。

［解读］ 超越祖父，与祖母团聚；不追赶君王，甘与其臣为伍，则没有灾祸。

［象释］ “六二”遇“六五”同阴，“六五”为阴而有遇妣之喻；“六二”阴爻阴位，又处于下卦的中位，具柔顺中正之德，因而不与“六五”君王攀比，宁与“九三”、“九四”之臣为伍。

［义理］ 凡事应适时而行；只要切合时宜，运用得当，无论“过”还是“不及”，皆中规矩准绳。

九三 弗过防之，从或戕之，凶。

［解读］ 需要严加防范，否则就有被别人杀害的危险。

［象释］ “九三”以阳居阳，有刚直之象；与之相应的“上六”以阴居阴，有阴柔之象；“九三”刚直而不作过分的防范，难免要被阴柔的“上六”所害。

［义理］ 与阴险之徒相处，必须加倍警惕防范，尤其与善于玩弄权术的位高之人相处，更须谨慎，在防范方面宁可过而勿不及。

九四 无咎，弗过遇之，往厉必戒，勿用永贞。

［解读］ 没有过失，是因为未过分求进。如果继续前进便有危险。若属长久之事，则说明不宜施行。

［象释］ “九四”以刚居柔，刚柔相济，无呈强过甚之象；紧靠君位，倘若再进便有犯上之嫌。

［义理］ 不应“过”的时候，一点儿也不可以“过”；此时倘若稍有过分之举，便难免厄运光临。

六五　密云不雨，自我西郊，公弋取彼在穴。

［解读］ 天上布满乌云却不下雨，云气飘自西郊；君王动用武器，将他从洞穴中抓来。

［象释］ “六五”在君位而不正，阴而力弱，如同“密云不雨”一样难以成就大事；与之对应的“六二”有中正之德又不愿出仕，“六五”只得用强逼迫。

［义理］ 凡事不可过于勉强。过分地强求也未必能心甘情愿竭诚帮助。

上六　弗遇过之，飞鸟离之，凶，是谓灾眚。

［解读］ 别过分求进，勉强自己，就像不自量力的飞鸟已经离地太高，险象环生。

［象释］ “上六”以阴居阴，阴弱至极，却处于君位之上；其形为飞鸟的翅膀，不宜高飞却高飞，其险无比。

［义理］ 不自量力，一意孤行往上攀，是谁也不会去拯救，谁也拯救不了的。

案例解易

触龙说赵太后

赵太后刚执掌政权，秦国就向赵国猛攻。赵国向齐国求救。齐国提出：“必须让长安君饶阳做人质，齐国方才出兵。”太后不同意，大臣们竭力劝说，太后明确地对左右大臣说：“谁再提出让长安君做人质，我老太婆一定朝他脸上吐唾沫。”

左师触龙希望拜见太后，太后怒气冲冲地等着他。触龙进宫，快步走到太后面前，自我请罪说：“老臣的脚有毛病，竟然不能快步走，所以很久没来拜见您了。我私下原谅自己，又惦记着太后身体是否有什么不适之处，所以希望来拜见太后。”太后说：“我老婆子也只能靠车子走动走动。”触龙说：“您每天的饮食该没有减少吧？”太后说：“只能吃点粥。”触龙说：“老臣近来也很不想吃东西，自己就勉强散散步，每天走三、四里，渐渐地稍多想吃一点了，身子也觉合适一些了。”太后说：“我可不行。”这时，赵太后脸色稍缓和气了些。

左师触龙说：“老臣有一个最小的儿子叫舒祺，没出息。我又老了，又很疼爱他。希望他能在宫廷侍卫中凑个数，来守卫王宫，所以冒死前来向您请求。”赵太后说：“行啊，多大了？”触龙回答说：“十五岁了。虽然小一点，但我想趁我尚未入土之前，把他托付给您。”赵太后说：“男人也疼爱他的小儿子吗？”触龙说：“爱得比女人还深。”赵太后笑了，说：“女人才特别疼爱孩子。”触龙回答说：“老臣私下以为老夫人疼爱燕后胜过疼爱长安君。”太后说：“您说错了，不如疼爱长安君那么深啊。”

左师公说：“父母疼爱孩子，总为他的长远利益考虑。太后送燕后出嫁时，扶着她车子后面的横梁，为她哭泣，哭念她远离家乡，很是悲切。她已经走了，您不是不想念她，每次祭祀时您为她祷告说：‘千万不要让她被人休了送回家。’这难道不是为她的长远利益考虑，希望她的子子孙孙继承王位吗？”太后说：“是啊。”左师公说：“从现在这一辈的前三代算起，到赵国建国时止，赵国历代君主的子孙们曾封过侯的，他们的后代有继续封侯到现在的吗？”太后说：“没有。”触龙说：“不光是赵国，其他诸侯的后代有继续封侯到现在的吗？”太后说：“我老太婆没有听说。”左师公说：“这样看来，弄得不好，近一点呢，自己受害，远一点呢，影响到子孙。难道国君的子孙就一定没出息吗？这是由于他们地位显赫却没有功勋，俸禄优厚却没有劳绩，又拥有大量贵重珍宝。现在您让长安君爵位显赫，封给他肥美的土地，赐给他大量的财物宝贝，而不让他去为国立功。一旦您百年之后，长安君靠什么立足于赵国？老臣以为您替长安君打算得太近了，所以认为您爱他不如爱燕后那么深。”太后说：“好吧，那就听凭您安排。”

解龙就为长安君准备了上百辆车，到齐国做人质，齐国于是派出援兵。

坚持根本，变通枝末

芒卯对秦昭王说：“大王的大臣中，还没有一个在诸侯中作内应的人。我听说,英明的君主不离开内应行事。大王要求于魏国的,是长羊、王屋、洛林等地。大王若能让我当上魏国的司徒,我就能让魏国把它们献给大王。"秦王说:"好。"于是任命他做了魏国的司徒。

芒卯对魏王说:"大王所担心的是土地,秦国觊觎魏国的是长羊、王屋、洛林等地。大王若把它们献给秦国,土地就没有忧患了。然后我请求他们出兵攻打齐国,所得到的土地一定很多。"魏王说:"好。"于是就把长羊、王屋、洛林献给秦国。

地已献出了好几个月,秦国却没有出兵。魏王对芒卯说:"地已献出了好几个月,秦国的军队还没来,是什么原因?"芒卯说:"我罪该万死。不过,大王若处死了我,就等于把与秦国的契约撕毁了,大王就没有根据向秦国提出要求了。大王若赦免我的死罪,我就为大王按照原先的约定向秦国提出要求。"

芒卯于是到了秦国,对秦王说:"魏国之所以献出长羊、王屋、洛林等地,是想要大王出兵,帮助向东攻打齐国。现在他们的地已经献了,秦兵却没有派出,我就要获死罪了。不过,以后山东各国的政客们没有人再会为大王做有益的事了。"秦王吃惊地说:"因国事较多,所以没有出兵。现在就派兵去随同魏兵行动。"

过了十天,秦兵出动。芒卯领秦、魏两国军队向东攻打齐国,拓地22县。

既济卦第六十三：创业不易，守成更难

【爻词精义】

⊙成功后要节制　⊙别计较表面得失　⊙别重用坏人　⊙世事无常当知自诫　⊙要坚守正道别作无谓消耗　⊙要清醒别犯糊涂

经文义解

【题解】

这一卦的“卦辞”，并不吉祥，以下六爻占断，也都有警惕的语气。宇宙间一切最美好的事情，也愈隐藏着危机。由这一卦，就可以看出《易经》含义的深长和阴阳消长的变易。

成功，往往是令人十分兴奋的时刻，然而，物极必反的规律，却难以违背。创业固然艰辛，守成更加不易。在创业的时期，朝气蓬勃，人人奋发有为，可是，一旦成功，就会骄纵得意忘形，满足现状，以致暮气沉沉，不可能有大的作为。终于，内忧外患接踵而来。大自然的奥秘，就在于错综复杂，推演变化于无穷，始能生生不息。极度完成，变化规律就失去应有的弹性，反而僵化，丧失活力，走向没落。所以一切最美丽的事业，潜伏着极大的变化。

【原文】

䷾　既济[①]：亨，小利贞。初吉，终乱。

初九　曳其轮，濡其尾，无咎。[②]

六二　妇丧其茀，勿逐，七日得。[③]

九三　高宗伐鬼方，三年克之，小人勿用。[④]

六四　繻有衣袽，终日戒。[⑤]

九五 东邻杀牛,不如西邻之禴祭,实受其福。

上六 濡其首,厉。

【注释】

①既济:卦名。下离上坎,象征事功已成。济,渡河,引申为成功。②曳:拖拉。尾:车尾。③茀:泛指妇人首饰。④高宗伐鬼方:殷高宗讨伐鬼方。鬼方,殷代西北边境上的部落。⑤繻有衣袽:华服将变成破衣。繻:彩色丝帛,这里指华服;袽:败衣。

【译文】

既济卦 象征事业已成。亨通顺利,利于卜问小事。起初吉祥,最后危乱。

初九 牵引着车轮前行,水弄湿了车尾,但是并无灾祸。

六二 妇人丢失了首饰,不要去寻找它,七日以内自会失而复得。

九三 殷高宗兴兵征伐鬼方之国,经历三年才打败了它,事关重大,不能重用小人。

六四 美服行将变成破衣,应当终日戒惕以防灾祸。

九五 东面邻国杀牛举行盛大祭祀,不如西边邻国只举行比较简单的祭祀那样更享福祐。

上六 水沾湿了头颅,定有危险。

【释义】

䷾ 既济:亨,小利贞。初吉,终乱。

[解读] 成功,意味着一切亨通,有利于正义事业。成功的初期虽然吉祥,发展到后来难免又会陷入混乱。

[象释] 本卦中的阳爻都在奇数位,阴爻都在偶数位,是六十四卦中惟一六爻皆正的卦象,因而象征成功,故名为“既济”。然而,阳、阴爻各安其位,又背离变化法则,走向了保守与衰败。又:上卦“坎”是水,下卦“离”是火,水在火上,象征烹饪,成功之后的享受;但是,水克火,水倘若倾倒,火就会熄灭,就会享受不成。

[义理] 在事业成功的时候,不可整天沉溺于喜悦之中,而应保持清醒的头脑,作好防患未然的思想准备和物力准备。

初九　曳其轮，濡其尾，无咎。

[解读]　拉住车轮节制进程，沾湿车尾，但是不会发生灾祸。

[象释]　“初九”以阳居阳，又为“离”即火之初，其上进之意甚切，所以有止进的“曳”与“濡”。

[义理]　成功之后，须多思慎行，周详考虑。

六二　妇丧其茀，勿逐，七日得。

[解读]　妇女丢失了首饰，不必急于寻找，七天之后即可复得。

[象释]　“六二”以柔居柔，故有“妇”之喻；“六二”居中得正，与“九五”君王相应，本可顺而得志，无奈“既济”之君王已非往昔，无意再重用中正的贤能之士，因而“六二”不必急于闻达，宜待时而动。

[义理]　当事业既成，君王乐于享受而无意作为时，贤能之士亦宜淡泊宁静，不必急于求进。

九三　高宗伐鬼方，三年克之，小人勿用。

[解读]　殷高宗讨伐鬼方，经过三年苦战取得胜利，但是并不重用那些小人。

[象释]　“九三”以阳居阳，刚毅而又合于正道，故以商代的英明君主高宗伐鬼方做比喻；“九三”又是本卦的第三爻，故以“三年克之”比喻“既济”来之不易。

[义理]　能够在战场上逞勇立功的武士，不是守成治国良才。所以，只可赏于财物，切不可委以重任。更不可让他在政治上形成一定势力，如果不明此理，既济很快将转为不济。

六四　繻有衣袽，终日戒。

[解读]　美服变成了破衣衫，应当时时谨慎，防患于未然。

[象释]　“六四”以阴居阴，有遇事细心、思虑周详的特点；邻近“九五”君王，身在是非之地，更须谨慎戒惧。

[义理]　功成名就，更须思患防患。

九五　东邻杀牛，不如西邻之禴祭，实受其福。

[解读]　东边邻居杀牛祭祀，不如西边邻居的心诚薄祭，更能得到神的

福佑。

[象释] “九五”阳爻阳位,居上卦之中,又是君位,本应刚毅中正,然而处在“既济”的顶巅时期,功成名就之际,只知讲究排场而不想继续努力,因而有“杀牛”盛祭之喻;“西邻”指与“九五”相应的“六二”,“六二”为“既济”之基础,因而有奋发精神,“六二”阴爻阴位,阴主西方,故有“西邻”之喻。

[义理] 功成名就,天下太平之时,切莫以为天下已在掌握之中而可以傲睨万物乃至暴殄天物。在我国历史上,有多少帝王因此而丧失既得的天下。

上六 濡其首,厉。

[解读] 渡河时,水深浸顶,十分危险。

[象释] “上六”在本卦最上位,相当于人的头部;上卦“坎”最险,而且是水造成的险,因而有水浸及头部之象。

[义理] 长久地沉浸在成功的欢乐之中是很危险的。就如沉溺于河水中一样,稍不留神,便会遭致丧生之祸。

案例解易

独夫民贼,内外叛离

李存勖平生最喜欢干三件事:一是打仗,当初与梁军战于黄河,黄河水变成红色。二是打猎,李存勖打猎过中牟时,纵马践踏庄稼,一县令为老百姓说了句公道话,李存勖说:“把这个有眼不识泰山的东西给我拉去斩了。”三是唱曲演戏,他亲自登台唱戏,称“李天下”,却不“理”天下,终究失了天下。

李克用长子李存勖光启元年十月二十二日生于晋阳,10 岁起即随父南征北讨,长于戎马之间。他最终击败了他父亲的宿敌朱氏后梁,统一了混乱的北方大地。建立了后唐王朝。

生子当如李存勖

天祐五年正月,李克用病亡,24 岁的存勖继王位。此时外有强敌,内有隐忧，民心浮动，军心不稳。九分天下，朱梁已居其七。而且，仍在频频发起攻势，河北诸镇多纷纷归附。存勖虽为晋王，但兵马大权完全握在叔父李克宁之手，并密谋逼其让位。存勖得知这一情况后，先召监军张承业道："季父既然如此，我想主动让位，以免骨肉残杀，祸乱又起。"承业顿首泣道："先王命我等辅佐大王，言犹在耳，存颢这伙小人妄想投靠朱温，如不立即诛杀，后果不堪设想。"于是又召进大将吴珙、李存璋等人，共同商讨对策。

二月九日，张承业在府第大置酒会，邀李克宁及诸将参加。事先，已使李存璋、吴珙率兵士藏于帷帐之后。诸将落座，酒过三巡，承业举杯朝下一摔，帐后兵士一拥而上，将克宁、存颢从座上拉下，捆在一起。晋王存勖大步踏入，厉声诘责："我过去要把军府大权全部交给叔父，叔父不敢，如今我即王位，大势已定，您为什么又要谋乱篡位，想把我与母亲交给朱梁仇敌？"说毕，令军士推出斩首，席上诸将个个目瞪口呆，双腿不由得微微发颤。张承业大声道："今后大家要尽心王业，谁敢存心不良，格杀毋赦。"

安定了内部，李存勖的眼光又投向被梁兵长期围困的潞州（州治上党，今山西长治市）。潞州上党是河东的重要门户，天祐四年（907）六月起梁兵猛攻上党，在城外筑垒挖濠隔绝内外联系。时晋昭义节度使李嗣昭率众坚守，苦苦支撑了一年。晋王遣蕃汉都指挥使周德威率重兵前去解围。

天祐五年（908）四月二十九日，晋军到达距上党45里的黄碾村。三十日夜，大雾弥漫，晋军利用有利时机，迅速接近围困上党的梁军营垒。五月一日凌晨，雾气越来越重，梁军将士还都在梦乡中，晋王命周德威、李嗣源，兵分二路，斩关烧寨，突入梁军营垒。一些军士莫名其妙地成了刀下冤鬼，活着的军卒们很快便清醒过来，纷纷向南溃去，梁将唐怀贞见势不好，率百余骑兵由天井关奔归开封，朱温听到梁军溃败的消息，先是大吃一惊，接着，又深深地叹了一口气，道："生子当如李存勖，真是如其父，我的那些儿子简直如同猪狗！"

黄袍加身

后梁开平四年（910），梁太祖朱温怀疑成德镇（今河北正定）节度使赵王王熔与晋王结好，武断地派供奉官杜廷隐、丁延徽率领魏博（治魏州，今河北大名）镇兵，去夺取成德镇的深、冀二州城。十一月，王熔向李存勖求援。李存勖正求之不得，力排众议，亲率大军前往。十二月，朱温赶忙任命王景仁为北面行营招讨使，带兵驻扎在柏乡（今河北柏乡县）。次年正月，李存勖军队向柏乡进攻。当时，梁军兵分三路，他们“铠胄皆披缯绮，镂金银，光彩炫耀，晋人望之夺气。”据说每副铠甲价值十万。但是晋军将领周德威临危不惧，他鼓舞士兵们说：“梁兵只是些‘屠酤佣贩’之徒，虽然铠甲鲜艳漂亮，实际上不过是些稻草泥人，十个不当我们一个，没什么可怕的。大家谁能俘虏其中的一个，就可能致富，这是难得的收入，机不可失呀！”李存勖还临阵誓众，使“人百其勇，短兵既接，无不奋力”，从上午九时一直战斗到下午五时，趁梁军想抽退之势，周德威大喊一声：“梁军要逃跑了！”随即带兵冲上前去。梁军惊魂未定，一触便溃，弃铠投仗之声震天动地，主力几乎全部被歼，只剩下大将王景仁等数十骑得以仓皇逃掉。李存勖连夜进据柏乡。整个战场上，晋军斩敌首 2 万，获马匹 3 000，铠甲兵杖 7 万，俘虏梁将陈思权以下 285 人，粮草不可胜计。后梁大将杜廷隐随即放弃了深、冀二州城，但他活埋了城中的老弱病残者，把丁壮全部当做奴婢掳走，剩下的只是一些残垣断壁，柏乡之役后，后梁从太祖朱温到各级将士都开始惧怕晋王李存勖，以致于在后来的作战中，只要一听说“沙陀来了”。梁兵就争先逃命，严刑莫禁。这样，战争的优势就渐渐从后梁方面转到了晋方。

李存勖和后梁交战，常受侧背牵制。早在后梁代唐之前，幽州节度使刘仁恭据取沧州，命他的长子刘守文为沧州节度使，发兵攻袭镇、定、魏博等州，结果，被后梁打得落花流水，无奈便卑词厚礼，同李存勖修好，乞求援助。后梁开平元年，刘守文的弟弟刘守光在幽州自称节度使。他为了独霸一方，竟把自己的父亲囚禁起来，又杀了自己的哥哥刘守文，占有沧州。从此，他得意洋洋，妄自尊大，自以为不可一世，甚至想当皇帝。为了当皇帝，刘守光于后梁乾化二年派使者到成德镇劝赵王王熔尊他为“尚父”。李存勖深知刘守光顽愚凶悍，便采取“欲取先与”的策略，于当年年底联合王熔等六镇，共同推崇刘守光为尚书令，尊称“尚父”。按唐旧制，唐太宗李世民曾担任过尚书令，后来，为了避讳，勋贵耆宿都不再加尚书令的头衔，只有中兴名将郭子仪，功劳卓著，才加以尚书令名号，以表示对他的特殊荣宠。刘守光无缘无故地获得这一美称，便得意忘形，他不听部下的苦口劝阻，自称“大燕皇帝”，发兵向易州和定州进攻。

李存勖采取这一策略，助长了刘守光的骄狂，使他充分表演，彻底孤立，自蹈于炉火之上。就在刘守光侵伐易、定之时，李存勖派大将周德威、李嗣原等带兵3万，会合成德赵军，直捣刘守光的巢穴——幽州，晋军连战告捷。后梁凤历元年十一月，李存勖又亲自带兵督阵，很快便占领了幽州城，俘虏刘仁恭及其家属；刘守光夫妻也在逃跑中被乡民捕获，押到晋王帐下。“大燕皇帝”的美梦结束了。

李存勖消灭刘氏父子，暂时减轻了南下攻梁的后顾之忧，但是，他却消灭了一道横在自己和北方契丹之间的屏障，如今，只要契丹稍有骚扰，晋王就得马上派兵抵御一阵。北方边境常常得不到安定，晋军便始终不能把自己的力量专注南方，这也算是个小小的失策，倒不如先稳住刘氏，让他们挡挡契丹的侵扰，等灭梁后再干掉他们。

在李存勖用兵北方的那一年，后梁太祖朱温认为有机可乘，遂亲自率领号称五十万的大军昼夜兼行，赶到观津冢，想乘虚攻取成德镇。柏乡战役之后，朱温变得忿闷暴躁，恣意杀戮，一路上，他打死了几员文臣，还杀了大将李思安等人，弄得随行将士人人自危，手足失措。到了成德城外，由于粮草不足，朱温不得不派兵出去割草。李存勖的部将派巡逻兵捉了数百名割草的梁兵，杀掉其中的多数，把剩下的几个放回去，并且告诉他们说：“晋王至矣！”然后又派数百余骑晋军，打着和梁军类似的旗帜，同放回的梁兵杂在一起，向后梁军营冲去。傍晚，他们赶到了梁军营门，杀死守门士卒，吓得梁军连夜逃跑。朱温也被吓得魂不附体，急急忙忙烧了营房，弃了军资，连夜逃跑，途中还迷了方向，错转了150里路。河北人民早已恨透了残暴的梁军，看见他们溃逃，都操起锄头木棒，追杀散兵。梁兵逃得更快了。后来派骑兵一观察，才知道晋军主力并没有来，自己虚惊一场。但后梁军队已经彻底瓦解，没法再重整旗鼓了。朱温对李存勖奈何不得，恼羞成怒，发病回了洛阳，不久便被他的儿子朱友珪给砍了脑袋。

梁末帝朱友贞即位以后，后梁统治阶级内部更加混乱，处境日益恶化。但是，连年的战争使双方力量均有削弱，农业生产凋敝，军需每每困窘，谁也来不及组建一支强有力的劲旅摧垮对方，于是，在黄河两岸李存勖与后梁展开了旷日持久、长达十年的夹河之战。

在河北，魏博是个大镇，战略地位重要，长期以来一直是兵家必争之地。在晋兵与后梁交战的过程中，梁军虽然屡次溃败，但是，只要保住魏博镇，后梁的首都汴城就有现在的豫北、鲁西、冀南等大片土地作屏障,不会受直接威胁。李存勖要灭梁,不夺取魏博,就难以达到目的。而夺取魏博可不是件容易的事情,唐中叶以来,它一直以地富兵强闻名,堪称一块硬骨头。

后梁乾化五年(915),后梁末帝朱友贞却意外地帮了李存勖的忙。这一年,镇守魏博的梁将杨师厚病死,朱友贞听从臣下愚蠢的计策,决定把魏博分为天雄、昭德两个镇,以便削弱魏博的力量,避免造成尾大不掉的后患。孰不知,这些魏博牙兵是天不怕、地不怕的,他们随时都可能发动兵变,废立镇帅,皇帝也不被他们看在眼里。朱友贞可能也考虑到了这一层,怕牙兵不服,他派大将刘鄩带兵六万,渡过黄河,准备弹压可能发生的兵变。魏博士兵不愿意离开原来的驻地,新任的天雄军节度使贺德伦却老虎头上搔痒,再三催逼,素来骄横的牙兵遂群起哗变,纵火大掠,他们赶走刘鄩派来的监军,杀死贺德伦的亲兵500人,并劫持贺德伦,向晋王李存勖请降。李存勖喜出望外,立刻亲率士兵赶到魏州,当众处决了兵变的头目,慑服乱军,把他们收为自己的亲军,结以恩信,同时下令整顿军纪,严惩暴掠。李存勖算是讨了个大便宜,未经血战而获得了一个具有战略意义的重镇和一支具有较强战斗力的军队。昔日的仇敌一变而成了今天的突击队,这大大改善了晋军的战略地位,他们稍微一动就迫近黄河,汴城失去了坚强的保护,极易感受威胁。后梁处境更加不利了。

把魏博安定好,李存勖就着手组织兵力,向后梁展开了再次进攻。刘鄩是梁将中一个最称多谋之人,魏博失守后,他避开晋军的正面攻击,想绕道乘虚袭取晋阳。李存勖看出了他的计谋,使刘鄩未能得逞,梁军就退屯莘县,闭垒不出,准备待机出击。但是,昏庸的梁末帝身居幽宫,胡乱发号施令,派人督促刘鄩赶快反击。一次,刘鄩被迫出兵,大败而回。后梁贞明二年,梁末帝更加急不可耐,屡次派使者前去督战,但刘鄩仍然按兵不动。李存勖一看,只好自己寻找战机。他留大将李存进屯守驻地,谎称自己要转回晋阳。梁末帝听说后,不辨真伪,派人威胁刘鄩说:"今扫境内以属将军,社稷存亡,在此一举,将军勉之!"刘鄩被逼无奈,只得出战魏州,结果仍然是大溃败,损失士兵7万人,剩下一些散兵逃到黎阳。至此,河北州县均为晋王所有,后梁仅保存刘鄩自守的黎阳一城。魏州之战是晋、梁双方决定胜败的一次大战。李存勖遇到了软弱的对手,轻而易举地据有了河北,声势大振,遂以魏州为根据地,向南步步推进。

第二年冬天，黄河被一层坚实的冰床覆盖着，李存勖乘机踏冰过河，夺取了河南岸的一大渡口杨刘城，俘虏后梁守将安彦之。后梁贞明四年正月，梁末帝听说杨刘失守，惊恐万状，立刻终止了在洛阳即将举行的郊祀大典，狼狈奔回汴城。二月，梁将谢彦章率军数万向杨刘城发动了反攻，他们筑垒自固，扒开滚滚的黄河水，想借此阻隔晋军。李存勖见梁军并无战意，只是想凭河自守，便从水浅处涉水进攻，梁军被打得大败，死伤惨重，黄河水都变成了绛色，谢彦章仅得逃走。

秋季，天高气爽，李存勖会合诸路兵马，在魏州举行了大规模的阅兵仪式，军中还有契丹、室韦、吐谷浑等北方诸部落的骑兵共10多万，“部阵严肃，旌甲照曜，师旅之盛，近代为最”，然后从魏州赶到杨刘。当时，朱友贞调集了几乎全部兵力，由步将贺瓌、骑将谢彦章统率，驻扎在濮州北行台村，与晋军对峙100多天。李存勖恃勇轻敌，常率少数骑兵到后梁军营附近挑战，一次，他仅带数百骑前往，谢彦章率精兵五千埋伏在河堤下，当李存勖带十几个人登上河堤时，后梁伏兵齐出，把李存勖等围了数十重，虽然他们跃马突奔，冲出了包围圈，但不能脱身，赖宿将李存审及时率兵赶来，才打退梁军。十二月初，李存勖进一步把军队驻扎在离梁军仅十里的地方。这时，梁将贺瓌嫉妒谢彦章的声望，因计议不合，就诬陷说谢彦章要谋反，把谢杀了。李存勖喜出望外，他兴奋地说：“后梁大将自相残杀，亡国指日可待，如果我军直捣他们的国都，贺瓌一定不会按兵不动，等他一动，我们就打他，没有不胜的道理。”老将周德威比较持重，他认为“战机未到，不宜轻举妄动。”李存勖不听。他令军中的老弱都回魏州，然后带领号称十万的大军毁营而进，直奔汴梁。当军队走到胡柳坡（今河南濮阳西）时，梁将贺瓌果然派兵追了上来。周德威建议：“先按兵不动，避开敌军锋芒，派小股骑兵困扰敌军，待其疲惫，再大举进攻，或许能一举全胜。”李存勖还是听不进去，他一意孤行，轻率地出兵应战，结果，晋军阵角被打乱，大将周德威父子战死。李存勖还不服气，又亲自率兵冲击，才夺得一座小山。第二天两军在山下交战，梁军只有步兵，李存勖的骑兵遂往来冲突，把梁军消灭了约3万人，但是晋军也损失了三分之二。这场战斗，由于李存勖恃勇少谋，轻敌拒谏，把战争当游戏，虽有小胜，结果是得不偿失。

后梁贞明五年，稳重多谋的李存审在德胜夹黄河修筑了南、北两座城，中间用浮桥相连，屯兵据守。为了对付晋军，后梁将领王瓒在德胜上游十八里处的杨刘也夹河筑垒,造浮桥相连接。从此,德胜、杨刘成了晋、梁交兵的又一焦点。这一年,双方夹河大战,李存勖轻敌妄出,险被俘虏,后梁骁将王彦章乘虚入濮阳,晋军形势一度危急,幸得众将沉着应敌,奋死抗击,反攻得手,才击退梁军,夺回濮阳。

李存勖几度攻梁,虽然消灭了梁军不少有生力量,本身消耗也不轻,这表明晋军尚无力推翻后梁。当然,这也与它屡受北方契丹的侵扰牵制有关。例如,后梁贞明三年,当李存勖和梁军在杨刘交战之时,契丹王阿保机就收纳了李存勖的叛将卢文进,进攻新州,刺史安金全弃城逃走,契丹又乘胜进攻幽州,他们凿地道,起土山,四面攻城。李存勖不得不先后派重要将领周德威、李嗣源、李存审等前去救援,从二月一直战到八月,才打败契丹,保住了幽州。而这就影响了南线战场,使刘鄩得以保住黎阳,晋军未能乘胜直接南下。后梁龙德元年,成德节度使王熔奢侈昏聩,宠任阉人,养子张文礼遂煽动兵变,杀死王熔,引契丹为援。李存勖在前线闻讯,急忙率大军讨伐,留李存审、李嗣源守卫德胜。虽然晋军击败了契丹援兵,但是后梁大将戴思远趁李存勖北上,全力猛攻德胜,赖守军苦撑,李存勖回师迅速,才打退梁兵,保住德胜。这都不同程度地干扰了李存勖的南下计划。

李存勖在军事上有些胆略,比起他的父亲略胜一筹,但在政治方面却是鼠目寸光。称王后,他也发布过一些改革条令,不过那只是些应急的权宜措施,贯彻得如何还是问号。稍有安定,他便不知节用,奢侈淫乐起来。当时,晋领域内的"军府政事,一委监军张承业。"张承业虽是宦官,却还比较廉洁,他励精图治,"劝课农桑,蓄积金谷,收市兵马。征租行法,不宽贵戚","由是军城肃清,馈饷不乏",成了李存勖在前方作战的坚强后盾。李存勖出身贵族家庭,不知爱惜财物,从战场上回晋阳后,一会儿他要钱赌博,一会儿他又要钱赏赐伶人,张承业概不支付。有一次,李存勖想立个"酒钱库",供自己私自开销,他让儿子李继岌给张承业表演舞蹈,企图赚取钱帛。不料,张承业还是分文不给,只把自己的宝带、良马等物品赠给他们。李存勖气愤地指着钱库叫道:"继岌缺钱花,你应该给他钱帛,这宝带、良马顶什么用?"张承业曾受李克用顾命之托,他不怕李存勖,坚定地说:"这些钱是让大王您用来养活战士的,我哪里敢动用它,当私人礼物送人!"李存勖更加火了,他借酒耍疯,口出恶言。张承业又说:"我保护这些资财,也不是为了我自己的子孙,惜钱为大王基业,王若自要散施,何妨老夫!”李存勖羞怒难堪,向侍从要来宝剑,正要行凶,张承业一把抓住他的衣衫,哭诉道:“仆受先王顾托之命,誓为国家诛汴贼,若以惜财物死于王手,仆见先王无愧矣!”李存勖的母亲听说他要杀张承业,赶忙把他叫进后宫,一场风波才告结束。这件事表明,李存勖是个毫无政治头脑的人,只是大敌当前,天下未定,他不得不暂时有所收敛罢了。

后梁龙德三年(923),李存勖在魏州称皇帝,他以唐朝的继承者自居,取国号曰大唐,史称后唐,建都洛阳。李存勖即史书上所称的唐庄宗。

李存勖称帝后,便大举伐梁,想一举把它灭掉。后唐军首先攻陷郓州,这就把战线从杨刘向前推进了一大步,打开了向汴梁进军的道路。后梁形势危急,末帝忙派王彦章、段凝带兵抵御。王彦章骁勇多谋,年过花甲,壮志不已,平常打仗,他常用两枝铁枪,一枝驾在马鞍上,一枝执在手中,运转如飞,传说每支枪都有100斤重,人称“王铁枪”。这一次,他带兵一鼓作气,连下德胜南城和潘张、麻家渡诸寨,声势大振。李存勖急忙放弃德胜北城,派主力坚守杨刘,王彦章也想顺河而下夺取杨刘,两军夹河而行,在水上一日百战,互有胜负。到杨刘后,王彦章用10万之众发起攻击,昼夜不停,城破者多次,赖后唐全军将士奋力苦战,才得保住。就在两军胜败难分之际,昏庸的后梁君臣们又给李存勖助了一臂之力。原来,王彦章性情耿直,他痛恨朝中的奸臣赵岩、张汉杰之流,与他们结下了仇怨。所以,前线战争稍有不利,他们就在梁末帝面前讲王彦章的坏话,结果,王彦章被罢帅。这就铲除了后唐军队的一个劲敌。不仅如此,而且取代他的段凝怯懦无谋,未曾立过战功,是靠贿赂得宠的。士兵们心怀不满,不愿为他出力,他没有抵御之策,竟然在滑州酸枣决开河堤,企图用滚滚而下的黄河浊流,阻挡后唐军队的进攻。水灾给豫东、鲁西一带人民带来了巨大灾难,却没有起到一点儿军事作用,只不过暴露出自身的虚弱本质罢了。

在战斗的关键时刻,后唐潞州守臣李继韬举城降梁。梁末帝认为这是天赐良机,决战的时机就要到来,便派人攻下泽州,欲断绝唐兵归路,并进袭晋阳;又调洛阳等地的军队进攻成德,以抄唐军的后背。双方都处于紧急状态,李存勖军队固然有陷入包围,失去根据地的危险,然而后梁军队则兵力分散,指挥不一。李存勖急忙召集谋臣武将商计对策,有人主张强敌压境,不如割地退兵,保住根据地，伺机再举。李存勖不同意。他说，如果这样，我们就会死无葬身之地。他又专意去找老将郭崇韬商讨。郭崇韬说："眼下是进则胜，退则败，成败之机，在此一举。"李存勖松了一口气，说："此正合朕志！"于是决计向后梁的都城汴梁进发。他把随军家属送回魏州，表示有进无退的决心。他派猛将李嗣源为先锋，自己率大军随后，长驱直入，迅雷不及掩耳，直捣汴梁城下。末帝朱友贞被杀，后梁百余官员献美女请降，后梁江山从此踏在李存勖的脚下。

声色犬马，为所欲为

后唐初年，中原历经百战，千疮百孔，民生凋敝，白骨露于野，千里无鸡鸣。但是，后唐已经统一了广大的河北、山东、河南、陕西等地区和江苏、安徽的淮北部分以及甘肃、宁夏各一部分，是五代时期占地面积最广的一个朝代，如果其统治者稍有政治远见，予民休息、采取发展生产的措施，巩固和发展统一局面并非不可能之事。然而，事情的发展却适得其反。

当李存勖初进开封时，南方各割据王国都非常惧怕他，因为他打了那么多胜仗，并且统一了中原广大地区，于是纷纷派使者向后唐进贡。盘踞荆南的高季兴亲自到唐都洛阳，以前朝地方官的身份朝见李存勖，表示拥护新王朝。他在洛阳期间，受到朝中伶人、宦官的敲诈勒索，气愤难忍，设法离开洛阳，日夜兼程，驰回本镇。他了解了后唐朝臣的实际情况后，放心地说："吾高枕无忧矣！"意思是说，后唐灭不了我啦。吴国的执政徐温也担心后唐会来进攻自己，而谋士严可求笑道："'闻唐主始得中原，志气骄满，御下无法，不出数年，当有内变。'我们只管先委屈一下，给他们送些礼物，保住我们的边境，使人民安心生产，等着看他的结果吧！"他们为什么会异口同声，做出这么肯定的判断呢？只要看看李存勖的所作所为，我们就明白了。

李存勖平生最喜欢干的事有三件：一是打仗；二是打猎；

三是唱曲演戏。

灭梁以后，仗打不成了，他把主要精力就放在了后两件事上。身为一国之主，他常常把国家大事放在一边，四处跑着打猎取乐，有时甚至一连在外十来天都不回皇宫。由于山崖险峻，好多骑兵摔死在围山捕兽的过程中。每次打猎都得带上大批将士、猎犬猎鹰，还有歌舞艺人，前呼后拥，把所过农田的庄稼糟踏得不成样子。有一次，李存勖打猎路过中牟，正值庄稼成熟时节，他却毫不放在心上，纵马践踏。县令气不过，挺身而出，拦马苦谏，说："你把这些庄稼踩坏了，老百姓还如何活命，如何向政府交纳租税。"骄横的李存勖根本不把县令放在眼里，他大声喝道："把这个有眼不识泰山的东西给我拉开斩了。"身边的歌舞艺人敬新磨还比较富有正义感，他抢上前去，故意把县令拉到李存勖马前，装模作样地呵斥道："你身为亲民的县令，难道不晓得我们尊敬的皇上喜爱打猎，你怎么敢让老百姓在地里种庄稼挡住皇上的过路呢？你为什么不空出这块地，让老百姓饿死，以供皇上跑马玩乐？你这县令真该死！"一席反话恰好击中李存勖的要害，引得他哈哈大笑，才饶了这个县令的命。他这样不恤农事，农民哪有心思去为国家生产粮食！

李存勖唱曲演戏的名声相当高。称帝后，他还不时地面涂粉墨，与优伶同台共演，并取诨名叫"李天下"。一次演戏，他自己连叫两声"李天下，李天下"。还是这个敬新磨，他上去打了他的嘴巴，大家都很惊恐。李存勖气得脸色都变了，正要发作，敬新磨却不慌不忙地开口了："理天下的人只有一个，你尚叫谁？"在这里，敬新磨利用"李"与"理"的谐音关系，巧妙地采用移花接木的手法，既责罚了只知享乐不知理政的昏君，又指出了皇帝应以"理天下"为重，不该沉溺于声乐歌舞之中。李存勖按照后一种理解，终于没有发作。

按理说，开国皇帝是创业者，应该知道江山来之不易。但是灭梁以后，李存勖随即失去了战场上冲锋陷阵的锐气，在昏愚官僚们的包围中变得越来越奢侈腐化。宦官想大增宫女，诈称洛阳宫中空房太多，常有鬼怪出现，李存勖就派人到各地抢夺民间女子。从魏州一次就抢回 1 000 多人，带去的车驾装不下，只好用牛车装运。

李存勖和皇后刘氏还是两个最大的吸血鬼。刘氏是魏州成安人，出身贫寒，五六岁时被李克用收得，后赐给李存勖当侍妾。她的父亲是个乡村医生，李存勖在魏州时，刘氏的父亲前去认亲，宫中已经有人认出，但她却害怕李存勖嫌自己出身低下而矢口否认，并且说，她的父亲早就在战乱中死去，这是从哪里来的穷乡巴佬，胆敢在这里漫天撒谎。于是她派人把自己的亲生父亲在宫门前打了一顿，一脚踢开。进洛阳后，她却恬不知耻地认当地的头号富翁张全义作义父。张全义诚惶诚恐地认了这位飞来的义女，不得不献出大批资财作见面礼，并经常馈送礼物，来保全自己的家业。这个没良心的刘皇后简直是“有钱便是爹”了，还有什么坏事干不出来呢？

李存勖听从宦官的建议，按唐朝旧制，把天下所入的财赋分为内外两个府：州县上供的入外府，充国家军政费用；藩镇贡献的入内府，专供皇帝游宴和赏赐左右。当时，州县多被藩镇控制着，赋入有限，外府常常空空如也；内府财物则堆积如山，成为帝后的私囊，皇后把持着这些财赋，只用来抄写佛经，赏赐僧尼。当宰相请求借用内府的钱，赈救士兵家属，安定军心，鼓舞士气时，她却把国家兴亡归于天命，一毛不拔，竟要无赖，推出皇子，请宰相把他们卖了，以犒赏军士，把宰相大臣吓得一个个赶忙退出。皇帝皇后如此贪婪，贪官们就更肆无忌惮地搜刮民财，以向帝后献媚。租庸使孔谦，夺宰相之权，以聚敛为能事，剥削万端，“凡赦文所蠲者，谦复征之。自是，每有诏令，人皆不信。”朝廷的大臣如此干，下边州县官吏随即群起效尤，层层加码。百姓只觉得新王朝的赋税比旧王朝更重，把愁怨都归结在皇帝身上，纷纷逃亡；而李存勖还嘉奖孔谦，赐给他“丰财赡国功臣”的美称。

玩丢了天下

李存勖终归只是一介武夫，他不是伯乐，他重用的官员都是一些无能奸佞之辈，这终于导致了他最后可悲的结局。

首先，他逆历史潮流而动，任用那些被唐末农民战争打垮了的所谓名门士族之后。李存勖把自己打扮成唐王朝的法定继承人,他首先寻找的就是唐朝旧臣,企图建立起同唐朝一样的朝廷。唐礼部尚书苏循出身名门,后梁代唐之际,他极尽献媚之能事,后梁宰相敬翔瞧不起他,斥之为"俱无士行,实唐家之鸱枭,当今之狐魅。"贬之田里,不予任用。后梁贞明七年,苏循又跑到李存勖所在的魏州,入牙城,望见王府便拜,称之曰"拜殿";见晋王时,口喊万岁,行舞蹈礼,涕泣称臣,以表示自己的忠心。这给了李存勖以极大的欢心。第二天,苏循又献出三十支大笔,称"画日笔"。按照唐制,这种笔是供皇帝专用的,每日一支。得此宝物,李存勖更加喜不自胜,立即任苏循为河东节度副使。此后,他又"求唐旧臣,欲备百官",还"于四镇判官中,选前朝士族,欲以为相。"招致了一批腐朽的士族贵族,补充到官僚队伍中,使国家政治毫无起色。如豆卢革、卢程等唐时的名门士族,都被擢居宰辅,委以重任。而这两个人都昏庸无能,在处理日常政务时常闹笑话。那个卢程说是名族出身,其实连自己的家世都不太清楚。做宰相之前,有一次,李存勖叫他起草文件,他不会写,弄得手足无措。后来冯道当了掌书记。冯道的官位原比卢程低,这样一来就比他高了。卢程愤愤不平地对别人说:"用人怎能不考虑门第而提拔一个乡巴佬呢!"当宰相后,他更加神气十足,出门办事,到处令州县给他供应役夫;官吏出门迎接拜见,他坐在轿子上,傲然不理。谁若违背了他的只言片语,马上就会遭到鞭打辱骂。豆卢革也没有什么学问,李存勖问起国家大事,他一窍不通,总是胡乱搪塞一番,说几句不疼不痒的空话了结。实际上,唐末农民战争以后,门阀贵族已被消灭殆尽,门第观念已经淡薄,而李存勖仍然以出身贵贱取人,说明他毫无政治头脑。

其次,扶植宦官。后梁朱温曾经诛杀宦官,当时,李克用盘踞的河东地区成了宦官最大的避难所。李存勖也爱用宦官。后唐同光二年正月,他在洛阳御明堂殿,受百官朝贺,随即发布诏令:"内官不应该居住在外地,前朝的内官现在散居留养在各州县者,不分贵贱,全部送到京师,不得辄有停滞。"原来宫中已经有宦官五百多人,至是,各地宦者应诏入京的约千余人。李存勖均给他们以优厚的赏赐,委之重任,依为心腹。他们便凭借皇帝的庇护,在朝中干预国家政事,侵夺士人仕途,引起有识之士的强烈不满。在地方上作监军的宦官,凌驾于节度使之上,而节度使多是有功之臣,受制于这些卑贱之人,当然也愤愤不平。重新选用宦官是李存勖恢复唐朝弊制的又一表现,与后梁抑灭宦官相比,是历史的倒退。

第三,宠用伶人。李存勖自幼爱好音律,这本无可非议,但问题在于他因喜欢唱曲演戏而宠用伶人,让他们干预国政,并且干了许多坏事。后唐建国前,李存勖就任伶人杨婆做卫州刺史。这杨婆什么也不懂,专事搜刮财富。为了饱私囊,他向守城的士兵收钱,凡交钱的士兵都可以回家,卫州防卫由此空虚。后梁龙德元年(921),梁将段凝侦知虚实,轻易地夺取卫州,并配合其他梁军,尽取澶州以西、相州以南大片土地,晋军丧失军储三分之一,一度使后梁军势大振。李存勖亲率将士苦战才收复失地,而功高威重的宿将李嗣昭、李存进等人却都战死,兵员、物资损失惨重。李存勖进入汴梁之后,原来被梁军俘虏的宠伶周匝赶来谒见,他也厚加赏赐。入洛阳以后,伶官们在皇帝的支持下气焰更加嚣张,"出入宫掖,侮弄缙绅,群臣愤嫉,莫敢出气"。最受信任的伶官叫景进,他经常探听宫外的鄙细小事报告李存勖,并为李存勖收罗宫女侍妾,李存勖非常高兴,把魏州征收钱谷和招兵买马之事,都交给他监督。当景进入宫奏事时,其他将相大臣都得退避,由是"(景)进得以施其谗慝,干预政事,自将相大臣皆惮之。"有的干脆靠贿赂伶官保持官位。

此外,李存勖灭梁后,贪官污吏普遍得到留用。贪浊谄佞的孔循、段凝,以贿赂受宠用。后梁末帝的表兄袁象先,素以谄佞贪婪著称,后梁灭亡后,他用车拉了宝物数十万,贿赂皇后和其他朝中大臣以及伶人、宦者,不久便得到了朝廷内外的普遍赞扬,李存勖也不加追究,对他恩宠备至。后梁的节度、防御、团练使、刺史等将校官吏一概留用,甚或曾投降后梁的后唐将校官吏也释前罪不问,皆复其原职。任用这批人,不但不能治国安邦,反而纠集了各种腐朽贪暴势力,使统治阶级的素质更加恶劣。他们唯利是求,祸国殃民,成为后唐王朝身上的恶性肿瘤。使后唐君臣上下离心,民怨沸腾,加速了后唐的灭亡。

自取灭亡

李存勖是靠军人的帮助登上皇帝宝座的,但是,也是军人把他送进了历史的垃圾堆。

李存勖骄傲自矜,有功不赏和忌杀功臣,成了他败亡的直接原因。早在后梁贞明二年(916),他和梁军在河北决战的时候,梁将率兵三万袭击晋阳城,想一举占有晋的后方。当时,晋阳守兵很少,留守张承业不得不征发城中所有的人抵抗梁军,形势异常危急。已经退休的老将安金全自告奋勇,率本家及其退休将领家的子弟数百人出城奋战,打退了梁军,保住了晋王的根据地,而李厚勖却嫌安金全出战不是奉自己的命令,不赏其功。

后唐灭梁,是广大将士们团结一致、出生入死打出来的,在关键时刻,将士们置生死于度外,奇袭灭敌,李存勖自己也曾被将士们从敌军的重围中救出性命。然而,后唐政权建立之后,李存勖却把这些忠耿将士们的汗马功劳全部抹掉,竖着手指向别人炫耀说:“我得天下靠的是这十个指头。”把全部功劳归于自己一人。那些曾和李存勖一起打江山的兵士,所得犒赏微薄,生活常常穷困不堪。如果遇到灾荒,就连李存勖的侍卫亲兵,也“有雇妻鬻子者,老弱采蔬于野,百十为群,往往馁死。”尽管士兵们的生活如此,却得不到李存勖的抚恤,因此,兵士们“流言怨嗟。”那些与李存勖并马驰骋疆场的勋将功臣,非但得不到李存勖的赏赐,还因李存勖听信佞宦谗言而遭杀戮。这样,李存勖就失去了将士们往日对他的信任,为自己的败亡挖下了坟墓。

同光三年,李存勖为了摆脱国内财源枯竭的困境,发动了对前蜀的战争,以便据有富有的四川,掠夺更多的财富。当时,李存勖任长子李继岌为西南行营都统,谋臣郭崇韬为都招讨使,派兵六万攻蜀。由于前蜀君臣昏庸,将帅怯弱,再加上郭崇韬的指挥有方,后唐兵长驱直入,如入无人之境,前后费时不过七十天,就灭亡了前蜀,掳获兵士,财宝不可胜计。

然而,就在胜利的欢呼声中,危机爆发了。郭崇韬在后唐的大臣中,是最忠直廉洁和有见识的,是他力排众议,鼓动李存勖不失时机地进行了灭梁的战争,功勋极大。平时,他看不惯李存勖身边为非作歹的宦官,在西征途中,他对皇子李继岌说:“您现在是太子,等将来皇上万岁以后,您当皇帝,应该把宦官清除出去……”宦官知道后,都恨之入骨。郭崇韬入蜀以后,为了安定人心,到处招抚兵将,出榜安民,于是前蜀降将们竟相称赞郭崇韬。李继岌年幼无知。他见郭崇韬很得人心,就听信宦官的话,怀疑郭崇韬。李存勖征发蜀中财物,查看府库财本,认为所得财物太少,有些生气。在洛阳的宦官乘机造谣说:“那里的财宝都被郭崇韬霸占了,他招降纳叛,笼络人心,是想谋反啊!”李存勖还半信半疑。宦官们就暗地里说服刘皇后,让她下了一道密诏,指示李继岌在成都杀了郭崇韬父子。

郭崇韬冤死后，愚蠢的李存勖又听信伶人景进说的“当王师进川之时，朱有谦以为讨己，有拒命之意，如不除掉他，必有后患”的谗言，杀了朱友谦全家。朱友谦是素有威望的有功大臣，李存勖曾亲自对他说过：“成吾大业者，公之力也”的赞词。朱友谦屈死之后，功臣宿将莫不寒心，从此兵变接连发生。

同光四年春，伐蜀有功的骁将康延孝首先起兵，反于蜀中，他以为郭崇韬复仇相号召，战火蔓延于两川，使皇子李继岌率领的军队不能及时抽回。

接着，邢州军将赵太也起兵反叛。

与此同时，贝州也发生了兵变。当时，戍守瓦桥关的魏博兵士的戍期已满，正结队回镇，走到贝州时，突然有诏令不让他们回魏博了。兵士皇甫晖率兵哗变，他胁迫军校赵在礼当首领，长驱南下，攻入邺都。魏博兵是后唐的一支精锐部队，攻汴下洛，出力最多。李存勖闻变，急忙派宠臣元行钦带兵前往镇压，但是官兵一触即溃。李存勖不得不起用他平日猜忌的老将李嗣源，率侍卫亲军前去讨伐。侍卫亲军号称“从马直”，是李存勖挑选诸军骁勇兵士组成的精锐部队。指挥使郭从谦原是伶人，靠军功得到提拔，他认郭崇韬为叔父。郭崇韬被杀，他心中不满，暗地里在“从马直”军校中散发私财，收买人心，为郭崇韬称冤。有一次，李存勖问郭从谦为什么要依靠郭崇韬。言者无意，听者有心，郭从谦担心李存勖怀疑他，他会落个和郭崇韬同样的下场，便加紧鼓动亲军作乱。他吓唬“从马直”士兵说：“皇上已经下定决心，等平定邺都后，要把我们全部杀掉。”士兵们人心惶惶，李存勖却全然无知。他派这些人出征，无疑是火上浇油。大军在李嗣源的率领下，迅速赶到邺都城下，当天晚上，兵变就发生了。“从马直”士兵劫持李嗣源，声称：“昨贝州兵变，主上不垂厚宥，又闻邺城平定之后，欲尽坑全军。某等初无叛志，直畏死耳。已与诸军商定，与城中合势，击退诸道之师，欲主上帝河南，请令公帝河北。”不由分说，与邺城内的士兵联合，拥李嗣源进入城内。李嗣源没有叛心，他不想干，屡次上表申诉，但都被半路扣下。他的女婿石敬瑭再三劝他夺取开封，他才决定南下。河北诸镇纷纷拥戴，军势浩大，很快渡过黄河，开进汴梁。

李存勖闻变，惊恐万状。这时他才想起来收买军心，于是拿出内府的钱帛分给在洛阳的各军。士兵们得了财物，毫不感激，并且破口大骂：“我们的妻子儿女早就饿死啦，给这些又有什么用呢！”李存勖带领仓促组织起来的士兵向汴梁进发，兵抵中牟，听说李嗣源已经进了汴梁城，便神色沮丧地说：“这下我完了！”遂即下令退回洛阳。当退到荥阳时，士兵已逃亡过半。他好言劝慰士兵说：“刚才有人来报告，说太子又从蜀中送回五十万两金银。你们好好干，到洛阳后，我把它们全部分给你们。”士兵们早就听腻了他的口头诺言，直截了当地回答：“陛下赐予大（太）晚，人亦不感圣恩！”刚到洛阳，郭从谦便率“从马直”攻入宫城，与宫内驻军混战起来。李存勖在乱兵中被流矢射中身死。身旁的侍卫亲军一逃而光，“唯五坊人善友敛廊下乐器，簇于帝尸之上，发火焚之。”这也算是伶人对其恩人的小小酬报吧。

未济卦第六十四：周而复始，事无止境

【爻词精义】

⊙别不自量力 ⊙要节制自己 ⊙别无休止地征伐 ⊙坚守正道没有灾祸 ⊙坚守正道永不停歇 ⊙自得其乐，继续进取

经文义解

【题解】

未济，事至坏之时也。火上水下。水火不相为用，六爻阴阳，皆失其位，故为《未济》也。《序卦传》说："物不可穷也，故受之以《未济》终焉。"

成功，为极度的完成，但宇宙间的一切，不可能永远圆满，就此中止。始终在酝酿之中，必然由亏而盈，由满而损，反复循环，继续演变，发展于无穷，具备无限潜力，但未来永远充满光明与希望，成为积极奋发的动力。

当成功与未成功的边缘，更是危机四伏，是艰苦的关键时刻，成功与失败，往往就在这一刹那之间，突然到来。更要应当坚守正道，把握中庸原则，刚柔并济，不可掉以轻心；必须量力，适度节制，不可逞强，以致功亏一篑。

【原文】

䷿ 未济[①]：亨。小狐汔济，濡其尾，无攸利。[②]

初六 濡其尾，吝。

九二 曳其轮，贞吉。

六三 未济，征凶。利涉大川。

九四 贞吉，悔亡。震用伐鬼方，三年有赏于大国。[③]

六五 贞吉，无悔。君子之光，有孚，吉。[④]

上九　有孚于饮酒，无咎。濡其首，有孚失是。⑤

【注释】

①未济：卦名。下坎上离，象征事功未成。②汔：接近。③震用：动用，指兴兵征战。震，动。大国，指殷商，又称大邦，大殷。④光：光辉。⑤孚：通“浮”，罚。此句两个“孚”字均为此义。

【译文】

未济卦　象征事业未成。小狐狸渡河接近成功，却淋湿了尾巴，没什么好处。

初六　沾湿了尾巴，将会有艰难之事发生。

九二　向后拖曳车轮而不使急进，吉祥之卦。

六三　事业未成，急于求进，定有凶险。有了这样的认识，宜于涉越大江大河。

九四　吉祥，危厄将会消解。就像兴兵讨伐鬼方之国，三年获胜而获封赏。

六五　君子的光辉在于忠诚信实，具备这种美德至为吉祥。

上九　满怀信心去饮酒，没有灾祸。让酒沾湿脑袋，就应受到责罚，因为失掉了正道。

【释义】

䷿　未济：亨。小狐汔济，濡其尾，无攸利。

［解读］　未成意味着发展，因而亨通；小狐狸渡河接近对岸时，尾巴不慎浸湿，它的前途不会顺利。

［象释］　本卦六爻都不正：阴爻居阳位，阳爻居阴位。然而，正由于阴阳爻都不在其位，蕴含着回归正位的要求，使得未来充满着变化的可能和希望；由于各爻都能阴阳相应，又使得本卦充满着活力。其中，上卦“离”是火，下卦“坎”是水，火往上蹿，水往下流，上、下卦背道而驰，象征事业未成；但是，火与水各循自己的本性而动，象征本卦所蕴含的变化符合自然发展规律。

［义理］　当一个事业完成时，则意味着另一事业开始了。虽然前途充满着新的希望，但是必须记住前进道路上荆棘丛生，要谨慎走好每一步。

初六　濡其尾，吝。

［解读］　弱小的狐狸渡河时浸湿了尾巴，将有不幸的事发生。

[象释] “初六”以阴居阳，在卦的最下方，相当于弱小的狐狸；与“九四”阴阳相应，有必欲上行之象，然而“九四”不中不正，不会应援“初六”。于是，处于“坎”即险之下部的“初六”，便难免遭到濡尾之险。

[义理] 当力量尚不足以成就事业时，如果莽撞地行动，难免会陷险。

九二 曳其轮，贞吉。

[解读] 拉住车轮，使之不离正道而致吉祥。

[象释] “九二”以刚居柔，处于下卦中位，刚柔相济，有中庸之德，且与“六五”阴阳相应，所以虽处“坎”险之中而仍能获“吉”。

[义理] 创业的道路上虽然充满艰难险阻，但是只要处处小心谨慎，坚持正道，就一定能吉祥如意。

六三 未济，征凶。利涉大川。

[解读] 事业尚未成功，发展下去还有很多凶险，有了这样的认识，即便涉大川也会顺利。

[象释] “六三”阴居阳位，不中不正，因而有“凶”之象；但“六三”已处下卦“坎”的上方，有即将脱险之象，且与“上九”阴阳相应，能得到“上九”援助，因而宜于积极谋求脱离险境。

[义理] 在即将脱险的时刻，既要估计到面临的种种不利因素，作好涉险的准备，同时又要考虑到种种有利条件，以增强战胜险阻的信心和勇气。

九四 贞吉，悔亡。震用伐鬼方，三年有赏于大国。

[解读] 坚持不懈则吉祥，就像振奋军威讨伐鬼方，坚持了三年终于取得胜利，为世人所颂扬。

[象释] “九四”以阳居阴，不中不正，本应有“悔”，然而其位已在“坎”之上，君位之下，未济刚刚过去，既济即将来临，“九四”阳爻应发挥其刚毅之性。

[义理] 成功在于坚持之中，在希望与成功之间，有一个坚持不懈、努力争取的奋发阶段。成功的光荣，只属于那些在崎岖山道上不畏艰险不懈攀登的人。

六五 贞吉，无悔。君子之光，有孚，吉。

[解读] 君子的光辉德性，如能保持始终产生信誉，就能获得吉祥。

[象释] “六五”阴居阳位，居于上卦的中位，故似有“悔”而实无“悔”；上

卦“巽”是火为光明，居于君位的“六五”为上卦的主爻，故有“君子之光”一语：与“九二”阴阳相应，象征君王能以明德感召贤士，故又有“有孚”之论。

［义理］ 在由大乱到大治的关键时刻，作为领袖更应注重以谦虚、诚信的道德精神感化民众，使贤德之人聚集在自己的身边，从而可确保未济向既济转化的顺利进行。

上九 有孚于饮酒，无咎。濡其首，有孚失是。

［解读］ 满怀信心去饮酒，不会有失误；但是，如果饮酒过度，就应受到责罚，因为失掉了正道。

［象释］ “上九”阳爻居阴位，未济的极点，大乱必将达到大治，因而有“有孚”之辞；但是，“上九”上位五位，有失控的可能，因而又有“濡其首”的警语。

［义理］ 有信心，是事业成功的重要因素；但是，仅有信心还不够，还需有自知、自控能力。

案例解易

没有永远的朋友，只有永远的利益

《三国演义》开篇即云：天下大势，分久必合，合久必分。分合之中存在错综复杂的利害关系。个人、集团，乃至国家的分合都以利害关系为准则。古今如此。曹操在他的霸王史中，就是以此为准则的。想当初，曹操在同刘备的斗争中就经历了一个由分而合，由友而敌的过程。

刘备是大家都很熟悉的三国人物，他是西汉景帝之子中山靖王刘胜的后代。到刘备这一代时，家道已经衰落，刘备少年时曾与母亲靠织席贩鞋为生。15岁时，曾与公孙瓒等人一起向同郡学者卢植学习儒家经典。但刘备并不怎么喜欢学习，而喜欢玩狗骑马、欣赏音乐和穿戴漂亮的衣服。成人后，身高七尺五寸，手臂很长，垂下来可以摸到自己的膝盖，耳朵很大，自己可以看到自己的耳朵。平常话语不多，谨慎谦虚，喜怒不形于色。爱与豪侠结交，郡中不少年轻人都同他要好。

灵帝末年，刘备得到中山大商人张世平和苏双等人的资助，拉起了武装，河东解人关羽（字云长）和同郡人张飞（字翼德）就在这时投归了他。因参与镇压黄巾有功，被任为安喜县尉，因鞭打督邮，弃官逃走。此后还曾历任县丞、县令等职。被黄巾余部打败后，投奔幽州公孙瓒，公孙瓒命他协助青州刺史田楷防备袁绍，不久被任为平原相。曹操东征徐州，同田楷一起前往救援，被陶谦表举为豫州刺史。陶谦死后，接替陶谦为徐州牧。

占据淮南想往北面扩展势力的袁术，对刘备据有徐州自然是不满的，曾多次对他发兵攻击。曹操为了稳定兖州东部边境的局势，也为了利用刘备来对付袁术和吕布，对刘备则采取了笼络的策略。

共同的利益使曹操跟刘备走在了一起。

建安元年（196），曹操表荐刘备为镇东将军，封宜城亭侯。

袁术虽曾多次兴兵攻击刘备，但一直未能奏效，最后勾结已投奔刘备的吕布，由吕布出兵打败了刘备。刘备在不得已的情况下，率部投归了曹操。

从此，刘备在曹操处安定下来，但他们的结合是建立在彼此享有利益的基础上的。一旦利益不存在了，这种暂时的联盟也会立刻土崩瓦解。

建安四年（199）春，献帝的丈人、车骑将军董承接受了献帝写在衣带上的密诏，要刘备杀掉曹操，刘备参与了这一密谋。还未等到采取行动，恰好碰上袁术想从下邳北上青州的事情。曹操准备派兵阻截，刘备乘机要求承担这一任务，曹操便派朱灵等人同他一起带兵东进。

刘备离开许都以后，程昱、郭嘉等人才得知消息，赶紧跑来劝阻曹操说："您上次不肯杀掉刘备，考虑得确实要比我们深远。但今天您把兵权交给刘备，他肯定会产生异心！"停了一下，又明确表示说："千万不能把刘备放走！现在放走刘备，变乱很快就会产生了！"

董昭也跑来劝阻曹操，说：

"刘备勇悍而又志向远大，关羽、张飞做他的羽翼，其野心恐怕是难以预测的。"

曹操听了这些意见，有些后悔，但一来已有令在先，不便更改，二来刘备已经走远，追也追不上了，只好作罢。

果然不出所料，不久，刘备就杀死徐州刺史东胄，公开背叛了曹操。

刘备打起反叛大旗，顿时引起连锁反应。原来追随吕布、吕布被杀后又归附曹操的昌豨，这时乘机脱离了曹操。由于曹操根基不牢，还有不少郡县脱离曹操，归附刘备，使刘备的军队增加到几万人。刘备派孙乾前往冀州，与袁绍连和，共同对付曹操。

曹操得到刘备反叛的消息，立即派司空长史刘岱、中郎将王忠前去讨伐，未能取胜。刘备对刘岱等说：

“像你们这样的角色，就是来上100个，又能把我怎么样？就是曹操亲自前来，结果如何也说不定呢！”

建安五年（200）正月，董承等人谋杀曹操的事情败露，参与者全被曹操处死。这时，曹操同袁绍的关系已经非常紧张，双方陈兵官渡一线，战争大有一触即发之势。为了在同袁绍决战之前解除后顾之忧，曹操决定发兵东征刘备。诸将担心部队出发后，袁绍从后面发动袭击，纷纷前来劝阻曹操，说：

“同您争夺天下的人是袁绍。现袁绍正率兵向南集结，而您却撇开他东征刘备，要是袁绍来抄我们的后路，怎么办？”

曹操回答说：

“刘备是一个豪杰，现在不打垮他，将来肯定会成为我们的后患。袁绍虽有大志，但反应迟钝，肯定还不会立即采取什么行动。”

郭嘉支持曹操的意见，说：

“袁绍迟钝而且多疑，即使发兵前来攻打，也不会很快。而刘备刚起兵反叛，人心还未完全归附，尽快发兵攻打，一定能够将他打败。这是一个事关成败的时刻，不能错失良机！”

曹操听了，不由得高兴得说了一声：“对！”于是安排诸将留守官渡，自己亲自带着一支精兵东征刘备。

此时此刻，原来在一个战壕里战斗的“战友”却成拔刀怒目的仇人。

曹操由于担心袁绍起兵南下，因此这次军事行动采取了迅雷不及掩耳的攻势。而刘备以为曹操正忙于对付袁绍，绝不可能抽出身来率兵东讨，因而放松了戒备。当侦察兵突然前来报告，说曹操已经亲自带兵前来，刘备不禁大吃一惊，但紧跟着又有些不大相信。他带着几十名骑兵亲自前去探看，当看到曹操的帅旗时,已经来不及布置抵抗。刘备见情势危急,只得丢下部队,独自逃往青州投奔袁谭去了。曹操活捉了刘备的部将夏侯博等人,到小沛全数收编了刘备的部队,并俘虏了刘备的妻子儿女。接着,曹操乘势围攻关羽驻防的下邳,关羽孤立无援,难于抵敌,只得向曹操投降。

就这样,曹操很快将刘备击败,重新夺取了徐州。他调董昭做徐州牧,自己率军回到官渡。不出曹操所料,袁绍在这段时间未对南边采取任何行动。

曹操同刘备由敌而友,由友而敌的过程说明:战场上没有永远的朋友,只有永远的利益。曹操在不同时期,不同情势下对刘备采取的对策进一步表明了争霸是不分敌友的。如刘备第一次来投奔他,他听从郭嘉意见,不杀刘备,这使他保持甚至是进一步宣传了自己爱惜人才、广纳英雄的形象。他表荐刘备为豫州牧,让刘备出守小沛,有效地利用刘备的力量来对抗吕布,在包围下邳、擒杀吕布的战斗中还直接借助了刘备的力量。将刘备置于对抗吕布的第一线,面对强敌,客观上也有利于遏制刘备势力的发展。擒杀吕布后将刘备带回许都,更是为了控制刘备而走出的一着好棋。已将刘备稳在许都却又将他放走,是曹操不慎走出的一步险棋,是明显的失误,实践也证明他走出的这步棋产生了严重的后果。曹操的可贵之处在于,他很快从失误中清醒过来,并立即采取行动,利用袁绍见事迟疑、举棋不定的机会和刘备错误估计形势、放松戒备的时机,果断出击,击败刘备,不仅化险为夷,消弭了因放走刘备而产生的严重后果,而且进一步巩固和加强了自己对徐州的统治,消除了刘备这个心腹之患,避免了以后和袁绍决战时可能出现的腹背受敌、两线作战的局面,为官渡之战的胜利进一步创造了条件。

后来,赤壁之战前后的孙、刘、曹三方关系的变化,也说明了这样一个道理。

当曹操大军南下,降刘琮,灭荆州,矛头直指向孙、刘时,孙、刘只有如下选择:一是投降,一是联合抗操,别无他途。在当时,曹操最强,孙权和刘备任何一方,凭己之力,都难抗拒,只有并力拒操,才能图存并有希望取胜。因此,当曹操南征时,孔明和鲁肃不约而同提出“刘、孙联合抗操”的决策,它完全符合双方的利益,故刘备和孙权都乐于接受。但在赤壁之战以后,由于刘、孙之间存在的荆州问题未解决,彼此必然是同床异梦,各怀鬼胎。曹操则利用孙、刘之间的矛盾,进行分化拉拢。曹、刘之间不存在和解的可能,曹操只能向孙权方面着手,他以许割江南为诱饵,暗使孙权袭击正在胜利进军樊城的关羽,自己则坐山观虎斗。

曹操的计谋终于得逞,孙、刘联盟瓦解。荆州被袭,刘备伐吴惨败后,刘、孙出于抗曹图存的共同利益,又重申旧盟。蜀、吴从联盟变成敌国,又从敌国恢复旧盟,以及东吴从反操到投操、后又抗操的事实充分说明:没有永远的盟国,也没有永远的敌国,一切都以利益为转移。

不仅惟此,曹操在同吕布、袁术、张绣、张邈的交往过程中,也大都经历了一个由分而合、由敌而友的变化过程。

衣锦还乡,高歌大风

刘邦这样一个"无赖",为什么能够在中原逐鹿中,荡平群雄、席卷天下呢?一是能够顺应民心,制定政策。如项羽杀义帝于江南,而他却"袒而大哭"、"亲为发丧"、"使诸侯皆缟素",以从民望而顺心;项羽西屠咸阳,杀降王子婴,烧秦宫室,掳其货宝妇女而东,而他却与父老约法三章,全部废除秦的苛政,使居吏民安居如故,以安定社会、务悦民心。二是能够用人不疑,任人必专。项羽"妒贤嫉能,有功者害之,贤者疑之",有一范增而不能用,用了也不能专。而他却能让萧何镇守关中、抚辑百姓;让韩信手握重兵,转战千里。三是有过必改,善于听取臣下的意见。如他打算接受郦食其的建议,复立六国之后,已经着人去刻印了。适张良来谒,听说了这件事,立即借箸前筹,指出其"八不可"。刘邦便辍食吐哺,骂曰:"竖儒,几败而公事!"又

命令赶快把印销毁了。韩信破了齐，乞为假王，刘邦大怒，骂曰："吾困于此，旦暮望来佐我，乃欲自立为王！"张良、陈平蹑其足，并附耳告之曰："汉方不利，宁能禁信之王乎？"刘邦恍然大悟，因复骂曰："大丈夫定诸侯，即为真王耳，何以假为！"乃厚遇齐使，使张良送去齐王信的印玺。又如刘邦欲都洛阳，他的左右大臣多山东人，争言"周王数百年，秦二世即亡"，不如以洛阳为都的好。独刘敬以为"秦地被山带河，四塞以为固，卒然有急，百万之众可具也"，还是都关中的好。他犹豫未决，又去征求张良的意见，张良也认为洛阳的局面小，田地薄，四面受敌，不是用武之地，而关中则"殽函，右陇蜀，沃野千里，南有巴蜀之饶，北有胡苑之利"，真是"金城千里，天府之国"，刘敬的意见是正确的。刘邦听了，"即日车驾西都关中。"一个制政策，一个用干部，一个纳善言，使刘邦能够在五年之间，消灭项羽，建立统一的西汉王朝。

刘邦做了皇帝，自然是八面威风，他在击破最后一个对手淮南王英布时，路过他的故乡沛邑，在那里呆了10多天，刘邦一回故乡，便把故人、父老、子弟全部召集拢来，喝酒聊天，话旧道故，表示"游子悲故乡，万岁千秋后，自己的魂魄还是要回到故乡来的。"一面又宣布沛邑做为自己的"汤沐邑"，世世代代免除他们的田赋。并且选拔沛中的青年一百二十人，叫他们练习歌舞。刘邦亲自击着筑，自己做了一首诗唱道：

大风起兮云飞扬，威加海内兮归故乡，安得猛士兮守四方！

要那些青年们来一个大合唱。刘邦边唱边舞，"慷慨伤怀，泣数行下"，着实流露出深厚的情谊，无穷的伤感。经过10多天的纵饮狂欢，刘邦打算回关中去了，父老们硬是舍不得他走，刘邦说："吾人众多，父兄不能给。"毕竟父老的深情厚意难却，他又"张饮三日"，然后率着大队人马，离开了故乡。